高等院校经济管理类专业应用型本科系列教材

应用统计学

主 编 李伟春 郑桂玲
副主编 经海林 郭时雨

东南大学出版社
SOUTHEAST UNIVERSITY PRESS
·南京·

内 容 提 要

本教材系统性地介绍了统计学的基本理论、方法和应用。全书共分 11 章,主要内容包括总论、统计调查、统计整理、统计数据分布的特征描述、抽样推断、统计指数、时间数列分析、相关与回归分析、高阶统计建模分析方法及统计分析报告。内容上强调基本方法的掌握和应用,将理论知识与实践应用相结合。本书可作为高等学校经济、管理、社科、工科等相关专业的统计学课程的教材,亦可作为自学考试、干部培训和实际统计工作者的参考用书。

图书在版编目(CIP)数据

应用统计学/李伟春,郑桂玲主编. —南京:东南大学出版社,2020.12
 ISBN 978-7-5641-9221-1

Ⅰ. ①应… Ⅱ. ①李… ②郑… Ⅲ. ①应用统计学—高等学校—教材 Ⅳ. ①C8

中国版本图书馆 CIP 数据核字(2020)第 225992 号

应用统计学

出版发行:	东南大学出版社
社　　址:	南京市四牌楼 2 号　　邮编:210096
出 版 人:	江建中
网　　址:	http://www.seupress.com
经　　销:	全国各地新华书店
印　　刷:	丹阳兴华印务有限公司
开　　本:	787 mm×1092 mm　1/16
印　　张:	21.25
字　　数:	504 千字
版　　次:	2020 年 12 月第 1 版
印　　次:	2020 年 12 月第 1 次印刷
书　　号:	ISBN 978-7-5641-9221-1
定　　价:	45.00 元

本社图书若有印装质量问题,请直接与营销部联系。电话(传真):025-83791830

前　言

统计学是以社会经济现象为研究对象,搜集、整理、描述和分析数据的方法论科学,在自然科学和社会科学中有广泛的应用。随着信息技术的发展,统计学的应用日趋普及,几乎遍及所有科学研究领域和国民经济部门,统计学的基本理论和方法已经变成社会经济活动的必备知识,各个部门和企业对于统计学人才的需求越来越大,统计学已成为高等院校经济管理类专业的核心课程。

本书通过经济管理相关案例对统计学的基本理论及方法进行阐述应用,按照统计基本理论、统计描述、统计推断构成学科体系。在内容上尽量避免繁复的数学证明和推导,强调基本方法的掌握和应用以及计算机操作技能(Excel、SPSS、EViews),培养学生采集数据、处理数据、分析数据及应用数据处理问题的能力。

本书主要具有以下特点:

(1) 采用企业案例,解决经济管理领域应用问题,突显经管特色。

(2) 在基础统计学原理方法的基础上,将常用统计模型决策方法引入课程,增加高阶统计学方法,培养学生处理复杂数据的能力。

(3) 每章前有引导案例,帮助学生了解本章内容的具体应用,初步认识本章内容。

(4) 章节后有实训安排,既方便教师组织实践课程教学,又有助于学生利用相关软件进行数据处理分析。

(5) 配以重要术语、主要公式和练习题。重要术语和主要公式方便学生把握本章重点知识,练习题可以让学生对本章重要内容进行巩固。

本书共11章,第1、5、6、7章由李伟春编写,第2、8、9、10章由郑桂玲编写,第3、4、11章由郭时雨编写,附录由郑桂玲编写,柳凯、刘振艳负责部分资料的收集与整理;国电南京自动化股份有限公司经海林总经理对教材的应用特色设计进行了指导。全书由李伟春和郑桂玲负责大纲制定和书稿的审定工作。

由于编写水平有限,书中不妥之处在所难免,衷心希望得到专家、同仁及读者的建议,以期不断改进。

编者

2020 年 7 月

目 录

第1章 总论 ... 1
1.1 统计与统计学 ... 2
1.1.1 统计的概念 ... 2
1.1.2 统计学的性质和特点 ... 2
1.2 统计学的产生和发展 ... 4
1.2.1 统计学的产生 ... 4
1.2.2 统计学的发展 ... 4
1.3 统计活动与统计基本方法 ... 6
1.3.1 统计活动 ... 6
1.3.2 基本方法 ... 7
1.4 统计学中的基本概念 ... 9
1.4.1 统计总体和总体单位 ... 9
1.4.2 统计标志 ... 10
1.4.3 统计指标与指标体系 ... 11
1.4.4 变量与变量值 ... 13
1.5 统计学的应用 ... 14
重要术语 ... 15
练习题 ... 15

第2章 统计调查 ... 18
2.1 统计调查的概念、意义与要求 ... 19
2.1.1 统计调查的概念 ... 19
2.1.2 统计调查的意义 ... 19
2.1.3 统计调查的要求 ... 19
2.2 统计调查方法 ... 20
2.2.1 直接观察法 ... 20
2.2.2 报告法 ... 20
2.2.3 采访法 ... 20
2.2.4 问卷调查法 ... 21

- 2.3 基础统计调查 ⋯⋯⋯⋯⋯⋯⋯⋯⋯⋯⋯⋯⋯⋯⋯⋯⋯⋯⋯⋯⋯⋯⋯⋯⋯⋯⋯⋯⋯⋯⋯ 21
  - 2.3.1 统计报表 ⋯⋯⋯⋯⋯⋯⋯⋯⋯⋯⋯⋯⋯⋯⋯⋯⋯⋯⋯⋯⋯⋯⋯⋯⋯⋯⋯⋯⋯ 21
  - 2.3.2 普查 ⋯⋯⋯⋯⋯⋯⋯⋯⋯⋯⋯⋯⋯⋯⋯⋯⋯⋯⋯⋯⋯⋯⋯⋯⋯⋯⋯⋯⋯⋯⋯ 22
  - 2.3.3 重点调查 ⋯⋯⋯⋯⋯⋯⋯⋯⋯⋯⋯⋯⋯⋯⋯⋯⋯⋯⋯⋯⋯⋯⋯⋯⋯⋯⋯⋯⋯ 23
  - 2.3.4 典型调查 ⋯⋯⋯⋯⋯⋯⋯⋯⋯⋯⋯⋯⋯⋯⋯⋯⋯⋯⋯⋯⋯⋯⋯⋯⋯⋯⋯⋯⋯ 24
  - 2.3.5 抽样调查 ⋯⋯⋯⋯⋯⋯⋯⋯⋯⋯⋯⋯⋯⋯⋯⋯⋯⋯⋯⋯⋯⋯⋯⋯⋯⋯⋯⋯⋯ 26
- 2.4 统计调查分类 ⋯⋯⋯⋯⋯⋯⋯⋯⋯⋯⋯⋯⋯⋯⋯⋯⋯⋯⋯⋯⋯⋯⋯⋯⋯⋯⋯⋯⋯⋯⋯ 29
- 2.5 统计调查方案 ⋯⋯⋯⋯⋯⋯⋯⋯⋯⋯⋯⋯⋯⋯⋯⋯⋯⋯⋯⋯⋯⋯⋯⋯⋯⋯⋯⋯⋯⋯⋯ 31
  - 2.5.1 确定调查目的和任务 ⋯⋯⋯⋯⋯⋯⋯⋯⋯⋯⋯⋯⋯⋯⋯⋯⋯⋯⋯⋯⋯⋯⋯⋯ 31
  - 2.5.2 确定调查对象和调查单位 ⋯⋯⋯⋯⋯⋯⋯⋯⋯⋯⋯⋯⋯⋯⋯⋯⋯⋯⋯⋯⋯ 31
  - 2.5.3 确定调查提纲和调查表 ⋯⋯⋯⋯⋯⋯⋯⋯⋯⋯⋯⋯⋯⋯⋯⋯⋯⋯⋯⋯⋯⋯ 31
  - 2.5.4 确定调查时间与调查期限 ⋯⋯⋯⋯⋯⋯⋯⋯⋯⋯⋯⋯⋯⋯⋯⋯⋯⋯⋯⋯⋯ 32
  - 2.5.5 确定调查组织实施计划 ⋯⋯⋯⋯⋯⋯⋯⋯⋯⋯⋯⋯⋯⋯⋯⋯⋯⋯⋯⋯⋯⋯ 32
- 2.6 问卷调查设计 ⋯⋯⋯⋯⋯⋯⋯⋯⋯⋯⋯⋯⋯⋯⋯⋯⋯⋯⋯⋯⋯⋯⋯⋯⋯⋯⋯⋯⋯⋯⋯ 32
  - 2.6.1 问卷设计的原则 ⋯⋯⋯⋯⋯⋯⋯⋯⋯⋯⋯⋯⋯⋯⋯⋯⋯⋯⋯⋯⋯⋯⋯⋯⋯⋯ 32
  - 2.6.2 问卷的结构 ⋯⋯⋯⋯⋯⋯⋯⋯⋯⋯⋯⋯⋯⋯⋯⋯⋯⋯⋯⋯⋯⋯⋯⋯⋯⋯⋯⋯ 33
  - 2.6.3 问题的形式 ⋯⋯⋯⋯⋯⋯⋯⋯⋯⋯⋯⋯⋯⋯⋯⋯⋯⋯⋯⋯⋯⋯⋯⋯⋯⋯⋯⋯ 34
  - 2.6.4 问卷设计的程序 ⋯⋯⋯⋯⋯⋯⋯⋯⋯⋯⋯⋯⋯⋯⋯⋯⋯⋯⋯⋯⋯⋯⋯⋯⋯⋯ 34
- 重要术语 ⋯⋯⋯⋯⋯⋯⋯⋯⋯⋯⋯⋯⋯⋯⋯⋯⋯⋯⋯⋯⋯⋯⋯⋯⋯⋯⋯⋯⋯⋯⋯⋯⋯⋯⋯⋯ 35
- 练习题 ⋯⋯⋯⋯⋯⋯⋯⋯⋯⋯⋯⋯⋯⋯⋯⋯⋯⋯⋯⋯⋯⋯⋯⋯⋯⋯⋯⋯⋯⋯⋯⋯⋯⋯⋯⋯⋯ 35

第3章 统计整理 ⋯⋯⋯⋯⋯⋯⋯⋯⋯⋯⋯⋯⋯⋯⋯⋯⋯⋯⋯⋯⋯⋯⋯⋯⋯⋯⋯⋯⋯⋯⋯⋯⋯ 38

- 3.1 统计整理的概念与程序 ⋯⋯⋯⋯⋯⋯⋯⋯⋯⋯⋯⋯⋯⋯⋯⋯⋯⋯⋯⋯⋯⋯⋯⋯⋯⋯⋯ 39
  - 3.1.1 统计整理的概念 ⋯⋯⋯⋯⋯⋯⋯⋯⋯⋯⋯⋯⋯⋯⋯⋯⋯⋯⋯⋯⋯⋯⋯⋯⋯⋯ 39
  - 3.1.2 统计整理的程序 ⋯⋯⋯⋯⋯⋯⋯⋯⋯⋯⋯⋯⋯⋯⋯⋯⋯⋯⋯⋯⋯⋯⋯⋯⋯⋯ 39
- 3.2 数据预处理 ⋯⋯⋯⋯⋯⋯⋯⋯⋯⋯⋯⋯⋯⋯⋯⋯⋯⋯⋯⋯⋯⋯⋯⋯⋯⋯⋯⋯⋯⋯⋯⋯ 40
  - 3.2.1 数据审核 ⋯⋯⋯⋯⋯⋯⋯⋯⋯⋯⋯⋯⋯⋯⋯⋯⋯⋯⋯⋯⋯⋯⋯⋯⋯⋯⋯⋯⋯ 40
  - 3.2.2 数据筛选 ⋯⋯⋯⋯⋯⋯⋯⋯⋯⋯⋯⋯⋯⋯⋯⋯⋯⋯⋯⋯⋯⋯⋯⋯⋯⋯⋯⋯⋯ 40
  - 3.2.3 数据排序 ⋯⋯⋯⋯⋯⋯⋯⋯⋯⋯⋯⋯⋯⋯⋯⋯⋯⋯⋯⋯⋯⋯⋯⋯⋯⋯⋯⋯⋯ 40
  - 3.2.4 数据无量纲化 ⋯⋯⋯⋯⋯⋯⋯⋯⋯⋯⋯⋯⋯⋯⋯⋯⋯⋯⋯⋯⋯⋯⋯⋯⋯⋯⋯ 41
- 3.3 统计分组 ⋯⋯⋯⋯⋯⋯⋯⋯⋯⋯⋯⋯⋯⋯⋯⋯⋯⋯⋯⋯⋯⋯⋯⋯⋯⋯⋯⋯⋯⋯⋯⋯⋯ 41
  - 3.3.1 统计分组的概念 ⋯⋯⋯⋯⋯⋯⋯⋯⋯⋯⋯⋯⋯⋯⋯⋯⋯⋯⋯⋯⋯⋯⋯⋯⋯⋯ 41
  - 3.3.2 统计分组的原则 ⋯⋯⋯⋯⋯⋯⋯⋯⋯⋯⋯⋯⋯⋯⋯⋯⋯⋯⋯⋯⋯⋯⋯⋯⋯⋯ 42
  - 3.3.3 统计分组的种类和方法 ⋯⋯⋯⋯⋯⋯⋯⋯⋯⋯⋯⋯⋯⋯⋯⋯⋯⋯⋯⋯⋯⋯ 43
- 3.4 分配数列 ⋯⋯⋯⋯⋯⋯⋯⋯⋯⋯⋯⋯⋯⋯⋯⋯⋯⋯⋯⋯⋯⋯⋯⋯⋯⋯⋯⋯⋯⋯⋯⋯⋯ 45
  - 3.4.1 品质数列 ⋯⋯⋯⋯⋯⋯⋯⋯⋯⋯⋯⋯⋯⋯⋯⋯⋯⋯⋯⋯⋯⋯⋯⋯⋯⋯⋯⋯⋯ 45

3.4.2　变量数列 ·················· 45
　　3.4.3　变量数列的编制 ·················· 49
3.5　分配数列的表示方法 ·················· 52
　　3.5.1　列表法 ·················· 52
　　3.5.2　图示法 ·················· 53
重要术语 ·················· 57
主要公式 ·················· 57
练习题 ·················· 58
实训 ·················· 60

第4章　统计数据分布的特征描述

4.1　总量指标 ·················· 76
4.2　相对指标 ·················· 79
4.3　平均指标 ·················· 86
　　4.3.1　平均指标的概念和作用 ·················· 86
　　4.3.2　算术平均数 ·················· 86
　　4.3.3　调和平均数 ·················· 89
　　4.3.4　几何平均数 ·················· 91
　　4.3.5　众数和中位数 ·················· 92
　　4.3.6　几种平均数的关系 ·················· 95
　　4.3.7　计算和应用平均数的原则 ·················· 96
4.4　变异指标 ·················· 97
4.5　分布形态 ·················· 104
重要术语 ·················· 105
主要公式 ·················· 105
练习题 ·················· 108
实训 ·················· 110

第5章　抽样推断

5.1　抽样推断的概念 ·················· 113
　　5.1.1　全及总体和抽样总体 ·················· 114
　　5.1.2　全及指标和抽样指标 ·················· 114
5.2　抽样推断的基本原理 ·················· 115
　　5.2.1　抽样推断的方法论基础 ·················· 115
　　5.2.2　优良估计的标准 ·················· 116
5.3　抽样误差 ·················· 117
　　5.3.1　抽样误差的概念 ·················· 117

  5.3.2 抽样平均误差 ……………………………………………………………… 118
  5.3.3 抽样极限误差 ……………………………………………………………… 120
  5.3.4 抽样估计的可信程度 ……………………………………………………… 121
 5.4 区间估计 …………………………………………………………………………… 123
 5.5 样本容量的确定 …………………………………………………………………… 125
 5.6 假设检验 …………………………………………………………………………… 126
  5.6.1 假设检验的基本原理 ……………………………………………………… 127
  5.6.2 总体均值的检验 …………………………………………………………… 131
  5.6.3 总体成数的检验 …………………………………………………………… 132
 重要术语 ………………………………………………………………………………… 133
 主要公式 ………………………………………………………………………………… 133
 练习题 …………………………………………………………………………………… 134
 实训 ……………………………………………………………………………………… 136

第6章 统计指数

 6.1 统计指数的概念及分类 …………………………………………………………… 140
  6.1.1 统计指数的概念 …………………………………………………………… 140
  6.1.2 统计指数的作用 …………………………………………………………… 141
  6.1.3 统计指数的分类 …………………………………………………………… 142
 6.2 总指数的编制方法 ………………………………………………………………… 143
  6.2.1 综合指数 …………………………………………………………………… 143
  6.2.2 平均数指数 ………………………………………………………………… 146
 6.3 指数体系和因素分析 ……………………………………………………………… 148
  6.3.1 指数体系 …………………………………………………………………… 148
  6.3.2 因素分析 …………………………………………………………………… 149
 6.4 几种常用的经济指数 ……………………………………………………………… 159
  6.4.1 居民消费价格指数 ………………………………………………………… 160
  6.4.2 商品零售价格指数 ………………………………………………………… 161
  6.4.3 生产者价格指数 …………………………………………………………… 162
  6.4.4 股票价格指数 ……………………………………………………………… 163
 重要术语 ………………………………………………………………………………… 165
 主要公式 ………………………………………………………………………………… 165
 练习题 …………………………………………………………………………………… 166
 实训 ……………………………………………………………………………………… 169

第7章 时间数列分析

 7.1 时间数列概述 ……………………………………………………………………… 172

####### 7.1.1 时间数列的概念 ·· 172
####### 7.1.2 时间数列的分类 ·· 173
####### 7.1.3 编制时间数列的原则 ·· 174
7.2 发展水平指标 ·· 174
####### 7.2.1 发展水平 ·· 175
####### 7.2.2 增减水平和平均增减水平 ··· 175
####### 7.2.3 平均发展水平 ··· 176
7.3 发展速度指标 ·· 182
####### 7.3.1 发展速度和增减速度 ·· 182
####### 7.3.2 平均发展速度和平均增减速度 ··· 184
7.4 时间数列的变动分析 ·· 186
####### 7.4.1 时间数列变动因素的分解 ··· 186
####### 7.4.2 长期趋势的测定 ··· 187
####### 7.4.3 季节变动的测定 ··· 193
重要术语 ·· 195
主要公式 ·· 196
练习题 ·· 197
实训 ·· 200

第8章 相关与一元线性回归分析 ·· 210
8.1 相关分析 ··· 210
####### 8.1.1 变量关系 ·· 210
####### 8.1.2 相关关系的类型 ··· 211
####### 8.1.3 相关关系的描述与度量 ··· 212
####### 8.1.4 相关关系的显著性检验 ··· 215
####### 8.1.5 相关分析应用案例 ··· 216
8.2 回归分析概述 ··· 219
####### 8.2.1 回归分析的概念 ··· 219
####### 8.2.2 回归分析与相关分析 ·· 219
####### 8.2.3 回归分析种类 ··· 219
####### 8.2.4 回归分析内容 ··· 220
8.3 一元线性回归分析 ·· 220
####### 8.3.1 一元线性回归模型 ··· 220
####### 8.3.2 参数的最小二乘估计 ·· 221
####### 8.3.3 一元线性回归模型的检验 ··· 223
8.4 一元线性回归模型的预测 ·· 228

| 8.4.1 点估计 ······ 228
| 8.4.2 区间估计 ······ 229
| 8.5 残差分析 ······ 230
| 8.6 一元线性回归分析应用案例 ······ 231
| 重要术语 ······ 237
| 主要公式 ······ 238
| 练习题 ······ 239
| 实训 ······ 241

第 9 章 多元线性回归 ······ 248
| 9.1 多元线性回归模型 ······ 248
| 9.1.1 多元线性回归的概念 ······ 248
| 9.1.2 多元线性回归方程 ······ 248
| 9.1.3 参数的最小二乘估计 ······ 250
| 9.2 多元线性回归模型的检验 ······ 251
| 9.2.1 多重判定系数 ······ 251
| 9.2.2 回归方程显著性检验 ······ 252
| 9.2.3 回归系数显著性检验 ······ 253
| 9.3 多元线性回归模型的预测 ······ 255
| 9.3.1 点估计 ······ 255
| 9.3.2 区间估计 ······ 256
| 9.4 异方差 ······ 256
| 9.5 多重共线性 ······ 258
| 重要术语 ······ 258
| 主要公式 ······ 259
| 练习题 ······ 259
| 实训 ······ 262

第 10 章 高阶统计建模分析方法 ······ 269
| 10.1 因子分析法 ······ 269
| 10.1.1 因子分析法的概念 ······ 269
| 10.1.2 因子分析法的算法步骤 ······ 270
| 10.1.3 因子分析法应用案例 ······ 270
| 10.2 主成分分析法 ······ 274
| 10.2.1 主成分分析法的概念 ······ 274
| 10.2.2 主成分分析法的算法步骤 ······ 275
| 10.2.3 主成分分析法应用案例 ······ 275

10.3 聚类分析法 277
10.3.1 聚类分析法的概念 277
10.3.2 K-means 聚类分析法的算法步骤 277
10.3.3 K-means 聚类分析法应用案例 278
10.4 层次分析法 282
10.4.1 层次分析法的概念 282
10.4.2 层次分析法的算法步骤 283
10.4.3 层次分析法应用案例 284
10.5 向量自回归分析法 288
10.5.1 向量自回归分析法的概念 288
10.5.2 向量自回归分析法的算法步骤 288
10.5.3 向量自回归分析法应用案例 289
重要术语 294
练习题 294

第11章 统计分析报告 302
11.1 统计分析报告概述 302
11.2 统计分析报告的类型 303
11.3 统计分析报告的选题 305
11.4 统计分析报告的结构 306
11.5 统计分析报告写作要求 307
重要术语 309
练习题 309

附录 317
附表一 标准正态分布表 317
附表二 概率表(双侧) 319
附表三 t 分布临界值表 321
附表四 χ^2 分布表 323
附表五 F 检验临界值表 325

参考文献 328

第 1 章 总 论

> 若想了解上帝在想什么,我们就必须学统计,因为统计学就是在量测他的旨意。
>
> ——南丁格尔

有人认为,统计不过是生活中的一些数字游戏。殊不知这许多数字游戏中却蕴含着统计学的基本原理,并且可以解决很多复杂的问题。

众所周知,《红楼梦》一书共 120 回,自从胡适作《红楼梦考证》以来,一般都认为前 80 回为曹雪芹所写,后 40 回为高鹗所续。然而长期以来这种看法一直都饱受争议,能否从统计上做出论证?1985—1986 年,复旦大学的李贤平教授带领他的学生做了这项很有意义的工作,他们创造性的想法是将 120 回看成是 120 个样本,然后确定与情节无关的虚词出现的次数作为变量,巧妙运用数理统计分析方法,看看哪些回目出自同一人的手笔。一般认为,每个人使用某些词的习惯是特有的,于是李教授用每个回目中 47 个虚词出现的次数作为《红楼梦》各个回目的数字标志,利用多元分析中的聚类分析法进行聚类,证实了 120 回不是出自同一人的手笔。之后又进一步分析前 80 回为曹雪芹一人手笔,同时推翻了后 40 回是高鹗一人所写,而是曹雪芹亲友将其草稿整理而成。宝黛故事为一人所写,贾府衰败情景为另一人所写。

统计学在战争中也充当了十分重要的角色。二战前期德国势头很猛,英国从敦刻尔克撤回到本岛,德国每天不定期地对英国狂轰滥炸,后来英国空军发展起来,双方空战不断。为了能够提高飞机的防护能力,英国的飞机设计师们决定给飞机增加护甲,但是设计师们并不清楚应该在什么地方增加护甲,于是请来了统计学家,统计学家将每架中弹之后仍然安全返航的飞机的中弹部位描绘在一张图上,然后将所有图都叠放在一起,这样就形成了浓密不同的弹孔分布。然后统计学家说没有弹孔的地方就是应该增加护甲的地方,因为这个部位中弹的飞机都没能幸免于难。

统计学的应用非常广泛,我们在电视、网络上看到的 GDP、CPI 等数据,在电商平台上看到的对商品、店铺的评价分数,我国对外贸易相关数据、企业的销售数据,地铁发车的时间间隔、站点的设置,你出门时导航给你推荐的路线,你吃饭时选的餐厅,坐的椅子的高度等等,这些都跟统计学息息相关,那统计学究竟研究的是什么呢?本章就对统计学的基本内容进行介绍。

1.1 统计与统计学

1.1.1 统计的概念

统计一词由来已久,在各种实践活动和科学研究领域经常出现。起初统计泛指对大量事物的数量关系进行简单的计数汇总工作,现代生活中在不同的场合人们对统计的理解是有差异的。比较公认的看法是,统计有三种含义:统计活动、统计资料和统计学。

1) 统计活动

统计活动又称统计工作,是指收集、整理和分析统计数据,并探索数据的内在规律性的活动过程。统计活动是统计实践活动的重要组成部分。

2) 统计资料

统计资料又称统计数据,即统计活动过程所获得的各种数字资料和其他资料的总称。表现为各种反映社会经济现象数量特征的原始记录、统计台账、统计表、统计图、统计分析报告、政府统计公报、统计年鉴等各种数字和文字资料。广义的统计资料还包括可数字化的数据,如声音图像、视频等影像资料。

3) 统计学

统计学是指阐述统计工作基本理论和基本方法的科学,是对统计工作实践的理论概括和经验总结。它以现象总体的数量方面为研究对象,阐明统计设计、统计调查、统计整理和统计分析的理论与方法,是一门方法论科学。从广义上说,统计学是包括自然科学和社会科学在内的统计科学理论的总和。其中,既有运用数理统计方法对自然现象进行研究的各自然学科统计学,如生物统计学、医学统计学、气象统计学等等,也有作为观察和分析社会经济现象的社会经济统计学及其分支学科,如社会经济统计学、工业统计学、商业统计学等等。本书则专门论述作为社会科学分支的统计学理论和方法,也称之为社会经济统计学。

统计学的英文是"statistics",以单数形式出现时,表示一门科学即统计学;以复数形式出现时,表示统计数据或统计资料。统计活动、统计资料和统计学之间有着密切的联系。统计活动与统计资料是过程同成果的关系,统计资料是统计活动的直接成果。就统计活动和统计学的关系来说,统计活动属于实践的范畴,统计学属于理论的范畴,统计学是统计活动的理论概括和科学总结,它来源于统计活动,又高于统计活动,反过来又指导统计活动,统计活动的现代化同统计科学研究的支持是分不开的。

统计活动、统计资料和统计学相互依存、相互联系,共同构成了一个完整的整体,这就是我们所说的统计。

1.1.2 统计学的性质和特点

如上所述,统计学是研究客观现象总体数量方面的方法论科学。作为方法论科学的统计学,不仅适用于对自然现象数量方面的研究和分析,同样适用于对社会经济现象数量方面的研究和分析。在统计实践活动中,人们不仅要面对确定性现象的数量问题,还要面对不确定性现象(随机现象)的数量问题。

从对统计学研究对象的考察分析,对统计学的主要性质和特点概括如下:

1) 数量性

统计的首要特点是从数量上说明社会经济现象的,运用数字说话。统计研究一般从社会经济现象总体数量的描述开始,描述就是统计设计、统计调查,然后,运用汇总、分组、分析、归纳、推断等手段,找出事物之间数量关系和数量变化的界限,推断事物的数量趋势和规律性。因此,统计是现实社会的描述和反映,也是现实社会的数量分析与数量推断。它完成了现实社会的数量关系到理论分析的过渡,这种过渡是通过数量分析手段完成的,由于统计所研究的数量是与事物的质量紧密结合在一起的,所以,我们必须在质与量的辩证统一中,进行统计研究。这就要求我们根据经济理论范畴的质的规律性,确定相关统计指标概念,搜集统计指标数值,观察其变化,进行必要的统计分析和统计预测。因此,统计是在"定性-定量-定性"的辩证统一中认识事物规律的。

2) 社会性

社会经济统计所研究的数量不是纯数量研究,更不是抽象数字,而是具体的社会经济现象。它与撇开自然和社会现象的具体内容进行抽象研究的纯数学研究有显著差异,统计是紧密结合社会经济现象质的内容来研究量的关系。社会物质生活包括了人类物质生产活动的全部内容,其中,包括社会生产要素的投入、生产活动和物质产品的产出。社会精神生活则包括人类精神文明的全部内容,其中,既有文化活动,也有道德规范等等。研究社会物质和精神生活,既要注重人与物的关系,分析生产力的发展水平和发展速度,分析物质生产的速度,经济结构和经济效益等问题;也要注重人与人的关系,揭示在社会物质生产过程中,人对物质生产资料的占有关系、分配关系和交换关系;也反映人与自然的协调及人类精神文明的进步状况,等等。无论从哪一方面看,统计所研究的量具有一定的社会内容,这就决定了统计所研究的对象及采用的研究方法具有社会性,也为统计学的发展指明了方向。

3) 总体性

社会经济统计的认识对象不是个别事物,而是社会经济现象总体的数量方面。总体是一个集合,由许多个体单位组成。统计研究是以社会现象总体为观察对象的,它描述、分析社会现象总体的规模、水平、比例和速度等数量关系及其表现。这就说明统计的研究对象具有一定的宏观性,它不是以研究个别事物为目的,而是以一个单位、一个企业、一个地区、一个国家为研究客体的,它强调研究对象的集合特征。通过对总体现象的整理归纳,消除个别的、偶然的因素影响,使统计总体呈现出相对稳定的规律性事实,这是统计研究的重要任务之一。

由于统计研究的对象具有总体性,而统计总体又无处不在,它广泛地存在于社会之中。因此,统计认识活动具有广泛性。任何利用数量分析手段认识总体的数量状况,都离不开统计,统计已深入到社会生活的各个领域,如工业、农业、商业、科学技术、卫生、体育、教育、环境保护等等,每一个国民经济管理行业都有自己的统计,以确保管理活动的顺利进行。这充分说明了统计研究对象范围的广泛性。

综上所述,社会经济统计的研究对象是社会经济现象总体的数量方面,统计研究的任务之一就在于揭示社会经济现象总体的数量规律性。

1.2 统计学的产生和发展

1.2.1 统计学的产生

"统计"一词的产生已经有几千年的历史。早在原始公社时期,就有结绳记事、结绳计量的方法,即"事大,大结其绳;事小,小结其绳;结之多少,随物众寡",这可以说是统计的萌芽。据记载,公元前2250年,大禹治水时期,就进行过初步的国情统计,查明了当时全国人口、土地,并根据地理位置、人口及贡赋多寡将全国划分为九个州,汇编成《禹贡》九州篇,从而形成了统计的雏形,《史记》亦载:"禹平水土,定九州,计民数"。春秋时期,齐国的宰相管仲十分重视人口统计,他提出:春天登记,夏天核实,秋天普查,以登记人口的出生、死亡、迁入、迁出的情况。战国时期,秦国宰相商鞅认为,要了解国力强弱,不仅要统计人口总数,还要按壮男、壮女、官吏、商人、读书人、残疾人等十三类分别统计,这就是历史上著名的"强国知十三数"。

西方的统计实践也有悠久的历史。公元前3050年,埃及建造金字塔时,为了征集所需财务和征用劳动力,对全国的人口和财产进行了普查。到17世纪至18世纪资本主义上升时期,随着社会生产的发展,统计有了很大的发展,人口、工业和农业的国情普查逐渐形成了制度,商业、工业、农业、海关、外贸、物价等方面的统计,都先后得到了广泛的发展。

1.2.2 统计学的发展

从统计学的产生和发展过程来看,可以把统计学大致分为古典统计学、近代统计学和现代统计学三个时期。

1) 古典统计学时期

古典统计学时期是指17世纪中叶至18世纪中叶的统计学萌芽时期,当时主要有国势学派和政治算术学派。

(1) 国势学派

国势学派又称记述学派,发源于17世纪的德国,创始人是德国的康令(H. Conring,1606—1681)和阿亨瓦尔(G. Achenwall,1719—1772)。这一学派认为"统计学是研究一国或多数国家的显著事项之学",代表作为阿亨瓦尔的《近代欧洲各国国势学纲要》。他强调,国势学是以国家的领土、人口、财产、贸易、货币、阶级、政治制度为研究对象,采用记述的方法,以文字描述,罗列各国的显著事项。该学派缺乏数量分析的结论和方法,只是社会宏观定性分析。

国势学派对统计学的贡献主要有:首先,由于德语中"国势"与"统计"一词词源相通,故这一学派为统计学这门新兴的学科确定了一个至今仍为世界公认的名词"统计学"(statistics),并提出了至今仍为统计学者所采用的一些术语,如"统计数字资料""数字对比"等。国势学派建立的最重要的概念就是"显著事项",它事实上是建立统计指标和使统计对象数量化的重要前提;其次,国势学派在研究各国的显著事项时,主要是系统地运用对比的方法来研究各国实力和强弱,统计图表实际上也是"对比"思想的形象化的产物。

(2) 政治算术学派

政治算术学派起源于17世纪的英国,代表人物是威廉·配第(W. Petty,1623—1687)和约翰·格朗特(J. Graunt,1620—1674)。威廉·配第在他所著的《政治算术》(1676年)一书中,对当时的英国、法国和荷兰三国的经济实力从数量上进行系统分析,利用了各国的实际统计数据资料,首创了系统的数量对比和分析方法并运用于社会科学规律的宏观分析,马克思称他是统计学的创始人。

1662年,约翰·格朗特通过对伦敦50年来的人口死亡的原因和人口变动的关系进行研究,发表《关于死亡公报的自然和政治观察》,首次提出通过大量观察,可以发现新生儿性别比例具有稳定性和不同死因的比例等人口规律,第一次编制了初具规模的"生命表",对年龄与人口寿命做了分析。

政治算术学派对统计学的贡献有:首先,它并不仅仅满足于社会经济现象的数量登记、列表、汇总、记述等过程,还要求把这些统计经验加以全面系统的总结,并从中提炼出某些理论原则,这个学派在搜集资料方面,较明确地提出了大量观察法、典型调查、定期调查等思想;在处理资料方面,较为广泛地运用了分类、制表及各种指标来浓缩与显现数量资料的内含信息。其次,政治算术学派第一次运用可度量的方法,力求把自己的论证建立在具体的、有说服力的数字上面,依靠数字来解释与说明社会经济生活。

2) 近代统计学时期

近代统计学时期是18世纪末到19世纪末,这一时期的统计学主要有数理统计学派和社会统计学派。

(1) 数理统计学派

数理统计学派产生于19世纪中叶,它是在概率论已有相当发展的基础上,把概率论引进统计学而形成的。其奠基人是比利时物理学家和统计学家凯特勒(A. Quetelet,1796—1874),他首先运用大数定律论证了社会生活现象纷繁复杂变化不定的偶然性中存在着规律性,并提出了误差理论,用来解决统计上的准确性问题。凯特勒将统计学发展中的三个主要源泉,即德国的国势学派、英国的政治算术学派和意大利、法国的古典概率学派加以统一,改造并融合成具有近代意义的统计学。因此,国际统计学界将凯特勒称为"统计学之父"。可以说,凯特勒是古典统计学的完成者,又是近代统计学的先驱者,在统计发展史上具有承上启下、继往开来的地位。

(2) 社会统计学派

19世纪后半叶,正当英美数理统计学派开始发展的时候,欧洲又兴起了社会统计学派。社会统计学派由德国大学教授克尼斯(K. G. A. Knies,1821—1898)首创,代表人物为恩格尔(C. L. E. Engel,1821—1896)和梅尔(G. V. Mayr,1841—1925)。他们认为,统计学是一门社会科学,是研究社会现象变动原因和规律性的实质性科学,统计应当包括资料的搜集、整理以及对其分析研究,统计学研究的是社会总体而不是个别的社会现象,而且由于社会现象的复杂性和整体性,必须对总体进行大量观察和分析,研究其内在联系,才能揭示社会现象的规律。

3) 现代统计学时期

现代统计学时期是从20世纪初至今的统计学发展时期,这一时期,数理统计学由于同自然科学、工程技术科学紧密结合,被广泛应用并迅速发展。首先,它在随机抽样的基础上建立了推断统计的理论和方法。这种方法源于英国数学家戈塞(W. S. Gosset,1876—1937)的小样本 t 分布理论。其后由费希尔(R. A. Fisher,1890—1962)加以充实,并由波兰统计学家尼曼(J. Neyman,1894—1981)等人进一步发展,建立了统计假设理论及置信区间估计等理论。后来,美国统计学家瓦尔德(A. Wald,1902—1950)又将统计学中的估计和假设理论加以归纳,创立了决策理论,美国的威尔克斯(S. S. Wilks,1906—1964)等统计学家对样本分布理论又加以充实和发展,美国的科克伦(W. G. Cochran,1909—1980)等又提出了实验设计的理论和方法,进一步拓宽了统计学的范围。

从 20 世纪 50 年代以来,统计理论、方法和应用进入了一个全面发展的新阶段。一方面,统计学受计算机科学、信息论、混沌理论、人工智能等现代科学技术的影响,新的研究领域层出不穷,如多元统计分析、现代时间序列分析、贝叶斯统计、非参数统计、线性统计模型、探索性数据分析、数据挖掘等;另一方面,统计方法的应用领域不断扩展,几乎所有的科学研究都离不开统计方法。因为不论是自然科学、工程技术、农学、医学、军事科学,还是社会科学都离不开数据,要对数据进行研究和分析就必然要用到统计方法,现代连纯文科领域的法律、历史、语言、新闻等都越来越重视对统计数据的分析,国外的人文与社会学科普遍开设统计学的课程,因而可以说统计方法与数学、哲学一样成为所有学科的基础。

1.3 统计活动与统计基本方法

1.3.1 统计活动

统计活动范围广泛、内容丰富,既包括具体的统计工作,也包括其他非正规的统计业务活动,从具体的统计活动来看,统计活动由统计设计、统计调查、统计整理、统计分析、统计预测与决策等环节组成的。

1) 统计设计

统计设计就是指根据统计研究对象的性质和目的,对统计活动的各个方面和各个环节所做的全面部署和安排。统计设计的内容主要包括设计统计指标、指标体系和统计分类,给出统一的概念和标准,提出收集、整理和分析数据的方案与工作计划等。统计设计是整个统计研究的前期工作,做好统计设计不仅需要统计学一般理论和方法的指导,而且要求设计者具备相关的学科知识,对所要研究的问题具有深刻的认识。

2) 统计调查

统计调查就是根据统计设计方案的要求,采用各种调查组织形式和调查方法,有组织有计划地对所研究总体的各个单位进行观察、登记,准确、及时、系统、完整地收集统计资料的过程。

统计调查是统计认识活动由定性认识过渡到定量认识的阶段,这个阶段所收集的资料是否客观、系统、及时直接影响到统计整理的好坏,关系到统计分析结论的正确性,决定着整个统计工作的质量,所以统计调查是整个统计工作的基础。

3) 统计整理

统计整理是根据统计研究的目的，对统计调查阶段所取得的原始资料进行审核、分组和汇总，将分散的、零星的、反映总体单位特征的资料转化为反映各组和总体数量特征的综合资料的过程。

统计整理是将对总体单位特征的认识过渡到对总体数量特征的认识的桥梁和纽带，它既是统计调查的继续，又是统计分析的必要前提，在统计工作中，处于中间环节，起着承上启下的作用。

4) 统计分析

统计分析是指在统计调查和统计整理的基础上，用科学的分析方法，对所研究的现象总体进行全面、系统的数量分析，认识和揭示事物的本质与规律性，达到认识现象本质的目的。

5) 统计预测与决策

统计预测与决策是在统计分析的基础上，对未来时期的社会经济现象的发展趋势做出估计或判断，或者是提供多方案的论证结果，进而向有关单位和部门提出咨询建议的统计工作过程。统计预测与决策是统计工作的最后阶段，也是统计发挥信息、咨询和监督职能的关键阶段。

从认识论的角度来说，统计设计属于对社会经济现象进行的定性认识；统计调查和统计整理，是实现对事物个体特征过渡到对总体数量特征认识的关键环节，属于定量认识的范畴；统计分析和统计预测与决策则是运用统计方法对资料进行比较、判断、推理和评价，揭示社会经济现象的本质和规律性的重要阶段。统计设计、统计调查、统计整理、统计分析、统计预测与决策的有机统一，体现了统计要在质与量的辩证统一中研究社会经济现象总体数量特征的原则要求。

1.3.2　基本方法

统计学根据研究对象的特点，形成自己专门的研究方法，这些基本方法是大量观察法、统计分组法、综合指标法、统计模型法和统计推断法。

1) 大量观察法

所谓大量观察法，是指对所研究的事物的全部或足够数量的单位进行观察分析的方法。作为反映社会现象总体数量特征的重要思想和原则，大量观察法是统计研究的重要方法论指导原则，而不是一种具体的应用方法。

大量观察法的数学依据是大数定律，大数定律的一般概念是：在观察过程中，每次取得的结果不同，这是由偶然性所致的，但大量、重复观察结果的平均值却几乎接近确定的数值。

大数定律说明由大量的相互独立的随机现象构成的因素总体，如果每个因素对总体的影响相对较小，则这些个别现象的影响将相互抵消，而总体的数量特征，如平均数、成数等，则呈现出稳定性的法则。这也说明在社会复杂现象总体的研究中，复杂的多因素构成的总体中，有主要因素，也有次要因素，有必然和偶然因素，这些因素之间交互作用，构成错综复杂的综合体，但对大量现象的数量特征进行综合时，可以使个别的、偶然的、次要的因素作用相互抵消,使大量社会经济现象的数量特征,借助于平均数的形式显示出总体的规律性来。

2) 统计分组法

统计分组法是指根据事物的内在性质和统计研究任务的要求,将总体单位按照某种标志划分为若干组成部分的研究方法。统计分组法是研究总体内部差异的重要方法,通过分组可以研究总体中不同类型的性质以及它们的分布情况,如产业的经济类型及其行业分布情况;可以研究总体中的构成和比例关系,如三种产业的构成、生产要素的比例等;可以研究总体中现象之间的相关依存关系,如企业经营规模和利润率之间的关系等。

3) 综合指标法

统计研究要客观描述社会经济现象的数量特征,首先要借助于统计指标,正确记录和反映社会经济现象总体在一定时间、地点、条件的总规模、总水平以及其比例、结构和效益。这是统计研究的起点,是统计学研究的核心内容之一。综合指标不仅仅在于简单地运用指标及调查统计指标的数值,更重要的在于进一步运用各种统计分析指标对统计调查的资料、数据进行加工和再加工,使统计指标成为统计分析的重要工具。

从综合的角度看,统计综合指标除了描述功能以外,还有综合分析功能。例如,对大量原始资料进行汇总加工,得到描述性的统计综合指标数值,如总量指标、相对指标和平均指标,在综合指标的基础上,进一步运用动态分析、离散分析、周期波动与趋势分析、因素分析、综合评价等一系列统计分析方法对综合指标进行加工,再加工,增强指标的分析与评价功能,提高统计分析的水平。严格地说,这些统计方法都是综合指标运用的继续,是综合指标方法体系中的一部分。

4) 统计模型法

统计模型法是根据一定的理论和假定条件,用数学方程去模拟客观现象相互关系的一种研究方法。利用这种方法,可以对客观现象和过程中存在的数量关系进行比较完整和全面的描述,凸显所研究的参数之间的关系,从而简化客观存在的其他关系,以便利用模型对所关心的现象变化进行评估和预测。统计模型的三个基本要素是变量、数学方程和模型参数。运用统计模型法,可以使统计分析更具广度和深度,提高统计的认识能力。统计学提供了各种线性的和非线性的、简单的和复杂的统计模型构建方法。

5) 统计推断法

统计推断法是指利用已有信息推断未知信息的工作过程,如利用过去的资料推测未来,利用局部资料推断总体,利用相关总体的资料进行变量间关系的推断等等。我们知道,统计研究的对象是大量社会经济现象总体的数量特征,但是,由于各方面条件的约束,我们不可能也没有必要对每项统计调查都全面系统地认识总体的全部单位,而只需要抽取少部分单位的信息资料,对总体的状况进行推断或估计,可以更有效地发挥统计的作用。所以,在统计研究中,统计推断法占有重要的地位。

统计研究中的抽样推断方法、相关与回归分析方法、统计推算与预测、统计假设检验等方法都是统计推断法的具体表现形式。这些方法主要是从样本调查的结果推算总体,包括在一定把握条件下,对总体的数量特征做出一定区间内的推测;也可用以推断两个不同总体之间某一数量特征是否具有明显的差异;此外,还可以用样本回归方程对总体的参数做出估计和推断等。统计推断方法大部分是以概率论和数理统计方法为基础的,这些方法在社会经济统计学中已经得到成功的应用。

1.4 统计学中的基本概念

在论述统计学的理论与方法的过程中,要运用一些专门的概念,熟悉这些概念是学习统计学的基础。

1.4.1 统计总体和总体单位

1) 总体和总体单位

统计总体简称总体,是指客观存在的、具有某种共同性质的许多个别单位所构成的整体,它是由特定研究目的而确定的统计研究对象。构成总体的每一个事物或基本单位称为总体单位。

例如,研究某个工业部门的企业生产情况时,该工业部门的所有工业企业可以作为一个总体,它是由许多客观存在的工业企业组成的,因此每个工业企业即是总体单位。又如,为了研究某企业生产的十万只灯泡的寿命,那么这十万只灯泡就是一个总体,这十万只灯泡中的每一只就是总体单位。

总体和总体单位的关系是整体同个体、集合同元素的关系,两者相互依存、相互联系,不存在没有总体的总体单位,也不存在没有总体单位的统计总体。总体和总体单位的关系不是一成不变的,随着研究目的的变动,两者可以相互转化。在一定研究目的下,一个事物可以作为总体而存在,然而当研究目的发生变化后,这个事物可能就成为总体单位了。例如,研究我国快递企业的发展情况,那么快递行业的所有企业就是一个统计总体,每个企业就是一个总体单位;而要研究某一个快递企业的经营情况,那么这个企业就变成了统计总体。如果要研究整个国民经济的发展情况,国民经济所有行业组成统计总体,而其中的快递行业又变成了总体单位。

2) 有限总体和无限总体

如果一个统计总体中包括的单位数是无限的,称为无限总体,当总体的总体单位个数很大时也作为无限总体。例如,连续大量生产某种零件时,其总产量是无限的,构成一个无限总体。如果总体中包括的单位数是有限的,称为有限总体。例如,在特定时点上的人口总数、工业企业总数等,都是有限总体。对于有限总体,既可以进行全面调查,也可以抽样调查。对于无限总体来说,只能进行抽样调查,根据样本数据推断总体特征。此外,统计总体还可以分为静态总体和动态总体,前者所包含的各个单位属于同一个时间,后者所包含的各个单位则属于不同时间,根据一定的目的,针对这两类总体就可以分别进行静态研究或动态分析。

3) 总体的特征

总体和总体范围的确定,取决于统计研究的目的要求。而形成统计总体的必要条件,亦即总体必须具备三个特性:大量性、同质性和变异性。

(1) 大量性

大量性是指总体的形成要有一个相对规模的量,仅仅由个别单位或极少量的单位不足以构成总体。因为个别单位的数量表现可能是各种各样的,只对少数单位进行观察,其结果难以反映现象总体的一般特征。统计研究的大量观察法表明,只有观察足够多的量,在对大量现象的综合汇总过程中,才能消除偶然因素,使大量社会经济现象的总体呈现出相对稳定的规律和特征,这就要求统计总体必须包含足够多数的单位。

(2) 同质性

同质性是指构成总体的各个单位至少有一种性质是共同的,同质性是将各单位结合起来构成总体的基础,也是总体的质的规定性。例如,全国电商企业作为统计总体,则每个总体单位都必须具有从事电商活动的企业特征,而不具有这些特征的不能称之为电商企业。如果违反同质性,把不同性质的单位结合在一起,对这样的总体进行统计研究,不仅没有实际意义,甚至会产生虚假和歪曲分析结论。同质性的概念是相对的,它是根据一定的研究目的而确定的,目的不同,同质性的意义也就不同。例如,研究全国快递企业的经营状况时,所有快递企业都是同质的,而研究民营快递企业经营状况时,民营快递企业与国有快递企业就是异质的。可见,同质性是相对研究目的而言的,当研究目的确定后,同质性的界限也就确定了。

(3) 变异性

总体各个单位除了具有某种或某些共同的性质以外,在其他方面则各不相同,具有质的差别和量的差别,这种差别称为变异。例如,某班级统计学成绩有 95 分、90 分、88 分、76 分等差异。正因为变异是普遍存在的,才有必要进行统计研究。

在此,有三个问题需要特别说明:首先,变异是客观的;其次,变异对于统计非常重要,没有变异就没有统计,这是因为,如果总体单位之间不存在变异,那么只需要了解一个总体单位的资料就可以推断总体情况了;最后,变异性和同质性之间相互联系、相互补充,是辩证统一的关系。用同质性否定变异性或用变异性否定同质性都是错误的。

1.4.2 统计标志

1) 标志和标志表现

统计标志简称标志,是指用来说明总体单位属性或特征的名称。因此,标志是依附和说明总体单位的概念。一个总体单位在某种特征上的具体表现,即标志表现。

例如,要了解某大学经济管理学院本科生的情况,总体为该大学经济管理学院全体本科生的集合,总体单位为其中的每个学生,每个学生都拥有以下特征或者属性:性别、年龄、民族、身高、体重、籍贯等,这些就是标志。其中,某个学生的性别是女,年龄为 18 岁,民族是汉族,这里"女""18 岁""汉族"就是性别、年龄、民族的具体体现,也就是标志表现。

2) 标志的分类

标志按其性质可以分为品质标志和数量标志。表示事物质(属性)的特征的,不能用数量而只能以性质属性上的差别来表示的,称为品质标志。如学生的性别、民族,企业的所有制性质等这一类标志。如果能以数量的多少来表示,则称为数量标志,表示事物的量的特性。如学生的年龄、身高、体重,企业的产量、工人数等。

例如,某个学生的性别是女,年龄为 18 岁,民族是汉族,其中:性别、民族是品质标志,"女""汉族"则是品质标志的具体表现;年龄是数量标志,"18 岁"则是相应的数量标志的具体表现。

标志按变异情况可以分为不变标志和可变标志。如果一个总体中各单位有关标志的具体表现都相同,称之为不变标志。例如,在学生这一总体中,身份是不变标志,又如,国有工业企业的经济类型是属于国家所有,这个标志对国有工业企业这一总体来说,就是不变标志。任何总体的各个总体单位至少要有一个共同的不变标志,才能使它们结合在一起,这个不变标志就是构成总体同质性的基础。在一个总体中,当一个标志在各单位的具体表现有可能不同时,这个标志便称为可变标志。例如,各个学生的年龄、性别可能表现不同,因而是可变标志,又如,国有工业企业的产量、产值、工人数等标志,是随着每个企业的具体情况而变动的,这些标志也是可变标志。

1.4.3 统计指标与指标体系

根据统计研究的目的和要求,确定了总体、总体单位及其各种标志以后,就应采用一定的统计方法对各单位的标志的具体表现进行登记、核算、汇总和综合,以说明各个总体的数量特征。这主要是通过统计指标来实现的。

1) 统计指标

统计指标是反映社会经济现象总体的数量特征的概念和数值,与标志不同,它是依附于统计总体的概念。如人口数量、土地面积、产品产量、总产值、利润、国民收入等,这些概念用于反映一定统计总体的数量方面时,就是统计指标。任何统计指标总是要通过一定的数值来加以说明的,这种数值称为统计指标数值,统计指标数值是社会经济现象发展变化的规律性在一定时间、地点和条件下的数量表现。例如,2019 年江苏省的 GDP 为 99 631.52 亿元,其中,GDP 为统计指标,99 631.52 为指标数值。

在统计实践活动中,从不同角度出发,有时仅把指标概念理解为统计指标,有时又把指标数值视为统计指标,这种理解实际上是把统计指标的两部分分开来理解的,事实上,每种理解又都是以另一部分的存在作为前提的。因此,一个完整的统计指标应该是由两个部分所构成,即指标名称和指标数值。可见,指标名称和指标数值是两个既有联系又有区别的概念。指标名称是统计所研究的社会经济现象的科学概念,表明社会经济现象的质的规定,反映某一社会现象内容所属的范围;指标数值则是统计所研究现象的具体数量综合的结果,对某一社会经济现象总体特征从数量上加以说明,统计指标名称及其指标数值的有机结合,也就是事物质的规定性和量的规定性有机联系的表现。

统计指标一般包含六个要素:即指标名称、计量单位、核算方法、时间限制、空间限制、指标具体数值。例如,我国 1997 年 4 月工业总产值按现行价格计算为 5 983.22 亿元,该统计指标就包含上述六个要素。从事统计指标的理论设计主要是制订和规范前三个要素,而从事具体的统计调查和数据搜集工作,则是准确核算后三个要素,这也是具体统计工作所要承担的繁重任务。

根据统计指标的定义,可知统计指标具有以下三个特点:

(1) 数量性。统计指标反映的是现象总体的数量特征,因此都是可以用数字来表现的,能够用统计指标来表述的现象,其前提条件必须是可以度量的。

(2) 综合性。统计指标既是同质总体大量个别单位的总计,又是大量个别单位标志差异的综合,是许多个体现象数量综合的结果。例如,某人的年龄、存款额不能叫做统计指标,一些人的平均年龄、储蓄总额、人均储蓄额才叫统计指标。统计指标的形成都必须经过从个体到总体的过程,它是通过将总体各单位的数量差异抽象概括,来反映现象总体的综合数量特征。

(3) 具体性。统计指标是现象总体在一定时间、地点、条件下的数量特征的具体表现,并不是抽象的概念和数字,它是客观存在的事实的真实反映,这一点使社会经济统计和数理统计相区别。

通过统计指标,可以反映社会经济现象的规模、水平、比例和速度等,研究社会经济发展规律的数量表现,检查国民经济和社会发展计划以及各项政策的执行情况,衡量生产经营活动的经济效益。因此,统计指标成为认识社会、管理经济、科学研究的基本依据之一,起着社会指示器和反映数量规律性的作用。

2) 统计指标的分类

统计指标按其所反映的数量特点和内容的不同,可以分为数量指标和质量指标两类。

(1) 数量指标:反映总体规模大小和数量多少的指标叫数量指标。例如,人口总数、企业总数、耕地总面积、工业总产值和商品流转额等,都属于数量指标。数量指标是用绝对数表示的,并具有实物的或货币的计量单位。统计实践中这类指标通常是以总量指标的形式出现,由于数量指标反映的是现象总体的绝对量,因此其指标数值大小随总体范围的大小而变化。

(2) 质量指标:反映总体内部数量对比关系和总体一般水平的指标叫质量指标。例如,产品合格率、单位成本、利润率、劳动生产率等。质量指标是用相对数或平均数表示的,统计工作中,这类指标通常是以相对指标或平均指标的形式出现。由于质量指标反映的是现象总体内部的数量关系,因此其指标数值大小与总体范围大小没有直接的关系。

统计指标按其作用和表现形式的不同,可分为总量指标、相对指标和平均指标。这些统计指标的涵义、内容、计算方法和作用各不相同,将在第四章进行叙述。

3) 统计标志和统计指标的关系

统计指标与标志之间的区别主要表现在:

(1) 反映的范围大小不同。统计指标说明的是总体的数量特征,而标志则是反映总体单位的特征。例如,一个工人的工资是标志,全部工人的工资总额是统计指标。

(2) 表述形式不同。统计指标都是用数值表示,而标志既有能用数值表示的数量标志,又有用文字表述的品质标志。

两者的联系主要表现为:

(1) 汇总关系。许多统计指标的数值是由总体单位的数量标志值汇总而来的,如某企业全部工人的工资总额是企业全部工人的工资加总之和,这里,工资总额是统计指标,而每个工人的工资则是标志。

(2) 对应关系。由于统计指标和标志的综合汇总关系,因此在统计研究中,标志与统计指标名称经常是同一名称,具有相互对应关系,如上例中的工资。

(3) 变换关系。由于统计研究的目的不同,统计总体和总体单位具有相对性。统计总体和总体单位的非确定性,导致相应的统计指标和标志也不是严格确定的。随着研究目的的变化,当原有的统计总体转变为总体单位时,相应的统计指标也就成为标志,反之亦然。这说明指标与标志之间存在着一定的联系和变换关系。

4) 统计指标体系

一个统计指标只能反映社会经济现象某一侧面的特征,说明一个简单的现象的数量关系。而社会经济现象是一个复杂的整体,各类现象之间又存在着相互联系和相互制约的关系,这是产生统计指标体系的客观基础。同时也就要求采用一套相互联系的统计指标,借以反映社会现象各个方面的特征以及事物发展的全过程,说明比较复杂的现象数量关系,由若干个相互联系的统计指标所组成的整体,叫作统计指标体系。

由于社会经济现象之间的联系是多种多样的,所以反映各种相互联系的统计指标体系也是多种多样的。通过人们对客观存在的各种现象之间相互联系的认识,结合各种需要说明的不同问题,可以拟定不同种类的统计指标体系:

(1) 基本统计指标体系。即反映国民经济和社会发展及其各个组成部分的基本情况的指标体系。其中,首先是以反映整个国民经济和社会发展的统计指标体系最为主要,设置这类指标体系的目的在于研究社会扩大再生产过程,全面检查分析经济与社会发展计划的执行情况,以及编制综合平衡统计表。因此,这类指标体系是以社会再生产过程各个基本环节及其经济效益为中心,包括经济与社会发展条件的统计指标,物质产品的生产流通、分配和消费的统计指标,教育、科学与保健医疗统计指标,社会服务、社会福利和社会治安统计指标,对外经济、贸易与文化交往统计指标,以及其他如政治、行政活动统计指标等。其次,就是各地区和各部门的统计指标体系。设置这类指标体系时,既要考虑到全局的要求以及纵横交错的联合,又应该结合该地区或部门的特点,以便更好地发挥统计指标体系对本地区或本部门的社会管理服务和检查监督的作用。最后,就是基层企业事业单位的统计指标体系。既要为本单位的经营管理进行服务和监督,又要符合上述两类的统计指标体系的要求。

(2) 专题研究用的指标体系。为了配合生产、经营管理和经济研究的需要,按各个专门问题而设置相应的统计指标体系,如主要经济效果统计指标体系,能源问题研究的统计指标体系等。由于这种统计指标体系的内容具有专门化的特点,因此,必须与相应的经济问题和社会问题研究具体结合,才能建立符合研究目的和实际要求的指标体系。

此外,统计指标体系也可以指若干个统计指标之间的联系,表现为一个方程关系。例如销售额=销售量×价格,反映构成销售额的各个因素之间的联系;工资总额=平均工资×职工人数,反映构成工资总额的各个因素的联系等。统计指标体系对于统计分析和研究具有重要意义。

1.4.4 变量与变量值

可变的数量标志和各种统计指标称为变量。变量都是以数值表示的,不包括品质标志。变量的具体表现,就是可变数量标志或统计指标的不同取值,称为变量值。例如,经管学院每位学生的年龄分别为 18 岁、19 岁、17 岁……,年龄不都是一样的,并且用数字来表示,因此,年龄是可变数量标志,也是一个变量。18 岁、19 岁、17 岁……是年龄这个变量的不同取值,因此是变量值。2019 年江苏省的 GDP 为 99 631.52 亿元,GDP 是统计指标,因此是变量,99 631.52亿元是变量值。事实上,统计调查都离不开对总体单位的数量标志进行观察和计量,汇集得来的某一数量标志的一系列数值,在统计上又称为数据。就同一个数量标志的一系列变量值而言,其变化并非杂乱无章,而在一定范围内具有一定的规律性。因此,针对不同类型的变量值,应该采用不同的统计方法进行处理,探讨其数量特征及其规律性。

按照变量值的连续性,变量可以分为连续变量和离散变量(即不连续变量)。前者是指它的数值是连续不断的,即在任意两个相邻数值之间可以取无限多个不同的数值。例如,人的身高、体重等都是连续变量。连续变量的数值通过测量或计算方法取得,实际测量或计算所得的数据,其精确度只能达到一定的限度,是一种近似的结果。离散变量的数值是通过逐个计数的方法得出的,所取的可能数值只能按整数计数,不可能有小数。例如,职工人数、企业数、机器台数等都是离散变量,其可能数值个数是有限的,构成有限总体。

变量按其性质可以分为确定性变量和随机变量。在一个系统中,如果某一变量值能够被另一个变量或若干个变量的值,按一定的规律唯一确定,则该变量就可以称之为确定性变量。例如,在销售价格一定的条件下,某商品的销售额的变动完全由销售量所确定,销售额就成为确定性变量。所谓随机变量,是指其数值的变动受到许多种因素的影响,在相同条件下进行观测,由于影响因素的作用不同,其可能的实现值(或观测值)不止一个,数值的大小随机波动,带有偶然性,事前无法确定。例如,某企业生产的同一批次灯泡的质量波动受许多因素的影响,如果抽取一部分灯泡进行检验,这些灯泡的寿命值不尽相同,数值的大小随机波动,检验前是不能预先确定的,则灯泡寿命就是随机变量。随机变量具有随机性或偶然性,但它的数值变动却有一定的规律性,通过大量观察,应用统计技术方法,可以揭示和描述其数量特征以及变动的规律性。

1.5 统计学的应用

社会经济的绝大多数领域都要用到统计方法。随着大数据分析技术的发展,数据驱动管理决策的重要性日益凸显,社会经济统计学在社会经济及管理领域中的应用主要包括以下几个方面:

1) 企业发展战略规划

制定企业发展战略就是对企业的长远发展作出规划。一方面,需要及时了解和把握整个宏观经济的状况及发展变化趋势,了解市场的变化;另一方面,企业要进行市场定位,把握自身的优势和劣势。这一决策过程需要统计工作提供可靠的数据,利用统计方法对数据进行科学的分析和预测等。

2) 市场调研

企业要在激烈的市场竞争中取得优势,就必须了解市场,进行市场调查,并对调查获得的信息进行科学的分析,以此作为生产和营销的依据,这些都需要统计实践和统计分析的支持。

3) 财务分析

企业的投资离不开对财务数据的分析,投资管理者通过项目投资回报率及其风险的分析,确定是否对某个项目进行风险投资,其中要用到大量的统计方法。上市公司的财务数据是股民投资的重要参考依据,投资咨询公司根据上市公司提供的财务数据进行统计分析,为股民提供详实的参考信息。

4) 经济预测

企业要对未来的市场状况进行预测,经济学家也要对宏观经济的某一方面进行预测,在进行预测时要使用各种统计信息和统计方法。比如,企业要对产品的市场需求作出预测,以便及时调整生产计划,这就需要利用市场调查取得数据,并对数据进行统计分析;经济学家在预测通货膨胀时,要利用有关生产价格指数、居民消费价格指数、失业率、生产能力利用等统计数据,然后通过统计模型进行预测。

5) 人力资源管理

企业利用统计方法对员工的年龄、性别、受教育程度、工资等进行分析,并作为企业制订工资计划及奖惩制度的依据。

6) 商业智能

对数据进行抽取、转换和装载,合并到数据库中,利用合适的数据挖掘技术以及联机处理工具等进行分析和处理,将数据转化为知识,为管理决策服务。

统计学的应用不局限于以上提到的几个方面,因为几乎没有不用统计的领域,统计学是一种通用的数据分析语言,只要有数据的地方就会用到统计方法,因此统计学的应用非常广泛。

重要术语

统计总体 总体单位 无限总体 有限总体 统计标志 标志表现 品质标志 数量标志 不变标志 可变标志 统计指标 数量指标 质量指标 变量 变量值 连续变量 离散变量 统计指标体系

练 习 题

一、单项选择题

1. 标志是(　　)
   A. 说明总体的质的特征的名称
   B. 说明总体单位量的特征的名称
   C. 说明总体特征的名称
   D. 说明总体单位特征的名称

2. 了解某市集体所有制工业企业的技术装备情况,则统计总体是(　　)
   A. 该市集体所有制的全部工业企业
   B. 该市集体所有制的每一工业企业
   C. 该市集体所有制工业企业的某一台技术设备
   D. 该市集体所有制工业企业的全部技术设备

3. 考生的《统计学》成绩分别为 60,68,75,82,90,这五个数字是(　　)
   A. 指标　　　B. 标志　　　C. 变量　　　D. 标志值

4. 下列标志哪个属于品质标志（　　）
   A. 年龄　　　　　B. 性别　　　　　C. 工资　　　　　D. 体重
5. 变量是指（　　）
   A. 可变的数量标志　　　　　　　B. 可变的数量指标
   C. 可变的数量标志和指标　　　　D. 可变的品质标志
6. 某厂工人的平均工资是（　　）
   A. 品质标志　　　B. 质量指标　　　C. 数量标志　　　D. 数量指标
7. 某人年龄为20岁，则"年龄"为（　　）
   A. 品质标志　　　B. 质量指标　　　C. 数量标志　　　D. 变量值
8. 以一等品、二等品和三等品来衡量某产品的质量好坏，则该产品等级是（　　）
   A. 质量指标　　　B. 数量指标　　　C. 品质标志　　　D. 数量标志
9. 有10个班级全部学生每个人的成绩资料，如要调查这10个班级学生的统计学成绩情况，则统计总体是（　　）
   A. 10个班级的全部学生
   B. 10个班级
   C. 10个班级学生的全部成绩
   D. 10个班级每个学生的统计学成绩
10. 社会经济统计是（　　）的有力工具。
    A. 解决问题　　　B. 克服困难　　　C. 进行交流　　　D. 认识社会
11. （　　）是统计的根本准则，是统计的生命线。
    A. 真实性　　　　B. 及时性　　　　C. 总体性　　　　D. 连续性
12. 统计一词的三种涵义是（　　）
    A. 统计活动、统计资料、统计学　　　B. 统计活动、统计调查、统计学
    C. 统计调查、统计整理、统计分析　　D. 统计指标、统计资料、统计学
13. 统计总体的同质性是指（　　）
    A. 总体各单位具有一个共同的品质标志或数量标志
    B. 总体各单位具有若干个各不相同的品质标志或数量标志
    C. 总体各单位具有一个及以上共同的品质标志属性或数量标志数值
    D. 总体各单位具有若干个各不相同的品质标志属性或数量标志数值
14. 有15个企业全部职工每个人的工资资料，如要调查这15个企业职工的工资水平情况，则统计总体是（　　）
    A. 15个企业的全部职工　　　　B. 15个企业
    C. 15个企业职工的全部工资　　D. 15个企业每个职工的工资
15. 指出下面的变量哪一个属于数值型变量（　　）
    A. 年龄
    B. 性别
    C. 企业类型
    D. 员工对企业改革的态度（赞成、中立、反对）

16. 数量指标一般表现为( )
    A. 平均数　　　　B. 相对数　　　　C. 绝对数　　　　D. 众数
17. 要了解某车间45位工人的生产技能情况,则总体单位是( )
    A. 某车间　　　　　　　　　　　B. 每一个工人
    C. 车间的生产总产量　　　　　　D. 每一个工人的日产量
18. 连续变量可以( )
    A. 被无限分割,无法一一列举　　　B. 按一定次序一一列举
    C. 通常取整数　　　　　　　　　　D. 是职工人数、设备台数等这类变量
19. 以下属于品质标志的是( )
    A. 工人年龄　　　B. 工人性别　　　C. 工人月工资　　　D. 工人体重
20. 一个统计总体( )
    A. 只能有一个标志　　　　　　　B. 只能有一个指标
    C. 可以有多个标志　　　　　　　D. 可以有多个指标

二、判断题(对的在括号里打√,错的在括号里打×)

1. 一个统计总体只能有一个指标,构成总体的总体单位也只能有一个标志。( )
2. 全国的耕地面积是统计总体。( )
3. 总体和总体单位在任何条件下都是可以互相转化的。( )
4. 以工厂某个班组为总体考查生产情况,该班工人生产的产品数量是数量标志。( )
5. "女性"是品质标志。( )
6. 无论是数量指标还是质量指标都需要用数值来表示。( )
7. 数量指标是由数量标志汇总而来的,而质量指标是由品质标志汇总而来的。( )
8. 变量值就是标志值。( )
9. 工资80元、100元、150元、180元,这四个数值是四个变量。( )
10. 性别是不变标志。( )
11. 统计着眼于事物的整体,不研究个别事物的数量特征。( )
12. 总体单位总量和总体标志总量是固定不变的,不能互相变换。( )
13. 国民经济统计学的研究范围是全部国民经济现象。( )
14. 随着研究目的的不同,总体和总体单位是可以相互转化的。( )
15. 学生成绩可作为统计总体。( )

第 2 章 统 计 调 查

美国著名的《文学摘要》杂志社自1912年开始进行民意测验预测美国总统选举,其民意测验以精确性著称,成功预测了美国1912年到1932年之间的历次总统选举。1936年,《文学摘要》杂志社为了预测总统候选人罗斯福与兰登两人谁能当选,他们以电话簿上的地址和俱乐部成员名单上的地址发出1 000万封调查信,回收200万封。在统计史上,这是少有的样本容量。花费了大量的人力、物力,《文学摘要》深信自己的统计结果,即兰登将以57%对43%的比例获胜,并且进行了大张旗鼓的宣传。

在《文学摘要》杂志社调查预测过程中,一个名叫乔治·盖洛普的人,对《文学摘要》杂志社调查结果可信度提出质疑,他也组织了民意调查,抽取了5万份问卷,经过分析,他的预测与《文学摘要》杂志社的截然相反,认为罗斯福必胜。

最后选举事实结果是罗斯福以62%对38%的巨大优势获胜!这次调查断送了原本颇有名气的《文学摘要》杂志社的前程,不久只得关门停刊。而盖洛普一战成名,发展到今天,盖洛普公司已经成为世界性的盖洛普组织。盖洛普民意测验已在全球建立了40多个分公司,调查网覆盖世界55%的人口和3/4的经济活动,在全球拥有覆盖151个城市的调查网及3 000余名兼职访问员。盖洛普公司用科学方法测量和分析选民、消费者和员工的意见、态度和行为,并据此为客户提供营销和管理咨询,取得卓越的学术和商业成果,处于全球领先地位。

后来人们试着分析《文学摘要》杂志社和乔治·盖洛普两者成败的原因,发现《文学摘要》杂志社对调查信邮寄的对象缺乏总体认识和明确的界定,他们当时所抽取的对象并不是美国全体已登记的选民名单,而是依据电话号码簿、汽车登记簿以及俱乐部来编制抽样范围,再从这些号码中进行抽取,这样一来,没有家庭电话、私人汽车和不属于任何俱乐部的选民就被排斥在外了,同时由于1933年开始,美国经济大萧条,大量人口收入下降滑落到下等阶层,而民意调查的样本也并未包含这部分人。正好是这部分人中的多数,将选票投给了罗斯福,从而让《文学摘要》杂志社的调查结果出现了极大偏差。另一方面乔治·盖洛普使用配额抽样调查法,力求调查对象在州、市、镇、村各行政单位,年龄、性别、人种、社会阶层等各方面均有覆盖,能更准确地代表美国选民。这些分析表明,《文学摘要》杂志社预测失败不是调查技术和统计推断不科学,而是因为偏离了正确的抽样,导致调查数据不能客观反映事实,使得调查数据失去了准确性,也就失去了调查的根本。因此统计调查必须采用合适的方式方法,遵循一定的原则要求进行开展。本章即对统计调查的相关内容进行介绍。

2.1 统计调查的概念、意义与要求

2.1.1 统计调查的概念

统计作为认识社会的有力工具,首先需要对社会实际情况作周密系统的统计调查。统计调查就是按照统计研究的目的和任务,运用各种调查组织形式和方法,有组织、有计划地向调查对象搜集各种原始资料和二手资料的工作过程。

其中原始资料是指向调查单位直接搜集的,未经加工整理而保持其原始状态的第一手资料。二手资料是指已经经过加工整理、能在一定程度上说明总体特征的统计资料。例如,各种统计年鉴、报表等。

2.1.2 统计调查的意义

统计调查是统计工作的开始阶段,是统计整理和统计分析的前提,是整个统计工作的基础。统计调查在整个统计工作中,担负着提供基础资料的任务,是认识世界和社会的有力工具。如果统计调查工作存在问题,得到的资料也将存在残缺不全或者存在错误等问题,势必会影响整个统计工作,统计整理、统计分析和统计预测将无从谈起,从而影响国家宏观经济决策或企业经营决策。因此,只有搞好统计调查,才能保证统计工作达到对于事物规律客观认识的目的,为正确经营决策保驾护航。

2.1.3 统计调查的要求

不管是对一手资料的调查还是二手资料的调查,都需要满足一定的要求,才能使得调查的结果切实可用。

相对而言,二手资料的搜集比较容易,采集数据的成本低,获取速度较快,但是对使用二手资料要保持谨慎态度。因为二手资料并不是为收集二手资料人员的研究问题而产生的,所以在面对具体的研究问题时,多少会有一些欠缺,因此在使用二手资料之前,需要对二手资料根据调查目的要求进行评估:

(1) 资料来源是否可靠。主要考察数据来源的实力和社会信誉度,如国家权威机构发布资料的可靠性要高于某个一般社会团体或个人发布的资料。

(2) 资料采集目的是否纯正。资料采集的目的应该是客观反映事物发展情况,如果是为说明某个利益集团的权益而采集的数据要多加关注,这样的数据往往有失偏颇。

(3) 数据搜集方法是否合理。搜集数据的方法有多种,采用不同方法所采集到的数据,其解释力和说服力是不同的。如果不了解搜集数据所用的方法,则很难对数据的质量做出客观的评价。

(4) 数据搜集的时效性。过时数据对现实的说服力会有所降低,时间越久远,对现实的说服力越低,因此要尽量使用最新的数据,对解决当前问题,具有更强现实意义。

同时,使用二手数据,要注意数据的定义、含义、计算口径和计算方法,避免错用、误用、滥用。在引用二手数据时,还应标明引用来源,尊重他人成果。

同样的，在进行统计调查，获取原始资料时，也有一些原则需要遵循。统计调查数据是后续统计工作的基础，必须确保原始资料的真实有效、及时全面，同时也要考虑获得资料的经济性。

准确性：要求搜集的资料必须真实可靠，符合实际，调查误差较小。统计调查只有做到了准确性，才能为正确的分析提供客观依据，做出科学的结论。

及时性：要求保障统计调查所获得的资料的时效性，及时向资料所需者提供资料，从时间上满足各层次对统计资料的要求。

全面性：要求搜集的资料必须全面系统。即应该包括所要调查的全部单位的资料，并且具有系统性，便于系统观察，这样才能从不同层次、各个方面反映现象发展的过程、特征及问题，从而做出正确的判断。

经济性：在前三个要求达到一定满足程度的基础上，以尽可能少的调查费用获取所需的统计资料。通常，准确性越高，及时性越强，资料要求越全面，费用就越高。如果一味强调前三个指标，忽略了经济性，就会造成人力、物力、财力等资源不必要的浪费。

因此，统计调查应该根据调查任务要求，确定合适的准确性、及时性、全面性指标程度，分清主次缓急，以尽可能小的代价获得相关资料。

2.2 统计调查方法

2.2.1 直接观察法

直接观察法是指由调查人员直接到现场对调查单位进行观察、测量、记录，以此获得统计资料的一种方法。此方法能够准确地获得统计资料，但是耗费的人力、物力、财力也较多，往往用于对资料准确性要求非常高的应用场景，如旅游景点工作人员对枫叶的直接观察，以获得红叶率，给游客出行提供指导信息。

2.2.2 报告法

报告法是由报告单位以各种原始凭证和核算资料为依据，按照统一要求填写制式信息，并在规定时间内逐级向上提供统计资料的方法。此法可以节省调查机构的人力，同时如果系统健全，原始记录和核算工作真实、完整，就可以取得比较准确的统计资料，如我国对传染病的报告系统，医疗机构或相关单位在获取相关信息时，要统一及时向疾控中心报告，以便疾控中心进行公共卫生决策。

2.2.3 采访法

采访法是指根据调查项目的要求，由调查人员直接询问被调查者，通过被调查者的答复而收集资料的一种调查方法。此法可以使调查人员与被调查者直接接触，逐项询问、互相核实、深入交流，获取的资料比较真实可靠，但是消耗资源多，而且所获得的资料往往不是格式化的，对后期数据整理形成挑战，如新闻工作者对热门社会经济生活事件的采访调查。

2.2.4 问卷调查法

问卷调查法是指根据一定调查目的,以发放问卷的形式,向被调查者收集资料的一种方法。此法可以随机或有意识地选择若干调查单位,发放问卷,要求在规定时间内提供相关信息,通过信息汇总,分类整理和统计调查分析而推断总体的基本情况。问卷调查的方法在统计调查里占据重要地位,上到国家大事,下到生活琐事,均可采用这种方法进行,如针对大学生网络购物现状进行问卷调查。随着互联网的发展,越来越多的问卷调查从线下走到线上,也有了专门开展问卷调查的网络平台,如问卷星就是专门进行网络问卷调查的平台。

2.3 基础统计调查

2.3.1 统计报表

1) 统计报表的含义

统计报表是基层企业、单位和各级主管机关,根据一定的原始记录和核算资料,按照国家或上级规定的统一的表式、统一的指标和内容、统一的报送程序,自上而下布置、自下而上逐级汇总上报资料的一种统计调查方式。

在市场经济条件下,国家对国民经济仍然起着宏观调控的作用,经济政策的制定需要依靠统计报表来提供资料。因此,统计报表是国民经济管理的重要工具,是我国定期取得统计资料的主要调查方法。

2) 统计报表的特点

统计报表具有显著特点,包括可靠性、周期性、统一性和时效性。

可靠性:统计报表的数据资料来源于基层单位的原始记录,只要健全基层单位的原始记录制度就可以保证统计报表的可靠性。

周期性:统计报表是按照国家或上级规定的时间进行上报的,对很多统计报表来说,需要在固定时间按一定周期进行,如财务报表。

统一性:统计报表是按照国家或上级统一的要求进行上报的,既有形式上的统一、也有内容项目的统一、针对报告单位的要求也是统一的。

时效性:统计报表应该按照国家或上级要求的时间进行上报,以保证统计资料及时到达决策者手中,充分发挥统计报表的作用。

3) 统计报表的内容

统计报表主要由报表目录、报表表式和填表说明构成。

报表目录:报表目录是说明应报送的报表名称、填报单位、调查对象、报送时间和报送程序等事项的一览表。对各种统计报表的编制和报送办法等进行了具体规定,有利于填报单位了解在什么时间、采用什么方式、向谁报送以及报送什么内容等。

报表表式:报表表式是指报表的具体格式,不同调查任务有不同的报表形式,但基本都由表头、表体和表脚三部分构成。

填表说明:填表说明是指填写报表时的注意事项,包括统计范围、由谁填报、由谁汇总、指标解释等。填表说明是确保基层单位对报表内容有统一的理解,正确填报,保障报表资料的质量。

4) 统计报表的类型

(1) 按实施范围分

按实施范围,可以将统计报表划分为国家统计报表、部门统计报表和地方统计报表。国家统计报表是根据有关国家统计调查项目和统计调查计划制定的统计报表。部门统计报表是根据有关部门统计调查项目和统计调查计划制定的统计报表,一般用来收集各级主管部门所需的专门资料。地方统计报表是根据地方统计调查项目和统计调查计划相应制定的统计报表,满足地方的专门需要。部门和地方的统计报表,是国家统计报表的补充。

(2) 按填报单位分

按填报单位,可以将统计报表划分为基层统计报表和综合统计报表。基层统计报表是由基层单位填报,反映基层单位运转活动情况的报表。综合统计报表是由主管部门或统计部门根据基层统计报表逐级汇总填报的统计报表。综合统计报表以基层统计报表为基础,广泛利用各业务部门的资料。

(3) 按报送周期分

按报送周期,可以将统计报表划分为日报、周报、旬报、月报、季报、半年报和年报。报表报送周期的长短与填报指标项目的详简密切相关。日报、周报和旬报一般限于生产经营中最主要的指标。月报和季报的指标项目较多,主要用来检查各部门计划执行情况。年报是具有总结性的报表,指标项目最多,内容全面完整,是检查当年计划执行情况和制定新的年度计划的依据。

2.3.2 普查

1) 普查的含义

普查是为了某种特定目的而专门组织的一次性全面调查,主要是调查一定时间社会经济现象的总量指标,收集那些不能或不宜使用定期全面报表收集的统计资料,如用以搜集重要国情国力和资源状况的全面调查,包括人口普查、工业普查等,目的是掌握社会经济现象的基本面貌,从而为制定相关政策措施提供依据。普查一般是在全国范围内进行,涉及的部门多、人员广,需要大量人力、物力和财力的支持,要有计划、有组织、有步骤地进行。

2) 普查的意义

普查能全面系统地掌握相关统计资料,是进行社会主义现代化建设的一项十分重要的基础工作。尤其是了解一个国家人力资源、物资资源和财力资源的数量及其利用情况,对于国家从实际情况出发制定国民经济和社会发展计划及产业政策,加强国民经济管理,安排人们物质和文化生活具有重要意义。

新中国成立以来,我国在社会经济领域不定期进行过多次普查,特别是近十年来进行的人口普查、全国城镇房屋普查、全国工业普查、第三产业普查等都是我国有史以来规模较大的国情国力调查,这些普查为我国制定各项发展战略奠定了基础。

因此,普查是一种很重要的调查方法,在特定情况下是其他方法不可替代的。

3) 普查的组织方式

普查的组织方式一般有两种:一种是建立专门的普查机构,配备大量的普查人员,对调查单位进行直接的登记,如人口普查等;另一种是利用调查单位的原始记录和核算资料,颁发调查表,由登记单位填报,如物资库存普查等。后一种普查组织方式比前一种简便,适用于内容比较单一、设计范围较小的情况,特别是为了满足某种紧迫需要而进行的"快速普查",就可以采用这种方式。随着社会主义建设事业的发展,需要针对某些专门问题的详细资料越来越多,加上基层单位管理与核算工作的进步,第二种普查组织方式使用范畴和频率会逐步提高。

4) 普查的特点

(1) 普查通常是一次性或周期性的

由于普查涉及面广,调查单位多,需要耗费大量的人力、物力和财力,通常需要较长的时间间隔,一般每隔 5 年甚至 10 年一次,如我国的人口普查从 1953 年到 2010 年一共进行了 6 次。随着我国普查的规范化、制度化,目前每逢尾数数字为"0"的年份进行人口普查,每逢尾数数字为"3"的年份进行第三产业普查,每逢尾数数字为"5"的年份进行工业普查,每逢尾数数字为"7"的年份进行农业普查,每逢尾数数字为"1"或"6"的年份进行统计基本单位普查。

(2) 确定普查的"标准时间"

标准时间是指对被调查对象登记调查资料时所依据的统一时间,这是为避免调查时因情况变动而产生重复或遗漏登记的情况。例如,我国第六次人口普查的标准时点为 2010 年 11 月 1 日零时,不论登记的时间是在开展调查工作规定时点前或时点后,都必须按照标准时间的实际状态进行登记。

(3) 规定统一的普查期限

在普查范围内各调查单位或调查点应尽可能同时进行登记,并在最短的期限内完成,以便方法和步调上保持一致,保证资料的准确性和时效性。开展调查工作的时间,即为调查期限。

(4) 规定普查的项目和指标

普查时必须按照统一规定的项目和指标进行登记,不能任意改变或增减,以免影响汇总和综合,降低资料质量。同一种普查,每次调查时应尽可能保持一致,以便对比分析历次普查资料,观察被研究对象的发展变化规律。

(5) 普查的适用面较窄

普查需要对全部调查单位进行逐一调查,调查的工作量大、成本高、组织工作复杂,目前仅限于重要的国情国力基础数据的搜集。

人口普查涉及千家万户,是一项技术性很强的专业工作,也是一项广泛性的群众工作,我国历次人口普查认真贯彻群众路线,做好宣传和教育工作,得到群众的理解和配合,取得了令人瞩目的成绩。

2.3.3 重点调查

1) 重点调查的含义

重点调查是在调查对象中,选择一部分重点单位进行调查。所谓重点单位,是指在总体中这部分单位占总体单位数的比重不大,但是它们在所研究现象的标志总量中却占有较大的比重,在总体中的地位是举足轻重的。重点调查就是通过调查重点单位的情况,来反映被研究对象的基本情况和基本趋势。例如,要了解全国钢铁生产的基本情况,只要对少数几个重点钢铁企业如鞍钢、宝钢、武钢、首钢等进行调查,就可以取得需要的资料。对大型煤矿的产量及劳动生产率和生产成本的调查;对大城市农副产品市场商品价格的调查;对某市零售额最大的几家商场进行商品销售量和销售额的调查等等也都可以采用重点调查。

2) 重点调查的意义

重点调查方式调查的总体单位少,可以调查较多的项目指标,从而了解比较详细的情况,及时取得相关资料,使用较少的人力、物力和财力,取得较好的结果。一般来说,如果调查任务只要求掌握总体的基本情况,而且总体中确实存在重点单位时,采用重点调查是比较合适的。

3) 重点调查的关键

重点调查的关键是确定重点单位,重点单位可以是一些企业、行业,也可以是若干城市或地区,甚至是重点之中的重点,重点单位个数的多少是根据调查任务确定的。一般来说,选出的单位应尽可能少些,而其标志值在总体中所占比重应尽可能大些,其基本标准是所选出的重点单位的标志必须能够反映研究总体的基本情况。其次选择重点单位时,要注意重点的方面是可以变动的,即要看到一个单位在某一问题上是重点,而在另一个问题上不一定是重点;在某一个调查总体中是重点,在另一个调查总体中不一定是重点;在这个时期是重点,在另一个时期不一定是重点。因此,对不同问题的重点调查,或同一问题不同的重点调查,要随着情况的变化而随时调整重点单位。另外还要注意选取那些管理比较健全、业务能力较强、统计工作基础较好的单位作为重点单位,以保证调查工作的准确性。

4) 重点调查的组织方式

重点调查的组织方式,既可以组织专门的调查,也可以颁发标准表式,由部分重点单位填报。统计报表中的指标,如工业产品质量和技术经济指标、物资消耗定额、工时利用情况等,可以通过重点调查取得所需的数字资料。与国计民生关系重大、国家需要重点掌握的若干单位,也可以作为重点单位,其任务不在于了解基本情况,而在于经常了解生产经营的进展情况和问题。

2.3.4 典型调查

1) 典型调查的含义

典型调查是根据调查目的和要求,在对调查对象进行初步分析的基础上,有意识地选取少数具有代表性的典型单位进行深入细致的调查研究,借以认识同类事物的发展变化规律及其本质的一种调查方式。而所谓典型单位,是指那些最充分、最集中体现总体某方面特性的单位。只要客观地、正确地选择典型单位,通过对典型单位深入细致的调查,既可以搜集详细的第一手资料,又可以掌握生动具体的情况,还可以获得对总体本质特征的深刻认识,特别是对一些复杂的社会经济问题的研究,典型调查可以了解得更深入、更具体、更详尽。

2) 典型调查的意义

典型调查在研究社会经济生活问题方面,具有重要意义。

(1) 可以研究新生事物,了解新情况、新问题

定期报表、普查等调查方式主要适用于研究社会经济生活中发生的大量现象,而处于萌芽状态的新生事物开始总是少数,无法进行大量观察。采用典型调查,及时抓住典型调查新情况,研究新问题,探索新的发展方向,以形成科学预见,为正确处理问题提供客观依据。

(2) 对具体问题进行深入具体分析

通常有些资料不可能或者不需要通过全面调查和其他调查方式进行,如有关先进典型等的调查资料,可以采用典型调查及时取得所需要的统计数字和情况。特别是对一些不适宜采用全面调查深入研究的具体问题,可以通过典型调查,深入少数典型单位,进行细致的调查,具体的分析,了解事物发生和发展的过程以及数量变化的原因与后果,认识事物的本质特征,以补充全面调查的不足。

(3) 一定条件下推断总体的指标数值

推断总体特征主要是依靠抽样调查,但是在一定情况下,典型调查也可以做到:一是总体中各单位的差异很小,每个单位都有一定的代表性;另一种情况是总体单位之间差异很大,但通过划类选典,掌握了各类典型的数字资料,而且已知各种类型在总体所占的比重,就可以根据类型按比例推算总体的指标数值。但典型单位不是按随机原则抽取的,所以这种推断无法计算误差,推断结果只是一个粗略的近似值。

3) 典型调查的特点

由于典型调查是在充分考虑调查目的和调查要求的情况下,通过对客观对象的全面分析之后有意识地选定的,所以典型调查只要对为数不多的单位进行调查,就有可能取得代表性较高的资料。正因为调查单位少,可以有效地节约人力、物力和财力。而且典型调查在内容和方式方法方面具有较大的灵活性。例如,典型调查既可以侧重研究事物的质的方面,也可以着重于现象的数量关系的分析;可以从纵向方面研究典型单位的历史和现状,综合判断其发展前景,也可以就调查单位某方面的问题,作短期剖析,研究其构成要素等。

4) 典型调查的方法

典型调查的中心问题是如何正确选择典型调查。选择典型单位必须依据正确的理论进行全面分析,切忌片面性和随意性,不仅要求调查者有客观正确的态度,而且要有科学的方法,根据不同的研究目的和要求,有以下三种选择典型的方法:

(1) "解剖麻雀"法

通过对个别代表性单位,依靠调查者深入基层与调查单位直接接触与剖析,获得比较详细、系统资料的调查方法称为"解剖麻雀"法。这种选择典型的办法适用于总体内各单位差别不大的情况。

(2) 划类选典法

总体内部差异明显,但可以划分为若干个类型组别,使各类型组别内部差异较小,这时可以从各类型组别中分别抽取适当数量具有代表性的单位进行调查,即称为划类选典法。这种调查既可用于分析总体内部各类型特征,以及它们的差异和联系,也可综合各种类型

对总体情况做出大致的估计。

(3) 抓两头

从社会经济组织管理和指导工作的需要出发,可以分别从先进单位和落后单位选择典型,以便总结经验和教训,带动中间状态的单位,推动总体向前发展。

2.3.5 抽样调查

1) 抽样调查的含义

抽样调查是从调查对象的总体中随机抽取一部分单位进行调查,并用这一部分的指标数值推断总体的指标数值,也称为抽样法。它既是搜集统计资料的方法,又是对现象总体做出具有一定可靠性的估计推断的方法,在科学实验、质量检验、社会调查等统计调查和统计分析中都有广泛应用。

2) 抽样调查的意义

(1) 对不能全面调查的总体进行推断

有些事物的总体不可能进行全面调查,只能采用抽样调查以达到对总体数量特征的认识。例如,灯泡的寿命检验、产品的质量检验、元器件的性能检验等,都具有破坏性,不可能进行全面调查,只能通过抽样调查来推断总体的状况。又如,有些现象总体过大,而且其中的单位过于分散,虽然从理论上来说,可以进行全面调查,但是实际操作却难以进行。例如,池塘里的鱼苗数、森林区的木材蓄积量等,只能通过抽样调查来推断了解总体的状况。

(2) 可以取得事半功倍的效果

对于某些社会经济现象,虽然可以进行全面调查,但是耗费的人力、物力和财力都比较大。例如,要了解城乡居民收入情况,对全国所有家庭进行全面调查,涉及面极广,工作量巨大,因此可以按照抽样调查抽取一定比例的户数进行调查估计,调查数量减少后,还可以增加调查项目,获得更详细的资料,提高资料的准确性和时效性。

(3) 对全面调查资料进行评价和修正

由于全面调查面广量大,并受到各种主客观因素的影响,在调查登记和汇总过程中,可能会发生偏差。因此在全面调查尤其是普查后,为了评估全面调查工作的可靠性,有必要通过抽样调查进行检验,对全面调查资料进行修正,以便得出更加精确的调查资料。例如,我国在 1982 年 7 月 1 日进行第三次人口普查结束后,通过质量抽样检查,发现重复登记人口数占 0.71‰,漏报人口数占 0.59‰,两者相抵,净差率为 0.12‰,证实这次人口普查偏差符合国际公认标准,是一次有效的人口普查。

(4) 帮助严格把控产品质量

抽样调查对成批生产或者大量连续生产工业产品的工艺过程可以进行非常严格的质量控制,检查生产过程是否处于正常状态。实践证明,对于新工艺新技术的改革,新医疗方法的应用是否有效等,采用抽样推断对某些未知总体的假设,判断其真伪,辅助决策均有很大实用价值。

3) 抽样调查的特点

根据抽取样本的原则不同,抽样可以分为概率抽样和非概率抽样。概率抽样是按照概率论和数理统计的原理从调查研究的总体中随机抽取样本,并从数量上对总体的某些特征做出估计推断,对推断可能出现的误差可以从概率意义上加以控制。非概率抽样是一种非随机抽样,是研究者依据自己的意识有针对性抽取样本的一种方法。统计学中习惯将概率抽样称为抽样调查,这种统计调查方式,具有以下几个特点:

(1) 按一定概率以随机原则抽取样本

所谓随机原则是指在抽取样本时排除主观故意抽取调查单位,使每个单位都有被抽中的可能。但是,随机原则不等于随便,随机需要遵循严格的科学标准,可以用概率论来描述,而随便则是带有个人主观因素,它们的本质区别在于是否按照给定的抽样概率,通过一定的随机化程序抽取样本单元。

(2) 可以对总体进行估计

通过抽样调查,从对象总体中取得一部分调查单位的实际资料,通过计算样本的综合指标,在一定可靠性的要求下,借以完成全部总体的数量特征估计,如总体平均数、总体成数等的估计。

(3) 存在抽样误差

抽样调查只涉及全部总体中的一部分单位,得到的指标数值与全部总体的指标数值之间具有一定差异,由于抽样产生的误差叫抽样误差。这种抽样误差数值大小可以事先通过一定资料和知识加以测定,并且能够采取措施对误差范围进行控制,保证抽样推断的结果达到一定可靠程度。

4) 抽样调查的方法

(1) 简单随机抽样

简单随机抽样是对研究全部总体的所有单位,不进行分组或排队,随机地从其中抽取一定数目的单位进行调查。具体做法为:将处于抽样总体中的抽样单位进行编码,然后利用随机数码或专用的计算机程序确定处于编码范围的随机数码,那些编码与随机数码吻合的单位便成为随机抽样的样本。

简单随机抽样简单易行,误差分析也比较容易,适用于个体单位之间差异较小的总体,通常需要较大样本量。

简单随机抽样根据具体抽样过程不同,又分为重复抽样和非重复抽样。重复抽样是从总体中抽取一个单位记录后,将此单位重新放回总体,再进行下一个单位抽取,直到抽取到要求的单位数量为止。由于这种抽样方法可能会使一个单位被多次重复抽到,因此称为重复抽样。如在一个装有乒乓球的袋子里抽取乒乓球,取出一个做好标记后,将该乒乓球放回,然后抽取下一个,被放回的乒乓球有可能再次被抽到,直到抽取到要求的单位数量为止。非重复抽样是指一旦一个单位被抽到,不再放回总体,只对剩下的单位进行后续抽取,直到抽取到要求的单位数量为止。由于这种抽样方法不可能存在一个单位被多次重复抽取的可能,因此称为非重复抽样。如在一个装有乒乓球的袋子里抽取乒乓球,取出一个做好标记后,不再将该乒乓球放回,接着抽取下一个,这样被抽出的乒乓球不可能再次被抽到。

重复抽样和非重复抽样不仅仅是抽样过程的不同,在第5章抽样推断中,我们会看到,这两种抽样方式会导致样本抽样平均误差的计算也不相同。

简单随机抽样在抽样理论中占据重要地位,这种方法是其他抽样方式的基础,理论也最成熟。但是简单随机抽样需要一个完整的抽样框,当总体单位数很大时,这是不具备的,而且简单随机抽样的样本很分散,调查样本单元时可能会遇到很多困难。

(2) 系统抽样

系统抽样也称为等距抽样。将总体中所有单位按照一定顺序进行排列,在规定的范围内,抽取一个单位作为初始单位,然后按照固定顺序和相等的空间距离或间隔,从中抽取样本单位的抽样方法称为系统抽样。总体单位的排列依据可以是一维的,也可以是二维的,起始单元可以是一个,也可以是一组。

根据需要抽取的样本单位数(n)和总体单位数(N),可以计算出抽取各个样本之间的距离或间隔,即:$K = N/n$。就相当于将排好序的全部总体单位划分为 K 个相等的间隔,每个间隔里按要求抽取一个总体单位,即可得到样本。例如,某学期修统计学的学生为500名,随机抽取50人进行统计学成绩调查,可按学生学号进行排序,由于500/50=10,因此将这些学生从第一个开始,每相邻10个划分为一组,依次得到50组。在第一组1到10个学生中间随机确定一个学生作为起点,比如第3个学生作为起点,则之后每加10的位次的学生被抽选出来,即13,23,33,43,…,493,总共抽取50名学生作为抽样样本,而这50名学生的成绩作为样本标志进行后续考察。

系统抽样是非重复抽样,简单易行,容易确定样本单位,一般情况下,系统抽样所得到的单位在总体中散布比较均匀,有利于得到估计精度。但是抽样间隔要和数据变化周期错开,如进行产品质量抽查时,产品抽样的时间间隔不宜和上下班时间间隔相一致,否则就会产生系统性偏差。因此如果抽样工作人员对此缺乏了解或缺乏处理的经验,抽取出的样本代表性就会比较差。

(3) 分层抽样

分层抽样就是先将总体单位按某一主要标志分组,然后在各组中采用简单随机抽样或系统抽样方式,抽取需要数目的调查单位构成样本的调查方式。在实际工作中广泛应用分层抽样,如某城市居民家庭收入抽样调查,可以先按不同行政区域分类,然后在不同区域内按照简单随机抽样抽取一定数量的家庭构成样本。

分层抽样当中有三个问题,一个是对总体进行分组,另一个是要确定对每组内采用简单随机抽样或者系统抽样方式进行抽样,还有一个问题就是必须要确定每一组需要抽取的数量,也就是样本单位数在各组的分配。常用的分配方法有:

比例分配法:此方法按照统一的抽样比例确定各组分别要抽取的单位数,也即组内单位数越多,所抽取的样本单位数也就越多。具体的抽取算法可设总体单位为 N 个,第 i 组单位数为 N_i 个,总共需要抽取 n 个单位作为样本,则第 i 组需要抽取的单位数 n_i 为:

$$n_i = \frac{N_i}{N} \times n \tag{式2.1}$$

类型分配法:此方法基于影响抽样误差大小的主要因素是总体单位标志变异程度的大小的思路,变异程度越大,抽样误差越大,变异程度越小,抽样误差越小,因此在进行各组抽样单位数分配时,对变异程度越大的组抽取的单位数要适当放大,使得各组样本单位数依据各组单位数与其标准差乘积的比例而定。具体的抽取算法可设总体单位为 N 个,第 i 组

单位数为 N_i 个,第 i 组的标准差为 σ_i,总共需要抽取 n 个单位作为样本,则第 i 组需要抽取的单位数 n_i 为:

$$n_i = \frac{N_i \sigma_i}{\sum N_i \sigma_i} \times n \qquad (式2.2)$$

类型分配法实质上是分组法与抽样原理的结合运用。通过分组,可以把总体分成性质比较接近的类型组,使组内标志值之间的差异缩小,同时按随机原则在各组中抽取一定数目的样本单位,使样本单位的分布更接近总体的分布,从而可以提高样本的代表性。实践证明,在总体单位数较多、内部构成情况比较复杂、标志变动程度较大的情况下,采用分层抽样比简单随机抽样和系统抽样效果要好。

(4) 整群抽样

整群抽样是将总体单位划分若干群组,然后对群组按照纯随机抽样或系统抽样的抽样方式,以群组为单位,抽取若干群组作为样本的抽样方式,如对某学校经管学院学生学习情况进行调查,按照班级分组,以班级为单位抽取学生进行调查。

整群抽样与简单随机抽样相比,抽取样本时不需要抽样框包含全部单位,大大简化了工作量。整群抽样与分层抽样相比,两者都是将总体划分为多组,但是组的作用不同。分层抽样划分的组称为"类",作用是缩小总体,使总体差异减少,而抽取的样本仍是总体单位。整群抽样划分的组是"群",作用是扩大单位。

整群抽样的优点是组织工作比较方便,确定一群就可以抽出许多单位进行观察,并且群通常隶属于同一系统的单位构成,调查地点相对集中,从而可以节省调查费用,方便调查工作的实施。但是整群抽样正是因为抽选单位相对集中,显著影响了总体各单位分布的均匀性,使得抽样误差比较大,估计精度比较差。因此,在统计工作实践中,采用整群抽样时,一般要比其他抽样方式抽取更多的总体单位,以提高抽样结果质量。

(5) 多阶段抽样

多阶段抽样是指:将总体分成初级单元,每个初级单元又由若干个二级单元构成,先在总体中抽取需要的初级单元,对每个被抽中的初级单元再抽取若干个二级单元进行调查,这种抽样称为二阶段抽样;若二级单元继续分成更小单元的三级单元,则是三阶段抽样,以此类推,可以定义多阶段抽样。

多阶段抽样具有分层抽样的优点,保证了样本相对集中,组织实施方便,节约了调查费用,构造抽样相对容易,某些抽样条件可以分级满足。在较大规模的抽样调查中,多阶段抽样是经常采用的方法。但是,即使是大规模调查,抽取样本的阶段也应该尽可能减少,因为每增加一个抽样阶段,就会增添一份估计误差,用样本对总体进行的估计也就越复杂。

2.4 统计调查分类

统计调查可以依据不同的划分标准,分为不同的类型,主要通过调查范围、调查时间和组织方式来划分,如图2.1所示。

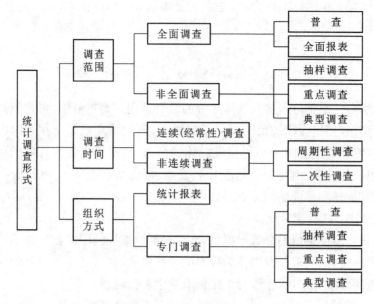

图 2.1　统计调查分类示意图

1) 按调查对象范围划分

按调查对象范围的不同,可以分为全面调查和非全面调查。全面调查是指对调查总体中的所有总体单位都进行调查登记,以获得全面统计资料的一种调查方式。这种调查方式能掌握调查总体的全面情况,但会消耗较多的人力、物力和财力,调查时间也会较长,同时可能出现的登记误差也越大。因此,全面调查往往适合用于有限总体,调查内容只限于反映国情国力的重要统计指标。统计报表和普查都属于全面调查。非全面调查是指对调查总体中的一部分总体单位进行调查登记的一种调查方式。由于非全面调查涉及的调查单位较少,调查时间也相对较短,可以用较少的人力、物力和财力,获得较多的、详细的调查资料。抽样调查、重点调查和典型调查都属于非全面调查。

2) 按调查登记时间的连续性划分

按调查登记时间是否连续,可以分为连续性(经常性)调查和非连续性调查。连续性调查是指随着调查对象时间上的变化而连续不断进行登记的一种调查方式,目的在于获取事物发展变化全过程及其结果的统计资料。非连续性调查是指每间隔一段时间就对调查对象的状况进行调查登记,以取得这些现象在一定时间节点上的状态资料的一种调查方式,这些指标的数值在一定时期内变动不大,只需要根据需要组织一次调查或者间隔一段时间组织一次调查即可。因此,非连续性调查可以是定期进行的,也可以是不定期进行的,如十年一次的人口普查就是定期举行的周期性调查,又如对科学技术人员的普查就是不定期的一次性调查。

3) 按调查组织方式划分

按调查组织方式的不同,可以分为统计报表和专门调查。统计报表的概念在前一节已经做过介绍。专门调查是为了某一特定目的或为了研究某些特定问题,专门组织的一种收集资料的调查组织方式,多属于一次性调查。专门调查包括普查、抽样调查、重点调查和典型调查。这些调查方式灵活多样、适应性强,不仅可以弥补统计报表的不足,而且可以随着社会、经济、科技的不断发展,针对不断产生的新情况和新问题,采取相应的调查方式,满足实际工作需要。

2.5 统计调查方案

统计调查,特别是规模较大的统计调查,需要投入大量的人力、物力和财力,是一个系统性工程。在进行调查前,需要设计周密的统计调查方案,以指导整个调查工作,保障调查工作有计划、有组织地进行。可以说,统计调查方案属于整个统计调查的纲领性文件,是对整个统计调查工作所做的整体规划和具体安排。不同的调查方案在内容和形式上有所不同,但大体包括:确定调查目的和任务、确定调查对象和调查单位、确定调查提纲和调查表、确定调查时间与调查期限、确定调查组织实施计划。

2.5.1 确定调查目的和任务

确定调查目的和任务是制定统计调查方案的首要工作。确定调查目的和任务,即要明确通过调查需要解决什么问题,搜集哪些资料。明确了调查目的和任务,才能做到有的放矢,才能确定调查对象、调查单位、调查方式等一系列工作。

实践证明,调查目的必须明确,突出中心问题,规定任务要具体,并且保证调查目的和整个统计研究工作目的相一致,否则就会带来调查工作的盲目性,影响统计调查结果的质量,浪费人力、物力和财力。

2.5.2 确定调查对象和调查单位

确定调查对象和调查单位,是以调查目的为依据,回答向谁调查、由谁来具体提供调查资料的问题。其中调查对象是根据调查目的确定的,需要进行调查研究的某一社会经济现象的总体。调查单位是构成总体的个体,是调查过程中调查对象所要调查登记其标志的具体单位,是调查资料的直接承担者。例如,某校对学生学习情况进行调查,调查对象是全部学生,调查单位是每个学生,只有正确科学确定调查对象,才能划清统计研究的总体界限,避免因为总体界限不清而影响登记资料的准确性。

确定调查对象和调查单位时,还要区分调查单位和报告单位,报告单位是负责按规定日期、规定表式提交统计资料的单位,是负责向上报告调查内容的单位。调查单位和报告单位有时一致,有时不一致。例如,进行工业设备普查,调查单位是单台设备,报告单位是工业企业,这时调查单位和报告单位是不一致的,而要进行工业企业现状调查,调查单位和报告单位都是工业企业,这时调查单位和报告单位是一致的。

2.5.3 确定调查提纲和调查表

调查提纲是指需要调查登记的具体内容或项目,包括需要向调查单位了解的有关标志或其他情况。调查内容必须符合调查目的,力求少而精,突出重点,避免内容庞杂,影响调查质量。同时,还要考虑被调查者能否如实回答,但凡得不到准确答案的项目应该要放弃。

另外调查提纲要有严格的逻辑顺序,相互之间尽可能相互联系,方便相互进行核对和检查,也便于资料汇总后的分析。而且列入的调查项目或标志的含义要明确具体,做出统一的解释或提示,避免调查人员或被调查者因为理解有误,导致调查资料无效。如果属于定期的一次性调查或者经常性调查,还应该参考历次调查资料进行对比。

调查表是将调查提纲拟定的调查项目按照一定的顺序进行排列形成的表格,以便填写和登记调查单位的具体特征和情况。调查表一般由表头、表体和表外附加三个部分组成。调查表有两种形式,分别为单一表和一览表。单一表是单独登记的表格,一张单一表记录一个调查单位,有多少调查单位就有多少张单一表,可以包含较多调查项目,详细列出调查内容。一览表是在一张统计表上登记多个调查单位,适用于登记项目较少而调查单位较多的情况,方便核查比对,比较高效。

2.5.4 确定调查时间与调查期限

调查时间是指调查资料的所属时间,如果调查现象是时期数,调查时间就是资料所反映的起讫时间,如果调查现象是时点数,调查时间就是规定的统一标准时间。例如,调查产品产量,就要明确是某一个月还是一个季度或是一年的产品产量;进行人口普查,就要明确具体是哪个时点上的人口,我国第六次人口调查,调查时间就是 2010 年 11 月 1 日 0 时 0 分 0 秒,这也是调查标准时间。

调查期限是进行调查工作的期限,是开展调查工作的起讫时间,包括搜集资料和报送资料的整个工作所需要的时间。例如,第六次全国人口普查,要求在 2010 年 11 月 1 日到 10 日完成普查登记工作,这个时间段即为调查期限。为了保证资料的及时性,调查期限应该尽可能短。

2.5.5 确定调查组织实施计划

调查组织实施计划是为完成整个调查工作所进行的各项必要安排,具体包括:调查工作的组织;领导机构的设置;调查人员的安排;调查方式方法的确定;调查前的准备,如宣传、培训、资料的准备;调查资料的报送方法;调查经费的预算和开支方法;调查结果公布的时间等问题。

对于规模大而缺少经验的统计调查,需要进行试点调查,以便取得经验,来验证原定调查方案的可行性。如果试点调查与调查方案有出入时,要根据试点工作中发现的新问题和新情况,对调查方案进行必要的补充和修正。

2.6 问卷调查设计

2.6.1 问卷设计的原则

问卷质量是问卷调查的关键。一份好的问卷必须能将问题传达给被调查者并被其有效理解,保证被调查者愿意回答。问卷调查的基本要求是信息要真实可靠,易于整理和进行统计分析,为此,问卷设计应遵循以下原则:

1) 主题明确合理

问卷设计要根据调查主题,从实际出发拟定调查问卷。问题始终要目的明确,能完成调查者的研究需要,同时要突出重点,避免可有可无的问题,避免因为问题繁杂而影响研究目的。

2) 逻辑清晰易懂

问卷的设计要有整体系统性,要求设计的问题按照一定逻辑进行排序。为实现这一目标,各问题设置需密切相关,能够获得比较完整的信息,符合被调查者的思维程序,一般是先易后难、先简后繁、先具体后抽象。如果问题设置是发散的,问卷就会给人随意、缺乏严谨性的感觉。

3) 简明易懂

问卷设计形式要简洁,调查内容要通俗易懂,使被调查者一目了然,问卷语气要亲切,符合被调查者的能力和认知能力,避免使用专业术语,调查时间要短,一般控制在 20 分钟内。在满足调查目的的前提下,简明易懂的问题容易让被调查者接受,愿意采取合作的态度接受调查,在相对短的时间内完成问卷填写。

4) 避免诱导暗示

设置问题要中性,避免主观臆断和暗示,尤其是针对一些敏感性问题更是如此。否则这样的问卷只是得到了调查者想要的结果,并不能反映被调查者的真实情况。

除了以上原则需要遵循外,在进行问卷设计时,还要注意便于被调查者无顾虑地回答,必要时,对被调查者隐私信息保密,同时还需考虑后期调查资料的校验、整理和统计,使得到的调查结果具有说服力。

2.6.2 问卷的结构

不同的调查问卷在具体结构、问题、措施和排版式样上会有所差异,但是一般来说,一份完整的调查问卷包括三个部分:卷首语、正文和结尾。

1) 卷首语

卷首语在问卷的开头,一般是致被调查者的信或问候语,往往包括:称呼、问候;调查人员自我说明的主办单位个人身份;向被调查者简要说明调查内容、目的和意义,引起重视和兴趣,争取支持和合作;说明填写方法;保证对被调查者无负面作用,并保护隐私;表示真诚的感谢,或说明将赠送小礼品。

卷首语要有亲切感,诚恳礼貌,文字简洁明了。实践表明,几乎所有拒绝合作的被调查者都是在开始接触的前几秒钟时间内就表示不愿意参与的。如果潜在调查对象能听取调查来意后愿意参与,那么整个问卷都会完成。

2) 正文

问卷的正文一般包括三个部分:被调查者的基本情况;调查内容本身;敏感、复杂问题或态度问题。被调查者的基本情况与调查内容没有直接的联系,主要用于调查资料的分类分析,应该适用于所有的被调查者,不包括任何难答或敏感的问题,并能让被调查者快速回答。调查内容本身是调查问卷的主体和核心,涉及调查主题的实质及细节的相关问题,其组织安排要符合逻辑,并对被调查者来说具有意义,其内容设计直接关系到问卷调查所获资料的数量和质量。敏感、复杂问题或态度问题主要用于获取被调查者对调查对象的观点看法,对获取调查对象问题和解决方案具有重要意义。

3) 结尾

结尾一般是填写问卷的指南,包括调查项目的解释、问卷的填写方法、填写要求、寄送方式等,并再次表示对被调查者的感谢。

2.6.3 问题的形式

问题的形式分为两种:封闭式问题和开放式问题。

1) 封闭式问题

封闭式问题是指问卷的问题是列出若干个可能选项,由被调查者根据自己的情况,在其中选择一个或多个选项回答,又称为结构式问题。封闭式问题的优点是:有利于统计整理和分析;问题具体清楚,被调查者容易回答,有较高的回收率,调查材料可信度较高。但也存在一些缺点:问题的选项是有限的,不利于被调查者的创造性发挥;如果选项中没有被调查者认可的选项,容易导致被调查者随便选择,从而导致信息失真。

2) 开放式问题

开放式问题是指对问卷的问题事先不给任何选择答案,被调查者可以根据自己的情况进行自由回答。开放式问题可以让被调查者充分表达自己的看法,有利于被调查者发挥主观创造性,信息更加真实。但是开放式问题容易掺杂一些无价值、不相关的信息,回答的材料缺乏统一标准,增加统计整理汇总分析的难度,同时开放式问题会占用被调查者较多的时间和精力,拒绝回答比例较高。

一般问卷既包括封闭式问题,又包括开放式问题,一般以封闭式问题为主,根据需要加上一些开放式问题,给被调查者自由发表意见的机会。这既可获得格式化资料,也可获得主观性资料,有效结合两者的优势。

2.6.4 问卷设计的程序

1) 明确调查目的和调查主题

在全面分析调查目的和调查要求的基础上,确定调查主题,进一步明确调查内容、调查资料的来源、调查范围等,构思问卷的整体结构。将所需要的资料罗列出来,并确定调查地点,调查时间和调查对象。

2) 分析样本特征

分析了解调查对象的社会阶层、社会环境、行为规范、观念习俗等社会特征;需求动机、潜在欲望等心理特征;理解能力、文化程度、知识水平等学识特征,为后期设计问卷项目奠定基础。

3) 拟定初步调查问卷

(1) 明确调查项目

在明确目的和主题,分析样本特征的基础上,明确调查项目,然后对项目进行检查、筛选,查看是否有遗漏和冗余,进行适当删减、补充和替换。

(2) 设计问题内容和形式

根据确定的调查项目,确定问卷由哪些问题构成,每个问题包含什么内容,采取什么形式,是直接性、间接性还是假设性问答题,是封闭性还是开放型问答题,确保问题信息以最合适的途径,精准地传达给被调查者,以便获得真实、准确的回答。

(3) 把握问题顺序

问卷问题的排列顺序是否科学合理,直接影响调查资料的质量。因此,需要对问题进行科学排序,一般来说需要遵循原则有:先易后难,先熟悉后生疏;先封闭性问题后开放型问题;先一般性问题后敏感性问题;对相关联的内容进行整理,以提高问卷的系统性和被调查的可接受性。

4) 问卷试答

为了使调查工作顺利进行,达到调查目的,需要就调查问卷在小范围内进行模拟测试,以检查问卷描述是否清楚,被调查者是否愿意填写,调查资料是否方便整理,进一步确定问卷的可行性。具体测试内容包括对问卷问题、问卷构思、问卷顺序、问卷难度和问卷时间的测试。

5) 问卷修改定稿

根据问卷试答结果,对不合理的部分进行修订完善,再进行问卷试答,直到完全合乎要求。将通过试答的问卷形成正式调查问卷,进行定稿后,交付印刷,以用于正式问卷调查。至此,问卷设计部分工作结束。

重要术语

统计调查 原始资料 二手资料 统计报表 普查 重点调查 典型调查 抽样调查 调查对象 调查单位 报告单位 调查时间 调查期限 封闭式问题 开放式问题

练习题

一、单项选择题

1. 统计调查按其组织方式不同,可分为( )
   A. 统计报表和专门调查　　　　B. 全面调查和非全面调查
   C. 经常性调查和一次性调查　　D. 定期调查和不定期调查
2. 一次性调查( )
   A. 只能是定期的　　　　　　　B. 只能是不定期的
   C. 可以是定期或不定期的　　　D. 可以是经常性的
3. 在统计调查中,负责向上级报告调查内容的单位是( )
   A. 调查对象　　B. 调查单位　　C. 填报单位　　D. 总体单位
4. 在统计调查中,调查标志的承担者是( )
   A. 调查对象　　B. 调查单位　　C. 填报单位　　D. 调查表
5. 某乡为测算其粮食产量,随机地抽取了若干块地进行实地调查,这种调查属于( )
   A. 普查　　　　B. 重点调查　　C. 典型调查　　D. 抽样调查

6. 进行户籍登记,根据包括总体单位的范围看,这是(　　)
   A. 全面调查　　　B. 抽样调查　　　C. 重点调查　　　D. 典型调查
7. 对占煤炭开采量75%的大矿井进行劳动生产率调查,根据所包括的总体单位范围看,这是(　　)
   A. 全面调查　　　B. 抽样调查　　　C. 重点调查　　　D. 典型调查
8. 从含有 N 个元素的总体中,抽取 n 个元素作为样本,使得总体中的每一个元素都有相同的机会被抽中,这样的抽样方法称为(　　)
   A. 简单随机抽样　　B. 分层抽样　　　C. 系统抽样　　　D. 整群抽样
9. 为了调查某校学生的购书费用支出,从男生中抽取60名学生调查,从女生中抽取40名学生调查,这种调查方法是(　　)
   A. 简单随机抽样　　B. 分层抽样　　　C. 系统抽样　　　D. 整群抽样
10. 为了调查某校学生的购书费用支出,从全校抽取4个班级的学生进行调查,这种调查方法是(　　)
    A. 简单随机抽样　　B. 分层抽样　　　C. 系统抽样　　　D. 整群抽样
11. 统计研究过程大体上可以分为以下哪些阶段(　　)
    A. 统计调查、统计整理和统计分析　　B. 统计调查、统计整理和统计汇总
    C. 统计调查、统计汇总和统计分析　　D. 统计汇总、统计整理和统计分析
12. 重点调查、典型调查和抽样调查的根本区别在于(　　)
    A. 调查对象包括的范围不同　　　　B. 调查的组织方式不同
    C. 确定调查单位的方法不同　　　　D. 收集资料的方法不同
13. 非全面调查中,最有科学根据的方式是(　　)
    A. 重点调查　　　B. 典型调查　　　C. 抽样调查　　　D. 普查
14. 经常性调查(　　)
    A. 只能是定期的　　　　　　　　　B. 只能是不定期的
    C. 可以是定期或不定期的　　　　　D. 是经常性的
15. 对某地区饮食从业人员的身体健康状况进行调查,调查对象是该地区饮食业的(　　)
    A. 全部网点　　　　　　　　　　　B. 每个网点
    C. 所有从业人员　　　　　　　　　D. 每个从业人员
16. 下列调查中,调查单位与报告单位一致的是(　　)
    A. 企业设备调查　　　　　　　　　B. 工业企业普查
    C. 人口普查　　　　　　　　　　　D. 农村牲畜调查
17. 抽样调查抽取样本时必须遵守的原则是(　　)
    A. 随机性原则　　B. 灵活性原则　　C. 可靠性原则　　D. 准确性原则
18. 进行人口普查,根据包括总体单位的范围看,这是(　　)
    A. 全面调查　　　B. 抽样调查　　　C. 重点调查　　　D. 典型调查
19. 根据随机原则抽取某行业部分企业进行调查,这是属于(　　)
    A. 全面调查　　　B. 抽样调查　　　C. 重点调查　　　D. 典型调查
20. 统计报表大多属于(　　)

A. 一次性全面调查 B. 一次性非全面调查
C. 经常性全面调查 D. 经常性非全面调查

二、判断题(对的在括号里打√,错的在括号里打×)
1. 统计调查是统计工作的基础。 （ ）
2. 调查单位就是进行调查工作的单位。 （ ）
3. 填报单位也就是调查单位。 （ ）
4. 普查和统计报表都是全面调查,所以这两种方法可以互相代替。 （ ）
5. 经常性调查需对调查对象进行连续不断的登记。 （ ）
6. 典型调查、重点调查、抽样调查都可以用来推断总体特征。 （ ）
7. 典型调查中所选的单位是有代表性的典型单位。 （ ）
8. 在抽样调查中每个总体单位被抽取的机会均等。 （ ）
9. 统计调查的调查单位和填报单位并不总是一致的。 （ ）
10. 全面调查就是对调查对象的各方面进行调查。 （ ）
11. 我国第五次人口普查规定2000年11月1日零时为登记的标准时点,要求2000年11月10日以前完成普查登记。则调查期限为10天。 （ ）
12. 对连续大量生产的某种产品进行质量检验,最恰当的调查方法应该是抽样调查。
 （ ）

第3章 统计整理

某电商企业在全国范围内销售电脑,连续120天每日销售量(台)见表3.1:

表3.1 某企业电脑销售情况表

234	159	187	155	172	183	182	177	163	158
143	198	141	167	194	225	177	189	196	203
187	160	214	168	173	178	184	209	176	188
161	152	149	211	196	234	185	189	196	206
150	161	178	168	174	153	186	190	160	171
228	162	223	170	165	179	186	175	197	208
153	163	218	180	175	144	178	191	197	192
166	196	179	171	233	179	187	173	174	210
154	164	215	233	175	188	237	194	198	168
174	226	180	172	190	172	187	189	200	211
156	165	175	210	207	181	205	195	201	172
203	165	196	172	176	182	188	195	202	213

统计数据表明,该电商企业每日电脑销售量不等,我们可以用三种方式来描述统计研究的结果。

第一种方式是用文字来描述,比如120天中日销售量最多为237台;日销售量最少为141台;共销售电脑22 418台;最多日销售量为最少日销售量的168.09%,等等。

第二种方式是用表格来描述,比如对日销售量进行分组,计算每组频数,绘制表格,观测日销售量分布情况。

第三种方式是用图形来描述这些结果。

合理地对数据进行整理,是统计工作过程的重要阶段,它是实现从个体单位标志值过渡到总体数量特征的必经阶段。由于统计调查所获得的数据都是分散的,它只是反映一些个体单位的特征,无法揭示被研究现象的本质和规律性,达不到统计研究的目的,因此需要对数据进行去粗取精、去伪存真、由此及彼、由表及里的加工改造。同时统计整理又是统计分析的前提,不对数据进行整理,就无法进一步计算有关的统计分析指标,无法进行有关的统计分析。并且如果搜集的数据准确无误,而整理的方法不当,也难以得出满意的分析结果。因此,数据的整理是统计研究必不可少的中间环节,数据整理的质量直接影响着统计分析的效果。本章将对统计整理的基本概念、数据与处理的基本方法、分配数列的编制及表示方法进行介绍。

3.1 统计整理的概念与程序

统计调查之后,就是统计整理。在统计调查阶段搜集到的大量原始资料,是分散、零乱、不系统、不规范的,只能反映统计总体的每个具体单位的特征,不能反映总体的综合数量特征。统计认识客观现象的目的不在于认识个体的状况,而在于通过个体来认识总体。要说明总体情况,揭示出总体的内在特征,还需要对这些搜集到的原始资料进行由个体到总体的科学的分类(或分组)和汇总,使之系统化和条理化,以便通过综合指标对总体作出概括性的说明。

3.1.1 统计整理的概念

根据统计研究的目的和任务,将统计调查取得的大量原始资料和二手资料进行科学的分类和汇总,为统计分析提供系统化、条理化的综合统计资料的工作过程,称为统计资料的整理,简称统计整理。对已整理过的资料(包括历史资料)进行再加工也属于统计整理。

统计整理是统计工作的第二个阶段,是从统计调查到统计分析的中间环节,具有承前启后的作用。统计调查收集到了大量的原始资料和二手资料,但是这些原始资料和二手资料只能得出不全面的认识,只有通过统计整理,才能得出全面的、系统的资料,才能从整体上反映出事物的数量特征。

3.1.2 统计整理的程序

统计整理的目的是通过对事物个性的研究认识事物的共性,揭示事物的发展规律。统计整理的全过程包括对统计资料的分组、汇总、制表与绘图几个环节,需要按照一定的步骤进行。

1) 统计分组

根据研究的目的要求和统计分析的需要,选择合适的标志,进行划类分组。只有按照最基本的、最能说明问题本质特征的统计分组和相应的统计指标对统计资料进行加工整理,才能对被研究的社会经济现象进行准确的数量描述和数量分析。因此,统计分组是统计整理的重要内容和基础。

2) 统计汇总

在分组的基础上,将各项资料进行汇总,计算各组单位数和合计数,计算各组指标数值和综合指标数值,得出反映各组和总体数量特征的各种指标。统计汇总是统计整理的中心内容。

3) 编制统计表和绘制统计图

经过统计汇总,得出表明社会现象总体和一系列标志总量的资料,把这些资料按一定的规则在表格上表现出来,这种表格就叫统计表,或是把统计整理结果用直方图、折线图、曲线图、扇形图等图形直观地表现出来,这种图叫统计图。通过编制统计表和绘制统计图,将整理出的资料简洁明了、系统有序、形象地表现出来。统计表和统计图是统计整理的有效表现形式。

3.2 数据预处理

数据的预处理是统计整理的先前步骤,是在对数据分类或分组之前所做的必要处理,内容包括数据的审核、筛选、排序、无量纲化等。

3.2.1 数据审核

在进行统计资料整理之前,必须对调查来的原始资料和二手资料进行全面审核,以保证统计资料的准确性及资料整理的质量。审核主要包括以下内容:

1) 审查资料的完整性

审核调查单位和报名单位是否齐全,规定的项目是否都有答案,应报资料的份数是否符合规定。

2) 审查资料的及时性

审查报告单位是否按时报送了有关资料,如有迟报、漏报或不报的现象,要及时查清。

3) 审查资料的准确性

检查所填报的资料是否准确可靠。常用的审查办法有两种:第一种是逻辑检查,从理论上或常识上检查资料是否违背常理、不切实际或不符合逻辑。第二种是计算检查,检查各项指标的计算口径、计算单位是否符合规定,并通过各种计算方法来检查各指标间的数字是否相互衔接。

4) 历史资料的审查

审查所使用的历史资料的可靠程度、指标含义、所属时间与空间范围、计算方法和分组条件与规定的要求是否一致。

5) 资料审查后的订正

通过上述审查,如发现有不报、缺报、缺份或缺项等情况,应及时催报、补报;如发现有不正确之处,应根据不同情况作出代为更正、要求原单位复查更正等处理。

3.2.2 数据筛选

数据筛选是根据需要将符合某种特定条件的数据筛选出来。比如,筛选出月销售额在 200 万元以上的企业;筛选出某企业中平均月收入在 10 000 元以上的员工等。数据筛选可以借助计算机自动完成。

大数据环境下数据快速积累,要想分析出海量数据所蕴含的价值,筛选出有价值的数据十分重要。而数据筛选在整个数据处理流程中处于至关重要的地位。数据筛选的目的是为了提高所收集存储数据的可用性,有利于后期数据分析。

3.2.3 数据排序

数据排序是指按一定顺序将数据排列,以发现一些明显的特征或趋势,找到解决问题的线索。排序有助于对数据检查纠错,以及为重新归类或分组等提供方便。在某些场合,排序本身就是分析的目的。例如,美国的《财富》杂志每年都会在全世界范围内排出500强的企业,通过名单,可以了解到企业在500强中所处的位置,找出差距,有效地制定企业的发展规划和战略目标。

3.2.4 数据无量纲化

大型数据分析项目中,不同评价指标往往具有不同的量纲及量纲单位,这样的情况会影响到数据分析的结果。因此,为了消除指标之间的量纲影响,需要进行数据无量纲化处理,以实现数据指标之间的可比性。原始数据经过数据无量纲化处理后,各指标处于同一数量级,适合进行综合对比评价。

数据的无量纲化是将数据按比例缩放,使之落入一个小的特定区间。去除数据的单位限制,将其转化为无量纲的纯数值,便于不同单位或量级的指标能够进行比较和加权。其中最典型的就是数据的归一化处理,即将数据统一映射到[0,1]区间上。常见的无量纲化处理有 min-max 归一化、Z-score 标准化、log 函数转换等。下面主要介绍 min-max 归一化和 Z-score 标准化。

1) min-max 归一化

min-max 归一化是对原始数据进行线性变换,将原始数据映射到[0,1]之间,归一化由此得名,也被称为离差标准化。转换公式为:

$$x' = \frac{x - x_{\min}}{x_{\max} - x_{\min}} \tag{式 3.1}$$

公式中,x 代表原始数据,x' 代表使用 min-max 归一化处理后的数据,$x_{\min}$ 代表样本最小值,$x_{\max}$ 代表样本最大值。由于最大值与最小值可能是动态变化的,当有新的数据加入时,可能导致最小值和最大值的变化,此时需要重新定义,因此一般适合小数据的场景。

2) Z-score 标准化

Z-score 标准化方法是基于原始数据的均值和标准差进行的数据标准化处理的方法。转换公式为:

$$x' = \frac{x - \mu}{\sigma} \tag{式 3.2}$$

公式中,x 代表原始数据,x' 代表使用 Z-score 标准化处理后的数据,μ 代表均值,σ 代表标准差。

Z-score 标准化方法适用于原始数据的最大值和最小值未知的情况,或有超出取值范围的离群数据的情况。

3.3 统计分组

3.3.1 统计分组的概念

统计分组就是根据社会经济现象的特点和统计研究的目的和要求,按照选定的变异标志将总体划分成若干部分或组别,使组与组之间具有差别性,而同一组内的单位保持相对的同质性。

统计分组有两层含义。第一层含义对总体而言是"分",就是把性质上有差异的单位分开。第二层含义对个体而言是"合",就是把性质上差异不明显的单位归并在一起。例如,对我国工业企业普查结果进行分析时,只有一个"企业总数"指标是不够的。若研究的目的是企业的规模构成,就要将企业分成大型企业、中型企业和小型企业3个组;若研究的目的是企业的经济类型构成,就要将企业分成国有工业企业、集体工业企业和其他类型工业企业3个组。

统计分组的目的是要按照某个标志,把统计研究对象各部分单位的本质特征正确地反映出来,保持组内同质性和组间的差别性,以便进一步运用各种统计方法,研究总体的数量表现和数量关系,从而正确认识事物的本质及其规律性。

3.3.2 统计分组的原则

1) 统计分组的原则

根据统计分组的定义可知,统计分组有三要素:母项——需划分的总体;子项——划分以后的类(组)总体;分组标志——进行统计分组的标准和依据。

进行统计分组,必须遵循一定的原则。统计分组的原则主要包括:

(1) 科学性原则

统计分组首先应强调的是科学性原则,即统计分组首先要根据统计研究的目的,突出反映客观现象在各个方面存在的差异。

(2) 完整性原则

统计分组要具备完整性,即总体任何一个单位或任何一个原始数据都能归属于某一个组,不能遗漏。例如,将我国的工业企业按照规模进行分组时,如果只分为"大型企业"和"中型企业"两组的话,就是不完备的。因为"小型企业"不能归入上述两组之中的任何一个组,因而必须加上"小型企业"这一组。

(3) 互斥性原则

统计分组要求组与组之间具有互斥性,即任何一个总体单位或任何一个原始数据,只能归属于某一个组,而不能归属于两个或两个以上的组。也称为不相容性原则。如果违反这项原则,分组就会混乱,既可能重复,也可能遗漏。

(4) 同一性原则

每一次分组只能以一个标准作为划分依据,不能同时采纳两个或两个以上不同的标准作为划分依据。

2) 分组标志的选择

将所研究的社会现象划分为类型或性质不同的组,是根据一定的标志进行的,这种标志称为分组标志。例如,我国工业企业可以按照企业规模或经济类型分组,则企业规模或经济类型就是作为统计分组的标准,成为分组标志。

分组标志是指统计分组时划分资料的标准或依据。任何事物都有许多标志,确定一个分组标志,必然突出总体单位在该标志上的差异而掩盖了各单位在其他标志上的差异。选择的分组标志不同,说明的问题和由此得出的结论也不同。分组标志选择不当,分组结果就不能正确反映总体的性质特征。因此正确选择分组标志和划分各组界限,是统计分组的关键。在选择分组标志时,必须遵循以下原则:

(1) 根据统计研究的目的和任务来选择分组标志。

统计分组是为统计研究服务的,统计研究的目的不同,选择的分组标志也应有所不同。例如,同是以工业部门为研究对象,当研究的目的是分析部门中各种规模的企业的生产情况时,应该选择产品数量或生产能力作为分组标志;当研究目的在于确定工业内部比例及平衡关系时,应该以行业作为分组标志,将部分划分成电力、冶金、化工、机械等工业行业。

(2) 要选择能够反映事物本质或主要特征的标志作为分组标志。

在总体的若干标志中,有的标志能够揭示总体的本质特征,是有决定性意义的重要标志;有的则是非本质的、无足轻重的标志。只有选择能够说明问题本质的重要标志作为分组标志,才能得出触及问题实质的重要分组。例如,要研究我国经济结构特点,尽管有许多标志可供选择,但是按国民经济部门和按经济类型分组才是最基本的分组标志。

(3) 根据现象所处的具体历史条件和经济条件选择分组标志。

客观事物的特点和内部联系会随着时间、地点、条件的变化而变化。因此,当选择分组标志时,还应考虑到社会经济现象所处的具体历史条件。同一分组标志在过去某一历史条件下适用,而今用它就不一定能反映其本质特征。例如,同是划分企业规模,在技术不发达或劳动密集型的行业或地区,可采用职工人数作为分组标志;而在技术密集型的行业或地区,则应选择固定资产价值或生产能力作为分组标志。

3.3.3 统计分组的种类和方法

1) 按分组标志的多少和分组的形式,可分为简单分组、复合分组和分组体系

(1) 简单分组

简单分组就是对研究现象只按一个标志进行分组,它只能从某一方面说明和反映事物的分布状况和内部结构。例如,国民生产总值按产业分为第一产业、第二产业、第三产业3组;人口总体按性别分为男性、女性2组。简单分组只能说明总体在某一方面的差别情况。

(2) 复合分组

复合分组就是对所研究的总体按两个或两个以上的标志进行的多层次分组,即先按一个标志分组,在此基础上再按第二个标志分成小组,再层叠地按第三个标志分成更小的组,以此类推。例如,工业企业按经济类型划分为国有企业、集体企业、其他类型企业三组后,每一组中再按规模划分为小型企业、中型企业、大型企业三组。结果形成双重重叠的组别。

复合分组的优点是,从对同一现象的层层分组和分组标志的联系中,更深入全面地研究总体各个方面的内部结构。但是,采用复合分组时,组数会随着分组标志的增加而成倍增加,使每组包括的单位数相应减少,处理不好就会很繁琐,不利于分析问题。因此,不能滥用复合分组,尤其不宜采用过多的标志进行复合分组,也不宜对较小总体进行复合分组。

(3) 分组体系

不论简单分组或复合分组,只能探索现象某一侧面或几个方面的内容,不足以充分说明其全貌。为了从各方面分析某一社会经济现象和过程,需要采用多个分组标志进行多种分组。对同一个现象总体按一系列相互联系、相互补充的标志进行多种分组,即形成一个分组体系。

许多简单分组从不同角度说明同一个总体,就构成一个平行的分组体系。例如,为了深刻认识我国工业企业总体的构成情况,可以分别按经济类型、企业规模、轻重工业、工业部门进行分组如表3.2所示。

表3.2 我国工业企业分组

按经济类型	按企业规模	按轻重工业	按工业部门
国有工业 集体工业 其他类型工业	大型企业 中型企业 小型企业	轻工业 重工业	冶金工业 电力工业 煤炭工业 石油工业 ……

上述四个简单分组是相互联系、相互补充的,构成一个平行分组体系。

2) 按分组标志的性质不同,可以分为品质标志分组和数量标志分组

分组标志按其形式可以分为品质标志和数量标志两类。统计总体可以按品质标志分组,也可以按数量标志分组。

(1) 品质标志分组

品质标志分组就是用反映事物的属性、性质的标志分组。例如,企业按照所有制形式、所属关系、地区分组;人口按性别、民族、文化程度分组等。在一些场合下,品质标志的具体表现明确,分组也比较简单,容易确定总体单位的归属。但在许多场合下,按品质标志分组比较复杂,涉及的组数较多,组与组之间的性质界限不易划分。例如,国民经济按部门分组、人口按职业分组、产品按用途分组等。这种按品质标志进行的复杂分组,通常称之为分类法。为了使这些复杂的分类在全国统一起来,国家统计局及中央有关部门统一制定有关各种分类目录与规定标准,如《国民经济分类目录》《大中小型工业企业划分标准》《工业部门分类目录》《工业产品目录》等,供全国各地区、各部门、各单位分类时使用。

(2) 数量标志分组

数量标志分组就是将总体单位按照某种数量标志数值的大小进行分组,数量标志可以是绝对数,例如,人口按年龄、身高分组,企业按年产量分组等;也可以是相对数或平均数,例如,企业按完成计划百分比、发展速度分组,工人按加工零件平均使用时间分组等。这种分组的目的在于通过事物在数量上的差异来反映事物在性质上的区别。

按品质标志分组和按数量标志分组是一对重要的统计分组,统计分组方法主要是围绕这两种分组来阐述的。

3) 按分组的作用和任务不同,可分为类型分组、结构分组和分析分组

(1) 类型分组

类型分组就是把复杂的现象总体,划分为若干不同性质的部分。例如,我国全社会消费品零售额分为国有及国有控股商业零售额、集体商业零售额、私营及个体商业零售额和其他类型商业零售额。

(2) 结构分组

结构分组就是在对总体分组的基础上计算出各组对总体的比重,借此研究总体各部分的结构。例如,学生考试成绩分优、良、中、及格、不及格五部分,计算出各部分比重可以反映出学生学习的学习效果。

(3) 分析分组

分析分组是为研究现象总体诸标志之间依存关系而进行的分组。例如,为研究工人的劳动生产率与产值之间的依存关系,就要按分析分组法来研究它们之间的关系。

3.4 分配数列

在统计分组的基础上,将总体中所有单位按组归类整理,并按一定顺序排列,形成总体中各个单位在各组间的分布,称为分配数列或分布数列。分配数列实质上是把总体单位数按组进行分配,所以又称为次数分配数列或次数分布数列。

分配数列是反映统计总体中所有单位在各组间的分布状态和分布特征的一个数列,按其所采用的分组标志不同可划分为品质数列和变量数列两种。

3.4.1 品质数列

品质分配数列是指按品质标志分组所形成的分配数列,简称品质数列。它用来观察总体单位按某一品质标志分布的状况,是研究总体类型结构和性质特点的基础。例如,2017年江苏省人口数按性别分组的分布状况,见表3.3。

表 3.3 2017 年江苏省人口数性别分布

性别	人数/万人	比重/%
男	4 041.05	50.33
女	3 988.25	49.67
合计	8 029.3	100
(各组名称)	(次数)	(频率)

就编制品质数列而言,只要根据统计研究目的,正确选择分组标志,确定分组标准,则事物性质的差异可以明确地表现出来,也就容易划分总体中各组的性质界限。因此,通常情况下,品质数列能够较准确地反映总体各单位的分布状态和特征。

3.4.2 变量数列

1) 变量数列的概念

变量分配数列是指按数量标志分组所形成的分配数列,简称变量数列。按数量标志分组,就是将变量值即数量标志值划分为不同的区段,通过各组的数量差别和变化反映总体中各组间的数量差异和结构状况。例如,人口按年龄分组、职工按工资分组等。

例如，将某玩具厂 400 名工人按每人日产量分组，统计出每组工人数，并按日产量从少到多排列，就形成一个变量数列，见表 3.4。

表 3.4 工人日产量分组分布表

按日产量分组 x_i/件	工人数 f_i/人	比重($f_i/\sum f_i$)/%
9	28	7.00
11	47	11.75
12	79	19.75
13	97	24.25
14	80	20.00
15	48	12.00
16	21	5.25
合计	400	100.00
（各组名称）	（次数）	（频率）

变量数列包含两个构成要素：(1) 各组变量值，用 x_i 表示，即用来分组并按大小顺序排列的数量标志的具体数值；(2) 总体单位在各组中出现的次数，通常有两种表现形式：一是以绝对数形式表现的次数，也可称为频数，用 f_i 表示；二是以相对数表现的次数比重，即各组次数占全部次数的比重，称为比率、频率或相对次数，用 $f_i/\sum f_i$ 表示。

根据表 3.4 可以看出，各组的频率大于 0，所有组的频率总和等于 1 或 100%。在分配数列中，频率越大，表明该组标志值对于总体平均水平所起的作用也越大；反之，频率越小，表明该组标志值对于总体平均水平所起的作用越小。

相对来说，变量数列的编制比较困难，因为事物性质的差异在数量上往往表现得不甚明确，而且决定事物性质的数量界限也会因人的主观认识而异。为了使变量数列能比较准确地反映总体的分布特征，编制数列时，既要遵循按数量标志分组的有关原则，又要掌握编制变量数列的方法。

2) 变量数列的种类

(1) 变量数列按分组形式不同，可分为单项变量数列和组距变量数列。

① 单项变量数列

单项变量数列是以一个变量值为一组的变量数列，将变量值直接按照由小到大的顺序排列所形成的分配数列，即在单项分组基础上形成的变量数列，简称单项数列。如表 3.4 所示。

一般地，只有离散型随机变量在取值不多且变量值的变动范围不大时，才适合编制单项数列。如表 3.4 中，由于工人日产量取值数量有限，且每一个取值都能代表一种类型，因而可以采用单项数列来反映其分布。当变量值变动幅度很大时，如果仍采用单项数列，就势必会出现次数太多，不便于分析等问题，也难以反映总体的分布趋势，这时就需要采用组距数列。

② 组距变量数列

组距变量数列是指按变量的一定变化区间作为分组标志而形成的数列,简称组距数列,它通常适用于变量值多且变动范围较大的情况。如表3.5所示。

表3.5 某家用电器连锁零售门店职工人数情况

门店按职工人数分组/人	门店数/个
1~5	9
6~10	13
11~15	31
16~20	9
21及以上	6
合计	68

组距数列可分为连续组距数列和不连续组距数列,还可分为等距数列和异距数列。在组距数列中,涉及一些概念:

a. 组限

组限是指各组变量值变动的两端界限,是每组的起点和终点,包括上限和下限。每组的起点数值称为下限,每组的终点数值称为上限。表3.5中,第一组的下限为1,上限为5。由于变量有离散型和连续型两种,因此,其组限的划分也有所不同,组限有两种形式:重叠式和不重叠式。

按连续型变量分组,由于相邻两组的上限与下限通常以同一数值来表示,前一组的上限和后一组的下限数值重合,这种组限是重叠式组限。为了避免计算总体单位分配数值的混乱,习惯上把变量值恰为上限的总体单位不归入本组,而放在下一组中,即各组包括下限,不包括上限。这在统计学中称为"上限不在内"原则。如表3.6中第一组60~80件,不包括80件,满了80件的,应计入下一组80~100件这一组内。

表3.6 某工厂工人按一天生产的零件数分组情况

按日产量分组/件	人数/人
60~80	4
80~100	20
100~120	60
120~140	26
140以上	10
合计	120

按离散变量分组,则相邻两组的上限与下限通常是以两个确定的不同整数值来表示,故相邻两组的上下限可以不重合,这种组限是不重叠式组限,如表3.5所示。

b. 闭口组和开口组

上限和下限都齐全的组称为闭口组,如表 3.6 中的前四组。有上限而缺下限或者有下限而缺上限的组称为开口组,如表 3.6 中的末组。一般当资料中存在少数特大或特小变量值时,采用开口组可避免组数增加过多或组距过大。

c. 组距和全距

组距是指在组距式分组中上下限之差。通常用 d 表示。

重叠式组限,组距计算公式是:

$$组距 = 本组上限 - 本组下限 \tag{式3.3}$$

例如,表 3.6 中,第一组的组距为 20。

不重叠式组限,组距计算公式是:

$$组距 = 下组下限 - 本组下限$$
$$或 \quad = 本组上限 - 上组上限 \tag{式3.4}$$

例如,表 3.5 中,第一组的组距为 5。

组距数列有等距和异距之分。各组组距都相等的组距数列,称作等距数列;各组组距不相等的组距数列,称作异距数列。各组组距之和等于全距。即总体所有数据中,最大的标志值与最小的标志值的差为全距。

d. 组中值

组距数列是按变量的一段区间来分组,掩盖了分布在各组内的单位的实际变量值,为了反映分布在各组中个体单位变量值的一般水平,统计工作中往往用组中值来代表它。

在组距数列中,各组下限和上限之间的中点数值称为组中值。组中值常用来代表各组变量值的一般水平。组中值的计算,需要根据各组的情况而定,对于"闭口组",即一组中既有上限值又有下限值的组,组中值的计算公式为:

$$组中值 = \frac{上限 + 下限}{2} \tag{式3.5}$$

例如,表 3.6 中,第一组的组中值计算如下:

$$组中值 = \frac{60 + 80}{2} = 70$$

对于"开口组",组中值的计算公式为:

$$缺下限开口组组中值 = 该组上限值 - \frac{邻组组距}{2} \tag{式3.6}$$

$$缺上限开口组组中值 = 该组下限值 + \frac{邻组组距}{2} \tag{式3.7}$$

例如,表 3.6 中,末组是缺上限开口组,组中值计算如下:

$$\text{组中值} = \text{该组下限值} + \frac{\text{邻组组距}}{2} = 140 + \frac{140-120}{2} = 150$$

在计算平均指标或进行其他统计分析时,常以组中值来代表各组变量值的平均水平。当各组变量值均匀分布时,组中值就能较强地代表各组变量值的水平。因此,分组时,应尽可能使组内各单位变量值分布均匀。同时,为了计算方便,应力求使组中值能取整数。

e. 组数

组数即组的数目。如表 3.6 中,组数为 5。对一个具体的分组对象而言,其全距一定,组距的大小直接关系到组数的多少。组距大则组数少,组距小则组数多,两者是此消彼长的关系。

(2) 变量数列按变量类型不同,可分为连续型变量数列和离散型变量数列。

① 连续型变量数列:即由连续变量分组构成的变量数列,如表 3.6 所示。

② 离散型变量数列:即由离散变量分组构成的变量数列,如表 3.4 所示。

3.4.3 变量数列的编制

1) 单项数列的编制

单项数列的编制是把所有变量值按大小顺序,并按组归类排列,再把各组单位数经综合后填入相应的各组次数栏中即可。

例如,对于某车间生产小组的 30 位工人某日生产产品数量(件)调查结果如下:

23	26	25	27	26
27	23	25	24	27
26	23	24	26	25
24	25	24	23	26
25	25	24	26	26
27	26	23	25	25

根据上述资料,编制一个单项数列,来反映该生产小组工人某日生产产量的分布状况。

(1) 排列

将这些数据从小到大进行排列如下:

23	23	23	23	23
24	24	24	24	24
25	25	25	25	25
25	25	25	26	26
26	26	26	26	26
26	27	27	27	27

(2) 编制成分配数列

通过分析发现,全距为4,波动较小,且数据重复较多,因此可编制单项数列,见表3.7。

表 3.7 某车间工人按一天生产的产品数分组情况

工人日生产产品数/件	工人数/人	比重/%
23	5	16.67
24	5	16.67
25	8	26.67
26	8	26.67
27	4	13.33
合计	30	100.00

根据数列中变量的分布情况,可知,生产数量为25件和26件的工人最多。

2) 组距数列的编制

编制变量数列涉及的问题较多,不仅取决于分组标志的选择,而且要看分组界限的确定是否合理。编制变量数列过程中,首先要对所研究的范围内各单位的标志值进行登记,然后按步骤进行。下面拟结合实例说明变量数列的编制过程。

例如,对于某餐馆某日50位顾客晚餐的消费额(元)调查结果如下:

```
34  48  25  50  44  30  27  51  31  35
38  34  14  50  35  50  48  39  53  44
33  45  38  36  49  50  39  42  31  40
63  51  26  44  37  38  41  36  22  39
39  53  35  56  45  44  32  37  23  43
```

根据上述资料,编制一个变量数列,来反映该餐馆顾客消费的分布状况。

(1) 排列,计算全距

通过登记取得的变量值大都是不规则的,为了便于分组和计算,应先进行初步整理,将这些数据从小到大进行排列如下:

```
14  22  23  25  26  27  30  31  31  32
33  34  34  35  35  35  36  36  37  37
38  38  38  39  39  39  39  39  40  41  42
43  44  44  44  44  45  45  48  48  49
50  50  50  50  51  51  53  53  56  63
```

50位顾客晚餐的消费额最高是63,最低是14,全距为49,显示了变量变化的最大范围。通过初步整理,可使我们大致了解该资料的某些特征和变动规律,从而为正确编制变量数列提供必要的依据。

(2) 确定变量数列的形式

该组变量值较多且变异幅度较大,应编制组距数列。

(3) 确定组距和组数

在实际工作中,一般先确定组距,再根据全距和组距确定组数。一般而言,凡是变量的变动比较均匀或情况比较稳定的现象,宜采用等距分组。异距分组是指各组的组距不都相等。在社会经济统计中,有些现象性质差异的变动并不均衡,存在明显的偏斜,或波动很大,如急剧上升或下降,这就难以用等距分组的方法来划分不同性质的组,从现象量的变化中反映出不同质的差别,这就必须采用异距分组。

当变量值变动比较均匀,并且可能编制等距数列的条件下,其组距可以采用美国学者斯特杰斯创用的"斯特杰斯经验公式"求得。计算公式为:

$$组距(d) = \frac{全距(R)}{组数(k)} = \frac{R}{1+3.322\lg n} \qquad (式3.8)$$

其中,n 为变量值个数。如上述 50 名顾客晚餐消费额资料,其全距 $R=63-14=49$,$n=50$,代入"斯特杰斯经验公式"计算得组数 $k=6.64$,组距 $d=7.4$,一般取整数,组距约为 8。

根据经验,由斯特杰斯经验公式求出的组数,当数据较少时,往往过多;当数据较多时,则往往过少,所以该公式只能作为参考。在确定组距时,必须考虑原始资料的分布状况和集中程度,注意组内统计资料的同质性,尤其是对带有根本性的质量界限,绝不能混淆,否则就失去分组的意义。在实际应用中,为了方便整理,组距最好是 5 或 10 的整数倍。

(4) 确定组限

组距、组数确定后,需进一步确定组限。组限的确定主要考虑下列几点:

① 组限最好采用整数表示,对于等距数列,如果组距是 5,10,…,100,…,则每组的下限最好是它们的倍数;

② 最小组的下限要略低于最小变量值,最大组的上限要略高于最大变量值;

③ 组限的确定应当有利于表现总体单位分布的规律性;

④ 组限一般不用负值表示,最小为零;

⑤ 连续型变量,相邻两组的组限应重叠,如表 3.6 所示;对离散变量,相邻两组的组限应该间断,但又能相互衔接,如表 3.5 所示;

⑥ 如变量值相对集中,无特大或特小的极端数值时,则采用闭口式,即每组都有下限和上限的分组方法;反之,如果变量值相对比较分散,为了更好地反映总体的分布情况,应采用开口式,用"××以下"或"××以上"表示。

(5) 对总体单位按组计数,编制成分配数列

经过统计分组,明确了全距、组距、组数、组限和组限表示方法后,就可以把变量值归类排列,最后把各组单位数经综合后填入相应的各组次数栏中,有时还应根据需要计算各组的频率,也列入表中,编制成组距数列,形成统计表。

结合以上分析,通过进一步整理,对上述 50 名顾客晚餐消费情况按消费额分组可编制如下变量数列,见表 3.8。

表 3.8　某餐馆某日的 50 位顾客晚餐的消费额分组表

顾客消费额分组/元	顾客人数/人	比重/%
10～20	1	2.00
20～30	5	10.00
30～40	21	42.00
40～50	13	26.00
50～60	9	18.00
60～70	1	2.00
合计	50	100.00

这个变量数列反映了 50 位顾客在某餐馆晚餐消费额这个变量上的分布情况。可以认为，消费额在 30 至 50 元的顾客较多，占总人数的 68%。

3.5　分配数列的表示方法

统计资料汇总的结果，需要采用正确的具有综合性和总结性的方法来表现。列表法和图示法就是表述分配数列的通用方法。

3.5.1　列表法

列表法即用统计表格形式表述变量数列的内容，这种表式也叫做次数分布表。如表 3.3～表 3.8。

为了便于分析问题和计算各种指标，需要列入累计次数和累计频率。以表 3.8 中的资料为例，进行较小制累计与较大制累计计算，结果如表 3.9 所示。

表 3.9　某餐馆某日 50 位顾客晚餐的消费额分布

顾客消费额分组/元	次数		较小制累计		较大制累计	
	顾客人数/人	比重/%	人数/人	比重/%	人数/人	比重/%
10～20	1	2	1	2	50	100
20～30	5	10	6	12	49	98
30～40	21	42	27	54	44	88
40～50	13	26	40	80	23	46
50～60	9	18	49	98	10	20
60～70	1	2	50	100	1	2
合计	50	100	—	—	—	—

较小制累计是以变量值最小一组的次数为起点，向上逐项累计各组的次数和频率，每组的累计次数或累计频率，表示小于该组变量值的上限的次数或频率合计有多少，也称向

上累计;较大制累计是以变量值最大一组的次数为起点,向下逐项累计各组的次数和频率,每组的累计次数或累计频率,表示大于或等于该组变量值的下限的次数或频率合计有多少,也称向下累计。

3.5.2 图示法

图示法是指利用几何图形描述变量数列,借以鲜明地表明总体单位的分布状态和规律性。

根据一定的次数分布表,可以绘制相应的次数分布图,即统计图。常用的统计图有条形图、直方图、折线图、曲线图、饼图、雷达图等。此外,还可以绘制累计次数分布图。

1) 条形图

条形图是以一簇宽度相等、相互分离的条状图形的长度(或高度)来表示频数分布的统计图。当以条状图形的高度来表示频数分布特征时,条形图也称为柱形图。其形状可以是条,也可以是立体的圆柱、方柱或锥体。条形图可以横放也可以竖放。对于品质分配数列或离散型变量,可以用条形图来显示分布情况。如图 3.1 是根据表 3.7 绘制的条形图。

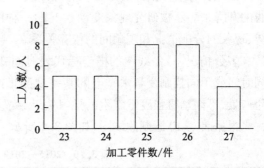

图 3.1 某车间工人一天加工的零件数分布条形图

在条形图中,变量值大小与其长度有关,与其宽度无关。为了使条形清晰,便于比较,各长条间应留空隙,勿连接在一起。

2) 直方图

直方图是用若干个并列的柱形表现分布数列的长条图,直方图用矩形的宽度和高度表示频数分布。它可直观地说明组限重叠型组距数列的分布特征。在平面直角坐标中,一般以横轴表示数据分组,纵轴表示频数或频率,这样各组与相应的频数或频率就形成了一个矩形,即直方图。如图 3.2 是根据表 3.8 绘制的直方图。

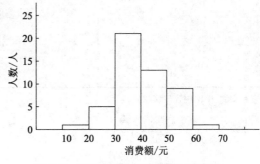

图 3.2 某餐馆某日 50 位顾客晚餐的消费额分布直方图

直方图与条形图不同。首先,条形图是用条形的长度(横置时)表示各类别频数的多少,其宽度(表示类别)则是固定的;直方图是用高度表示各组频数的多少,宽度则表示各组的组距,因此高度与宽度均有意义。其次,由于组限重叠型组距数列具有相邻组组限重叠,直方图的各矩形通常是连续排列,而条形图则是分开排列。最后,条形图主要用于展示分类数据,直方图则主要用于展示数值型数据。

3) 折线图

折线图也称频数多边形图,在直角坐标系中将表示各组的组中值和频数的点,用一条折线连接起来,以反映频数分布状态的统计图。

需要注意,折线图的两个终点,要与横轴相交。具体的做法是将第一个矩形顶部中点通过竖边中点(该频数一半的位置)延长至横轴。最后一个矩形顶部中点通过竖边中点(该频数一半的位置)延长至横轴。这样才会使折线图下所围成的面积与直方图的面积相等,从而使二者所表示的频数分布一致。根据表3.8绘制折线图,如图3.3所示。

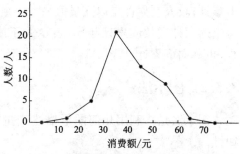

图3.3 某餐馆某日50位顾客晚餐的消费额分布折线图

4) 曲线图

曲线图又称线图,就是在坐标平面上,以曲线的升降来表示被研究现象变动状况的一种图形。主要用于表示现象在时间上的变化趋势、现象的分配情况和现象间的依存关系。

多数情况下,曲线图的横坐标代表时间变量或控制变量的不同水平,纵坐标则反映不同时间或不同控制变量水平上的某一观测量或几个观测量。如某家电生产企业不同年份年产量、不同动机强度下学生的学习效果等都可以用曲线图直观显示。

根据表3.10绘制曲线图,如图3.4所示。

表3.10 2015—2019年我国国内生产总值

年份	国民总收入/亿元	国内生产总值/亿元
2015	686 255.7	688 858.2
2016	743 408.3	746 395.1
2017	831 381.2	832 035.9
2018	914 327.1	919 281.1
2019	988 528.9	990 865.1

资料来源:中国统计年鉴(2020)

图3.4 2015—2019年我国国民总收入曲线图

5) 饼图

饼图又称圆形图。它是以同一圆形内一簇扇形的面积的大小来表示数值分布的统计图。它主要用于表示一个样本(或总体)中各组成部分的数据占全部数据的比例,对于研究结构性问题十分有用。例如,根据表3.11中的产业分布数据绘制的饼图,如图3.5所示。

表3.11 2018年我国国内生产总值表

产业	现价总量/亿元	比重/%
第一产业	64 745	7.04
第二产业	364 835	39.69
第三产业	489 701	53.27
国内生产总值	919 281	100.00

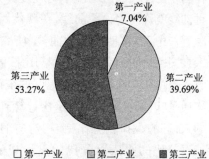

图3.5 2018年我国国内生产总值产业分布饼图

6) 雷达图

雷达图也称为蜘蛛图、蛛网图、星状图、极区图,是一种以二维形式展示多维数据的图形。雷达图从中心点出发辐射出多条坐标轴(至少大于三条),每一份多维数据在每一维度上的数值都占用一条坐标轴,并和相邻坐标轴上的数据点连接起来,形成一个不规则多边形。如果将相邻坐标轴上的刻度点也连接起来以便于读取数值,整个图形形似蜘蛛网,或雷达仪表盘,因此得名。例如,根据表3.12绘制雷达图,如图3.6所示。

表3.12 某企业培训前后员工能力分布

培训前后	个人能力	改进意识	解决问题能力	团队精神	质量控制知识
培训前	5	2	6	6	4
培训后	7	4	8	9	8

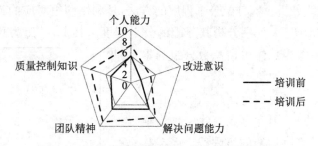

图3.6 某企业培训前后员工能力构成的雷达图

雷达图是显示多个变量的常用图示方法,在显示或对比各变量的数值总和时十分有用。假定各变量的取值具有相同的正负号,则总的绝对值与图形所围成的区域成正比。此外,利用雷达图也可以研究多个样本之间的相似程度。

7) 累计次数分布图

累计次数分布图是根据累计次数分布表制成的,绘制方法与折线图基本相同,较小制累计次数曲线以各组上限为横坐标,较大制累计次数曲线以各组下限为横坐标,其纵坐标都是累计次数。根据表3.9绘制累计次数分布图,如图3.7所示。如果纵轴采用百分数为单位,则可以制成累计百分数曲线图。

统计学家洛伦兹利用累计百分数曲线,作为检定社会收入分配平均程度的方法,这种曲线就称为洛伦兹曲线,在现代西方经济学著作中,经常使用这种曲线、研究国民收入在国民之间的分配问题,是用来说明社会收入差距和贫富两极分化程度的统计工具。本质是"以最贫穷的人口依次计算到最富有的人口"的人口百分比,和相对应的各个人口百分比的收入百分比的点组成的曲线。简言之,就是横纵坐标由两者组成。

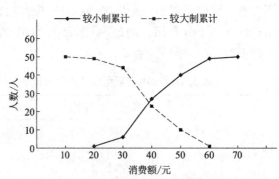

图3.7 某餐馆某日50位顾客晚餐消费额累计次数分布图

例如,根据2017年江苏省不同收入组农村常住居民家庭基本情况资料,见表3.13,可以绘制图3.8所示的洛伦兹曲线。

表3.13 2017年江苏省不同收入组农村常住居民家庭基本情况

不同收入组	平均每户常住人口数/人	常住人口累计/人	常住人口累计/%	人均可支配收入/元	收入累计/元	收入累计/%
低收入户	3.11	3.11	20.99	6 218	6 218	6.20
中低收入户	3.18	6.29	42.44	12 279	18 497	18.45
中等收入户	3.11	9.40	63.43	16 942	35 439	35.35
中高收入户	2.87	12.27	82.79	23 110	58 549	58.41
高收入户	2.55	14.82	100.00	41 693	100 242	100.00
合计	14.82	—		100 242	—	

运用洛伦兹曲线分析收入分配公平程度的方法,是利用两组对应的累计百分比资料的关系构成一个正方形图,来观察分析其分配的公平程度。其中,一组为总体标志总量分组的累计百分比,另一组为总体单位总数分组的累计百分比。

图3.8中,连接两对角的直线表示收入在家庭之间的分配绝对公平,因此这条直线又称为绝对公平分配直线,是绝对均衡的极限线。而在其对角q点周围是一个不公平分配区域,其实际含义表示收入在家庭之间的分配绝对不公平,即占总数很大比重的家庭仅能获得占总数很小比重的收入、占总数极小比重的家庭却能获得占总数极大比重的收入。事实上一个国家或地区的收入分配既非绝对公平,也非绝对不公平,而是介于两者之间。

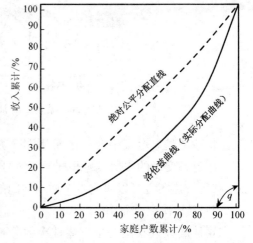

图3.8 洛伦兹曲线图

实际分配情况由洛伦兹曲线表示，一般表现为一条下凸的曲线，下凸程度越大，表示收入分配越不平均；反之，下凸程度越小，则实际收入分配曲线与绝对分配直线越接近，收入分配的平均程度越高。洛伦兹曲线用图示的方法形象直观地描述了收入分配的公平程度，但无法精确到测量的要求，为了准确测定收入分配平均程度，意大利经济学家基尼根据洛伦兹曲线，提出了计算收入分配平均程度的指标，即基尼系数 G，其公式为：

$$G = \frac{S_1}{S_1 + S_2}$$ （式3.9）

参见图3.8，上式中 S_1 代表绝对平均直线与洛伦兹曲线围成的弓形的面积，表示不均等的量；$S_1 + S_2$ 代表绝对公平直线右下方的整个三角形的面积，表示完全均衡时的量。G 就是 S_1 占 $S_1 + S_2$ 的比例，其含义是在全部收入中，用于进行不平均分配的百分比。

当 $S_1 = 0$ 时，$G = 0$，实际分配曲线与绝对分配曲线重合，说明收入分配绝对平均，而当 $S_1 = S_1 + S_2$ 时，$G = 1$，则说明收入分配绝对不平均。实际的基尼系数一般介于两者之间，即 $0 \leqslant G \leqslant 1$，越接近于0，说明收入分配越平均，越接近于1，说明收入分配差异越大。

基尼系数是联合国规定的一种社会经济发展测量的统计指标，用于国际间、地区间收入分配公平程度的比较。作为一种反映社会分配公平程度的统计度量，G 值大小，对检查政策、反馈政策效果和社会改革措施都有重要作用。基尼系数不仅仅是专用于研究收入分配问题的工具，还是广义均衡分析的工具，可扩展延伸到对各类社会经济资源配置的均衡程度进行统计研究，使其成为统计分析的一种重要方法。

重要术语

统计整理　品质分配数列　变量分配数列　组距　组数　组限　组中值　较小制累计　较大制累计　洛伦兹曲线　基尼系数

主要公式

名称	公式
组距	重叠式组限：组距＝本组上限－本组下限 不重叠式组限：组距＝下组下限－本组下限 　　　　　或　＝本组上限－上组上限
组中值	闭口组：组中值＝$\dfrac{上限＋下限}{2}$ 开口组：缺下限开口组组中值＝该组上限值－$\dfrac{邻组组距}{2}$ 　　　　缺上限开口组组中值＝该组下限值＋$\dfrac{邻组组距}{2}$
基尼系数	$G = \dfrac{S_1}{S_1 + S_2}$

练习题

一、单项选择题

1. 统计分组的关键在于(　　)
   A. 分组标志的选择和各组界限的划分
   B. 总体按品质标志分组
   C. 选用多个分组标志进行分组形成分组体系
   D. 善于运用复合分组

2. 划分连续变量的组限时,相邻的组限必须(　　)
   A. 间断　　　　B. 重叠　　　　C. 随便　　　　D. 不等

3. 在全距一定的情况下,组距的大小与数组多少(　　)
   A. 成正比　　　　　　　　　B. 成反比
   C. 无比例关系　　　　　　　D. 有时成正比、有时成反比

4. 一连续变量,其末组为下限是 500 的开口组,邻组的组中值为 480,则末组组中值为(　　)
   A. 520　　　　B. 510　　　　C. 500　　　　D. 540

5. 以下哪项基尼系数代表的社会财富分配相对最均匀?(　　)
   A. 0.4　　　　B. 0.5　　　　C. 0.6　　　　D. 0.7

6. 洛伦兹曲线是根据(　　)绘制的。
   A. 次数分布表　　　　　　　B. 频率分布表
   C. 累计次数分布表　　　　　D. 累计频率分布表

7. 下列哪一种资料,适合编制单项数列(　　)
   A. 连续型变量且各变量值变动比较均匀
   B. 离散型变量且各变量值变动比较均匀
   C. 连续型变量且各变量值变动幅度较大
   D. 离散型变量且各变量值变动幅度较大

8. 对职工的生活水平状况进行分组研究,选择最佳的分组标志应当用(　　)
   A. 职工家庭成员平均月收入额的多少
   B. 职工人均月收入额的多少
   C. 职工的人均月岗位津贴及奖金的多少
   D. 职工月工资总额的多少

9. 以下是某企业职工月工资分组,某职工月工资为 5 000 元,则该职工分组时应该分入哪个组?(　　)
   A. 3 000 以下　　　　　　　B. 3 000~5 000
   C. 5 000~7 000　　　　　　D. 7 000 以上

10. 对某校学生先按年级分组,在此基础上再按年龄分组,这种分组方法是(　　)
    A. 简单分组　　B. 复合分组　　C. 再分组　　D. 平行分组

11. 在累计次数分布中,某组的向上累计次数表明(　　)
    A. 大于该组上限的次数是多少
    B. 大于该组下限的次数是多少
    C. 小于该组上限的次数是多少
    D. 小于该组下限的次数是多少
12. 下面的哪一个图形最适合于描述结构性问题(　　)
    A. 条形图　　　　B. 饼图　　　　C. 雷达图　　　　D. 直方图
13. 落在某一特定类别或组中的数据个数称为(　　)
    A. 频数　　　　B. 频率　　　　C. 比例　　　　D. 比率
14. 将某企业职工的月收入依次分为 3 000 以下,3 000~5 000,5 000~7 000,7 000 以上几个组,第一组的组中值近似为(　　)
    A. 3 000　　　　B. 1 500　　　　C. 2 000　　　　D. 3 500
15. 职工调查中,"职工的工资"是(　　)
    A. 连续变量　　　B. 离散变量　　　C. 随机变量值　　　D. 连续变量值

二、判断题(对的在括号里打√,错的在括号里打×)

1. 按数量标志分组可以形成变量数列。　　　　　　　　　　　　　　　　　(　　)
2. 频率是指各组的次数与其相应的组距相比。　　　　　　　　　　　　　　(　　)
3. 在组距式数列中,全距就是最高组的组中值与最低组的组中值之差。　　　(　　)
4. 统计表是统计资料的一种重要表现形式。　　　　　　　　　　　　　　　(　　)
5. 洛伦兹曲线是根据累计频率分布表绘制的。　　　　　　　　　　　　　　(　　)
6. 复合分组就是选择两个或两个以上的分组标志对同一总体进行的并列分组。(　　)
7. 某一变量分为下述两组:30~40,41~50,由此可以判断该变量为一连续变量。
                                                                (　　)
8. 对于连续变量数列,既可以编制成单项式变量数列,也可以编制成组距式变量数列。
                                                                (　　)

三、计算题

1. 某医院急诊病人就诊等待时间(单位:分)如下:

    14 19 24 19 16 20 24 20 21 22
    24 18 17 23 26 22 23 25 25 19
    18 16 15 24 21 26 19 21 23 20
    22 22 16 16 16 12 25 19 24 20

要求:
(1) 根据以上数据,进行统计分组,编制分布数列并绘制合适的统计图;
(2) 根据分布数列,计算相应的组中值、频率和累计次数(向上累计、向下累计两种);
(3) 计算需急诊服务的病人的等待时间在 20 分钟以上的所占的比例;
(4) 利用 SPSS 将就诊等待时间按照从小到大进行排序;

(5) 利用SPSS将就诊等待时间分成较短(小于或等于15分钟)、中等(大于15分钟且小于20分钟)、较长(大于或等于20分钟)三个等级,并对三个等级的人数进行统计,生成频数分布表。

2. 2019年我国人口基本情况如下表所示:

指标	2019年
年末总人口(万人)	140 005
按性别分	
男性人口	71 527
女性人口	68 478
按城乡分	
城镇人口	84 843
乡村人口	55 162

请利用SPSS分别绘制2019年年末我国人口数按性别分组条形图和按城乡分组饼图。

实 训

随着大数据时代的到来,统计分析成了一个热门的话题。市场上有各种各样的统计分析工具,如何选择统计分析工具就成了很多统计分析工作者的一个难题。而统计分析工具的选择应主要依据具体的业务逻辑,并没有最好的数据分析工具,而只有最适合的数据分析工具。

常用的统计分析软件有统计产品与服务解决方案软件包(SPSS)、标准统计软件系统(SAS)、计量经济学软件包(EViews)、Microsoft Excel、R软件等。国际上最流行并具有权威性的统计分析软件中,SAS以其最专业化和最全面性成为统计专业人员使用的软件,而SPSS则因易于操作而成为在非统计专业人员中应用最多的统计软件。

本节选择常用的几个适合经济管理相关专业的数据分析工具进行简单介绍。

1) Microsoft Excel

Microsoft Excel是微软公司的办公软件Microsoft Office的组件之一。它可以进行各种数据的处理、统计分析和辅助决策操作,广泛地应用于管理、统计、财经、金融等众多领域。Excel包含的功能主要有:数据透视功能、统计分析功能、图表功能、高级筛选功能、自动汇总功能、高级数学计算功能等。Excel提供了大量的函数功能,为分析者的数据分析工作提供了便捷;强大的VBA编程能力,也让分析者处理数据更加个性化和多样化。

2) EViews

EViews是Econometrics Views的缩写,直译为计量经济学观察,通常称为计量经济学软件包。它的本意是对社会经济关系与经济活动的数量规律,采用计量经济学方法与技术进行"观察"。EViews处理的基本数据对象是时间序列,具有操作简便且可视化的操作风格,体现在直接输入数据序列、依据已有序列生成新序列以及对序列之间存在的关系进行统计分析等方面。EViews 预测分析计量软件在科学数据分析与评价、金融分析、经济预测、销售预测和成本分析等领域应用非常广泛。在 Windows 环境下运行,操作接口容易上手,使得本来复杂的数据分析过程变得易学易用。

3) SPSS

SPSS(Statistical Product and Service Solutions),为 IBM 公司推出的一系列用于统计学分析运算、数据挖掘、预测分析和决策支持任务的软件产品及相关服务的总称。

SPSS 的基本功能包括数据管理、统计分析、图表分析、输出管理等。SPSS 统计分析过程包括描述性统计、均值比较、一般线性模型、相关分析、回归分析、对数线性模型、聚类分析、数据简化、生存分析、时间序列分析、多重响应等几大类,每类中又分好几个统计过程,比如回归分析中又分线性回归分析、曲线估计、Logistic 回归、Probit 回归、加权估计、两阶段最小二乘法、非线性回归等多个统计过程,而且每个过程中又允许用户选择不同的方法及参数。SPSS 也有专门的绘图系统,可以根据数据绘制各种图形。SPSS 的主要优点如下:

(1) 操作简便:界面非常友好,除了数据录入及部分命令程序等少数输入工作需要键盘键入外,大多数操作可通过鼠标拖曳、点击"菜单"、"按钮"和"对话框"来完成。

(2) 编程方便:具有第四代语言的特点,只需告诉系统要做什么,而无需告诉系统怎样做。只要了解统计分析的原理,无需通晓统计方法的各种算法,即可得到需要的统计分析结果。对于常见的统计方法,SPSS 的命令语句、子命令及选择项的选择绝大部分由"对话框"的操作完成。因此,用户无需花大量时间记忆大量的命令、过程、选择项。

(3) 功能强大:具有完整的数据输入、编辑、统计分析、报表、图形制作等功能。自带 11 种类型 136 个函数。SPSS 提供了从简单的统计描述到复杂的多因素统计分析方法,比如数据的探索性分析、统计描述、列联表分析、二维相关、秩相关、偏相关、方差分析、非参数检验、多元回归、生存分析、协方差分析、判别分析、因子分析、聚类分析、非线性回归、Logistic 回归等。

(4) 数据接口:能够读取及输出多种格式的文件。比如由 dBase、FoxBase、FoxPro 产生的 *.dbf 文件,文本编辑器软件生成的 ASCII 数据文件,Excel 的 *.xls 文件等均可转换成可供分析的 SPSS 数据文件。

(5) 模块组合:SPSS for Windows 软件分为若干功能模块,用户可以根据自己的分析需要和计算机的实际配置情况灵活选择。

(6) 针对性强:SPSS 针对初学者、熟练者及精通者都比较适用。

相比 Excel 办公软件,人们更加倾向于称 SPSS 为统计软件,因为它的数据处理能力更强大。Excel 只能做一些最基本的数据操作,而 SPSS 可以做较为高级的数理统计工作。

【实训 3.1】 数据文件管理及数据预处理

1) 实训任务

(1) 掌握 SPSS 安装、启动、主界面和退出;

(2) 掌握 SPSS 的变量定义信息;

(3) 掌握 SPSS 的数据录入与保存方法;

(4) 掌握由 SPSS 实现数据整理。

2) 实训过程

(1) 创建一个数据文件

数据文件的创建分成三个步骤：

① 新建数据文件

打开 SPSS,界面如图 3.9 所示。选择菜单【新建文件】→【新数据集】新建一个数据文件,进入数据编辑窗口,如图 3.10 所示。窗口顶部标题为"IBM SPSS Statistics 数据编辑器"。

图 3.9 SPSS 打开界面

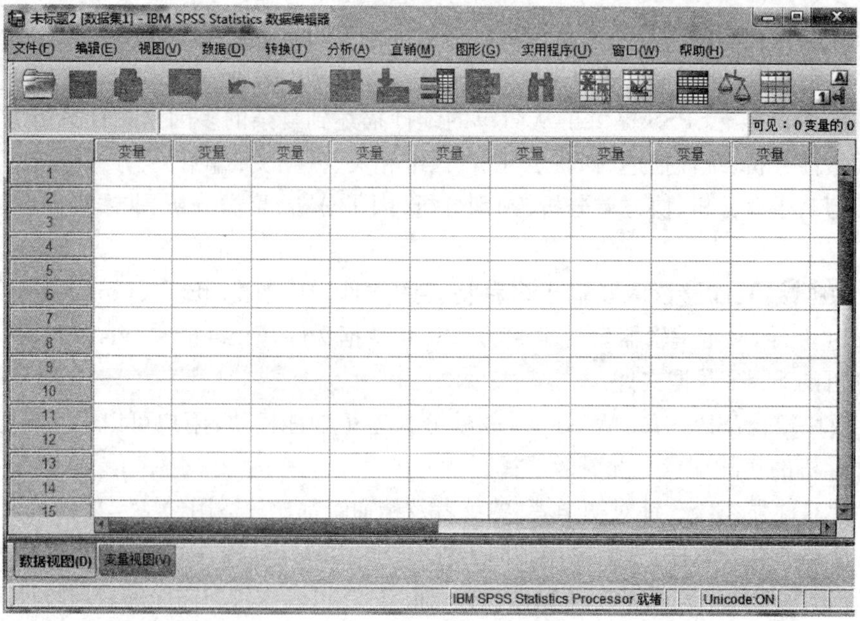

图 3.10 SPSS 数据编辑窗口

② 定义变量属性

SPSS 中的变量共有 10 个属性。分别是变量名(Name)、变量类型(Type)、长度(Width)、小数点位置(Decimals)、变量名标签(Label)、变量名值标签(Value)、缺失值(Missing)、数据列的显示宽度(Columns)、对齐方式(Align)和度量尺度(Measure)。定义一个变量至少要定义它的两个属性,即变量名和变量类型,其他属性可以暂时采用系统默认值,待以后分析过程中如果有需要再对其进行设置。

在 SPSS 数据编辑窗口中单击【变量视图】标签,进入变量视图界面,根据实验的设计定义每个变量类型。例如,创建某个小组的"学习成绩"数据文件,定义变量属性,如图 3.11 所示。

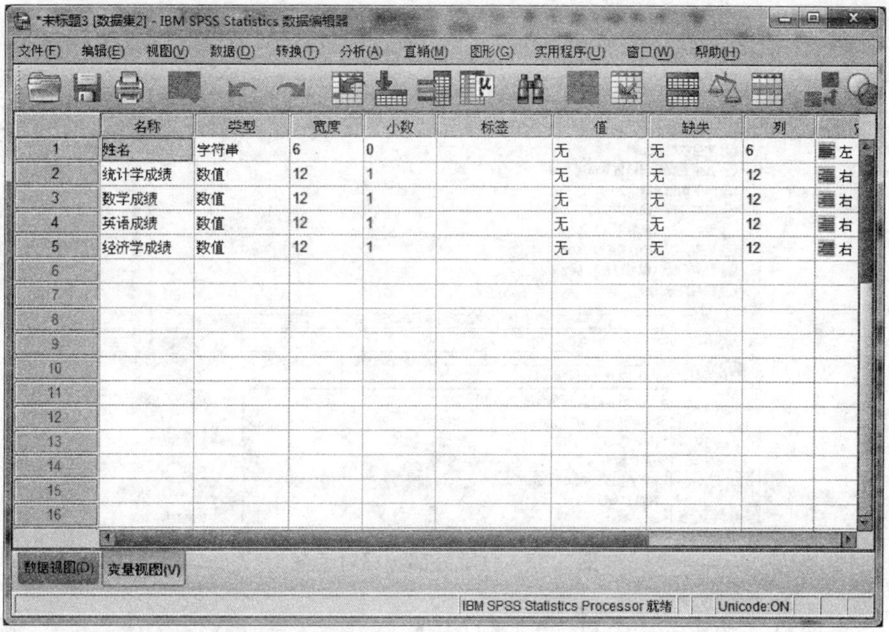

图 3.11　定义变量属性

③ 变量定义完成以后,单击【数据视图】,进入数据视图界面,将每个具体的变量值录入数据库单元格内。例如,创建某个小组的"学习成绩"数据文件,录入数据,如图 3.12 所示。

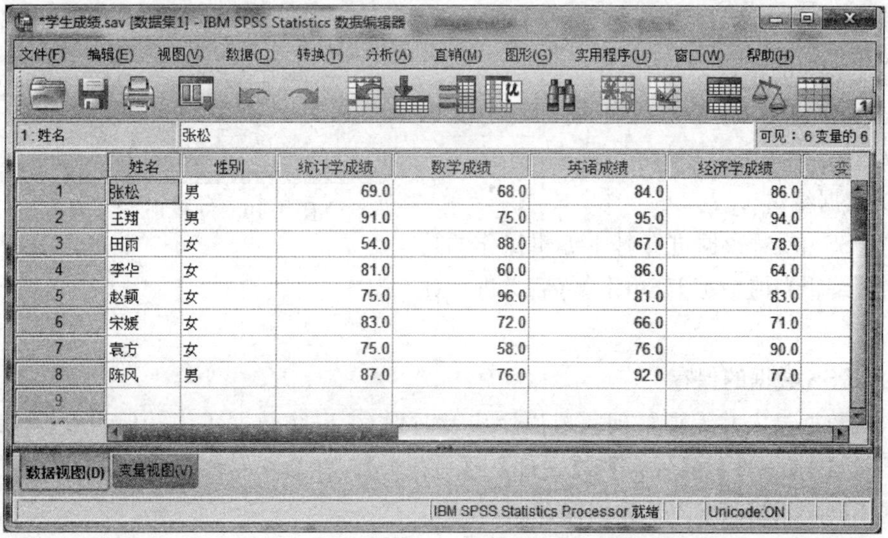

图 3.12　编辑数据视图

(2) 读取外部数据

SPSS 可以读取 Excel 数据，步骤如下：

① 点击【文件】→【打开】→【数据】，调出打开数据对话框，在文件类型下拉列表中选择数据文件，如图 3.13 所示。

图 3.13 读取外部数据对话框

② 选择要打开的 Excel 文件，单击【打开】按钮，调出打开 Excel 数据源对话框，如图 3.14 所示。对话框中各选项的意义如下：

【工作表】下拉列表，选择被读取数据所在的 Excel 工作表。

【范围】输入框，用于限制被读取数据在 Excel 工作表中的位置。

点击【确定】，即可完成使用 SPSS 读取 Excel 文件。

图 3.14 打开 Excel 文件界面

(3) 数据编辑

在 SPSS 中，对数据进行基本编辑操作的功能集中在【编辑】和【数据】菜单下。（后文进行详细说明。）

(4) SPSS 数据的保存

SPSS 数据录入并编辑整理完成以后应及时保存，以防数据丢失。保存数据文件操作步骤如下：点击【文件】→【保存】或【文件】→【另存为】。在数据保存对话框（如图 3.15 所示）中，根据不同要求进行 SPSS 数据保存。

(5) 数据整理

在 SPSS 中，数据整理的功能主要集中在【数据】和【转换】菜单下。

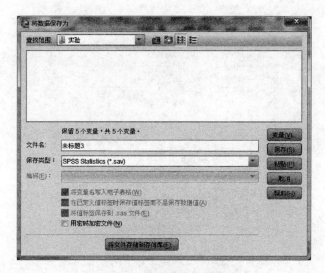

图 3.15　保存数据文件界面

① 数据排序

对数据按照某一个或多个变量的大小排序将有利于对数据的总体浏览,基本操作说明如下:

单击菜单【数据】→【排序个案】打开对话框。根据不同要求进行数据排序。

以某小组学生学习成绩(表 3.14)为例,按照统计学成绩由高到低进行降序排序,打开【排序个案】话框,按要求进行勾选,如图 3.16 所示。点击【确定】,输出结果如图 3.17 所示。

表 3.14　学生成绩

姓名	统计学成绩	数学成绩	英语成绩	经济学成绩
张松	69	68	84	86
王翔	91	75	95	94
田雨	54	88	67	78
李华	81	60	86	64
赵颖	75	96	81	83
宋媛	83	72	66	71
袁方	75	58	76	90
陈风	87	76	92	77

② 筛选

在统计分析中,有时不需要对所有观测的数据进行分析,而只需要对某些特定的对象进行分析。利用 SPSS 的【选择个案】命令可以实现这种样本筛选的功能。根据不同要求进行数据筛选,仍以数据文件"学生成绩"为例,选择统计学成绩大于 80 分的进行观测,基本操作说明如下:

图 3.16　数据排序界面

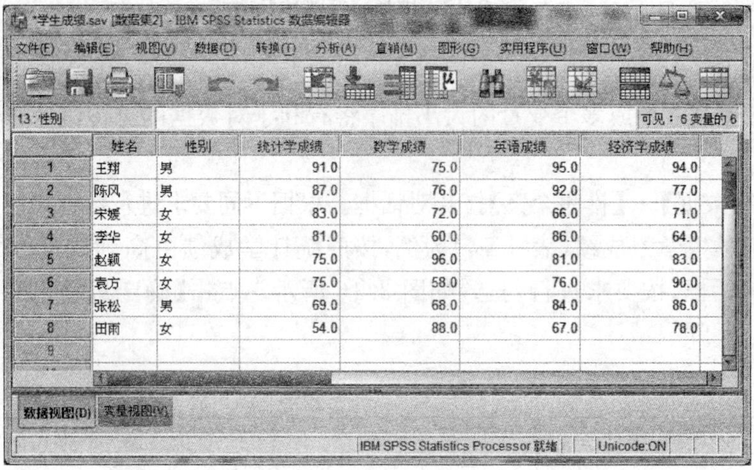

图 3.17　数据排序结果

打开数据文件"学生成绩",单击【数据】→【选择个案】,打开对话框,如图 3.18 所示。

图 3.18　数据筛选界面

指定筛选的方式:【如果条件满足】→【如果】,按条件进行筛选,如图 3.19 所示。

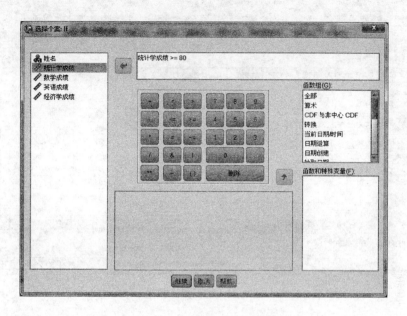

图 3.19　数据筛选方式的选择

设置完成后,点击【继续】,进入下一步。

确认未被选择的观测的处理方法,这里默认选项【过滤掉未选定的个案】,如图 3.20 所示。点击【确定】,输出结果如图 3.21 所示。

图 3.20　确认未被观测的处理方法

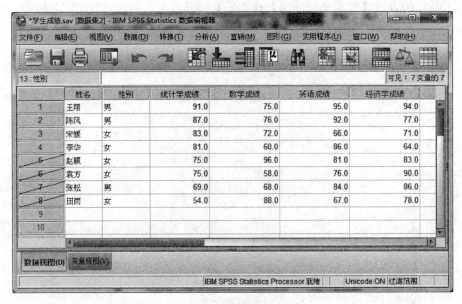

图 3.21 数据筛选结果

③ 增加个案的数据合并

将新数据文件中的观测合并到原数据文件中，利用 SPSS 实现数据文件纵向合并，以上述学生成绩为例，将新观测到的学生成绩(表 3.15)合并到原数据文件中，操作步骤如下：

打开原数据文件，点击【数据】→【合并文件】→【添加个案】，打开对话框，如图 3.22 所示。

表 3.15 新增学生学习成绩

姓名	性别	统计学成绩	数学成绩	英语成绩	经济学成绩
张明	女	65	93	74	68
王贤	女	95	81	87	75
赵达	男	51	76	85	70
李理	男	74	88	69	84

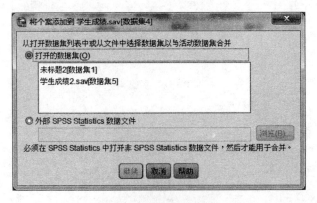

图 3.22 添加个案界面

选择需要添加的数据文件，点击【继续】，弹出添加个案对话框，如图 3.23 所示。

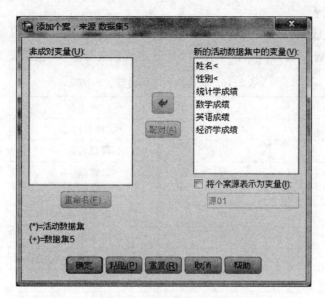

图 3.23　添加个案对话框

点击【确定】，即将两个数据文件进行了合并，输出结果如图 3.24 所示。

	姓名	性别	统计学成绩	数学成绩	英语成绩	经济学成绩	变量
1	张松	男	69.0	68.0	84.0	86.0	
2	王翔	男	91.0	75.0	95.0	94.0	
3	田雨	女	54.0	88.0	67.0	78.0	
4	李华	女	81.0	60.0	86.0	64.0	
5	赵颖	女	75.0	96.0	81.0	83.0	
6	宋媛	女	83.0	72.0	66.0	71.0	
7	袁方	女	75.0	58.0	76.0	90.0	
8	陈风	男	87.0	76.0	92.0	77.0	
9	张明	女	65.0	93.0	74.0	68.0	
10	王贤	女	95.0	81.0	87.0	75.0	
11	赵达	男	51.0	76.0	85.0	70.0	
12	李理	男	74.0	88.0	69.0	84.0	
13							
14							

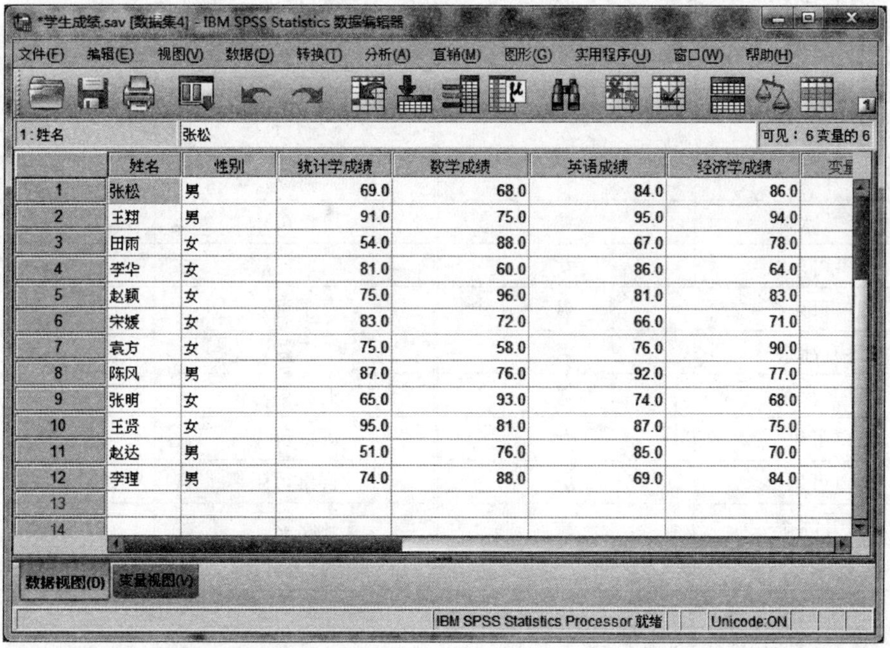

图 3.24　添加个案输出结果

【实训 3.2】　数据整理

1) 实训任务

掌握由 SPSS 生成频数分布表，得到相应的描述统计量，掌握由 SPSS 生成统计图。

2) 实训过程

(1) 频数分布表

使用 SPSS 生成频数分布表时,可以得到相应的描述统计量,下面以某商店顾客购买不同类型饮料情况(表3.16)为例,说明使用 SPSS 生成频数分布表(包括交叉表)的操作步骤。

表 3.16 顾客购买不同类型饮料情况

品牌名称	顾客性别	品牌名称	顾客性别
旭日升冰茶	男	旭日升冰茶	女
露露	男	可口可乐	男
旭日升冰茶	女	露露	男
可口可乐	男	百事可乐	女
百事可乐	女	百事可乐	女
可口可乐	女	汇源果汁	女
汇源果汁	女	露露	男
可口可乐	男	百事可乐	女
露露	男	可口可乐	男
可口可乐	女	百事可乐	男
可口可乐	男	汇源果汁	女
旭日升冰茶	女	可口可乐	男
可口可乐	女	汇源果汁	女
百事可乐	女	可口可乐	男
露露	女	汇源果汁	女
旭日升冰茶	男	露露	女
旭日升冰茶	女	可口可乐	女
百事可乐	女	旭日升冰茶	男
可口可乐	男	百事可乐	女
旭日升冰茶	男	露露	女
旭日升冰茶	男	汇源果汁	女
可口可乐	女	可口可乐	男
可口可乐	男	百事可乐	男
旭日升冰茶	女	露露	男
露露	女	旭日升冰茶	女

① 用 SPSS 生成频数分布表

打开数据文件"顾客购买不同类型饮料情况.sav",点击【分析】→【描述统计】→【频率】,进入主对话框。将"品牌名称"或"顾客性别"选入【变量】(也可将二者同时选入),选中【显示频率表格】。如图 3.25 所示。

若需要描述统计量或图形,点击【Statistics】或【图表】,打开对话框图 3.26、图 3.27,根据需要进行勾选。

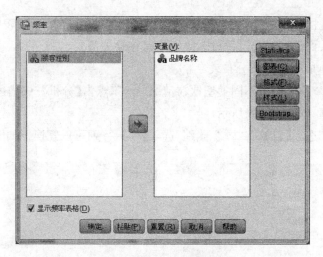

图 3.25 频率分析界面

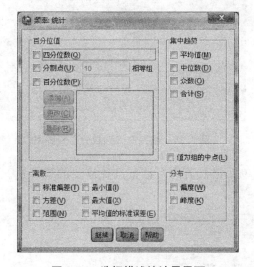 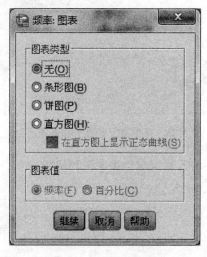

图 3.26 选择描述统计量界面　　　　图 3.27 选择图表界面

根据要求,选择相应的选项,点击【确定】。

使用 SPSS 根据"品牌名称"生成频数分布表如表 3.17 所示。

表 3.17 由 SPSS 生成频数分布表

	品牌名称				
		次数	百分比/%	有效的百分比/%	累计百分比/%
有效	百事可乐	9	18.0	18.0	18.0
	汇源果汁	6	12.0	12.0	30.0
	可口可乐	15	30.0	30.0	60.0
	露露	9	18.0	18.0	78.0
	旭日升冰茶	11	22.0	22.0	100.0
	总计	50	100.0	100.0	

表中的类别是按照拼音字母升序排列的(也可以按照降序排列),表中给出了频数、相应的百分比、有效百分比和累计百分比,表中不存在缺失值。

② 用 SPSS 生成交叉频数分布表

打开数据文件"顾客购买不同类型饮料情况.sav",点击【分析】→【描述统计】→【交叉表格】,进入主对话框。如图 3.28 所示。

将"品牌名称"选入【行】,将"顾客性别"选入【列】,行列可以互换。如图 3.29 所示。

图 3.28 编制交叉频数分布表界面(1)　　图 3.29 编制交叉频数分布表界面(2)

若需要对交叉表进行描述性分析,点击【单元格】,进入对话框选择需要的统计量。如图 3.30 所示。

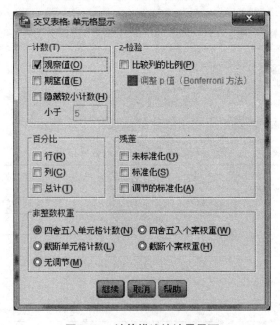

图 3.30 计算描述统计量界面

若需要图形,点击【显示集群条形图】,根据需要选择图形形式。
由 SPSS 生成的交叉频数分布表输出结果如表 3.18 所示。

表 3.18　由 SPSS 生成交叉频数分布表

品牌名称×顾客性别 交叉列表

计数

		顾客性别		总计
		男	女	
品牌名称	百事可乐	4	5	9
	汇源果汁	0	6	6
	可口可乐	10	5	15
	露露	5	4	9
	旭日升冰茶	6	5	11
总计		25	25	50

对于定性数据,除了用频数分布表进行描述,还可以使用比例、百分比、比率等计量进行描述。

表 3.19 是由 SPSS 对上述例子生成的交叉表以及相应的行、列、合计百分比等。

表 3.19　由 SPSS 生成交叉频数分布表(百分比)

品牌名称×顾客性别 交叉列表

			顾客性别		总计
			男	女	
品牌名称	百事可乐	计数	4	5	9
		品牌名称内的占比/%	44.4	55.6	100.0
		顾客性别内的占比/%	16.0	20.0	18.0
		占总计的百分比/%	8.0	10.0	18.0
	汇源果汁	计数	0	6	6
		品牌名称内的占比/%	0.0	100.0	100.0
		顾客性别内的占比/%	0.0	24.0	12.0
		占总计的百分比/%	0.0	12.0	12.0
	可口可乐	计数	10	5	15
		品牌名称内的占比/%	66.7	33.3	100.0
		顾客性别内的占比/%	40.0	20.0	30.0
		占总计的百分比/%	20.0	10.0	30.0

(续表)

			顾客性别		总计
			男	女	
品牌名称	露露	计数	5	4	9
		品牌名称内的占比/%	55.6	44.4	100.0
		顾客性别内的占比/%	20.0	16.0	18.0
		占总计的百分比/%	10.0	8.0	18.0
	旭日升冰茶	计数	6	5	11
		品牌名称内的占比/%	54.5	45.5	100.0
		顾客性别内的占比/%	24.0	20.0	22.0
		占总计的百分比/%	12.0	10.0	22.0
总计		计数	25	25	50
		品牌名称内的占比/%	50.0	50.0	100.0
		顾客性别内的占比/%	100.0	100.0	100.0
		占总计的百分比/%	50.0	50.0	100.0

(2) 统计图

频数分析的第二个基本任务是绘制统计图,频数分析中常用的统计图包括:条形图、饼图、直方图等。

上面介绍了如何使用 SPSS 建立频数分布表来反映分类数据的频数分布,如果用图形来展示频数分布,会更加形象和直观。一张好的统计图表,往往胜过冗长的文字表述。统计图的类型有很多,多数统计图除了可以绘制二维平面图,还可以绘制三维立体图。图形的制作均可由计算机来完成。

下面说明使用 SPSS 生成条形图、直方图或饼图的操作步骤。

使用 SPSS 生成条形图、直方图或饼图的操作步骤如下:

打开数据文件,点击【分析】→【描述统计】→【频率】,进入主对话框。将要分组的变量选入【变量】,点击【图表】,打开对话框,如图 3.31 所示。根据需要,勾选所需图形及图表值,点击【继续】,回到"频率"对话框,点击【确定】,即可输出图形。

以某商店顾客购买不同类型饮料情况(表 3.16)为例,使用 SPSS 绘制条形图。将"品牌名称"或"顾客性别"选入【变量】(也可将二者同时选入),点击【图表】,进入对话框。勾选条形图,此时图表值默认为"频率",

图 3.31 编制统计图界面

也可改为"百分比",输出条形图如图 3.32 所示。

若需要对交叉表进行图形分析,操作步骤如下:

点击【分析】→【描述统计】→【交叉表格】,选择【行】和【列】之后,点击【单元格】,勾选【显示集群条形图】。

以上述顾客购买不同类型饮料情况为例,由 SPSS 生成的对比条形图如图 3.33 所示。

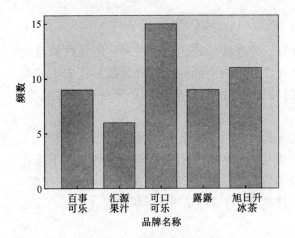

图 3.32　由 SPSS 生成条形图　　　　图 3.33　由 SPSS 生成对比条形图

在此次分析中没有发现异常值。

第4章 统计数据分布的特征描述

百分数也称百分比,是相对指标最常用的一种表现形式。它是将对比的基数抽象化为100而计算出来的相对数,用"%"表示。百分点是指不同时期以百分数形式表示的相对指标(如:速度、指数、构成等)的变动幅度。但在实际中,百分数和百分点应用常混淆。比如:

错误之一:销售一般货物、劳务的增值税税率从16%下降至13%,降幅为3%!

根据自2019年4月1日起执行的《关于深化增值税改革有关政策的公告》(以下简称《公告》),增值税一般纳税人发生增值税应税销售行为或者进口货物,原适用16%税率的,税率调整为13%。当时,有读者解读为"降幅达3%",这显然是一个低级错误。正确的表达应该是:"降幅为3个百分点"。

错误之二:一年期贷款利率从5%下调至4.75%,调低了0.25%。

2015年10月24日央行降息后一年至三年贷款利率由2015年8月26日的5%降至4.75%。这一条消息被有的媒体错误地表述为:"调低了0.25%"。正确的表述有两种:一是可以表述为"调低了0.25个百分点";二是可以表述为"调低了25个基点"。

统计指标是统计分析说明问题的特有语言,不同的指标有不同的作用和特点,本章将介绍统计分析中的总量指标、相对指标、平均指标、变异指标以及分布形态。

4.1 总量指标

1) 总量指标的概念和作用

(1) 总量指标的概念

总量指标是反映现象总体在一定时间、地点和条件下的社会经济现象总体规模或水平的综合指标。这类指标是通过全面调查的方法,对总体单位进行调查登记,逐步汇总得出的总体单位总数或某种标志总量,所以称为总量指标,也称绝对指标,其表现形式就是绝对数。例如,2019年我国国内生产总值为990 865亿元,2019年年末全国国内总人口140 005万人,2019年国家财政收入总额190 382.00亿元,这些总量指标反映我国2019年社会经济所达到的规模和绝对水平。

(2) 总量指标的作用

总量指标在社会经济研究和管理中有重要的作用,主要表现在:

① 总量指标是反映社会经济现象基本情况的指标。例如,要研究一个国家的社会经济情况,就必须了解该国的人口和劳动力的总资源、国民财富、土地面积以及钢铁、煤炭、粮食总产量和工农业总产值等。只有了解了这些总量指标数值,才能对这个国家有一个总体的

认识。

② 总量指标是加强宏观经济管理与企业经济核算的基本指标。无论是宏观调控还是微观管理,都要以反映客观现象的总量指标作为重要参考依据,而不能凭空想象。

③ 总量指标是计算相对指标和平均指标的基础。相对指标和平均指标一般是由两个有联系的总量指标对比的结果,它们是总量指标的派生指标。例如,由实际的总产值除以计划的总产值就得到计划完成的相对指标,由总成本除以总产量就得到产品单位成本的平均指标。总量指标是否科学、准确,直接影响相对指标和平均指标的科学性和准确性。

2) 总量指标的分类

从不同角度可以把总量指标划分成不同的种类。

(1) 按反映的总体内容不同,分为总体单位总量指标和总体标志总量指标

① 总体单位总量指标

总体单位总量指标是用来反映总体中单位数的指标,简称单位总量。例如,工业企业总数、学校总数、人口总数等。单位总量用总体单位数的多少反映总体规模的大小。

② 总体标志总量指标

总体标志总量指标是总体单位的某一数量标志值的总和,简称标志总量。例如,工业企业总产量、企业总产值、工资总额、总利润等。标志总量用总体单位某种特征的总数反映总体的规模和水平。

一个总体中只有一个单位总量,但可以有多个标志总量。

(2) 按反映的时间状况不同,分为时期指标和时点指标

① 时期指标

时期指标是反映现象在一段时间内发生的总量,其数值是通过对一定时期内事物的数量进行连续登记并累计加总得到的。例如,一定时期内(日、月、年等)的产品产量、产值、商品销售额、工资总额等。

时期指标有三个特点:

a. 指标具有可加性,即可以进行纵向的累计。纵向累计结果表明在更长一段时期内事物发展过程的总数量,而横向累计的结果通常只是表明在某一时期内更大范围内的总数量。

b. 指标数值的大小与其所属的时期长短有直接关系。通常时期越长,指标数值越大,时期越短,指标数值越小。例如,年销售额要大于月销售额,月产量要多于日产量。

c. 指标数值可以连续计数取得,因为它的每一个数值都是表明现象在某一段时期内发生的总量。例如,一个月的销售额是一个月中每天销售额的总和。

② 时点指标

时点指标是反映事物总体在某一时点(瞬间)上的数量状态。其数值是通过对事物在某一时点上登记的数量得到的。例如,人口数、企业数、商品库存数、流动资金占用额等都是时点指标。

时点指标也有三个特点:

a. 指标通常不具有纵向可加性,但同一性质的时点指标在同一时点上可横向累计。例

如,不能将某企业全年各月初或月末的职工人数相加作为本年度该企业的全部职工人数,以反映企业的规模,但可以将企业各车间同期的月初或月末人数相加。

b. 指标数值的大小与时间间隔的长短没有直接关系。例如,某企业年末某种产品的库存数不一定大于年初库存数;全年的流动资金平均占用额也不一定大于一月份的流动资金平均占用额。

c. 指标数值一般是间断统计取得的。因为时点指标通常变化不是很大,不需要随时登记。此外,因为时点指标实际上是一个存量指标,它不能纵向累计,所以通常间断计数。

(3) 按使用计量单位不同,分为实物指标、价值指标和劳动量指标

① 实物指标

实物指标是以实物单位计量的总量指标,即以实物的物理属性或自然属性作为计量单位的指标。实物单位包括以下几种:

a. 自然单位,即按照现象的自然表现形态来计量其数量的计量单位。如人口用人、汽车用辆等。

b. 度量衡单位,即按照统一的度量衡制度的规定来计量事物数量的计量单位。如土地面积用平方千米、棉布用米等。

c. 标准实物单位,即在同一性质或同一用途的产品中,挑选一种产品作为标准产品,其他产品则按照一定的换算系数换算为以标准产品的实物单位来表示产量的一种计量单位。如各种不同发热量的能源换算为 7 000 千卡/千克的标准煤。

d. 复合单位。例如,发电机用台/千瓦、货物周转量用吨/千米等。

实物指标能较直观地反映事物的数量,被广泛应用于编制计划、检查计划执行情况等经济管理实践中。

② 价值指标

价值指标是用货币单位来计量事物数量大小的统计指标。如国民生产总值、社会总产值、商品销售额、工资总额、利润额等。价值指标具有综合和概括的能力,可以综合表现各种具有不同使用价值的产品或商品的总量。

③ 劳动量指标

劳动量指标是以劳动量单位计量的总量指标,即以劳动时间为计量单位的指标。如工时、工日等。借助劳动量指标可以确定劳动的规模,并且可以作为评价劳动时间长短、核算企业工人工资、计算劳动生产率的依据,同时也是基层企业编制和检查生产作业计划的重要依据。

3) 总量指标的计算

(1) 总量指标的计算方法

总量指标的计算方法有两种:一种是直接计算法,即统计人员采用直接点数或测量的方法将现象的总量计算出来,如统计报表和普查中的总量指标基本上就是这样计算出来的;另一种是估计推算法,即采用平衡关系、因素关系或比例关系、插值估算等推算方法将经济现象的总量推算出来。

(2) 计算和应用总量指标应遵循的原则

总量指标是具有一定社会经济内容的统计指标,能否正确计算和应用,不是一个简单

的统计汇总技术问题,而是一个理论联系实际的问题。要正确地计算和应用总量指标,必须遵循以下原则:

① 科学性原则。必须以科学的理论来确定总量指标的含义范围和计算方法,只有这样,计算的总量指标才能反映社会经济现象总体内容的真实情况。指标含义与计算范围界定了总量指标所反映的事物某方面的特征、总体范围与计算口径。例如,在统计人口时,只有在分清"现有人口"和"常住人口"含义的基础上,才能正确统计一个地区的人口总数。

② 可比性原则。计算总量指标应注意历史条件变化对指标内容和范围的影响,使不同时期的指标具有可比性,有利于进行动态研究。例如,在研究我国税制改革前后时期的各种税收总量的变化时,就要注意其含义和范围变化情况。

③ 一致性原则。计算总量指标要注意计算的口径、计算方法和计量单位的一致性,必须按照国家统一规定的计量单位进行计量。不同种类的实物总量指标数值不能加总,只有同类现象才能计算实物总量。只有这样,才不会造成统计计量方面的差错或混乱,才能客观地统计社会经济现象总体的数量。例如,石油产量与电视机产量显然不能加总,而同为农作物的小麦产量与棉花产量也不可混为一谈。

④ 总量指标与相对指标、平均指标要结合运用。总量指标虽然是综合指标的基本指标,但它只能说明事物的规模、水平,而不能说明事物之间的相互联系、发展变化的程度和效益的高低。因此,要全面说明事物的规模、水平、相互联系、发展变化的程度、内部构成,必须把总量指标与相对指标、平均指标结合起来运用。

4.2 相对指标

1) 相对指标的概念和作用

(1) 相对指标的概念

相对指标就是社会经济现象中两个相互联系的指标数值之比,用来反映某些相关事物之间数量联系程度的综合指标,其具体数值表现为相对数。相对指标是质量指标的一种表现形式,反映社会经济现象之间数量的对比关系。例如,2019年我国国内生产总值990 865亿元,其中,第一产业增加值占7%,第二产业增加值占39%,第三产业增加值占54%,2019年我国国内生产总值是上一年的107.79%,比上一年增长7.79%。

(2) 相对指标的作用

① 相对指标通过数量之间的对比,可以表明事物相关程度、发展程度,它可以弥补总量指标的不足,使人们清楚了解现象的相对水平和普遍程度。例如,某企业计划某月销售额70万元,实际达到77万元,则实际销售额比计划销售额增长了10%,这是总量指标不能说明的。

② 把现象的绝对差异抽象化,使原来无法直接对比的指标变为可比。不同的企业由于生产规模条件不同,直接用总产值、利润比较评价意义不大,但如果采用一些相对指标,如资金利润率、资金产值率等进行比较,便可对企业生产经营成果做出合理评价。

③ 说明总体内在的结构特征,为深入分析事物的性质提供依据。例如,计算一个地区的第一、二、三产业的比例,可以说明该地区社会经济发展的现代化程度。

2) 相对指标的表现形式

相对指标一般有两种表现形式,即无名数和有名数。

(1) 无名数

无名数是一种抽象化的数值。通常的表现形式是成数、系数、倍数、百分数、千分数等。相对指标在很多场合都用无名数表示。

(2) 有名数

有名数是指有具体内容的计量单位的数值,可分为单名数和复名数。部分相对指标用单名数表示,如商品流转速度指标用"次"或"天"表示;有些相对指标则采用分子指标与分母指标的计量单位共同构成的复合单位,即复名数表示。如人口密度用"人/平方千米"表示,人均国民生产总值用"元/人"表示等。

3) 相对指标的种类和计算方法

根据统计研究的目的和任务的不同,相对指标可分为结构相对指标、比例相对指标、比较相对指标、强度相对指标、动态相对指标和计划完成相对指标六种。

(1) 结构相对指标

研究社会经济现象总体时,不仅要掌握其总量,而且要揭示总体内部的组成状况的数量表现,这就需要计算结构相对指标。

结构相对指标是在总体分组的基础上,用总体的部分数值与全部总体数值对比得到的比重或比率,用以反映总体内部的构成状况、分布特征及工作质量,一般用百分数、成数或系数表示。其计算公式为:

$$结构相对指标 = \frac{总体中某一部分数值}{总体全部数值} \times 100\% \qquad (式4.1)$$

注意:同一总体的结构相对指标之和应为100%,且结构相对指标的分子分母位置不能互换。

【例 4.1】 2018 年我国货物进出口总额结构如表 4.1 所示,进出口总额 305 008.13 亿元,其中出口总额为 164 127.81,进口总额为 140 880.32 亿元,则

$$出口额所占比重 = \frac{164\ 127.81}{305\ 008.13} \times 100\% = 53.81\%$$

$$进口额所占比重 = \frac{140\ 880.32}{305\ 008.13} \times 100\% = 46.19\%$$

计算结果表示 2018 年我国出口总额、进口总额分别占我国货物进出口总额的 53.81%、46.91%,为正确认识我国进出口总额分布提供了依据。

表 4.1 2018 年我国货物进出口总额

项目	金额(人民币)/亿元	占总数的百分比/%
出口总额	164 127.81	53.81
进口总额	140 880.32	46.19
进出口总额	305 008.13	100.00

(2) 比例相对指标

总体内部各个组成部分之间存在着一定的联系,并在客观上保持着适当的比例。比例相对指标是指同一总体内某一部分数值与另一部分数值对比的比值。它是反映总体中各个组成部分之间的比例关系和均衡状况的综合指标。其计算公式为:

$$比例相对指标 = \frac{总体中某一部分数值}{总体中另一部分数值} \times 100\% \quad (式4.2)$$

注意:比例相对指标的分子分母同属一个总体,而且分子与分母的位置可以互换。比例相对指标通常用百分数表示,也可以用几比几的形式表示。

【例 4.2】 2018 年我国全国就业人员共 77 586 万人,其中,第一产业就业人员 20 258 万人,第二产业就业人员 21 390 万人,第三产业就业人员 35 938 万人,则

第一、二、三产业就业人员比例 = 20 258 : 21 390 : 35 938 = 1 : 1.06 : 1.77

计算比例相对指标的意义在于分析总体内部之间的数量关系是否协调一致。按比例发展是事物发展的客观要求,国民经济中许多重大的比例关系,如人口的性别比例、各产业之间的比例、积累与消费的比例、轻重工业之间的比例关系等,都可以运用比例相对指标进行分析研究。

(3) 比较相对指标

在同一时间内同类事物不同总体由于所处的空间条件不同,发展状况也不一样,要了解它们之间的差异程度,就需要将不同空间条件下的同类事物进行对比。这种同类现象在不同的空间(不同的地区、部门、单位)的数值相比计算的相对数就是比较相对指标。其计算公式为:

$$比较相对指标 = \frac{甲地区(单位或企业)某类指标数值}{乙地区(单位或企业)某类指标数值} \quad (式4.3)$$

比较相对指标可以用系数、倍数或百分数来表示。比较相对指标与比例相对指标类似,分子与分母也可以互换。两者的差别为比例相对指标是同一总体的不同部分比较,而比较相对指标是同类指标的不同空间比较。

【例 4.3】 2019 年北京市商品房销售面积为 938.86 万平方米,天津市商品房销售面积为 1 478.68 万平方米,则北京、天津商品房销售面积对比的比较相对指标为:

$$比较相对指标 = \frac{938.86}{1\ 478.68} = 0.635$$

即 2019 年北京市商品房销售面积是天津市的 63.5%。

结构相对指标、比例相对指标和比较相对指标的主要区别:

① 说明的问题不同。结构相对指标说明总体内部的组成情况;比例相对指标说明总体内各部分间的相互关系;比较相对指标说明某种现象在不同空间下发展的不均衡程度。

② 分子与分母的内容不同。结构相对指标是部分数量与总体总量的对比,分母是总体总量;比例相对指标是同一总体内部分数量与部分数量的对比,分母是部分数量;比较相对数是同一时间同类指标在空间上的对比,分子、分母是不同空间的同类指标。

(4) 强度相对指标

社会经济现象之间的数量对比关系,不仅表现在总体的内部组成部分之间、同一事物在不同空间的联系,还表现在有联系的不同事物之间的对比关系。强度相对指标就是两个性质不同而有一定联系的总量指标的比值,用来反映社会经济现象的强度、密度和普遍程度。其计算公式为:

$$强度相对指标 = \frac{某一总量指标数值}{另一有联系的总量指标数值} \qquad (式4.4)$$

【例 4.4】 我国国土面积为 960 万 km^2,2019 年底,我国人口总数为 140 005 万人,则

$$2019年末我国人口密度 = \frac{140\ 005}{960} \approx 146(人/km^2)$$

强度相对指标一般用复名数表示,如人均粮食产量用"kg/人"表示,人口密度用"人/km^2"表示等。也有一些采用百分数或千分数表示,比如人口出生率用千分数表示,商品流通率用百分数表示等。

某些强度指标的分子和分母可以互换,形成正指标和逆指标两种计算形式。例如,每千人拥有的零售商业机构数或每个商业机构的服务数。正指标数值越大,说明所研究现象的分布越密,强度和普及程度越高;逆指标数值越大,说明所研究现象的分布越疏,强度和普及程度越低。

【例 4.5】 我国 2018 年批发和零售业法人企业单位数为 211 515 个,年末总人口数为 139 538 万人,则

$$正指标:批发和零售商业网密度 = \frac{211\ 515}{139\ 538} = 1.52(个/万人)$$

$$逆指标:批发和零售商业网密度 = \frac{139\ 538}{211\ 515} = 0.66(万人/个)$$

正指标说明 2018 年末我国每万人平均有 1.52 个批发和零售业法人企业为他们服务,逆指标说明每个批发和零售法人企业平均为 0.66 万人服务,其意义相同,表述方法有别。

强度相对指标可以反映一个国家或地区的经济实力,还可以反映一个部门为社会服务的能力。

(5) 动态相对指标

动态相对指标又称动态相对数,它是两个同类指标在不同时期上的对比,用来反映现象发展变化的程度,并据以推测现象变化的趋势。其计算公式为:

$$动态相对指标 = \frac{报告期指标数值}{基期指标数值} \times 100\% \qquad (式4.5)$$

公式中,作为对比标准的时期称为基期,而用来与基期进行比较的称为报告期,有时也称为计算期。动态相对指标的计算结果用百分数或倍数表式,用来反映现象在不同时间的发展程度、发展速度等。分子分母不能互换。

【例 4.6】 2017 年我国农业总产值为 58 059.76 亿元,2018 年我国农业总产值为

61 452.60 亿元,其发展速度即为动态相对数,则

$$动态相对指标 = \frac{61\ 452.60}{58\ 089.76} \times 100\% = 105.84\%$$

即 2018 年我国农业总产值是 2017 年的 105.84%,增长了 5.84%。

(6) 计划完成相对指标

计划完成相对指标也称计划完成相对数,它是现象在某一段时间内的实际完成数与计划数之比,用来检查、监督计划执行的程度,一般用百分数表示。计划完成相对指标可以监督和检查国民经济或企业计划的执行情况,以便进一步分析计划完成或未完成的原因,及时总结经验或采取措施。其计算公式为:

$$计划完成相对指标 = \frac{实际完成数}{计划完成数} \times 100\% \qquad (式 4.6)$$

由于计划完成相对指标是以计划任务为准来检查计划执行情况的,所以分子和分母不能互换。

计划完成指标的基数是计划完成数,由于基数的表现形式有绝对数、相对数和平均数三种,因此计划完成相对指标在形式上有所不同,但在计算方法上仍然以计划指标作为对比的基础或标准。下面分别作详细介绍。

① 短期计划执行情况检查方法

短期计划是指年度计划、季度计划、月度计划、旬计划等。根据计划数的表现形式和考核目的不同,其考核方法有以下几种:

a. 计划任务数为绝对数

计算计划完成相对指标的公式与(式 4.6)相同,一般适用于研究分析社会经济现象的规模或水平的计划完成程度。

【例 4.7】 某企业计划 2019 年销售收入 800 万元,实际销售收入 922 万元。则

$$计划完成相对指标 = \frac{922}{800} \times 100\% = 115.25\%$$

结果表明,该企业的销售计划完成程度为 115.25%,超额完成计划的 15.25%。

b. 计划任务数为相对数

当计划任务数是相对数,即用"增长""提高"或"降低""减少"的百分比表示时,其计划检查分增长计划和降低计划两种。它是实际完成百分比和计划规定应完成百分比的比值,其计算公式为:

$$\begin{aligned}计划完成相对指标 &= \frac{实际达到的百分比}{计划规定应达到的百分比} \times 100\% \\ &= \frac{1 \pm 实际提高(降低)率}{1 \pm 计划提高(降低)率} \times 100\%\end{aligned} \qquad (式 4.7)$$

【例 4.8】 某企业计划规定劳动生产率比上年水平提高 5%,实际比上年提高了 6.2%;规定单位成本比上年降低 4%,实际比上年降低了 5.1%,则

$$劳动生产率计划完成情况相对指标 = \frac{1+6.2\%}{1+5\%} \times 100\% = 101.14\%$$

$$单位成本计划完成情况相对指标 = \frac{1-5.1\%}{1-4\%} \times 100\% = 98.85\%$$

结果表明,该企业劳动生产率计划完成程度为 101.14%,超额完成计划的 1.14%;单位成本计划完成程度为 98.85%,超额完成计划的 −1.15%。

上述例子中的计划数是以比上期提高或降低百分之几的形式表示的,所以计算计划完成相对数时,都应包括原有基数 100% 在内,不能以实际提高的百分数(或实际降低率)直接与计划提高的百分数(或计划降低率)对比。

c. 计划任务数为平均数

当计划数表现为平均数时,计划完成程度指标适用于考核各种技术经济指标和经济效益指标的计划完成情况。其计算公式为:

$$计划完成程度指标 = \frac{实际平均水平}{计划平均水平} \times 100\% \qquad (式 4.8)$$

【例 4.9】 某企业计划生产 A 产品的平均单位成本为每件 1 300 元,实际平均单位成本为 1 190 元,则

$$计划完成相对指标 = \frac{1\ 190}{1\ 300} \times 100\% = 91.54\%$$

结果表明,该企业 A 产品平均单位成本计划完成程度为 91.54%,超额完成计划的 −8.46%。

评价一项指标是否完成了计划、完成的程度如何,要具体情况具体分析,根据指标的性质不同分别加以确定。

② 长期计划执行情况的考核方法

长期计划是指 5 年以上的计划,长期计划指标有的规定了全期应完成的累计总数,有的规定计划期最后一年应达到的水平。对长期计划执行情况检查,可以根据计划规定的不同,分别采用水平法和累计法进行检查。

a. 水平法

水平法就是把计划期末实际所达到的水平与同期计划规定应达到的水平进行对比来计算计划完成相对数的方法。适用于检查计划期内最后一年应达到的水平而制定的计划指标,各种产品产量、工农业总产值、商品销售额等计划执行情况的检查均适用水平法。其计算公式为:

$$计划完成相对指标 = \frac{计划期末年实达水平}{计划期末年应达水平} \times 100\% \qquad (式 4.9)$$

按水平法检查计划完成情况时,只要有连续一年的时间,实际完成的水平达到了计划规定的水平,就认为完成计划任务,以后至计划期末所剩下的时间就是提前完成计划的时间。

【例 4.10】 某企业对产品产量按五年计划规定,在计划期最后一年应达到 500 万吨,

第五年产量为550万吨,则计划完成程度相对指标为110%,实际上在第四年的七月至第五年的六月合计首次达到500万吨的计划水平,就可以确认该产品已提前完成了五年计划任务,提前完成计划的时间为6个月。

b. 累计法

累计法就是把计划期内各年累计实际完成数与同期计划规定的累计数进行对比来计算计划完成相对指标的方法。适用于检查计划期内构成国民财产存量的经济指标,如固定资产投资额、基本建设投资额、造林面积、干部培训人数等指标。其计算公式为:

$$\text{计划完成相对指标} = \frac{\text{计划期内各年累计实际完成数}}{\text{同期计划规定的累计数}} \times 100\% \quad (\text{式 4.10})$$

采用累计法考核长期计划执行情况时,只要从计划期初开始至计划期内某一时间为止,实际完成的累计数已达到计划规定的累计数,就算作完成计划任务。从计划期开始至完成规定的累计数为止,这段时期就是计划完成时期,以后至计划期末所剩的时间为提前完成计划的时间。

【例 4.11】 某企业某五年计划基本建设投资额应达600亿元,实际上自第一年年初至第五年9月底累计完成基本建设投资额已达到600亿元,至第五年年底累计完成636亿元,则该企业基本建设投资额计划完成程度为:

$$\text{计划完成相对指标} = \frac{636}{600} \times 100\% = 106\%$$

结果表明,该企业某五年基本建设投资额超额完成6%,提前完成计划的时间为3个月。

4) 计算和应用相对指标应遵循的原则

(1) 两个对比指标要有可比性

相对指标是用两个指标相比较来反映现象之间数量的对比关系的综合指标,而可比性的问题是相对分析的重要问题,若将不能对比的现象加以比较,就会歪曲事实真相。可比性包括对比指标的经济内容、口径范围、计算时间、计算方法、计算价格等的可比,如检查计划的完成程度时,必须检查实际的完成数与计划数所包含的指标内容是否一致。

(2) 将相对指标与总量指标结合

运用总量指标可以反映现象的规模和发展水平,但无法揭示现象之间的联系和差异;相对指标可以反映现象之间的联系和对比关系,但将现象之间的绝对水平抽象化了,表现出来的数量信息并不全面。所以,许多场合在应用相对指标时,必须与总量指标相结合,才能说明社会经济现象的真实情况。

(3) 把各种相对指标结合起来运用

一个相对指标只能反映社会经济现象一个方面的数量特征,要对经济现象进行全面分析,就需要将各种可利用的相对指标结合起来。例如,分析企业经营管理状况,可以把实际利润与计划利润进行对比,检查利润计划完成情况,把本期实际利润与上期实际利润进行对比,观察利润动态变化情况等。

4.3 平均指标

4.3.1 平均指标的概念和作用

平均指标又称平均数,是统计分析中最常用的统计指标之一。

1) 平均指标的概念

平均指标是指总体内各单位某一数量标志在一定时间、地点、条件下所达到的一般水平。它是反映社会经济现象总体单位某一数量标志值一般水平的综合指标。例如,平均工资、平均成绩、平均收入、平均成本、平均价格等。

平均指标的特点是对总体各单位之间标志值的差异抽象化,用一个指标显示其一般水平。因此,它可用来比较不同时间、地点或部门之间同类现象水平的高低,分析现象间的相互关系,估计推算其他有关指标。

2) 平均指标的作用

平均指标的特点表明,它是通过科学的抽象而得出的总体代表值和总体分布的特征值,是认识社会经济现象的本质和规律的工具,平均指标在统计研究中具有重要作用。

(1) 反映总体各单位变量分布的集中趋势和一般水平。

(2) 平均指标可以用来比较同类现象在不同地区、部门、单位(即不同总体)发展的一般水平,用以说明经济发展的高低和工作质量的好坏。

(3) 平均指标可以用来对同一总体某一现象在不同时期上进行比较,以反映该现象的发展趋势或规律。

(4) 利用平均指标可以分析现象之间的依存关系。

(5) 平均指标是统计推断的一个重要参数,可以估算和推算其他有关数字。例如,利用样本平均指标推算总体平均指标。

3) 平均指标的种类

平均指标按现象分析目的和资料的性质不同,分为数值平均数和位置平均数。凡是根据总体各单位标志值计算的平均数称为数值平均数,常见的数值平均数包括算术平均数、调和平均数和几何平均数;凡是根据总体标志值在分配数列中的位置确定的平均数称为位置平均数,常见的主要有中位数和众数。

4.3.2 算术平均数

算术平均数是指总体标志总量与总体单位总量对比得到的平均指标。它是统计研究和统计实务中应用最广泛的一种平均指标。一般不特别说明时,所提到的"平均指标""平均数""集中趋势指标"均是指算术平均数。

1) 算术平均数的基本计算公式

算术平均数一般用符号 $\bar{x}$ 表示,其计算公式为:

$$算术平均数 = \frac{标志总量}{单位总量} \qquad (式4.11)$$

在运用上述基本公式计算平均数时,要注意公式中分子和分母在总体范围上的可比性,二者必须属于同一总体。否则,所计算出的结果将不是平均数。前面有关章节介绍的强度相对数往往也具有平均的意义,其分子与分母是两个性质不同而有一定联系的总量指标,可以属于不同总体。算术平均数与强度相对数虽然在表现形式上十分相似,但在实质上却有着很大的区别。例如,人均粮食消费量是由全国粮食消费量与全国人口数对比得到的平均指标;而人均粮食产量是由全国粮食产量与全国人口数对比得到的强度相对指标,因为并非每个人都具有粮食产量这一标志,分子和分母属于不同总体。

2) 算术平均数的种类

由于所掌握的统计资料不同,算术平均数可分为简单算术平均数和加权算术平均数。

(1) 简单算术平均数

简单算术平均数就是在所掌握的资料未经分组的条件下,直接将总体各单位的标志值相加,除以总体单位总量所求得的平均数,其计算公式为:

$$\bar{x} = \frac{x_1 + x_2 + \cdots + x_i + \cdots + x_n}{n} = \frac{\sum x_i}{n} \quad (\text{式} 4.12)$$

公式中:$\bar{x}$ 代表算术平均数;

x_i 代表总体各单位标志值;

n 代表总体单位总量。

【**例 4.12**】 某零售商店共有 7 名销售员工,某月销售员工工资(单位:元)分别为 3 100、2 870、5 780、4 200、3 593、5 020、4 660,则

$$\text{月平均工资} \bar{x} = \frac{\sum x_i}{n} = \frac{3\,100 + 2\,870 + 5\,780 + 4\,200 + 3\,593 + 5\,020 + 4\,660}{7}$$
$$= 4\,174.71(\text{元})$$

(2) 加权算术平均数

当统计资料经过分组,编制变量数列后需要采用加权平均数法计算平均数。加权平均数就是用变量数列中各组标志值乘以相应的各组单位数(次数),求出各组的标志总量,并将它们相加得出总体的标志总量,然后除以总体单位总量,求得平均数。其计算公式为:

$$\bar{x} = \frac{x_1 f_1 + x_2 f_2 + \cdots + x_i f_i \cdots + x_n f_n}{f_1 + f_2 + \cdots + f_i \cdots + f_n} = \frac{\sum x_i f_i}{\sum f_i} = \sum \left(x_i \cdot \frac{f_i}{\sum f_i} \right) \quad (\text{式} 4.13)$$

公式中:x_i 代表第 i 组单位代表变量值;

f_i 代表第 i 组变量值出现的次数,在算术平均数中称为权数;

$x_i f_i$ 代表第 i 组总量;

$\dfrac{f_i}{\sum f_i}$ 代表各组次数占总次数的比重。

由以上公式可见,加权平均数的大小不仅取决于各组标志值 x_i,还取决于各组标志值出现的次数 f_i。这里,次数多的标志值对平均数的影响相应大些,次数少的标志值对平均数

的影响相应小些。当标志值较大且出现次数较少时,平均数就趋近于标志值大的一方。各组次数的多少,在计算平均数的过程中有权衡轻重的作用,因此又将次数称为权数。在计算平均数的过程中,将各组次数分别乘以各组的标志值,称为加权。这种用权数计算算术平均数的方法称为加权算术平均法。

由于变量数列有单项数列和组距数列之分,因此它们的计算方法也不同。下面分别介绍单项数列和组距数列加权算术平均数的计算方法。

① 由单项数列计算的加权算术平均数

如果掌握的资料是一个单项数列,可直接利用各组总体单位数对各组变量值加权计算平均数。

【例4.13】 某车间工人日产量和各组人数资料如表4.2所示。

表4.2 某车间工人日产量资料

日产量(件) x_i	工人数 f_i /人	各组总产量 $x_i f_i$ /件
45	5	225
48	7	336
52	13	676
53	14	742
54	10	540
合计	49	2 519

根据表中资料,计算该车间工人49名工人生产产品的平均产量为:

$$\bar{x} = \frac{\sum x_i f_i}{\sum f_i} = \frac{2\ 519}{49} = 51.41(件)$$

② 由组距数列计算加权算术平均数

如果掌握的资料是一个组距数列,各组的标志值是一个变动范围,而不是一个具体数值。计算加权平均数时,应先计算每组的组平均数,再以各组平均数乘以相应的权数。但计算各组平均数往往资料不足,一般则用该组组中值来代替各组平均数,再用加权平均数计算公式进行计算。

【例4.14】 某企业某日车间200名工人生产某产品的产量分组资料如表4.3所示。

表4.3 某企业某日车间员工生产产品资料

按产量分组(件)	工人数 f_i /人	组中值 x_i	各组总产量 $x_i f_i$ /件
60~80	30	70	2 100
80~100	55	90	4 950
100~120	75	110	8 250
120~140	28	130	3 640
140~160	12	150	1 800
合计	200	—	20 740

根据表中资料,计算该企业某日车间 200 名工人生产产品的平均产量为:

$$\bar{x} = \frac{\sum x_i f_i}{\sum f_i} = \frac{20\,740}{200} = 103.7(件)$$

用组中值计算的加权算术平均数是一个近似值。利用组中值代替各组平均数是有一定假定性的,即假定各组中的单位标志值在组内是均匀分布的,但实际上并不完全如此。因此,各组组中值与组平均数会存在一定的误差。

3) 运用算术平均数应注意的问题
(1) 计算平均指标的社会经济现象必须是同质的。
(2) 要用组平均数补充说明总平均数。
(3) 计算算术平均数时应与变量数列和典型事例相结合。
(4) 算术平均数要与标志变异指标结合运用。

4) 主要数学性质

$$\sum(X_i + Y_i) = \sum X_i + \sum Y_i \quad\quad\quad (式4.14)$$

$$\sum(X_i - Y_i) = \sum X_i - \sum Y_i \quad\quad\quad (式4.15)$$

$$\sum(X_i + Y_i - Z_i) = \sum X_i + \sum Y_i - \sum Z_i \quad\quad\quad (式4.16)$$

$$\sum a X_i = a \sum X_i \quad\quad\quad (式4.17)$$

$$\sum_{i=1}^{n} a = an \quad\quad\quad (式4.18)$$

4.3.3 调和平均数

调和平均数是被研究对象中各单位标志值倒数的算术平均数的倒数,因此又称倒数平均数。用符号 $\bar{X}_H$ 表示。由于所掌握的统计资料不同,调和平均数也可分为简单调和平均数和加权调和平均数两种。

1) 简单调和平均数

简单调和平均数是指总体各单位标志值倒数的简单算术平均数的倒数。如果掌握的资料是未分组的总体各单位的某一数量标志的标志值,则用简单调和平均数计算平均指标。其计算公式为:

$$\bar{X}_H = \frac{1}{\frac{\frac{1}{x_1} + \frac{1}{x_2} + \cdots + \frac{1}{x_n}}{n}} = \frac{n}{\frac{1}{x_1} + \frac{1}{x_2} + \cdots + \frac{1}{x_n}} = \frac{n}{\sum \frac{1}{x_i}} \quad\quad (式4.19)$$

【例 4.15】 某水果批发市场中 3 个商家的苹果销售价格分别为每千克 5 元、每千克 6 元、每千克 4.5 元。现在 3 个商家各购买 1 元苹果,则购买的苹果的平均价格可以用简单调和平均数计算公式计算:

$$\bar{X}_H = \frac{3}{\frac{1}{5} + \frac{1}{6} + \frac{1}{4.5}} = 5.09(元/kg)$$

2) 加权调和平均数

加权调和平均数是指各单位标志值倒数的加权算术平均数的倒数。如果掌握的资料是已分组的总体各单位的标志值和标志总量,则用加权调和平均数计算平均指标。其计算公式为:

$$\bar{X}_H = \frac{1}{\frac{\frac{1}{x_1}m_1 + \frac{1}{x_2}m_2 + \cdots + \frac{1}{x_n}m_n}{m_1 + m_2 + \cdots + m_n}} = \frac{\sum m_i}{\sum \frac{m_i}{x_i}} \qquad (式4.20)$$

公式中,m_i 代表各组标志总量,即加权调和平均数中的权数。

【例 4.16】 某水果批发市场中 3 个商家的苹果销售价格及某客人分别在 3 个商家购买的金额如表 4.4 所示。

表 4.4　某顾客在某水果批发市场购买苹果情况表

商家	销售价格 x_i/(元/kg)	购买金额 m_i/元	采购量 $\frac{m_i}{x_i}$/kg
A	5	7	1.40
B	6	5	0.83
C	4.5	9	2.00
合计	—	21	4.23

根据以上资料,此水果批发市场中,该顾客购买苹果的平均价格可以用加权调和平均数计算公式计算:

$$\bar{X}_H = \frac{7+5+9}{\frac{7}{5} + \frac{5}{6} + \frac{9}{4.5}} = \frac{21}{4.23} = 4.96(元/kg)$$

通过[例 4.16]可以看出,加权调和平均数实际上是加权算术平均数的变形。所以加权调和平均数的计算内容也和加权算术平均数一样,是总体标志总量除以总体单位总量。加权调和算术平均数的权数是加权算术平均数中的标志值乘以总体单位数所得到的标志总量。即当 $m_i = x_i f_i$ 时,$f_i = \frac{m_i}{x_i}$,两种平均数计算公式关系如下:

$$\bar{x} = \frac{\sum x_i f_i}{\sum f_i} = \frac{\sum m_i}{\sum \frac{m_i}{x_i}} = \bar{X}_H \qquad (式4.21)$$

因此,加权调和平均数和加权算术平均数的计算公式可以相互推算,前者是作为后者的变形来应用的。

3) 运用调和平均数应注意的问题

(1) 当变量数列有一个变量值为零时,调和平均数公式的分母将等于无穷大,因而无法求出确定的平均值。

(2) 调和平均数和算术平均数一样，易受两极端值影响。

(3) 要注意区分调和平均数和算术平均数的使用条件，因事制宜。

4.3.4 几何平均数

几何平均数是另一种计算平均指标值的平均数，是适用于特殊数据的一种平均数，是 n 个变量值连乘积的 n 次方根，用符号 $\bar{X}_G$ 表示，主要用于计算平均比率和平均速度。当所掌握的变量值本身是比率的形式时，采用几何平均法计算比率更为合理。在实际应用中，几何平均数主要用于计算现象的平均增长率。

由于所掌握的资料不同，几何平均数可以分为简单几何平均数和加权几何平均数。前者适用于资料未分组的情况，后者适用于资料分组情况。

1) 简单几何平均数

简单几何平均数计算公式为：

$$\bar{X}_G = \sqrt[n]{x_1 \cdot x_2 \cdot \cdots \cdot x_n} = \sqrt[n]{\prod x_i} \qquad (\text{式 4.22})$$

公式中：$\bar{X}_G$ 代表几何平均数；

x_i 代表变量值；

n 代表变量值项数。

【**例 4.17**】某地区 2014—2018 年粮食产量年发展速度分别为 105.6%，103.1%，117.2%，108.7%，109.9%，则该地区在这 5 年粮食产量年平均发展速度为：

$$\text{平均发展速度 } \bar{X}_G = \sqrt[n]{\prod x_i}$$
$$= \sqrt[5]{105.6\% \times 103.1\% \times 117.2\% \times 108.7\% \times 109.9\%} = 108.8\%$$

2) 加权几何平均数

加权几何平均数计算公式为：

$$\bar{X}_G = \sqrt[\sum f_i]{x_1^{f_1} \cdot x_2^{f_2} \cdot \cdots \cdot x_n^{f_n}} = \sqrt[\sum f_i]{\prod x_i^{f_i}} \qquad (\text{式 4.23})$$

【**例 4.18**】某地区 2014—2018 年粮食产量发展速度如表 4.5 所示。

表 4.5　某地区 2014—2018 年粮食产量发展速度表

时期(年)	发展速度 x_i/%	年数 f_i/次数	$x_i^{f_i}$
2014—2015	107	2	1.144 9
2016—2018	110	3	1.331
合计	—	5	—

根据资料，计算该地区 2014—2018 年这 5 年粮食产量年平均发展速度为：

$$\bar{X}_G = \sqrt[\sum f_i]{\prod x_i^{f_i}} = \sqrt[5]{1.144\ 9 \times 1.331} = 108.79\%$$

3) 运用几何平均数应注意的问题

（1）在数列的标志值中，若有一个数值为 0，则几何平均数必等于 0。

（2）用等比级数数列计算几何平均数不会受极端值的影响，而用环比指数计算几何平均数，则受最初水平和最末水平的影响。

（3）在我国统计实务中，几何平均数法主要用于计算平均发展速度，属于动态平均数。计算静态平均数时，很少使用此方法。

4.3.5 众数和中位数

在平均指标中，除了以上介绍的按全部标志值计算的数值平均数外，还有根据处于特殊位置上的标志值来确定和计算的位置平均数，常用的有众数和中位数。众数和中位数都不受总体中极端值的影响，它们的稳定性都高于算术平均数和调和平均数。如果某现象的次数分布数列不对称，且极端值的影响很大，那么采用众数和中位数就更有代表性。

1) 众数

众数是总体中出现次数最多的标志值，一般用符号 M_0 表示。众数主要用于测度分类数据的集中趋势，当然也适用于作为顺序数据以及数值型数据集中趋势的测度值。例如，要说明消费者需要的服装、鞋、帽等普遍尺码，反映集贸市场某种商品的价格等，都可以通过市场调查分析、了解哪一尺码成交量最大，哪一蔬菜价格成交量最多，以此作为厂家和商家加工订货或进货的依据。一般情况，只有在数据量较大的情况下，众数才有意义。

众数的确定方法根据掌握资料的不同而有所不同，可以分为未分组资料确定众数和已分组资料确定众数两种。在未分组资料中，出现次数最多的标志值即众数，可以直接观察来确定众数。已分组资料确定众数又分成单项数列确定众数和根据组距数列确定众数两种。

（1）根据单项数列确定众数

与未分组资料一样，单项数列中，出现次数最多的标志值即众数，可以直接观察来确定众数。

仍以表 4.2 为例，该车间中，标志值是 53 件的工人日产量最大，即出现次数最多，因此 53 件为该组数据的众数。

（2）根据组距数列确定众数

对组距数列计算众数时，首先要确定次数最多的一组为众数组，其次参照变量数列次数分布的情况，根据众数组的变量值，进一步计算众数的近似值。其计算公式为：

$$\text{下限公式：} M_0 = L + \frac{f_2 - f_1}{(f_2 - f_1) + (f_2 - f_3)} \cdot d \quad \text{（式 4.24）}$$

$$\text{上限公式：} M_0 = U - \frac{f_2 - f_3}{(f_2 - f_1) + (f_2 - f_3)} \cdot d \quad \text{（式 4.25）}$$

公式中：M_0 代表众数；

U、L 分别代表众数所在组的上、下限值；

f_1 代表众数所在组前一组的次数；

f_2 代表众数所在组的次数；

f_3 代表众数所在组后一组的次数；

d 代表众数所在组的组距。

众数的上限公式和下限公式是等价的，用这两个公式计算的结果是相同的。

现计算表 4.3 数据的众数，根据资料可知，众数落在第三组，因此，$L=100, U=120, d=120-100=20, f_2-f_1=75-55=20, f_2-f_3=75-28=47$，根据下限公式，求得众数，

$$M_0 = 100 + \frac{20}{20+47} \times 20 = 105.97（件）$$

根据上限公式，求得众数，

$$M_0 = 120 - \frac{47}{20+47} \times 20 = 105.97（件）$$

2) 中位数

将总体单位的某一数量标志的各个数值按其大小顺序排列，处于中点位置的标志值就是中位数，一般用符号 M_e 表示。

由于中位数位于次数分布的中点，不受极端值的影响，在总体标志值差异很大时，具有较强的代表性。因此在许多场合用它来反映现象的一般水平，亦有其实际意义。

中位数的确定方法根据掌握资料的不同而有所不同，可以分为未分组资料确定中位数和已分组资料确定中位数两种。

（1）未分组资料确定中位数

对未分组数据资料，需先将各变量值按大小顺序排列，后按中点次位公式 $\frac{n+1}{2}$ 确定中位数的位置，处于此次位的标志值就是中位数。其中，n 为总体单位数。当 n 为奇数时，中位数就是居于中间位置的那个标志值；当 n 为偶数时，中位数是处于中间位置的两个标志值的算术平均数。

【例 4.19】 某加工小组共 7 人，每人每日加工产品件数由低到高排序为：9,10,10,11,11,12,15，则

$$中位数的位置 = \frac{7+1}{2} = 4$$

即中位数是第四位上的标志值 11 件。

（2）已分组资料确定中位数

① 根据单项数列确定中位数

根据单项数列确定中位数，要先计算单项数列的累计次数，再确定中位数位置：

$$中位数的位置 = \frac{\sum f_i + 1}{2} \tag{式 4.26}$$

看其在数列累计次数的哪一组中,这个组的标志值即为中位数。

仍以表 4.2 为例,首先进行向上累计,如表 4.6 所示。

表 4.6 某车间工人日产量资料

日产量 x_i/件	工人数 f_i/人	向上累计次数
45	5	5
48	7	12
52	13	25
53	14	39
54	10	49
合计	49	—

根据资料,中位数位置为 $\frac{49+1}{2}=25$,说明中位数位于第 25 位工人上,根据累计次数可以确定中位数在第三组,第三组标志值为 52 件,即中位数为 52 件。

② 根据组距数列确定中位数

根据组距数列确定中位数,首先,确定中位数所在的位置。

$$中位数的位置 = \frac{\sum f_i}{2} \quad \text{(式 4.27)}$$

其次,计算累计次数,可以从变量值小的那组开始,计算向上累计次数;也可以从变量值大的那组开始,计算向下累计次数。假定中位数所在组的变量值是均匀分布在该组下限到该组上限的组距区间内,即可运用比例插值法推算出中位数的近似值。其计算公式为:

$$下限公式:M_e = L + \frac{\frac{\sum f_i}{2} - S_{m-1}}{f_m} \cdot d \quad \text{(式 4.28)}$$

$$上限公式:M_e = U - \frac{\frac{\sum f_i}{2} - S_{m+1}}{f_m} \cdot d \quad \text{(式 4.29)}$$

公式中:M_e 代表中位数;

U、L 分别代表中位数所在组的上、下限值;

f_m 为中位数所在组的次数;

$\sum f_i$ 为总体单位数;

S_{m-1} 为中位数所在组前面各组的累计次数;

S_{m+1} 为中位数所在组后面各组的累计次数;

d 为中位数所在组的组距。

仍以表 4.3 为例,根据资料,进行向上累计和向下累计,如表 4.7 所示。

表 4.7 某企业某日车间员工生产产品资料

按产量分组/件	工人数/人	向上累计次数	向下累计次数
60~80	30	30	200
80~100	55	85	170
100~120	75	160	115
120~140	28	188	40
140~160	12	200	12
合计	200	—	—

根据资料,中位数所在位置为 $200/2=100$,从向上累计看,说明中位数位于第三组内,第三组的变量值为 $100\sim120$,因此,

$L=100, U=120, d=120-100=20, \dfrac{\sum f_i}{2}=100, S_{m-1}=85, S_{m+1}=40, f_m=75$,根据下限公式,求得中位数,

$$M_e = L + \dfrac{\dfrac{\sum f_i}{2} - S_{m-1}}{f_m} \cdot d = 100 + \dfrac{100-85}{75} \times 20 = 104(件)$$

根据下限公式,求得中位数,

$$M_e = U - \dfrac{\dfrac{\sum f_i}{2} - S_{m+1}}{f_m} \cdot d = 120 - \dfrac{100-40}{75} \times 20 = 104(件)$$

4.3.6 几种平均数的关系

本节介绍的算术平均数、调和平均数、几何平均数、众数和中位数都是用来测度统计次数分布集中趋势的指标,它们的性质特点各有不同。在统计分析中,要根据被研究对象的数量变化特点,正确使用各种平均数。

1) 算术平均数、众数和中位数的关系

(1) 众数和中位数是由所处的特殊位置确定的,而算术平均数是由数列所有变量值计算的,所以算术平均数对数据的概括能力比众数、中位数强。

(2) 算术平均数易受数列中极端值的影响,中位数次之,众数几乎不受极端值的影响。

(3) 算术平均数、众数和中位数之间的关系与次数分布数列有关。

在次数分布完全对称时,算术平均数、众数和中位数都是同一数值,三者关系如图 4.1(b)所示。在次数分布非对称时,算术平均数、众数和中位数不再是同一数值,而是具有相对固定的关系。当次数分布右偏时,算术平均数受偏高数值影响较大,其位置必然在众数之右,中位数在众数与算术平均数之间,三者关系如图 4.1(a)所示;当次数分布左偏时,算术平均数受偏小数值影响较大,其位置必然在众数之左,中位数仍在众数与算术平均数之间,三者关系如图 4.1(c)所示。

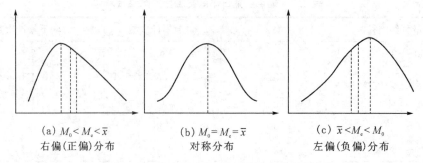

(a) $M_0 < M_e < \bar{x}$
右偏(正偏)分布

(b) $M_0 = M_e = \bar{x}$
对称分布

(c) $\bar{x} < M_e < M_0$
左偏(负偏)分布

图 4.1 算术平均数、众数和中位数关系

在一般情况下,不论右偏还是左偏,中位数总是在众数和算术平均数之间。在统计实务中,可以利用三者的数量关系判断次数分布的特征。此外,还可利用三者的关系进行相互之间估算。根据英国统计学家皮尔逊的经验,在微偏情况下,算术平均数与中位数之间的距离,约等于算术平均数与众数之间距离的 1/3。公式表示如下:

$$\bar{x} - M_e \approx \frac{1}{3}(\bar{x} - M_0) \qquad (式 4.30)$$

利用上述经验公式,从已知其中任何两个平均数之值,可以推算出另一个平均数之值。

2) 算数平均数、调和平均数和几何平均数的关系

算术平均数、调和平均数、几何平均数是三种不同形式的平均数,分别有各自的应用条件。算术平均数最容易受极端变量值的影响,而受极大值的影响大于受极小值的影响;调和平均数,也受极端变量值的影响,但是受极小值的影响大于受极大值的影响;几何平均数受极端数值的影响程度要比前述两种平均数小,因此从数量关系上考察,用同一种资料(变量各值不相等)计算以上三种平均数,其结果可用下述不等式表示:

$$\bar{x} \geqslant X_G \geqslant X_H \qquad (式 4.31)$$

当所有变量都相等时,这三种平均数则相等。

4.3.7 计算和应用平均数的原则

(1) 总体的同质性是计算和应用平均数的前提条件和基本原则。平均数之所以能作为总体的代表值,是因为总体各单位间的某种性质具有一致性,只有同质总体计算出来的平均数,才能真正反映事物的真实情况和本质。

(2) 应用算术平均数、调和平均数、几何平均数、众数和中位数时,应注意各自特点与适用条件。应该从研究对象的实际内容出发,根据统计资料的特点和研究的目的来选用各种平均数。

(3) 用组平均数补充总平均数。平均指标虽然是在同质的前提下计算出来的,但它掩盖了总体内部的差别。利用总平均数进行统计分析时,还要计算组平均数,以补充说明总平均数,以便深入地反映被研究现象的特征和内部结构的影响。

4.4 变异指标

平均指标作为总体的代表值,有其独特的作用。但它又掩盖了总体内部的差异,两个水平相同的平均数的内部差异可能相差甚大,从而使两者的代表性高低悬殊,不能等量齐观。为了反映这种差异,就需要计算变异指标。

1) 变异指标的概念及作用

(1) 变异指标的概念

变异指标也称离中趋势指标,它是反映各单位标志值之间差异程度大小的指标。变异指标,是用来刻画总体分布的离散程度或变异状况,变异指标值越大,表明总体各单位标志值的变异程度越大。有助于我们认识社会经济现象的数量规律,从而为统计分析和统计决策提供有力的工具。

(2) 变异指标的作用

① 是衡量平均数代表性的重要尺度。

变异指标大,说明总体各单位间的标志变异程度大,平均指标的代表性就小;反之,标志变异指标小,则平均指标代表性就大。二者成反比。

【例 4.20】 某车间甲、乙、丙三个生产班组,每组 5 个人,某月每人的工资额(元)形成如下:

$$甲组:3\ 340,3\ 340,3\ 340,3\ 340,3\ 340$$
$$乙组:3\ 200,3\ 200,3\ 300,3\ 400,3\ 600$$
$$丙组:2\ 500,2\ 900,3\ 100,4\ 100,4\ 100$$

从数据中可以看出,三个小组的平均工资是相等的,即 $\bar{x}_甲 = \bar{x}_乙 = \bar{x}_丙 = 3\ 340(元)$。但是各组工人工资的差异程度却不同,甲组工人工资额的差异为 0,乙组工人工资额的最大差异为 400,丙组工人工资额的最大差异为 1 600。因此,虽然三个小组平均工资相同,但这三个平均数的代表性不同,乙组平均数代表性不如甲组平均数高,丙组平均数代表性比甲、乙两组都差。所以,变异指标可以直接反映平均数代表性的高低。

② 可以反映社会生产和其他经济活动的均衡性或协调性强弱。

计算同类总体的标志变异指标并进行比较,可以观察标志值变动的均衡性、节奏性和稳定性,如企业生产经营要有节奏性,不希望时快时慢;农业生产产量要有稳定性,既要求稳产高产,又不希望大起大落。

③ 是科学地确定必要抽样数目应考虑的重要因素。

进行抽样调查时,要合理地利用人力、物力、财力和时间,应正确确定抽样数目,抽取的样本数过多或过少都会影响到样本的代表性,而根据标志变异程度的大小,就可以帮助正确确定必要的抽样数目。

2) 变异指标计算方法

反映总体内部各总体单位之间差异程度的指标很多。主要有:全距、平均差、标准差和方差、变异系数。

各种变异指标的计算方法和应用场合各有不同,其中以标准差和变异系数中的标准差系数应用最为普遍。下面依次介绍各种变异指标的计算方法。

(1) 全距

全距又称极差,就是总体各单位标志值中的最大值与最小值的差距,借以表明总体标志值的差异范围的大小。一般用符号 R 表示,其计算公式为:

$$R = x_{\max} - x_{\min} \tag{式4.32}$$

公式中,$x_{\max}$ 表示最大标志值;

$x_{\min}$ 表示最小标志值。

仍以[例 4.20]为例,根据资料可知:

$R_{甲} = 3\,340 - 3\,340 = 0(元)$,$R_{乙} = 3\,600 - 3\,200 = 400(元)$,$R_{丙} = 4\,100 - 2\,500 = 1\,600(元)$,说明甲组的平均工资代表性高于乙组,乙组的平均工资代表性高于丙组。

对于组距数列,其全距的近似值为最高组的上限与最低组的下限之差,若是开口组,则可求其近似下限或上限,缺下限的开口组近似下限为本组上限减去相邻组的组距,缺上限的开口组近似上限为本组下限加上相邻组的组距。

全距指标是测定变异度的一种粗略的方法,计算简便,容易理解。但由于全距不是根据全部标志值计算的,很容易受极端数值的影响,其结果往往不能反映客观现象实际离散程度。此外,若遇到开口组的组距数列,则计算的误差会更大。因而在应用方面有一定的局限性。

(2) 平均差

平均差是各项标志值与其算术平均数离差绝对值的算术平均数,一般用符号 $A \cdot D$ 表示,它反映标志值与其算术平均数之间的平均差异。根据掌握的资料不同,可以分为简单平均差和加权平均差。

① 简单平均差

掌握未分组的统计资料时,采用简单平均差的方法计算平均差。其计算公式为:

$$A \cdot D = \frac{\sum |x_i - \bar{x}|}{N} \tag{式4.33}$$

公式中,$A \cdot D$ 表示平均差;

x_i 表示变量值;

$\bar{x}$ 表示算术平均数;

N 表示总体单位数。

仍以[例 4.20]中某车间甲、乙、丙三个生产班组,某月每人的工资额(元)资料为例,分别计算三组的工资额差异程度。

甲组 5 人每人工资都是 3 340 元,各单位标志值之间和各标志值与平均数之间均无差异,所以按平均差公式计算,甲组工资平均差也为零。

乙、丙两组平均差列表计算如表 4.8 所示。

表4.8　某车间乙、丙两个生产班组工人工资资料

乙组			丙组		
工资 x_i /元	离差 $x_i-\bar{x}$ /元	离差绝对值 $\|x_i-\bar{x}\|$ /元	工资 x_i /元	离差 $x_i-\bar{x}$ /元	离差绝对值 $\|x_i-\bar{x}\|$ /元
3 200	−140	140	2 500	−840	840
3 200	−140	140	2 900	−440	440
3 300	−40	40	3 100	−240	240
3 400	60	60	4 100	760	760
3 600	260	260	4 100	760	760
合计	—	640	合计	—	3 040

$$乙组：A \cdot D = \frac{\sum |x_i - \bar{x}|}{N} = \frac{640}{5} = 128(元)$$

$$丙组：A \cdot D = \frac{\sum |x_i - \bar{x}|}{N} = \frac{3\ 040}{5} = 608(元)$$

结果表明，三个生产小组中，甲组工人月工资额无差异；乙组工人月工资额平均差异程度为128元；丙组工人月工资额平均差异程度为608元，是三个小组中差异程度最大的，与全距反映的三个小组的差异程度一致。

② 加权平均差

掌握已分组的统计资料时，采用加权平均差的方法计算平均差。其计算公式为：

$$A \cdot D = \frac{\sum |x_i - \bar{x}| f_i}{\sum f_i} \tag{式4.34}$$

公式中，f_i 表示各组变量值的次数。

仍以[例4.13]中的表4.2为例，计算结果如表4.9所示。

表4.9　某车间工人日产量计算结果

日产量 x_i /件	工人数 f_i /人	$x_i f_i$	$\|x_i-\bar{x}\|$	$\|x_i-\bar{x}\| f_i$
45	5	225	6.41	32.05
48	7	336	3.41	23.87
52	13	676	0.59	7.67
53	14	742	1.59	22.26
54	10	540	2.59	25.9
合计	49	2 519	—	111.75

根据资料，可以计算该车间的平均日产量和平均差为：

$$平均日产量：\bar{x} = \frac{\sum x_i f_i}{\sum f_i} = \frac{2\ 519}{49} = 51.41(件)$$

平均差：$A \cdot D = \dfrac{\sum |x_i - \bar{x}| f_i}{\sum f_i} = \dfrac{111.75}{49} = 2.28$（件）

计算结果表明，该车间 49 个工人平均日产量为 51.41 件，工人间的生产水平差异程度是 2.28 件。

平均差不同于全距，它考虑了总体全部单位标志值的差异，能较准确地反映总体各标志值的平均变异程度。同时，其含义明确，计算比较方便。但是由于采用绝对值的离差形式加以数学假定，在运用上有较大的局限性。因此，在统计实务中，它的应用受到一定的限制。

(3) 方差和标准差

方差和标准差是测定标志变异程度的常用指标。为了克服平均差采用离差绝对值计算的缺点，可以先求出各个标志值对其算术平均数的离差，将各项离差加以平方，以消除离差的正负号，再计算这些离差平方的算术平均数，所得结果称为总体方差。通常用符号 σ^2 表示。标准差是方差的算术平方根，用符号 σ 表示。

根据掌握的资料不同，方差和标准差可以分为简单平均式和加权平均式两种。

① 简单平均式方差和标准差

掌握未分组的统计资料时，采用简单平均的方法计算方差和标准差。其计算公式为：

$$\sigma^2 = \dfrac{\sum (x_i - \bar{x})^2}{n} \tag{式 4.35}$$

$$\sigma = \sqrt{\dfrac{\sum (x_i - \bar{x})^2}{n}} \tag{式 4.36}$$

仍以[例 4.20]中某车间甲、乙、丙三个生产班组，某月每人的工资额（元）资料为例，分别计算三组的方差和标准差。

甲组 5 人每人工资都是 3 340 元，各单位标志值之间和各标志值与平均数之间均无差异，所以甲组工资方差和标准差都为零。

乙、丙两组平均差列表计算如表 4.10 所示。

表 4.10 某车间乙、丙两个生产班组工人工资计算结果

乙组			丙组		
工资 x_i/元	离差 $x_i - \bar{x}$/元	离差平方 $(x_i - \bar{x})^2$/元^2	工资 x_i/元	离差 $x_i - \bar{x}$/元	离差平方 $(x_i - \bar{x})^2$/元^2
3 200	−140	19 600	2 500	−840	705 600
3 200	−140	19 600	2 900	−440	193 600
3 300	−40	1 600	3 100	−240	57 600
3 400	60	3 600	4 100	760	577 600
3 600	260	67 600	4 100	760	577 600
合计	—	112 000	合计	—	2 112 000

根据表中资料计算得：

$$\sigma_\text{乙}^2 = \frac{\sum (x_i - \bar{x})^2}{n} = \frac{112\,000}{5} = 22\,400\,(\text{元}^2)$$

$$\sigma_\text{乙} = \sqrt{\frac{\sum (x_i - \bar{x})^2}{n}} = \sqrt{22\,400} = 149.67\,(\text{元})$$

$$\sigma_\text{丙}^2 = \frac{\sum (x_i - \bar{x})^2}{n} = \frac{2\,112\,000}{5} = 422\,400\,(\text{元}^2)$$

$$\sigma_\text{丙} = \sqrt{\frac{\sum (x_i - \bar{x})^2}{n}} = \sqrt{422\,400} = 649.92\,(\text{元})$$

结果表明，甲组标准差为 0，说明该组工人月工资额无差异；乙组标准差为 149.67 元，说明乙组工人月工资额有差异，平均相差 149.67 元，其差异程度大于甲组但小于丙组；丙组标准差为 649.92 元，说明丙组工人月工资额水平平均相差 649.92 元，为三组中差异程度最大的班组。

② 加权平均式方差和标准差

掌握已分组的统计资料时，采用加权平均的方法计算方差和标准差。其计算公式为：

$$\sigma^2 = \frac{\sum (x_i - \bar{x})^2 f_i}{\sum f_i} \tag{式 4.37}$$

$$\sigma = \sqrt{\frac{\sum (x_i - \bar{x})^2 f_i}{\sum f_i}} \tag{式 4.38}$$

仍以[例 4.13]中的表 4.2 为例，计算某车间工人日生产量方差及标准差。根据加权平均的方法计算方差和标准差过程如表 4.11 所示。

表 4.11 某车间工人日产量资料

日产量 x_i/件	工人数 f_i/人	离差 $x_i - \bar{x}$	$(x_i - \bar{x})^2$	$(x_i - \bar{x})^2 f_i$
45	5	−6.41	41.09	205.44
48	7	−3.41	11.63	81.40
52	13	0.59	0.35	4.53
53	14	1.59	2.53	35.39
54	10	2.59	6.71	67.08
合计	49	—	—	393.84

根据资料，可以计算该车间的日生产量方差和标准差为：

$$\sigma^2 = \frac{\sum (x_i - \bar{x})^2 f}{\sum f} = \frac{393.84}{49} = 8.04\,(\text{件}^2)$$

$$\sigma = \sqrt{\frac{\sum (x_i - \bar{x})^2 f_i}{\sum f_i}} = 2.84(件)$$

计算结果表明,该车间的人均日生产量的差异程度为 2.84 件。

方差和标准差都能很好地反映总体内各单位标志值的差异程度,二者的区别在于,标准差是有量纲的指标,它与变量值的计算单位相同,其实际意义比方差更清楚,也更多被采用。

(4) 变异系数

以上介绍的各种变异指标,包括全距、平均差、标准差都是用绝对数表示的有名数指标,都有与平均数相同的计量单位。它们的大小不仅受各单位的标志值变异程度的影响,还受各单位标志值平均水平的影响。因此,在统计研究中,分析不同平均水平的变量数列的标志变异度时,不宜直接采用以上变异指标中的某一种作对比分析,而应消除计量单位不同以及平均水平高低不一的影响,采用能反映标志变动的相对指标,即变异系数来作比较分析。

变异系数又称离散系数或标志变动系数。它是变异指标与平均指标之比,是用来说明变量值离中程度的相对指标。该指标数值大,变量值离中程度大,其平均数代表性小;若指标数值小,则离中程度小,其平均数代表性高。

变异系数有三种,全距系数(V_R)、平均差系数(V_{AD})、标准差系数(V_σ)。在实际工作中,应用最广泛的变异系数是标准差系数。三种变异系数计算公式为:

$$V_R = \frac{R}{\bar{x}} \qquad (式\ 4.39)$$

$$V_{AD} = \frac{A \cdot D}{\bar{x}} \qquad (式\ 4.40)$$

$$V_\sigma = \frac{\sigma}{\bar{x}} \qquad (式\ 4.41)$$

【例 4.21】 某企业生产甲、乙两种产品的月平均产量和标准差资料如表 4.12 所示。

表 4.12 某企业生产甲、乙两种产品资料

	甲产品	乙产品
平均月产量/件	310	480
标准差/件	56	74

根据资料,从标准差来看,甲产品明显小于乙产品,但不能由此断定甲产品每月产量稳定程度比乙产品好。因为企业生产的是两种不同的产品,且两者平均月产量不同,甲产品的平均月产量也低于乙产品。此时要进行比较分析,应采用标准差系数。

$$V_{\sigma甲} = \frac{\sigma_甲}{\bar{x}_甲} = \frac{56}{310} = 18.06\%$$

$$V_{\sigma乙} = \frac{\sigma_乙}{\bar{x}_乙} = \frac{74}{480} = 15.42\%$$

根据标准差系数，乙产品的月产量变异程度小于甲产品，所以乙产品月产量稳定性比甲产品好，乙产品的平均月产量代表性更高。

(5) 交替标志的平均数与标准差

在统计研究中，经常遇到这样一种情况，总体全部单位可划分为两种情况，即具有或不具有某种性质的单位，这两部分单位合并构成一个总体。例如，全部产品经质量检验可分为合格品和不合格品两部分，人口总体按性别可分为男性和女性两部分，等等。这种通过"是、否"或"有、无"的区分将总体单位划分为两部分的标志，称为交替标志。它在总体单位间以两种形式出现，非此即彼。交替标志主要用于反映总体单位间性质上的差别。

对交替标志进行研究，需要把这种标志在性质上的差别转化为数量上的差异，进一步分析其数量特征，统计上是通过(0,1)变量值的处理方法对其进行过渡。由于交替标志只有两种标志表现，因此，可用1代表具有某种性质的单位的标志值，用0代表不具有某种性质的单位的标志值，并将具有某种标志值的那部分总体单位数占总体全部单位数的比重(成数)，用 P 表示；将不具有某种标志值的那部分总体单位数占总体全部单位数的比重(成数)，用 Q 表示。即：

$$P = \frac{N_1}{N}, Q = \frac{N_0}{N}$$

$$N_1 + N_0 = N$$

$$P + Q = 1$$

通过以上对交替标志的过渡与转换，就能计算交替标志的平均数与标准差，计算交替标志的平均数和标准差的方法可以表述如下：

表4.13 交替标志的平均数和标准差计算

交替标志值 x_i	总体成数 f_i	$x_i f_i$	$x_i - \bar{x}$ (其中 $\bar{x} = P$)	$(x_i - \bar{x})^2$	$(x_i - \bar{x})^2 f_i$
1	P	P	$1-P$	$(1-P)^2$	$(1-P)^2 P$
0	Q	0	$0-P$	$(0-P)^2$	$(0-P)^2 Q$
合计	1	P	—	—	$Q^2 P + P^2 Q$

交替标志的平均数：

$$\bar{x} = \frac{\sum x_i f_i}{\sum f_i} = P \tag{式4.42}$$

交替标志的标准差：

$$\sigma = \sqrt{\frac{\sum (x_i - \bar{x})^2 f_i}{\sum f_i}} = \sqrt{Q^2 P + P^2 Q}$$

$$= \sqrt{PQ(Q+P)} = \sqrt{PQ} = \sqrt{P(1-P)} \tag{式4.43}$$

4.5 分布形态

平均指标和变异指标可以揭示变量数列的集中趋势和离散程度,但要全面了解数据分布的特点,还需要知道数据分布的形状是否对称、偏斜的程度以及分布的扁平程度等。偏度和峰度就是对分布形状的测度。

1) 偏度及其测度

(1) 偏度的含义

分布数列中,如果次数分布是完全对称的,则称对称分布。对称分布条件下,有

$$\bar{x} = M_e = M_0 \quad \text{(式 4.44)}$$

如果次数分布不完全对称,则称非对称分布或偏态分布。反映总体次数分布偏斜方向和程度的指标称为偏度。偏态分布条件下,算术平均数、众数和中位数三者存在数量(位置)差异。其中,M_e居于中间,$\bar{x}$和M_0分居两边,因此,偏态可用$\bar{x}$和M_0的绝对差额(距离)来表示。即

$$\text{偏态} = \bar{x} - M_0 \quad \text{(式 4.45)}$$

$\bar{x}$和M_0的绝对差额越大,表明偏斜程度越大;$\bar{x}$和M_0的绝对差额越小,表明偏斜程度越小。偏态分布分为右偏分布和左偏分布。在右偏分布中,分布曲线的峰部在左边,而尾端拖向右边,曲线呈向右偏斜状,此时$\bar{x} > M_0$;在左偏分布中,分布曲线的峰部在右边,而尾端拖向左边,曲线呈向左偏斜状,此时$M_0 > \bar{x}$。对称分布、右偏分布、左偏分布图形如图4.1所示。

(2) 偏度的测定

测定偏度的方法有多种,现主要介绍算术平均数与众数比较法。

由于偏态是以绝对数表示的,具有原数列的计量单位。因此,不能直接比较不同数列的偏态。为了使不同数列的偏态值可比,可计算偏态的相对值,即偏态系数。

偏态系数是偏度与总体标准差之比,反映分布数列的相对偏斜程度,通常以符号SK表示。其计算公式为:

$$SK = \frac{\bar{x} - M_0}{\sigma} = \frac{3(\bar{x} - M_e)}{\sigma} \quad \text{(式 4.46)}$$

偏态系数是以标准差为单位的算术平均数与众数的离差,因此其取值范围一般在0与±3之间。偏态系数为0表示分布数列对称分布;偏态系数为3与-3分别表示极右偏态和极左偏态。SK的值越大,表示偏斜的程度越大。

仍以表4.2为例,根据表中资料,计算其算术平均数为51.41,众数为53,标准差为2.84。因此该数列的次数分布的偏态系数为:

$$SK = \frac{\bar{x} - M_0}{\sigma} = \frac{51.41 - 53}{2.84} = -0.56$$

结果表明,该车间日生产量的分布是左偏分布,其偏斜程度不是很大,为-0.56。

2) 峰度

峰度是指统计学中描述对称分布曲线峰顶尖峭程度的指标。对称分布曲线的形状大致可分为三类:标准正态分布曲线的峰顶叫正态峰,如图4.2中分布曲线b;与正态分布曲线相比,总体各单位标志值更多地集中在算术平均数周围,使分布曲线更为陡峭,称为尖顶峰,如图4.2中分布曲线a;总体各单位标志值的分布更为离散,使分布曲线较正态分布曲线更为平缓,称为平顶峰,如图4.2中分布曲线c。

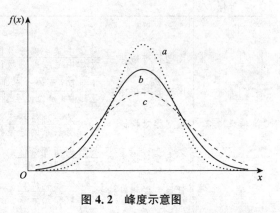

图4.2 峰度示意图

测度峰态的统计量是峰态系数。一般采用统计动差方法,以四阶中心动差(V_4)为基础,计算相对数指标。以β表示峰度系数,其计算公式为:

$$\beta = \frac{V_4}{\sigma^4} \tag{式4.47}$$

$$\beta = \frac{V_4}{\sigma^4} = \frac{\sum(x_i - \bar{x})^4 f_i}{\sigma^4 \sum f_i} \tag{式4.48}$$

$\beta = 3$时,次数分布曲线为正态分布曲线;

$\beta > 3$时,次数分布曲线呈尖顶峰曲线,说明变量值的次数较为密集地分布在众数周围,集中趋势明显,标志值变异程度小。β越大于3,分布曲线的顶端越尖峭;

$\beta < 3$时,次数分布曲线呈平顶峰曲线,说明变量值的次数较为均匀地分散在众数两侧,集中趋势不明显,标志值变异程度大。β越小于3,分布曲线的顶端越平缓。

在实际统计分析中,通常将偏度和峰度结合起来运用,以判断变量分布是否接近于正态分布。

重要术语

总量指标　总体单位总量　总体标志总量　时期指标　时点指标　相对指标　平均指标　变异指标　变异系数　偏度　峰度

主要公式

名称	公式
相对指标	结构相对指标 = $\dfrac{\text{总体中某一部分数值}}{\text{总体全部数值}} \times 100\%$

(续表)

名称	公式
相对指标	比例相对指标 $= \dfrac{\text{总体中某一部分数值}}{\text{总体中另一部分数值}} \times 100\%$ 比较相对指标 $= \dfrac{\text{甲地区(单位或企业)某类指标数值}}{\text{乙地区(单位或企业)某类指标数值}}$ 强度相对指标 $= \dfrac{\text{某一总量指标数值}}{\text{另一有联系的总量指标数值}}$ 动态相对指标 $= \dfrac{\text{报告期指标数值}}{\text{基期指标数值}} \times 100\%$ 计划完成相对指标 $= \dfrac{\text{实际完成数}}{\text{计划完成数}} \times 100\%$
平均指标	算术平均数： 　　简单算术平均数：$\bar{x} = \dfrac{\sum x_i}{n}$ 　　加权算术平均数：$\bar{x} = \dfrac{\sum x_i f_i}{\sum f_i}$ 调和平均数： 　　简单调和平均数：$\bar{X}_H = \dfrac{n}{\sum \dfrac{1}{x_i}}$ 　　加权调和平均数：$\bar{X}_H = \dfrac{\sum m}{\sum \dfrac{m}{x_i}}$ 几何平均数： 　　简单几何平均数：$\bar{X}_G = \sqrt[n]{\prod x_i}$ 　　加权几何平均数：$\bar{X}_G = \sqrt[\sum f_i]{\prod x_i^{f_i}}$ 众数： 　　根据组距数列确定众数：下限公式：$M_0 = L + \dfrac{f_2 - f_1}{(f_2 - f_1) + (f_2 - f_3)} \cdot d$ 　　　　　　　　　　　　　　上限公式：$M_0 = U - \dfrac{f_2 - f_3}{(f_2 - f_1) + (f_2 - f_3)} \cdot d$ 中位数： 　　根据组距数列确定中位数：下限公式：$M_e = L + \dfrac{\dfrac{\sum f_i}{2} - S_{m-1}}{f_m} \cdot d$ 　　　　　　　　　　　　　　上限公式：$M_e = U - \dfrac{\dfrac{\sum f_i}{2} - S_{m+1}}{f_m} \cdot d$

（续表）

名称	公式
变异指标	全距：$R = x_{\max} - x_{\min}$ 平均差： 　　简单平均差：$A \cdot D = \dfrac{\sum |x_i - \bar{x}|}{N}$ 　　加权平均差：$A \cdot D = \dfrac{\sum |x_i - \bar{x}| f_i}{\sum f_i}$ 方差和标准差： 　　简单平均式：$\sigma^2 = \dfrac{\sum (x_i - \bar{x})^2}{n}, \sigma = \sqrt{\dfrac{\sum (x_i - \bar{x})^2}{n}}$ 　　加权式：$\sigma^2 = \dfrac{\sum (x_i - \bar{x})^2 f_i}{\sum f_i}, \sigma = \sqrt{\dfrac{\sum (x_i - \bar{x})^2 f_i}{\sum f_i}}$ 变异系数： 　　全距系数：$V_R = \dfrac{R}{\bar{x}}$ 　　平均差系数：$V_{AD} = \dfrac{A \cdot D}{\bar{x}}$ 　　标准差系数：$V_\sigma = \dfrac{\sigma}{\bar{x}}$ 交替标志的平均数与标准差： 　　交替标志的平均数：$\bar{x} = \dfrac{\sum x_i f_i}{\sum f_i} = P$ 　　交替标志的标准差：$\sigma = \sqrt{\dfrac{\sum (x_i - \bar{x})^2 f_i}{\sum f_i}} = \sqrt{Q^2 P + P^2 Q}$ 　　　　　　　　　　　$= \sqrt{PQ(Q+P)} = \sqrt{PQ} = \sqrt{P(1-P)}$
分布形态	偏度： 　　对称分布：$\bar{x} = M_e = M_0$ 　　右偏分布：$\bar{x} > M_e > M_0$ 　　左偏分布：$\bar{x} < M_e < M_0$ 　　偏态系数：$SK = \dfrac{\bar{x} - M_0}{\sigma} = \dfrac{3(\bar{x} - M_e)}{\sigma}$ 峰度： 　　峰态系数：$\beta = \dfrac{V_4}{\sigma^4} = \dfrac{\sum (x_i - \bar{x})^4 f_i}{\sigma^4 \sum f_i}$

练习题

一、单项选择题

1. 某企业某种产品计划规定单位成本降低5%,实际降低了7%,则实际生产成本为计划的( )
   A. 97.9%   B. 140%   C. 102.2%   D. 2%

2. 某月份甲工厂的工人出勤率属于( )
   A. 结构相对数   B. 强度相对数
   C. 比例相对数   D. 计划完成相对数

3. 按全国人口平均的粮食产量是( )
   A. 平均指标   B. 强度相对指标
   C. 比较相对指标   D. 结构相对指标

4. 用组中值代表组内变量值的一般水平有一定的假定性,即( )
   A. 各组的次数必须相等   B. 变量值在本组内的分布是均匀的
   C. 组中值能取整数   D. 各组必须是封闭组

5. 加权算术平均数不但受标志值大小的影响,而且也受标志值出现的次数多少的影响。因此,下列情况中对平均数不发生影响的是( )
   A. 标志值比较小而次数较多时   B. 标志值较大而次数较小时
   C. 标志值较大而次数较多时   D. 标志值出现的次数相等时

6. 两个总体的平均数不等,但标准差相等,则( )
   A. 平均数小,代表性大   B. 平均数大,代表性大
   C. 两个平均数代表性相同   D. 无法加以判断

7. 峰态通常是与标准正态分布比较而言的。如果一组数据服从标准正态分布,则峰态系数的值( )
   A. 等于0   B. 大于0   C. 小于0   D. 等于1

8. 在下列成数数值中,哪一个成数数值的方差最小( )
   A. 0.8   B. 0.5   C. 0.3   D. 0.1

9. 标准差与平均差的区别主要在于( )
   A. 意义不同   B. 计算结果不同
   C. 计算条件不同   D. 对离差的数学处理方式不同

10. 不同总体间的标准差不能进行简单对比,这是因为( )
    A. 平均数不一致   B. 离散程度不一致
    C. 总体单位不一致   D. 离差平方和不一致

11. 把两个地区2016年的苹果产量进行对比,所得的相对数是( )
    A. 比例相对指标   B. 比较相对指标   C. 动态相对指标   D. 强度相对指标

12. 某企业2018年产值计划是2017年的108%,2018年实际产值是2017的126%,问2018年产值计划完成程度是多少?( )

A. 126% B. 116.7% C. 26% D. 85.7%

13. 某企业 2018 年单位成本计划是 2017 年的 95%，实际单位成本是 2017 年的 90%，问 2018 年单位成本计划完成程度是多少？（　　）
    A. 94.7% B. 105.6% C. 5% D. −5%

14. 某厂 A 产品的总成本比去年增长了 50%，产量增长了 25%，则单位成本上升了（　　）
    A. 25% B. 2% C. 75% D. 20%

15. 某企业报告期产量比基期产量增长了 10%，生产费用增长了 8%，则其产品单位成本降低了（　　）
    A. 1.8% B. 2% C. 20% D. 18%

16. 某种产品产量 2018 年比 2017 年增长了 10%，2019 年比 2017 年增长了 12%，则 2019 年比 2018 年增长了（　　）
    A. 12%÷10%   B. (112%÷110%)−1
    C. 112%÷110%   D. 110%÷112%

二、判断题（对的在括号里打√，错的在括号里打×）

1. 小学生入学率、全国总人口中少数民族人口所占比重、出口贸易额与进口贸易额的比率、出勤率四个指标都属于结构相对指标。（　　）
2. 按反应时间状况的不同，总量指标可分为时点指标和时期指标。（　　）
3. 如果两个数列是以不同的计量单位来表示的，则比较其离差的计量方法可以直接用标准差。（　　）
4. 直接反映总体规模大小的指标是总量指标。（　　）
5. 某企业工人劳动生产率，计划提高 5%，实际提高了 10%，则提高劳动生产率的计划是超额 5% 完成。（　　）

三、计算题

1. 某城市对 3 090 户居民户进行调查，得到下表资料：

居民户月支出/元	户数	比重/%
2 000 以下	30	0.97
2 000~3 000	210	6.80
3 000~4 000	480	15.53
4 000~5 000	600	19.41
5 000~6 000	1 050	33.98
6 000~7 000	300	9.71
7 000~8 000	210	6.80
8 000~9 000	120	3.88
9 000~10 000	60	1.95
10 000 以上	30	0.97
合计	3 090	100.00

要求：

(1) 计算居民平均月支出；

(2) 计算居民月均支出标准差；

(3) 计算居民月均支出中位数和众数。

2. 有一消费者到三家商店购买花生仁，这三家商店花生仁价格分别为：8,10,12(元/kg)。该消费者以两种方式购买：第一种是在每家商店各买 1 kg，另一种是在每家商店各花 100 元来购买。问：

(1) 当他以第一种方式购买花生仁时，求每千克的平均单价；

(2) 当他以第二种方式购买花生仁时，求每千克的平均单价。

3. 2018 年甲乙两个地区同种商品的价格、销售额和销售量资料如下：

商品等级	价格/(元/kg)	甲成交额/万元	乙成交量/万 kg
1	5	1	1
2	4	1	1
3	2.5	1	1
合 计	—	3	3

试比较哪个地区的平均价格高，并说明原因。

4. 某班级在统计学考试中，其考试成绩如下：

成绩/分	人数/人	
	甲班	乙班
60 以下	1	1
60~70	7	5
70~80	15	15
80~90	5	7
90~100	2	2
合 计	30	30

(1) 根据公式计算甲、乙两班级统计学成绩的平均成绩；

(2) 利用 SPSS 计算出两个班级统计学成绩的统计量(包括平均成绩、标准差、最小值、最大值、偏度、峰度)。

5. 某厂某月份生产了 400 件产品，其中合格品 380 件，不合格品 20 件。求产品质量分布的平均数和标准差。

实 训

【实训 4.1】 数据的描述统计分析

1) 实训任务

以第 3 章引导案例为例，掌握用 SPSS 进行数据的描述统计分析，得到相应的描述统计量。

2) 实训过程

打开数据文件,点击【分析】→【描述统计】→【描述】,打开对话框,如图4.3所示。

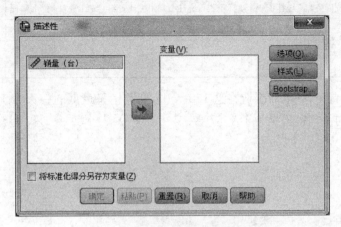

图4.3 计算描述性统计量界面

将待分析的变量添加到【变量】列表框(本例为销量(台),用来观察该企业连续120天每日销售量情况)。点击【选项】,勾选需要的描述性统计量,如图4.4所示,各描述统计量同【频率】命令中的【Statistics】子对话框中大部分相同。

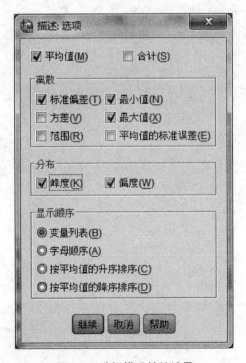

图4.4 选择描述性统计量

点击【继续】→【确定】。在结果输出窗口中给出了所选变量的相应描述统计,如表4.14所示。

表 4.14 描述性统计量输出结果

描述性统计资料									
	N	最小值	最大值	平均数	标准偏差	偏度		峰度	
	统计资料	统计资料	统计资料	统计资料	统计资料	统计资料	标准错误	统计资料	标准错误
销量(台)	120	141	237	184.57	21.681	0.405	0.221	−0.224	0.438
有效的 N (listwise)	120								

从表中可以看出，该电商企业在这 120 天中，商品销量最低的一天为 141 台，最高的一天为 237 台，平均每日销售量为 184.57 台。

第 5 章 抽 样 推 断

一项工程采用某水泥厂生产的某一强度等级的袋装水泥,每天的需求量大约为 2 000 袋。按规定每袋的重量应不低于 50 kg,否则即为不合格。为对产品质量进行检测,水泥厂设有质量检查科专门负责质量检查,并将检验报告提交给工程负责人。质检的内容之一就是每袋重量是否符合要求。由于产品的数量大,进行全面的检验是不可能的,因此采用抽样检验的方法,用样本的数据估计平均每袋的重量。质量检查科从某天供应的一批水泥中随机抽取 30 袋,经检验,估计出该天生产的水泥每袋平均重量在 50.61~51.44 kg 之间,误差不超过 0.42 kg;合格率在 57.30%~82.70%之间,误差不超过 12.70%,估计的置信水平为 95%。质检报告提交后,工程负责人提出几点意见:一是抽取的样本是否有很好的代表性;二是能否将估计的误差再缩小一点,使估计平均重量时误差不超过 0.2 kg,估计合格率的误差不超过 8%;三是估计的可靠程度能否再提高一些。为此,水泥厂的质量检查科抽取了由 50 袋同一强度等级的水泥构成的一个样本,检验的结果如下表所示。

表 5.1 50 袋水泥的重量调查　　　　　　　　　　　　单位:kg

51.2	52.3	50.1	49.6	52.2
54.1	51.4	49.6	49.8	50.7
49.9	49.6	48.9	51.6	50.4
53.1	50.3	51.4	52.3	49.6
50.1	50.8	49.3	49.5	54.1
53.8	51.7	51.1	52.1	53.4
49.2	48.9	51.4	51.0	49.3
49.8	52.6	50.6	52.8	54.1
51.5	52.2	50.3	51.3	53.4
52.4	50.7	51.1	51.8	49.6

那么,质量检查科是怎样抽取的这 50 袋水泥?如何根据表中的数据估计水泥的平均重量、合格率呢?估计结果的误差能缩小多少呢?估计结果的可靠程度能比原来的 95%高出多少呢?本章将介绍抽样推断的基础知识和区间估计以及假设检验的基本原理和方法。

5.1 抽样推断的概念

抽样推断就是根据抽样调查的资料,运用数理统计的原理,来推断全面情况的一种统计分析方法,要学习和掌握这种方法,首先要明确抽样推断中常用的几个基本概念。

5.1.1 全及总体和抽样总体

1) 全及总体

调查对象的全部单位构成的整体,即具有同一性质的若干单位的集合体,称为全及总体或母体,简称总体。例如,研究全国城市居民的家庭收入情况,全部城市居民就是所要研究的全及总体,全及总体的单位反映总体的容量,用符号 N 表示。容量有限的总体称为有限总体,容量无限的总体称为无限总体,对于无限总体以及不能或者不必要进行全面调查的有限总体的认识,需要借助抽样推断的方法。

2) 抽样总体

从全及总体中按照随机抽样原则抽取一部分单位构成的集合体,称为抽样总体,简称子样或者样本。抽样总体的单位数反映样本容量,用符号 n 表示。根据样本容量的多少,可以分为大样本和小样本。当 $n \geqslant 30$ 时,称为大样本,在社会经济现象的抽样调查中,绝大多数采取大样本;当 $n < 30$ 时,称为小样本。一般来说,抽样总体的单位数远远小于全及总体的单位数,n/N 称为抽样比例,通常是一个很小的数,需要根据被调查对象的性质和具体的任务来确定抽样比例。

5.1.2 全及指标和抽样指标

1) 全及指标

根据全及总体各个单位标志值计算的综合指标,称为全及指标。由于全及总体是唯一确定的,因此全及指标的数值也是唯一确定的,它反映总体的属性和特征,也称为总体参数。常用的全及指标有平均数、成数、标准差和方差。

(1) 全及总体某一变量 N 个取值的算术平均数,用符号 $\bar{X}$ 表示,称为全及平均数或总体平均数。

(2) 总体中具有某种标志值的单位数在全及总体单位总数中所占的比重,称为全及成数或总体成数,用符号 P 表示,如一批产品的合格率。

(3) 常用的测定全及总体标志值变异程度的指标是总体方差 σ^2 和总体标准差 σ。

2) 抽样指标

与全及指标相对应的抽样指标,就是根据抽样总体各个单位标志值计算的综合指标,常用的抽样指标有:

(1) 抽样总体某一变量 n 个取值的算术平均数,记作 $\bar{x}$,叫作抽样平均数。

(2) 样本中具有某种标志值的单位数在抽样总体单位总数中所占的比重,称为抽样频率或抽样成数,记作 p。

(3) 常用的说明抽样总体标志值变异程度的指标是样本方差和样本标准差,分别记作 S^2 和 S。

对某一全及总体进行抽样调查时,可以从中抽取一个样本进行综合观察,也可以抽取几个样本进行综合观察,每个样本可以计算出相应的抽样指标。由于样本不同,抽样指标的数值也各不相同。因此,抽样指标是样本变量的函数,是随机可变的变量。

5.2 抽样推断的基本原理

5.2.1 抽样推断的方法论基础

从数量方法来说,抽样推断方法是以概率论的基本理论之一的极限定理为基础的。样本指标是随机变量,为了从总体上和理论上认识随机变量的一般规律性,需要用极限的方法。极限定理就是采用极限的方法得出随机变量概率分布的一系列定理的总称,内容广泛,其中的大数定律和中心极限定理为抽样推断提供了主要的数学依据。

1) 大数定律

大数定律又叫大数法则,说明由大量相互独立的随机变量构成的总体,其中每个变量虽有各种不同的表现,但对这些大量的变量加以综合平均,就可以消除由偶然因素引起的个别差异,从而使总体的某一标志的规律性及其共同特征能在一定的数量和质量上表现出来。

例如,切比雪夫大数定理证明,当样本容量 n 足够大时,样本平均数与总体平均数的偏差小于任意正数 ε 的可能性趋近于 1 的概率。即:设 $x_1,x_2,x_3,\cdots,x_n$ 为独立的随机变量序列,服从同一分布,且具有相同的期望值 $\mu = E(x_i)$ 以及方差,则对于任意的正数 ε,有:

$$\lim_{n\to\infty} P\left(\left|\frac{1}{n}\sum_{i=1}^{n} x_i - \mu\right| < \varepsilon\right) = 1 \qquad (\text{式 } 5.1)$$

可见,大数定律从数量关系角度阐明了样本和总体之间的内在联系,论证了随着抽样单位数 n 的增加,能够以接近于 1 的概率,期望抽样平均数与总体平均数的偏差为任意小。

2) 中心极限定理

在社会经济现象中,有些随机变量表现为大量独立随机变量之和。中心极限定理就是研究随机变量之和在什么条件下近似的服从正态分布。例如,李亚普诺夫定理是中心极限定理的重要内容之一,它研究在一定条件下,随机变量之和的极限分布近似地服从正态分布。

设随机变量相互独立,其期望值分别为 $E(x_1)$, $E(x_2)$, $E(x_3)$, $\cdots$, $E(x_n)$,其标准差分别为 σ_1, σ_2, σ_3, $\cdots$, σ_n,$\mu = \dfrac{\sum E(x_i)}{n}$,$\sigma^2 = \sum \sigma_i^2$,满足下述条件:

$$\lim_{n\to\infty} \sum_{i=1}^{n} \frac{E\{|x_i - E(x_i)|^3\}}{\sigma^3} = 0 \qquad (\text{式 } 5.2)$$

则对任一实数 t,有:

$$\lim_{n\to\infty} P\left(\frac{\sum_{i=1}^{n} x_i/n - \mu}{\sigma} < t\right) = \frac{1}{\sqrt{2\pi}} \int_{-\infty}^{t} e^{-\frac{t^2}{2}} dt \qquad (\text{式 } 5.3)$$

即当 n 充分大时,$\dfrac{\sum_{i=1}^{n} x_i/n - \mu}{\sigma}$ 趋于标准正态分布,记作 $N(0,1)$。

样本平均数也是一种随机变量之和的分布,根据中心极限定理,只要在样本容量 n 充分大的条件下,不论全及总体的变量分布是否属于正态分布,其抽样平均数也趋近于正态分布,这就为抽样推断和估计提供了重要的理论依据。

5.2.2 优良估计的标准

抽样推断或估计的任务就是根据抽样指标如抽样平均数 $\bar{x}$ 或成数 p,来估计全及指标如总体平均数 $\bar{X}$ 或成数 P。被估计的全及指标是反映总体的数量特征,称为总体参数。而作为估计依据的样本指标称为统计量或估计量,它是一个随机变量,因为随着抽取的样本不同,就有许多可能的数值,亦即有许多个不同的估计值。显然,抽取一个具体样本只能得出估计量的一个估计值,不能期望它一定等于所估计的总体参数。因此,不可能根据某一次的试验结果来衡量一个估计量是否良好,而应该从多次反复试验中来判别这一估计量是否在某种意义上,能够接近于被估计的总体参数的真值。估计量如果具有无偏性、一致性和有效性这三个要求或标准,就可以认为用这种抽样指标估计全及指标是合理的估计或最佳估计。

1) 无偏性

虽然每个可能样本的抽样指标不一定等于未知的全及指标,但在多次反复估计中,要求各个抽样指标的平均数应该等于全及指标,即从平均意义上,抽样指标的估计是没有偏差的,这一要求称为无偏性。例如,样本平均数 $\bar{x} = (\sum x_i)/n$ 是总体平均数 $\bar{X} = E(\bar{x})$ 的无偏估计量,即样本平均数的期望值等于总体平均数。因此:

$$E(\bar{x}) = E\left[\frac{\sum x_i}{n}\right] = \frac{\sum E(\bar{x})}{n} = E(\bar{x}) = \bar{X} \quad (式5.4)$$

一般来说,如果一个样本估计量在所估计的总体参数的上下出现的频率和取值范围相同的话,就可以认为这个估计量是一个无偏估计量。

2) 一致性

虽然随机抽取可能样本的抽样指标和未知的全及指标存在一定的误差,但当样本单位数逐渐增大,抽样指标就越来越接近于全及指标。因此,可以说该抽样指标对全及指标是一个一致估计量。例如,抽样平均数能满足一致性的要求,因为由平均数无偏估计可知,抽样平均数的期望值等于总体平均数,当样本单位数无限增加时,根据大数定律则有:

$$\lim_{n \to \infty} P(|\bar{x} - \bar{X}| < \varepsilon) = 1 \quad (式5.5)$$

也就是说当 n 无限大时,抽样平均数和总体平均数的绝对离差小于任意小的正数 ε 的概率趋近于 1。即抽样平均数作为总体平均数的估计量具有一致性的性质。

3) 有效性

一个无偏估计量如果比其他无偏估计量具有较小的方差,则该估计量就满足有效性的要求。例如,用抽样平均数或总体某一变量来估计总体平均数时,在每一次估计中,这两种估计量与总体平均数都可能有一定的离差。但每个样本经过平均后所得的估计值,不会出现原来的极端大或极端小的数值,因此,各个可能抽样平均数与总体平均数的方差,平均说来要比总体中各个变量与总体平均数的方差要小,估计量的方差是表示估计量对总体参数的离散程度的指标。抽样平均数具有较小的方差,说明抽样平均数更接近于总体平均数,所以用抽样平均数估计总体平均数,要比用总体的变量 X_i 估计总体平均数更为有效。

一个估计量如果满足无偏性、一致性和有效性这三条准则,就称其为最优估计量。数理统计知识证明,抽样平均数 $\bar{x}$ 和抽样成数 p 分别为总体平均数 $\bar{X}$ 和总体成数 P 的最优估计量。

5.3 抽样误差

5.3.1 抽样误差的概念

1) 抽样误差

在统计调查过程中所得到的统计数字,与客观实际数量之间存在一定的差别,称为统计误差。由于误差原因不同,可分为代表性误差和调查误差。

调查误差是指在调查过程中,由于各种主观或者客观因素而引起的技术性、登记性和责任性误差。

代表性误差是指从抽样总体得出的指标数值与全及总体的指标数值之间可能存在的误差,它可以反映抽样总体在多大程度上代表全及总体,所以叫代表性误差。代表误差有两种:

(1) 由于破坏了抽样的随机原则而产生的系统性误差,比如抽取调查单位时,调查者有意识地选择较好的或者较差的单位进行调查,这样计算的抽样指标数值必然比全及指标数值偏大或者偏小。因此系统性误差也叫偏差。

(2) 随机误差是指在抽样调查过程中,按照随机原则从全及总体中抽取部分单位作为抽样总体,具有随机性和偶然性,因此计算获得的样本指标值与全及总体的指标值之间存在误差,这种误差只要遵从随机原则进行抽样调查,就不可避免。

抽样误差是指不包括调查误差和系统性误差在内的随机误差,即在遵从随机原则的条件下,用抽样指标代表全及总体不可避免的误差,其中主要是指抽样平均数和总体平均数的差值 $(\bar{x}-\bar{X})$,抽样成数和总体成数的差值 $(p-P)$。由于抽样平均数和抽样成数是随机变量,因此抽样误差也不是唯一确定的,也是随机变量。抽样误差越小,说明样本的代表性越高,反之,说明代表性越差。

2) 抽样误差的影响因素

抽样误差不同于登记误差,也不同于系统误差,它是抽样调查所固有的、不可避免的误差,但是可以根据概率论理论加以控制。为了控制抽样误差,需要分析影响抽样误差的因素,主要有下面三种:

(1) 抽样误差的大小与样本容量的多少有关。样本单位数越多,样本占全及总体的比重越大,指标对全及指标的代表性越大,抽样误差越小。反之,样本单位数越少,样本占全及总体的比重越小,抽样指标就不能很确切地反映总体的情况,抽样误差就会增大。如果抽样单位数等于总体单位数,即采取全面调查,则抽样指标就等于全及指标,抽样误差等于零。

(2) 抽样误差的大小与总体标志变动程度大小相关。总体标志变动程度越大,抽样误差也就越大,总体标志变动程度越小,抽样误差也就越小。如果总体单位之间没有差异,样本指标和总体指标完全相等。

(3) 抽样误差的大小与抽样方法有关。重复抽样和非重复抽样的抽样误差不一样,前者比后者抽样误差大。另外,抽样误差的大小也与不同的抽样组织方式有关。

5.3.2 抽样平均误差

抽样误差是由于采取抽样推断,抽样指标与全及指标出现差异而造成的,但是这个误差一般是无法获知的,因为如果知道了总体的参数值,就不需要抽样了。同时,由于样本不同,同一个抽样指标的观察值是不同的,造成同一个总体的抽样误差各不相同。为解决这问题便提出了抽样平均误差这一概念,以此来代表任何一次抽样推断中抽样指标与全及指标之间的一般差异。

抽样平均误差简称平均误差,是由于抽样的随机性而产生的所有可能样本指标之间的平均离差,它是由一系列的抽样平均数或抽样成数的标准差来反映的。它能够说明样本指标代表性大小以及样本指标与总体指标相差的一般范围。因此,抽样平均误差的意义在于,它既是实际可以应用于衡量抽样指标对于全及指标代表性程度的一个尺度,也是计算抽样指标与全及指标之间变异范围的一个依据,同时,在组织抽样推断中也是确定抽样单位数多少的依据之一。

抽样推断有两个最主要的目的:以样本平均数 $\bar{x}$ 推断总体平均数 $\bar{X}$,以样本成数 p 推断总体成数 P。因此,测定样本指标的平均误差也有两种,分别是抽样平均数的平均误差和抽样成数的平均误差。

1) 抽样平均数的平均误差

抽样平均数的平均误差就是抽样平均数的标准差,它反映抽样平均数的所有可能值对全及平均数的平均离散程度,即反映误差平均值的大小,所以称为抽样平均误差,记为 $\mu_{\bar{x}}$。用公式表示为:

$$\mu_{\bar{x}} = \sqrt{\frac{\sum (\bar{x}_i - \bar{X})^2}{n}} \quad \text{(式 5.6)}$$

其中,$\bar{x}_i$ 表示各个可能样本平均数($i=1,2,3,\cdots,n$);$\bar{X}$ 表示全及平均数;n 表示在重复抽样条件下抽样的可能样本数。

(式 5.6)表示抽样平均数的平均误差的实质,但是不能用来进行计算,因为在实际抽样中,既没有全及平均数 $\bar{X}$ 的数据,也不可能把所有可能的样本全部抽取出来,因此,需要对公式进行转化。根据数理统计原理可以证明,在重复简单随机抽样条件下,抽样平均数的平均误差的平方 $\mu_{\bar{x}}^2$ 与全及平均数的方差 σ^2 成正比,与抽样单位数 n 成反比,如下式所示:

$$\mu_{\bar{x}}^2 = \frac{\sigma^2}{n} \quad 即:\mu_{\bar{x}} = \sqrt{\frac{\sigma^2}{n}} \quad \text{(式 5.7)}$$

上式表明抽样平均数的平均误差和总体的标准差成正比,与样本单位数的平方根成反比,因此,如果抽样平均误差要减少一半,则样本单位数就要增大到 4 倍。

采用非重复抽样时,由于抽中的单位不再放回,总体单位数随之减少,余下的每个单位被抽中的机会就会增加。其抽样平均误差的计算,需要在(式 5.7)的基础上乘上一个校正因子 $\left(\dfrac{N-n}{N-1}\right)$,用公式表示为:

$$\mu_{\bar{x}} = \sqrt{\dfrac{\sigma^2}{n}\left(\dfrac{N-n}{N-1}\right)} \approx \dfrac{\sigma}{\sqrt{n}}\sqrt{1-\dfrac{n}{N}} \qquad (式 5.8)$$

由于校正因子总是小于 1,因此,采用非重复随机抽样取得的样本,与采用重复随机抽样取得相同抽样单位数的样本相比,前者的误差较小。但是由于一般情况下 n 远远小于 N,所以 $\left(1-\dfrac{n}{N}\right)$ 接近 1,所以重复随机抽样和非重复抽样的平均误差相差不大。因此,在实际工作中,特别是在没有掌握总体单位数 N 的情况下,即使采取非重复抽样的方法,也可以采用重复抽样条件下的公式(式 5.7)来计算抽样平均误差。

2) 抽样成数的平均误差

计算抽样成数的平均误差和计算抽样平均数的平均误差的方法在原则上是一样的,只需要将全及成数的方差代替全及平均数的方差即可。

第 4 章已经证明,全及成数的方差为 $P(1-P)$,因此用 $P(1-P)$ 代替公式(式 5.6)、(式 5.7)中的 σ^2,即可得:

(1) 重复抽样条件下:

$$\mu_p = \sqrt{\dfrac{P(1-P)}{n}} \qquad (式 5.9)$$

(2) 非重复抽样条件下:

$$\mu_p = \sqrt{\dfrac{P(1-P)}{n}\left(1-\dfrac{n}{N}\right)} \qquad (式 5.10)$$

在上述公式中,都涉及全及平均数的方差 σ^2 和成数的方差 $P(1-P)$,但是,在抽样推断的过程中,这两个指标通常都是未知的,一般情况可以采用以下方法来代替:

(1) 用样本方差或成数的方差代替。概率论的理论说明,样本方差和成数方差非常接近总体方差和成数方差。这是实践中经常采用的方法,但是只能调查之后才能计算。

(2) 用历史资料来代替。如果有几个不同的总体方差的资料,则应该用数值较大的,因为方差大,抽样误差也大,则构成的估计区间也就相应增大,同时给出的可靠程度也会增大。

(3) 用小规模调查资料。如果既没有历史资料,又需要在调查前就估计抽样误差,则可先组织一次实验性调查。

(4) 用估计的资料。例如,在农产品产量抽样推断中,使用农产量估产的资料,根据估产的资料计算总体方差。

【例 5.1】 某快递公司对集散中心人员的分拣能力进行抽查,在 1 000 人中随机抽 5%进行调查,结果如表 5.2 所示,每天分拣包裹数量超过 3 400 件为优秀,求抽样平均误差。

表 5.2 包裹数量表

分拣包裹数量/件	人数/人
3 600 以上	1
3 400～3 600	3
3 200～3 400	8
3 000～3 200	12
2 800～3 000	16
2 800 以下	10
合计	50

【解】 抽样平均误差包括抽样平均数的平均误差和抽样成数的平均误差,根据表 5.2 所列数据可得:

(1) 平均分拣包裹数量:$\bar{x} = \dfrac{\sum x_i f_i}{\sum f_i} = 3\ 024$(件)

分拣包裹数量的标准差:$S = \sqrt{\dfrac{\sum (x_i - \bar{x})^2 f_i}{\sum f_i}} = 249.45$(件)

平均分拣数量的平均误差:$\mu_{\bar{x}} = \sqrt{\dfrac{S^2}{n}} = \dfrac{249.45}{\sqrt{50}} = 35.28$(件)

(2) 样本的优秀率:$p = 4/50 = 8\%$

优秀率的方差:$p(1-p) = 8\% \times 92\% = 7.36\%$

优秀率的平均误差:$\mu_p = \sqrt{\dfrac{p(1-p)}{n}} = \sqrt{\dfrac{7.36\%}{50}} = 3.84\%$

5.3.3 抽样极限误差

抽样平均误差并不是全及指标与抽样指标之间的真实误差,而是这种误差的平均数。对于任何一个全及总体来说,全及指标数值是一个未知的确定数值,而抽样指标数值则是在全及指标数值上下两侧出现的随机变量,它与全及指标数值可能产生或正或负的离差。因此,样本估计值与总体参数之间存在着一个误差范围,它是用一定的概率来保证抽样误差不超过某一给定的最大可能范围,这个范围的绝对值就叫做抽样极限误差,用 Δ 表示。

(1) 抽样平均数的抽样极限误差就是以绝对值形式表示的抽样误差的最大可能范围,表示为:$\Delta_{\bar{x}} \geqslant |\bar{x} - \bar{X}|$。式子表示,变动的抽样平均数 $\bar{x}$ 就是以确定的全及平均数 $\bar{X}$ 为中

心,在 $\bar{X} \pm \Delta_{\bar{x}}$ 之间变动,同样的全及平均数 $\bar{X}$ 在 $\bar{x} \pm \Delta_{\bar{x}}$ 之间,通过变形可得:

$$\bar{x} - \Delta_{\bar{x}} \leqslant \bar{X} \leqslant \bar{x} + \Delta_{\bar{x}}$$
(式5.11)

(2) 抽样成数的抽样极限误差就是以绝对值形式表示的抽样误差的最大可能范围,表示为: $\Delta_p \geqslant |p - P|$。式子表示,变动的抽样成数 p 就是以确定的全及成数 P 为中心,在 $P \pm \Delta_p$ 之间变动,同样的全及成数 P 在 $p \pm \Delta_p$ 之间,通过变形可得:

$$p - \Delta_p \leqslant P \leqslant p + \Delta_p$$
(式5.12)

5.3.4 抽样估计的可信程度

抽样平均误差是衡量误差范围的尺度,它表明抽样估计的准确程度;抽样极限误差表明抽样估计准确程度的可能范围,进行抽样估计时,既要考虑其准确程度,又应该考虑全及指标包含在给定范围内的概率有多大,这就要研究其估计的可信程度或可靠程度。抽样极限误差是样本值与总体指标值的离差绝对值,而抽样平均误差则是所有可能样本值与总体指标值之间的平均离差,这就决定了它们之间存在一定的联系。通常,把抽样极限误差 Δ 和抽样平均误差 $\mu_{\bar{x}}(\mu_p)$ 相比,从而使单一样本的抽样极限误差标准化,称为概率度,用 t 表示,概率度表示相对误差范围,用公式表示为:

$$t = \frac{\Delta_{\bar{x}}}{\mu_{\bar{x}}} ; \quad t = \frac{\Delta_p}{\mu_p}$$
(式5.13)

这个公式表明,在一定的 $\mu_{\bar{x}}(\mu_p)$ 的条件下,概率度 t 越大,则抽样误差范围 Δ 越大,估计全及平均数或成数包含在相应的区域范围内的概率越大,从而抽样估计的可信程度也就越高,反之 t 的数值越小,则 Δ 越小,抽样估计的可信程度也就越低。

【例5.2】 某港口年出口货物15万集装箱,随机抽取其中的1%进行调查,获得每集装箱重4 800 kg,抽样平均误差为60 kg,请以95%的置信度推算该港口平均每个集装箱的重量。

【解】
(1) 平均数 $\bar{x} = 4\ 800$,$\mu_{\bar{x}} = 60$,$N = 15$ 万;
(2) $F(t) = 95\%$,查表(附表二)可得 $t = 1.96$;
(3) $\Delta_{\bar{x}} = t\mu_{\bar{x}} = 1.96 \times 60 = 117.6$;
(4) 估计区间为 $(\bar{x} - \Delta_{\bar{x}}, \bar{x} + \Delta_{\bar{x}}) = (4\ 800 - 117.6, 4\ 800 + 117.6)$
因此平均每箱的重量为: $4\ 682.4 \leqslant \bar{X} \leqslant 4\ 917.6$

所以以95%的置信度认为平均每个集装箱的重量在4 682.4 kg到4 917.6 kg之间。

抽样估计的可信程度一般用概率 P_r 表示,概率度 t 的大小决定 P_r 的大小,P_r 就是 t 的函数,即 $P_r = F(t)$,表明概率分布是概率度的函数,即为置信度。因此,要确定抽样估计的可信程度就是要确定抽样平均数(或成数)落在一定区间的概率 P_r,因而必须研究抽样平均数或成数的概率分布。

从一个全及总体中连续进行多次抽样,可以取得一系列的样本,求出各个样本的平均数(或成数),形成一个抽样平均数(或成数)的概率分布。抽样平均数(或成数)的概率分布与全及总体变量的概率分布有关,但在实际工作中,通常并不知道全及总体的变量分布是否是正态分布。但是根据中心极限定理可知,不论全及总体的分布是正态的或是非正态的,只要样本容量足够大(一般以 $n \geqslant 30$ 为标准),则抽样平均数(或成数)的分布,逼近于全及平均数(或成数)为对称中心的正态分布。它的主要特点是:

(1) 若干个抽样平均数(或成数)大于或小于全及平均数(或成数)的概率分布是完全对称的,亦即正误差和负误差的可能性(即概率)是完全一致的。

(2) 抽样平均数(或成数)愈接近于全及平均数(或成数),其出现的可能性(即概率 P_r)愈大;反之,越远离全及平均数(或成数),其概率就越小。距离越大,其概率趋近于零。随着概率度 t 的增大,概率 P_r 的数值即 $F(t)$ 也随之增大,逐渐接近于 1。这说明预定的概率保证程度愈大,则抽样推断估计的可信程度愈大。对社会经济现象总体的抽样估计,一般都采用大样本资料,而且样本容量远远超过 30 以上,其抽样平均数(或成数)无疑接近于正态分布,并具有上述的特性。因此,可以按正态分布和正态概率积分表来估计抽样平均数(或成数)落在一定范围内的概率,亦即推定全及平均数(或成数)包含在置信区间内的概率。

概率论和数理统计证明,给定不同的 t 值,可以计算出相应的 $F(t)$。因此,把概率度和抽样误差范围 $\Delta_{\bar{x}} = t\mu$ 联系起来,应用概率表(附表二),可以得出抽样推断全及指标包含在一定范围内的置信度。例如:

当 $t = 1$ 时,$P_r(|\bar{x} - \bar{X}| \leqslant 1\mu_{\bar{x}}) = F(1) = 68.27\%$

当 $t = 2$ 时,$P_r(|\bar{x} - \bar{X}| \leqslant 2\mu_{\bar{x}}) = F(2) = 95.45\%$

当 $t = 3$ 时,$P_r(|\bar{x} - \bar{X}| \leqslant 3\mu_{\bar{x}}) = F(3) = 99.73\%$

以上列举了 t、Δ 和 $F(t)$ 之间的函数数量关系,可以用正态分布示意图 5.1 来表示。

如图 5.1 所示,正态分布曲线与横轴所围成的概率面积 $F(t)$ 等于 1。在以 $\bar{X}$ 为中心加减 1 个 $\mu_{\bar{x}}$ 的范围内包括的曲线面积为 68.27%,表明当 $t = 1$ 时,推断 $\bar{X}$ 包含在 $(\bar{x} - 1\mu_{\bar{x}}, \bar{x} + 1\mu_{\bar{x}})$ 区间内的概率为 68.27%,也可以说这种推断的把握程度为 68.27%。在 $\bar{x} \pm 2\mu_{\bar{x}}$ 范围内包括的曲线面积为 95.45%,表明当 $t = 2$ 时,推断 $\bar{X}$ 包含在 $(\bar{x} - 2\mu_{\bar{x}}, \bar{x} + 2\mu_{\bar{x}})$ 区间内的概率为 95.45%。在 $\bar{x} \pm 3\mu_{\bar{x}}$ 范

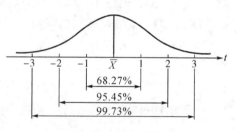

图 5.1 正态分布示意图

围内包括的曲线面积为 99.73%,表明当 $t = 3$ 时,推断 $\bar{X}$ 包含在 $(\bar{x} - 3\mu_{\bar{x}}, \bar{x} + 3\mu_{\bar{x}})$ 区间内的概率为 99.73%。综上所述,合乎正态分布的随机变量如抽样平均数或成数,它出现的概率就是 $\bar{x} \pm t\mu_{\bar{x}} (\bar{x} \pm t\mu_p)$ 范围内包括的面积在整个正态曲线面积中所占的比例,可以用来表明在一定误差范围内进行抽样估计的可信程度。这里所说的概率是就抽样的全部可能结果而言的。比如说 $\bar{X}$ 包含在 $(\bar{x} - 3\mu_{\bar{x}}, \bar{x} + 3\mu_{\bar{x}})$ 区间内的概率为 99.73%,这是就所有可能的抽样结果来说的,即在 10 000 次实验中,$\bar{X}$ 包含在该区间内的次数为 9 973 次,有 27 次可能超出该区间。常见的概率度和置信度的关系如表 5.3 所示:

表 5.3 常见概率度和置信度关系表

t 值	置信度 $F(t)$
1.00	0.682 7(68.27%)
1.65	0.900 0(90.00%)
1.96	0.950 0(95.00%)
2.00	0.954 5(95.45%)
2.58	0.990 0(99.00%)
3.00	0.997 3(99.73%)

5.4 区间估计

区间估计就是根据样本统计量以一定的可靠程度去估计总体参数值所在的范围或区间,是抽样估计的主要方法。(式 5.11)和(式 5.12)两个不等式适应区间估计的要求,即表述为被估计的全及指标数值包含在抽样指标数值上限和下限的范围,其中的区间 $(\bar{x}-\Delta_{\bar{x}}, \bar{x}+\Delta_{\bar{x}})$ 称为平均数的估计区间,$(p-\Delta_p, p+\Delta_p)$ 则称为成数的估计区间。

区间估计包括两部分内容:一是这个可能范围的大小;二是总体指标落在这个可能范围的概率,即置信度。它既能说清估计结果的准确程度,同时又能回答这个估计结果的可靠程度。下面分别结合实际例子加以介绍。

1) 按预定的置信度 $F(t)$,估计抽样极限误差 Δ 及其估计区间,具体步骤为:
(1) 计算样本的统计量:平均数 $\bar{x}$ /成数 p、标准差 S、样本的容量 n;
(2) 根据要求的置信度 $F(t)$,查出相应的概率度 t;
(3) 计算抽样平均误差 $\mu_{\bar{x}}/\mu_p$;
(4) 计算抽样极限误差:$\Delta_{\bar{x}}/\Delta_p$;
(5) 计算估计区间为:平均数:$(\bar{x}-\Delta_{\bar{x}}, \bar{x}+\Delta_{\bar{x}})$,即 $\bar{x}-\Delta_{\bar{x}} \leqslant \bar{X} \leqslant \bar{x}+\Delta_{\bar{x}}$
  成数:$(p-\Delta_p, p+\Delta_p)$,即 $p-\Delta_p \leqslant P \leqslant p+\Delta_p$。

【例 5.3】 为了对某工地的一批零件长度进行检测,随机抽取 100 件进行调查,测得它们的平均长度为 30.2 cm,标准差 $S=0.45$ cm,试以 95% 的置信度估计这批零件的平均长度。

【解】
(1) 计算样本的统计量:平均数 $\bar{x}=30.2$,$S=0.45$,样本的容量 $n=100$;
(2) 根据要求的置信度 $F(t)=95\%$,通过附表二查出相应的概率度 $t=1.96$;
(3) 计算抽样平均误差 $\mu_{\bar{x}}=\dfrac{S}{\sqrt{n}}=\dfrac{0.45}{\sqrt{100}}=0.045$;
(4) 计算抽样极限误差:$\Delta_{\bar{x}}=t\mu_{\bar{x}}=1.96\times 0.045=0.09$;
(5) 计算估计区间为:$(\bar{x}-\Delta_{\bar{x}}, \bar{x}+\Delta_{\bar{x}})=(30.2-0.09, 30.2+0.09)=(30.11, 30.29)$,

即 $30.11 \leqslant \bar{X} \leqslant 30.29$。

结果表明,我们可以以 95% 的置信度保证该厂零件平均长度在 30.11 cm 到 30.29 cm 之间。

【例 5.4】 某厂对一批产成品随机抽选 200 件进行质量检测,其中一等品 160 件,试以 90% 的置信度估计一等品率的范围。

【解】

(1) 计算样本的统计量:成数 $p = \dfrac{160}{200} = 80\%$,样本的容量 $n = 200$;

(2) 根据要求的置信度 $F(t) = 90\%$,通过附表二查出相应的概率度 $t = 1.65$;

(3) 计算抽样平均误差 $\mu_p = \sqrt{\dfrac{p(1-p)}{n}} = \sqrt{\dfrac{80\% \times (1-80\%)}{200}} = 2.83\%$;

(4) 计算抽样极限误差:$\Delta_p = t\mu_p = 1.65 \times 2.83\% = 4.67\%$;

(5) 计算估计区间为:

$(p - \Delta_p, p + \Delta_p) = (80\% - 4.67\%, 80\% + 4.67\%) = (75.33\%, 84.67\%)$,

即 $75.33\% \leqslant P \leqslant 84.67\%$。

结果表明,我们可以以 90% 的置信度,保证这批产品的一等品率在 75.33% 到 84.67% 之间。

2) 事先提出抽样允许的误差范围 Δ,求总体统计值落入的估计区间及其置信度,具体步骤为:

(1) 计算样本的统计量:平均数 $\bar{x}$ /成数 p、标准差 S、样本的容量 n;

(2) 计算抽样平均误差 $\mu_{\bar{x}}/\mu_p$;

(3) 计算估计区间为:平均数:$(\bar{x} - \Delta_{\bar{x}}, \bar{x} + \Delta_{\bar{x}})$ /成数:$(p - \Delta_p, p + \Delta_p)$;

(4) 计算 t 值,$t = \dfrac{\Delta_{\bar{x}}}{\mu_{\bar{x}}} / t = \dfrac{\Delta_p}{\mu_p}$;

(5) 查概率表(附表二),求置信度 $F(t)$。

【例 5.5】 某农场种植小麦 5 000 亩,收获前夕随机抽取 100 亩进行实割实测,测得平均亩产 500 kg,标准差为 50 kg,试求全部 5 000 亩小麦的平均亩产在 490~510 kg 之间的置信度。

【解】

(1) 计算样本的统计量:$\bar{x} = 500$ kg,$S = 50$ kg,$n = 100$ 亩;

(2) 计算抽样平均误差 $\mu_{\bar{x}} = \dfrac{S}{\sqrt{n}} = \dfrac{50}{\sqrt{100}} = 5$ kg;

(3) 计算估计区间为:$(500 - 10, 500 + 10)$;

(4) 计算 t 值,$t = \dfrac{\Delta_{\bar{x}}}{\mu_{\bar{x}}} = \dfrac{10}{5} = 2$;

(5) 查附表二得置信度 $F(t)$:$P_r(500 - 10 \leqslant \bar{X} \leqslant 500 + 10) = F(2) = 95.45\%$。

结果表明,如果推断估计该农场全部小麦的平均亩产为 500 kg,这种推断估计误差不超过 10 kg 的置信度为 95.45%。

5.5 样本容量的确定

在抽样推断之前,必须确定抽样单位数目,其原因主要是:首先,在一定的允许误差的条件下只需要抽取一定的样本单位。如果抽取的样本单位数过多,会增加不必要的人力、物力和财力的支出,造成浪费,并且影响资料的及时性;但如果抽取的数目过少,又会使误差增大,达不到所要求的准确程度。其次,抽样单位数目也是影响抽样误差的重要因素,在其他条件相同时,用增加或减少抽样单位数的方法可以控制抽样平均误差的大小。

根据公式 $\mu_{\bar{x}} = \sqrt{\dfrac{\sigma^2}{n}}$ 和公式 $t = \dfrac{\Delta_{\bar{x}}}{\mu_{\bar{x}}}$ 以及 $\mu_p = \sqrt{\dfrac{P(1-P)}{n}}$ 和 $t = \dfrac{\Delta_p}{\mu_p}$ 可知,影响抽样单位数 n 的主要因素有:

(1) 抽样极限误差范围 Δ。当其他条件不变时,极限误差愈小,必要的抽样单位数就需要愈多;反之,极限误差愈大,抽样单位数就可以愈少。

(2) 总体方差 σ^2。其他条件不变的情况下,总体方差 σ^2 愈大,总体单位的差异程度愈大,则样本单位数应愈多;反之,样本单位数可愈少。

(3) 置信度。当其他条件不变时,抽样估计的置信度愈高,t 数值愈大,抽样数目就必须愈多;反之,置信度愈低,抽样数目就可以愈少。

(4) 抽样方法。相同条件下,由于采用重复抽样比非重复抽样的误差大,所以,前者应比后者多抽一些样本单位。

除上述因素之外,抽样组织方式也是影响抽样单位数的一个原因。

1) 重复纯随机抽样的抽样单位数确定

(1) 测定标志平均数的必要抽样单位数时,根据公式 $\Delta_{\bar{x}} = t\mu_{\bar{x}} = t\dfrac{\sigma}{\sqrt{n}}$ 可得:

$$n = \frac{t^2 \sigma^2}{\Delta_{\bar{x}}^2} \qquad (\text{式} 5.14)$$

(2) 测定成数的必要抽样单位数时,根据公式 $\Delta_p = t\mu_p = t\sqrt{\dfrac{P(1-P)}{n}}$ 可得:

$$n = \frac{t^2 P(1-P)}{\Delta_p^2} \qquad (\text{式} 5.15)$$

2) 非重复纯随机抽样的抽样单位数确定

(1) 测定标志平均数的必要抽样单位数:

$$n = \frac{Nt^2 \sigma^2}{\Delta_{\bar{x}}^2 N + t^2 \sigma^2} \qquad (\text{式} 5.16)$$

(2) 测定成数的必要抽样单位数:

$$n = \frac{Nt^2 P(1-P)}{\Delta_p^2 N + t^2 P(1-P)} \qquad (\text{式} 5.17)$$

同样地，由于总体指标值 σ^2 和 P 无法获得，可用同类资料或历史资料指标值代替，如果没有这些资料，可以组织试验性的抽样调查，以取得相关的指标数值。在选择这些指标值时，以选用较大的标准差为好，在选择 P 时，应该选择更接近 0.5 的数据，因为这样标准差 $\sqrt{P(1-P)}$ 更大一些。标准差大，可以使得抽到的单位数更多一些，可以保证抽样调查的精度。

【**例 5.6**】 某市进行职工家庭生活费抽样调查，已知职工家庭平均每人每月生活费的标准差为 110 元，允许误差范围 10 元，置信度为 95%，试确定应抽选的户数。

【**解**】 已知：$\sigma=110$，$\Delta_{\bar{x}}=10$，$F(t)=95\%$，查附表二可得 $t=1.96$，代入（式 5.14）得抽样户数为：

$$n=\frac{t^2\sigma^2}{\Delta_{\bar{x}}^2}=\frac{1.96^2\times110^2}{10^2}\approx 465(\text{户})$$

【**例 5.7**】 某企业要调查产品合格率，已知以往的合格率曾有 90%、98%、99%。现要求误差不超过 1%，置信度为 95%，问需要抽选多少件产品？

【**解**】 因为以往的合格率有 90%、98%、99% 三个，为了保证抽样调查的精度，选择更接近 0.5 的数值，因此选择 $P=90\%$，$\Delta_p=1\%$，$F(t)=95\%$，查附表二可得 $t=1.96$，代入（式 5.15）得抽样数目为：

$$n=\frac{t^2P(1-P)}{\Delta_p^2}=\frac{1.96^2\times 0.9\times 0.1}{0.01^2}\approx 3458(\text{件})$$

有时候，抽样调查取得样本数据后，应用样本指标值既要测定全及平均数，又要测定全及成数，但根据两个公式获得的抽样单位数往往不相等，为了提高抽样调查结果的准确程度，应该选择其中较大的 n 值。

【**例 5.8**】 要调查某校大学生英语四级考试成绩，根据历史资料该校学生平均成绩的标准差为 20 分，及格率为 65%。现用重复抽样方法，要求在 95% 的置信度下，平均分数的误差不超过 2 分，及格率的误差不超过 4%，求必要抽样数目。

【**解**】 已知：$\sigma=20$，$\Delta_{\bar{x}}=2$，$F(t)=95\%$，查附表二可得 $t=1.96$，代入（式 5.14）得：

平均数的样本单位数为：$n=\dfrac{t^2\sigma^2}{\Delta_{\bar{x}}^2}=\dfrac{1.96^2\times 20^2}{2^2}\approx 385(\text{人})$

$P=65\%$，$\Delta_p=4\%$，$t=1.96$，代入（式 5.15）得：

成数的样本单位数为：$n=\dfrac{t^2P(1-P)}{\Delta_p^2}=\dfrac{1.96^2\times 0.65\times 0.35}{0.04^2}\approx 547(\text{人})$

为了保证抽样调查的准确性，应该选择 547 名学生作为样本。

5.6 假设检验

假设检验是推断统计的另一项重要内容，它与区间估计类似，但角度不同。区间估计是利用样本数据推断未知的总体参数，而假设检验是先对总体参数提出一个假设值，然后抽取样本获得数据，利用样本数据判断这个假设是否成立。

5.6.1 假设检验的基本原理

1) 提出假设

所谓假设,就是对总体参数的具体数值所作的陈述。比如,我们虽然不知道企业某一批产品的平均重量、合格率等,但是可以事先提出一个假设值,比如,假设这批产品的平均重量为 500 g,合格率为 95%,等等。

假设检验是在对总体参数提出假设的基础上,利用样本数据来判断假设是否成立的统计方法。例如,假设某批产品的平均重量为 500 g,然后从该批产品中抽取一个样本,根据样本数据检验该批产品的平均重量是否为 500 g。

在假设检验中,首先需要提出两种假设,即原假设和备择假设。

原假设也称零假设,通常是研究者想收集证据予以推翻的假设,用 H_0 表示。原假设所表述的含义是指总体参数没有变化或变量之间没有关系,因此等号"="总是放在原假设上。以总体均值的检验为例,设总体参数的真值为 $\bar{X}$,假设值为 $\bar{X}_0$,原假设表示为:H_0:$\bar{X}=\bar{X}_0$,H_0:$\bar{X} \geqslant \bar{X}_0$ 或 H_0:$\bar{X} \leqslant \bar{X}_0$。原假设首先被假设是成立的,然后根据样本数据确定是否有足够的证据拒绝原假设。

备择假设通常是研究者想收集证据予以支持的假设,用 H_1 或 H_a 表示。备择假设所表述的含义是指总体参数发生了变化或变量之间存在某种关系,因此备择假设的形式为:H_1:$\bar{X} \neq \bar{X}_0$,H_1:$\bar{X} < \bar{X}_0$ 或 H_1:$\bar{X} > \bar{X}_0$。备择假设通常用于表达研究者自己倾向于支持的看法,然后根据样本数据确定是否有足够的证据拒绝原假设,以支持备择假设。

在假设检验中,如果备择假设没有特定的方向性,并含有符号"$\neq$",这样的假设检验称为双侧检验或双尾检验。如下例所示:

【**例 5.9**】 某品牌热水器的一种零件的生产标准是直径为 6 cm。为对生产过程进行控制,质量监测人员定期对一台加工机床检查,确定这台机床生产的零件是否符合标准。如果零件的平均直径大于或者小于 6 cm,则表明生产过程不正常,因此必须对机床进行调整。试陈述用来检验生产过程是否正常的原假设和备择假设。

【**解**】 设这台机床生产的所有零件平均直径的真值为 $\bar{X}$,如果 $\bar{X}=6$,表明生产过程正常,如果 $\bar{X} \neq 6$(即 $\bar{X} < 6$ 或 $\bar{X} > 6$)则表明生产过程不正常,研究者要检测这两种可能情况中的任何一种,因此,研究者想收集证据支持的假设应该是"生产过程不正常",因为如果研究者事先认为生产过程正常,就没必要进行检验了,因此建立的原假设和备择假设为:

H_0:$\bar{X}=6$(生产过程正常);H_1:$\bar{X} \neq 6$(生产过程不正常)

在假设检验中,如果备择假设具有特定的方向性,并含有符号">"或"<",这样的假设检验称为单侧检验或单尾检验。备择假设含有符号">"的单侧检验称为右侧检验,备择假设含有符号"<"的单侧检验称为左侧检验。如下例所示:

【**例 5.10**】 某品牌纯牛奶在其说明书中称:每包的平均净含量不低于 225 mL。从消费者的角度出发,有关研究人员需要通过抽检其中的一批牛奶来验证制造商的说明是否属实。试陈述用于检验净含量是否符合说明书的原假设和备择假设。

【**解**】 设该品牌纯牛奶的平均净含量的真值为 $\bar{X}$,如果 $\bar{X} \geqslant 225$,表明说明书的陈述属实,如果检验结果 $\bar{X} < 225$ 则表明说明书的陈述是不真实的。因此,研究者想收集证据支

持的假设应该是"净含量不符合说明书",因为如果研究者事先认为说明书的陈述是真实的、毫无疑问的,就没必要进行抽检了,因此建立的原假设和备择假设为:

$$H_0: \bar{X} \geqslant 225(净含量符合说明书); H_1: \bar{X} < 225(净含量不符合说明书)$$

【例 5.11】 某研究机构对消费者的一项调查表明,低于 17% 的人早餐喝牛奶,而某城市的牛奶生产商认为,该城市的人早餐饮用牛奶的比例高于 17%。为了验证各自的说法,研究机构和生产商各自抽取一个样本进行检验,试陈述用于检验的原假设和备择假设。

【解】 设早餐喝牛奶的消费者比例真值为 P。显然研究机构想收集证据予以支持的假设是"消费者早餐喝牛奶的比例低于 17%",因为研究者总是会支持自己的看法,因此对于研究机构建立的原假设和备择假设为:

$$H_0: P \geqslant 17\%; H_1: P < 17\%$$

而对于某城市的牛奶生产商来说,会提出方向相反的备择假设,以证明研究机构"消费者早餐喝牛奶的比例低于 17%"是不准确的,因此对于牛奶生产商建立的原假设和备择假设为:

$$H_0: P \leqslant 17\%; H_1: P > 17\%$$

通过上述例子可知,原假设和备择假设是一个完备事件组,且相互对立。这说明,在一项假设检验中,原假设和备择假设必有一个成立,且仅有一个成立。通过[例 5.11]可知,假设的确定有一定的主观色彩,"推翻的假设"和"支持的假设"最终取决于研究主体的意向,即使对同一个问题,由于目的不同,也可能提出不同的假设,只要假设的建立符合研究者的最终目的即可。

2) 做出决策

假设检验是根据样本信息做出拒绝或不拒绝原假设的决策,这就涉及两个问题:一是依据什么作出决策?二是所作的决策是否正确?

(1) 两类错误与显著性水平

由于决策是建立在样本信息的基础上,而样本又是随机的,因而就有可能犯错误。

原假设和备择假设不能同时成立,决策的结果是要么拒绝原假设,要么不拒绝原假设。在决策时可能犯以下两种错误:一种是原假设是正确的却拒绝了原假设,这时犯的错误称为第Ⅰ类错误,犯第Ⅰ类错误的概率记为 α,因此这类错误也称为 α 错误;另外一种是原假设是错误的却没有拒绝原假设,这时犯的错误称为第Ⅱ类错误,犯第Ⅱ类错误的概率记为 β,因此这类错误也称为 β 错误。

在假设检验中,只要做出拒绝原假设的决策,就有可能犯第Ⅰ类错误,只要做出不拒绝原假设的决策,就有可能犯第Ⅱ类错误。这两类错误的概率之间存在着如下的关系:在样本量不变的情况下,要减小 α 就会使 β 增大,要增大 α 就会使 β 减小。我们希望两类错误的概率都尽可能小,但很难做到,除非增加样本量,而样本量的增加又会受到很多因素的限制,因此,只能在两类错误发生的概率之间进行平衡,使两者都能够控制在能接受的范围内。一般来说,对于一个给定的样本,如果犯第Ⅰ类错误的代价比犯第Ⅱ类错误的代价相对高,则将犯第Ⅰ类错误的概率定得低一点比较合理,反之,应该将犯第Ⅰ类错误的概率定得高一点。一般来说,发生哪类错误的后果更严重,就应该首先要控制哪类错误发生的概率。但由于犯第Ⅰ类错误的概率可以由研究者事先控制,而犯第Ⅱ类错误的概率相对难以计算,因此在假设检验中,往往先控制第Ⅰ类错误的发生概率。

假设检验中犯第Ⅰ类错误的概率也称为显著性水平,记为 α。它是人们事先指定的犯第Ⅰ类错误概率的最大允许值。显著性水平 α 越小,犯第Ⅰ类错误的可能性也就越小,但犯第Ⅱ类错误的可能性就随之增大。一般情况下,人们认为犯第Ⅰ类错误的后果更严重,因此通常会取一个较小的 α 值(一般要求 $\alpha \leqslant 0.1$,英国著名统计学家 Ronald Fisher 在其研究中把小概率的标准定为 0.05,因此,人们常常选择显著性水平为 0.05 或更小的概率)。

(2) 做决策的依据

在提出具体的假设之后,研究者需要提供可靠的证据来支持备择假设。例如,在[例 5.10]中,如果要证明牛奶净含量不符合说明书,即检验假设:$H_0: \bar{X} \geqslant 225$(净含量符合说明书);$H_1: \bar{X} < 225$(净含量不符合说明书)。如果抽取一个样本得到的样本均值为 223,是否就拒绝原假设呢?如果是 226 呢?现代检验中做出拒绝或不拒绝原假设的依据是由统计量算出的犯第Ⅰ类错误的概率,即 P 值($P-value$)与显著性水平的大小比较来决定的。

首先,根据样本观测结果计算出对原假设做出决策时的检验统计量,如要检验总体均值,就需要用样本均值作为判断标准,但是样本均值 $\bar{x}$ 是总体均值 $\bar{X}$ 的一个点估计量,不能直接作为判断的标准,因此对其进行标准化处理,才能度量它与原假设的参数值之间的差异程度。对于总体均值和总体成数的检验,在原假设 H_0 为真的条件下,根据点估计量的抽样分布可以得到标准化检验统计量:

$$\text{标准化检验统计量} = \frac{\text{点估计量} - \text{假设值}}{\text{点估计量的标准误差}} \quad (\text{式 } 5.18)$$

实际中均采用标准化检验统计量,它反映了点估计量(样本均值、样本成数)与假设的总体参数(假设的总体均值、总体成数)相比相差多少个标准差的距离。虽然检验统计量是一个随机变量,随样本观测结果的不同而变化,但只要已知一组特定的样本观测结果,检验统计量的值也就唯一确定了。

然后,根据标准化检验统计量查附表二获得置信度,如果是双侧检验,则 $P-value = 1-$ 置信度,如果是单侧检验,则 $P-value = \frac{1}{2}(1-$ 置信度$)$。如果原假设是正确的,所得到的样本结果会像实际观测结果那么极端或更极端的概率称为 P 值($P-value$),也称为观察到的显著性水平。

用 P 值进行决策的规则是:如果 $P-value < \alpha$,拒绝 H_0,如果 $P-value > \alpha$,不拒绝 H_0(双侧检验将两侧面积的总和定义为 $P-value$)。利用 P 值进行决策需要注意以下几点:

① P 值是关于数据的概率,它与原假设的对或错的概率无关。具体来说,P 值反映的是在某个总体的许多样本中某一类数据出现的经常程度,它是当原假设正确时,得到目前这个样本数据的概率。例如,要检验企业某一批产品的平均重量是否为 500 g,检验的假设为:$H_0, \bar{X} = 500$;$H_1, \bar{X} \neq 500$。假定抽出一个样本算出的样本均值 $\bar{x} = 450$,得到的 P 值为

0.02,这个 0.02 是指如果平均重量是 500 g 的话,那么从该总体中抽出一个均值为 450 的样本的概率仅为 0.02,如果认为这个概率太小了,就可以拒绝原假设,因为如果原假设正确,几乎不可能抽到这样的一个样本,既然抽到了,说明这样的样本不在少数,所以原假设是错误的,因此,P 值越小,拒绝原假设的理由越充分。

② 要拒绝原假设,P 值需要多小才能令人信服呢?这里需要根据两种情况确定:一是和原假设的可信度有关。如果原假设是人们多年来一直相信的看法,就需要很强的证据(即小的 P 值)才能说服他们,因此应该选择小的 P 值。二是和拒绝原假设的成本有关。如果拒绝原假设可能会付出很高的成本,就需要一个更小的 P 值。例如,备择假设代表要花很多钱替换掉原来的生产设备,此时就需要很强的证据来证明新设备一定会带来更高的收益(因为拒绝原假设要很高的成本)。一般来说,$P-value<0.1$ 代表有"一些证据"不利于原假设,$P-value<0.05$ 代表有"适度证据"不利于原假设,$P-value<0.01$ 代表有"很强证据"不利于原假设。

3) 表述决策结果

(1) 假设检验不能证明原假设正确

假设检验的目的主要是收集证据拒绝原假设,支持备择假设。因为假设检验只提供不利于原假设的证据(证据的强弱取决于 P 值的大小)。因此,当拒绝原假设时,表明样本提供的证据证明原假设是错误的,当没有拒绝原假设时,也没法证明原假设就是正确的,因为假设检验没有提供它正确的证据。

假设检验得出的结论是根据原假设阐述的,要么拒绝原假设,要么不拒绝。但是不拒绝原假设并不意味着接受,因为没有证据证明原假设是真的。不拒绝原假设只是因为没有足够的证据拒绝,但这并不等于已经证明了原假设是真的,只意味着目前没有足够的证据或者抽取的样本提供的证据不足以拒绝原假设。这与法庭上对被告的定罪类似:先假定被告无罪,除非有足够的证据证明其有罪,否则法庭就不能认定被告有罪,但证据不足时,法庭的裁决是"被告无罪",而并不是证明被告是清白的。比如,[例 5.10]中,如果拒绝原假设,就可以说明该品牌纯牛奶的净含量与说明书的说明不相符,如果不拒绝原假设,只能说抽取的这个样本提供的证据不足以证明净含量没有大于等于 225 mL,但并不等于证明了净含量超过了 225 mL,不拒绝的表述方式实际上意味着没有得出明确的结论。

此外,假设检验中通常是先确定显著性水平 α,这就等于控制了犯第Ⅰ类错误的概率,但犯第Ⅱ类错误的概率 β 却是不确定的。在拒绝 H_0 时,犯第Ⅰ类错误的概率不超过给定的显著性水平 α,当样本结果没有充分理由拒绝原假设时,有时也难以确切知道犯第Ⅱ类错误的概率。因此,在假设检验中采用"不拒绝 H_0",而不采用"接受 H_0"的表述方法,这样可以避免第Ⅱ类错误发生的风险,因为"接受 H_0"所得结论的可靠性将由第Ⅱ类错误的概率 β 来测量,而 β 的控制又相对复杂,甚至无法获得。因此不拒绝 H_0 并不意味着 H_0 为真的概率很高,只是意味着拒绝 H_0 需要更多的证据。

(2) 统计上显著不等于没有实际意义

在假设检验中,拒绝原假设则称样本结果在"统计上是显著的",不拒绝原假设则称结果是"统计上不显著的"。"显著的"的含义在这里是指"非偶然的",它表示这样的样本结果不是偶然得到的。同样,结果是不显著的(没有充分证据拒绝原假设),表明这样的样本结果很可能是偶然得到的。比如说,在 $\alpha=0.05$ 的显著性水平上拒绝 H_0,表明在 5% 这么小的概率下,竟然得到这样的一组样本数据,说明这样的样本数据经常出现,不是偶然抽取到的,因而说明样本检验的结果是显著的。而如果没有拒绝 H_0,则表明在 5% 这么小的概率下,没有抽取到能拒绝原假设的一组样本数据,所以不拒绝原假设,因而称样本检验的结果是不显著的。

当然,在"显著"和"不显著"之间没有非常清楚的界限,只是在 P 值越来越小时,证据也越来越强而已。0.049 和 0.051 这两个 P 值之间并没有什么实质的差别。在进行决策时,只能说,P 值越小,拒绝原假设的证据就越强,检验的结果也就越显著。但 P 值很小而拒绝原假设时,并不一定意味着检验的结果就没有实际意义,因为假设检验中所说的"显著"仅仅是"统计意义上的显著"。也就是说,一个在统计上显著的结论在实际中却不见得就很重要,也不意味着没有实际意义。因为 P 值与样本的大小有密切关系,样本量越大,检验统计量的值也就越大,P 值就越小,就越有可能拒绝原假设。可以这样说,如果你主观上想拒绝原假设就一定能拒绝它,只要无限扩大样本量,几乎都能拒绝原假设。因此,在样本量很大时,解释假设检验的结果就要很小心,因为在大样本下,总能把与假设值的任何细小差别找出来,即使这种差别几乎没有任何实际意义。因此,在实际检验中,不要刻意追求"统计上的"显著性,也不要把统计上的显著性和实际意义上的显著性混同。

5.6.2 总体均值的检验

在对总体均值进行检验时,由于大样本均值的抽样分布近似服从正态分布,其抽样标准差为 $\sigma/\sqrt{n}$,将样本均值 $\bar{x}$ 经过标准化后即可得总体均值检验的统计量为:

$$z = \frac{\bar{x} - \bar{X}_0}{\sigma/\sqrt{n}}$$ (式 5.19)

式中,$\bar{X}_0$ 为假设的总体均值,σ 为总体标准差。

当总体标准差 σ 未知时,可以用样本标准差 S 来代替,此时总体均值检验的统计量为:

$$z = \frac{\bar{x} - \mu_0}{S/\sqrt{n}}$$ (式 5.20)

【例 5.12】 某品牌纯牛奶采用自动生产线生产,每包的净含量是 225 mL,标准差为 5 mL,为检验每包的净含量是否符合要求,质检人员在某批牛奶中随机抽取 40 包进行检验,测得每包平均净含量为 225.8 mL,取显著水平 $\alpha=0.05$,检验该批牛奶的净含量是否符合标准要求。

【解】 根据题意可知,需要检验的是净含量是否为 225 mL,大于或者小于 225 mL 的都不符合要求,因此属于双侧检验,建立的原假设和备择假设为:

$H_0: \bar{X} = 225$;$H_1: \bar{X} \neq 225$

已知 $\bar{X}_0 = 225$,$\bar{x} = 225.8$,$\sigma = 5$,$n = 40$

因此检验统计量为:$z = \dfrac{\bar{x} - \bar{X}_0}{\sigma/\sqrt{n}} = \dfrac{225.8 - 225}{5/\sqrt{40}} = 1.01$

检验统计量数值的含义是:样本均值与假设的总体均值相比,相差 1.01 个抽样标准误差,根据统计量查附表二得到置信度为 0.687 5,因为是双侧检验,所以 $P-value = 1 - 0.687\ 5 = 0.312\ 5 > \alpha = 0.05$,不拒绝原假设,表明样本提供的证据不足以拒绝原假设,因此没有证明表明该批生产的牛奶不符合标准要求。

【例 5.13】 某品牌热水器的一种零件直径绝对平均误差为 1.35 mm,生产厂家准备采用新的机床进行加工以进一步降低误差。为检验新机床加工的零件平均误差与原机床相比是否有显著降低,从新机床生产的零件中随机抽取 50 个进行检验,测得 50 个零件直径的绝对平均误差为 1.22 mm,标准差为 0.36 mm,取显著水平 $\alpha = 0.01$,检验新机床加工的零件直径的平均误差与原机床相比是否显著降低。

【解】 根据题意可知,需要检验的是新机床加工的零件直径的绝对平均误差与原机床相比是否显著降低,也就是 $\bar{X}$ 是否小于 1.35,属于左侧检验,建立的原假设和备择假设为:

$H_0: \bar{X} \geq 1.35$;$H_1: \bar{X} < 1.35$

已知 $\bar{X}_0 = 1.35$,$\bar{x} = 1.22$,$\sigma = 0.36$,$n = 50$

因此检验统计量为:$z = \dfrac{\bar{x} - \bar{X}_0}{\sigma/\sqrt{n}} = \dfrac{1.22 - 1.35}{0.36/\sqrt{50}} = -2.61$

根据统计量查附表二得到置信度为 0.990 9,因为是单侧检验,所以 $P-value = \dfrac{1}{2} \times (1 - 0.990\ 9) = 0.004\ 6 < \alpha = 0.01$,因此拒绝原假设,表明新机床加工的零件直径的绝对平均误差与原机床相比有显著降低。

5.6.3 总体成数的检验

总体成数的检验与总体均值的检验类似,在构造检验统计量时,仍然用样本成数 p 与总体成数 P 之间的距离等于多少个标准差 σ 来衡量。因为在大样本情形下统计量 p 近似服从正态分布,而样本成数标准化后则近似服从标准正态分布,因此总体成数检验的统计量为:

$$z = \frac{p - P_0}{\sqrt{\dfrac{P_0(1 - P_0)}{n}}} \tag{式 5.21}$$

【例 5.14】 某城市的牛奶制造商声称,该城市 19% 的人早餐喝牛奶,为了验证这种说法,某研究机构在该城市随机抽取 100 个消费者进行调查,发现有 17 个人早餐喝牛奶,取显著性水平 $\alpha = 0.01$,检验该城市早餐喝牛奶的人的比例是否为 19%。

【解】 根据题意可知,研究机构需要检验的是该城市的牛奶制造商所声称的说法是否属实,也就是早餐喝牛奶的人的比例是否为 19%,建立的原假设和备择假设为:

$H_0: P = 19\%$;$H_1: P \neq 19\%$

已知 $P_0 = 19\%$,$p = \dfrac{17}{100} = 17\%$,$n = 100$

因此检验统计量为:$z = \dfrac{p - P_0}{\sqrt{\dfrac{P_0(1 - P_0)}{n}}} = \dfrac{17\% - 19\%}{\sqrt{\dfrac{19\%(1 - 19\%)}{100}}} = -0.51$

根据统计量查附表二得到置信度为 0.389 9，因为是双侧（尾）检验，所以 $P-value = 1-0.389\ 9 = 0.610\ 1 > \alpha = 0.01$，不拒绝原假设，表明样本提供的证据不足以拒绝原假设，因此没有证明表明该城市早餐喝牛奶的比例不是 19%。

重要术语

全及总体　抽样总体　全及指标　抽样指标　统计误差　系统性误差　随机误差　抽样误差　抽样平均误差　抽样极限误差　概率度　置信度　原假设　备择假设

主要公式

名称	公式
抽样平均数的平均误差	重复抽样：$\mu_{\bar{x}} = \sqrt{\dfrac{\sigma^2}{n}}$ 非重复抽样：$\mu_{\bar{x}} = \dfrac{\sigma}{\sqrt{n}}\sqrt{1-\dfrac{n}{N}}$
抽样成数的平均误差	重复抽样：$\mu_p = \sqrt{\dfrac{P(1-P)}{n}}$ 非重复抽样：$\mu_p = \sqrt{\dfrac{P(1-P)}{n}\left(1-\dfrac{n}{N}\right)}$
抽样平均数的极限误差	$\Delta_{\bar{x}} \geqslant |\bar{x}-\bar{X}|$
抽样成数的极限误差	$\Delta_p \geqslant |p-P|$
概率度	$t = \dfrac{\Delta_{\bar{x}}}{\mu_{\bar{x}}}$；$t = \dfrac{\Delta_p}{\mu_p}$
测定平均数的必要抽样单位数	重复纯随机抽样：$n = \dfrac{t^2 \sigma^2}{\Delta_{\bar{x}}^2}$ 非重复纯随机抽样：$n = \dfrac{N t^2 \sigma^2}{\Delta_{\bar{x}}^2 N + t^2 \sigma^2}$
测定成数的必要抽样单位数	重复纯随机抽样：$n = \dfrac{t^2 P(1-P)}{\Delta_p^2}$ 非重复纯随机抽样：$n = \dfrac{N t^2 P(1-P)}{\Delta_p^2 N + t^2 P(1-P)}$
总体均值检验的统计量	总体标准差 σ 已知：$z = \dfrac{\bar{x}-\mu_0}{\sigma/\sqrt{n}}$ 总体标准差 σ 未知：$z = \dfrac{\bar{x}-\mu_0}{S/\sqrt{n}}$
总体成数检验的统计量	$z = \dfrac{p-P_0}{\sqrt{\dfrac{P_0(1-P_0)}{n}}}$

练习题

一、单项选择题

1. 抽样误差是指（   ）
   A. 调查中所产生的登记性误差　　B. 调查中所产生的系统性误差
   C. 随机的代表性误差　　　　　　D. 计算过程中产生的误差

2. 在一定的抽样平均误差条件下（   ）
   A. 扩大极限误差范围,可以提高推断的可靠程度
   B. 扩大极限误差范围,会降低推断的可靠程度
   C. 缩小极限误差范围,可以提高推断的可靠程度
   D. 缩小极限误差范围,不改变推断的可靠程度

3. 重复抽样平均误差（   ）
   A. 总是小于非重复抽样平均误差　　B. 总是大于非重复抽样平均误差
   C. 总是等于非重复抽样平均误差　　D. 以上三种情况都有可能发生

4. 某研究部门准备在全市200万个家庭中抽取2 000个家庭,推断该城市所有职工家庭的年人均收入。这项研究的总体是（   ）
   A. 2 000个家庭　　　　　　　　　B. 200万个家庭
   C. 2 000个家庭的总收入　　　　　D. 200万个家庭的人均收入

5. 抽样推断的目的是（   ）
   A. 以样本指标推断总体指标　　　　B. 以总体指标估计样本指标
   C. 取得样本指标　　　　　　　　　D. 以样本的某一指标推断另一指标

6. 在抽样调查中,无法避免的误差是（   ）
   A. 登记性误差　　B. 系统性误差　　C. 技术性误差　　D. 随机误差

7. 在简单重复随机抽样条件下,当抽样平均误差缩小一半时,样本单位数应为原来的（   ）
   A. 2倍　　　　　B. 3倍　　　　　C. 4倍　　　　　D. 1/4

8. 在抽样推断中,样本容量（   ）
   A. 越少越好　　　　　　　　　　　B. 越多越好
   C. 取决于统一的抽样比例　　　　　D. 取决于对抽样推断可靠性的要求

9. 抽样调查所必须遵循的基本原则是（   ）
   A. 准确性原则　　B. 随机原则　　C. 可靠性原则　　D. 灵活性原则

10. 某种药物的平均有效治疗期限按规定至少需要达到37小时,平均有效治疗期限的标准差已知为11小时,从一批该药物中抽取100件进行检验,以该简单随机样本为依据,确定应接受还是拒收这批药物的假设形式为（   ）
    A. $H_0: \mu = 37$；$H_1: \mu \neq 37$　　B. $H_0: \mu \geq 37$；$H_1: \mu < 37$
    C. $H_0: \mu \leq 37$；$H_1: \mu > 37$　　D. $H_0: \mu > 37$；$H_1: \mu \leq 37$

二、判断题(对的在括号里打√,错的在括号里打×)

1. 在一定的抽样平均误差条件下扩大极限误差范围,可以提高推断的可靠程度。 (   )
2. 抽样误差是指调查中所产生的系统性误差。 (   )
3. 在抽样调查中,随机误差是可以消除的。 (   )
4. 抽样误差的大小与抽样单位数的多少成正比。 (   )
5. 在一定的抽样平均误差条件下缩小极限误差范围,可以提高推断的可靠程度。 (   )
6. 当全及总体单位数很大时,重复抽样和非重复抽样平均误差相差无几。 (   )

三、计算题

1. 某电扇厂对其生产的 1 500 台电扇进行使用寿命检查,随机抽取 36 台,平均使用寿命为 4.5 万小时,使用寿命的标准差为 240 小时,以 95% 的置信度推断 1 500 台电扇的使用寿命。

2. 某大学从该校学生中随机抽取 100 人,调查到他们平均每天参加体育锻炼的时间为 26 分钟,样本标准差为 6 分钟。试以 95% 的置信度,估计该大学全体学生平均每天参加体育锻炼的时间区间。如果置信度不变,抽样极限误差减少到原来的 1/2,需抽取多少名学生?

3. 某学校进行了一次全校性的英语测试,为了了解考试情况,从参加测试的 1 000 名学生中,随机重复抽选了 10% 进行调查,所得的分配数列如下:

成绩/分	60 以下	60~70	70~80	80~90	90 以上
学生数/人	10	20	22	40	8

试以 95.45% 的置信度估计该校学生的平均成绩以及成绩在 80 分以上的学生所占的比重。

4. 为了了解某地区职工家庭的收入情况,随机抽取 300 户进行调查,调查结果如下:

收入水平/元	家庭数/户
2 000 以下	40
2 000~4 000	80
4 000~6 000	120
6 000 以上	60
合计	300

根据以上资料,试以 95.45% 的置信度求:

(1) 抽样平均误差;

(2) 估计该地区职工家庭收入的区间范围;

(3) 若要求允许误差不超过 200,则以后抽样应抽多少个家庭为样本?

5. 一项包括了 200 个家庭的调查显示,每个家庭每天看电视的平均时间为 7.25 小时,标准差为 2.5 小时,据研究,10 年前每天每个家庭看电视的平均时间是 6.70 小时,取显著性水平 $\alpha = 0.01$,这个调查是否证明"如今每个家庭每天收看电视的平均时间增加了"?

6. 某机械加工车间有100名生产工人,经测定加工某零件的工时(单位:分)的原始数据如下。请利用SPSS随机抽取其中30个数据估计该加工车间生产该零件的平均工时。

38	22	45	25	45	32	45	25	45	61
42	45	38	42	25	52	32	45	38	42
45	42	52	22	45	42	45	42	65	45
52	25	42	45	38	45	25	45	38	25
38	38	45	42	52	56	45	25	45	38
42	45	52	45	42	32	38	38	22	42
45	38	45	42	42	61	52	45	42	45
38	38	25	45	45	42	38	52	32	45
52	42	42	45	38	38	38	45	61	42
52	32	22	42	45	42	25	42	65	38

实 训

【实训5.1】 样本的选择(以简单随机抽样为例)

1) 实训任务

以本章的引导案例为例,若要在2 000袋水泥中随机抽取50袋,以推断水泥的平均重量和合格率,如何抽取样本?

2) 实训过程

为了能够使抽样结果具有重现性,在抽样之前,需要事先设定一个随机数种子,随机数种子(random seed)是指在伪随机数生成器中用于生成伪随机数的初始数值。

对于一个伪随机数生成器,从相同的随机数种子出发,可以得到相同的随机数序列。如果没有确定随机数种子,每次抽样的结果都会不一样。随机数种子通常由当前计算机状态确定,如当前的时间,本例中我们设定随机数种子为20200630,操作步骤如下:

(1)选择【转换】→【随机数字生成器】。在对话框【活动生成器初始化】中的【设置起点】选择一个固定值,在值的框中填写20200630,单击【确定】,完成设定,如图5.2所示。

(2)选择【数据】→【选择个案】。在对话框【输出】中,选择将选定个案复制到新数据集,数据集名称可以命名为newdata。在【选择】中选

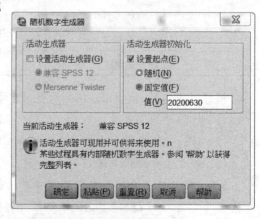

图5.2 随机数字生成器

择【随机个案样本】,并单击【样本】进入随机抽样的设置界面。如图 5.3 所示。

(3)确定样本的大小。SPSS 提供了两种方法:一种是近似法,用户可以按照设定的比例进行非重复抽样,不需要输入抽样的总体有多少个,只需要输入抽取的百分比是多少,SPSS 就会按照这个比例从总体中进行抽样;第二种是精确法,对抽取的样本含量的控制是精确的,当用户设定了一个具体的样本大小后,SPSS 就会严格按照这个数字从总体中随机抽取样本,如本例中,第一个对话填50,第二个对话框填 2 000,即在 2 000 个总体中随机抽取 50 个样本。如图5.4 所示。

(4)确定样本。单击【继续】,在主对话框中单击【确定】,获得随机抽样样本如图 5.5 所示。

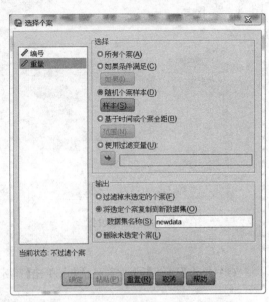

图 5.3 选择个案

图 5.5 抽样结果(部分)

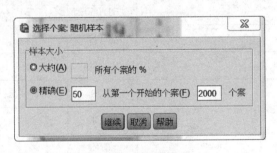

图 5.4 样本数确定

【实训 5.2】 平均数的区间估计

1)实训任务

以实训 5.1 获得的 50 袋水泥构成的样本为例,进行平均数区间估计。

2)实训过程

(1)选择【分析】→【描述统计】→【探索】。在对话框中将"重量"变量用箭头送入【因变量列表】对话框中,在【输出】中选择"Statistics",也可以统计量和绘图两者都选择,会同时输出统计量和图形。单击【Statistics】,在"探索:统计"窗口中,置信区间输入 95%。如图 5.6、

图 5.7 所示。

图 5.6 探索设置

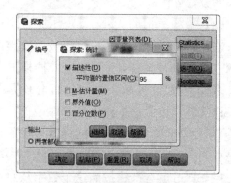

图 5.7 置信区间设置

(2) 单击【继续】回到主对话框,单击【确定】,输出结果为:

表 5.4 SPSS 运行结果

描述性统计资料

			统计资料	标准错误
重量	平均数		51.026	0.207 2
	95% 平均数的置信区间	下限	50.610	
		上限	51.442	
	5% 修整的平均值		50.970	
	中位数		51.050	
	变异数		2.147	
	标准变差		1.465 4	
	最小值		48.9	
	最大值		54.1	
	范围		5.2	
	偏度		0.613	0.337
	峰度		−0.477	0.662

从输出结果可知:样本的平均重量为 51.026 kg,以 95% 的置信水平进行估计,总体的平均重量为 50.610~51.442 kg。

【实训 5.3】 假设检验

1) 实训任务

以引导案例为例,在显著性水平 0.05 下,是否可以认为这批水泥的平均重量为 50 kg?

2) 实训过程

（1）选择【分析】→【比较平均值】→【单样本 T 检验】。在对话框中将"重量"变量用箭头送入【检验变量】对话框中，在【检验值】中输入 50，单击【选项】，在打开的窗口中，设置置信区间百分比为 95%。如图 5.8、图 5.9 所示。

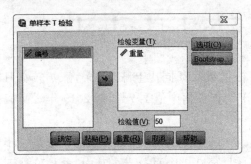

图 5.8　检验设置

图 5.9　置信区间设置

第三步：单击【继续】回到主对话框，单击【确定】，输出结果为：

表 5.5　SPSS 运行结果

单一样本统计资料				
	N	平均数	标准偏差	均值的标准误差
重量	50	51.026	1.465 4	0.207 2

单一样本检定					
	检定值 = 50				
	t	df	显著性（双尾）	平均差	95% 的置信区间
					下限　　上限
重量	4.951	49	0.000	1.026 0	0.610　1.442

通过表格可知：在 95% 的置信水平下，与假设均值 50 的差值区间为 (0.610, 1.442)。

统计结果表明，$t = 4.951$，$P-value = 0.000$，因此可以认为这批水平的重量和 50 kg 相比，明显高于 50 kg。

第6章 统 计 指 数

国家统计局公布,2020年5月居民消费价格指数CPI同比上涨2.4%,涨幅较上月的3.3%进一步缩小,为连续第四个月放缓,并低于调查预估中值2.7%,创2019年3月以来最低,当时为2.3%。

5月份,国内疫情形势总体稳定,复工复产、复市复业有序推进,市场供需状况进一步好转。从环比看,CPI继续下降0.8%,降幅比上月收窄0.1个百分点。其中,食品价格下降3.5%,降幅扩大0.5个百分点,影响CPI下降约0.78个百分点,是带动CPI下降的最主要因素。食品中,各地自产鲜菜大量上市,价格继续下降12.5%,降幅扩大4.5个百分点;生猪产能进一步恢复,猪肉供给持续增加,加之气温升高,消费进入淡季,价格继续下降8.1%,降幅扩大0.5个百分点;鸡蛋和鲜果供应充足,价格也继续分别下降4.8%和0.8%;休渔期来临,水产品供应减少,价格由上月下降0.1%转为上涨1.3%。非食品价格由上月下降0.2%转为持平。非食品中,夏装新款上市,服装价格上涨0.2%;受原油价格持续走低影响,液化石油气价格下降1.9%。

从同比看,CPI上涨2.4%,涨幅比上月回落0.9个百分点。其中,食品价格上涨10.6%,涨幅回落4.2个百分点,影响CPI上涨约2.15个百分点。食品中,猪肉价格上涨81.7%,涨幅回落15.2个百分点;牛肉、羊肉、鸡肉和鸭肉价格上涨4.4%~19.4%,涨幅均有所回落;鲜果、鸡蛋和鲜菜价格分别下降19.3%、14.5%和8.5%,降幅均有所扩大。非食品价格上涨0.4%,涨幅与上月相同,影响CPI上涨约0.29个百分点。非食品中,教育文化和娱乐、医疗保健价格分别上涨2.2%和2.1%,交通和通信、居住、衣着价格分别下降5.1%、0.5%和0.4%。扣除食品和能源价格的核心CPI同比上涨1.1%,涨幅与上月相同。据测算,在5月份2.4%的同比涨幅中,去年价格变动的翘尾影响约为3.2个百分点,新涨价影响约为-0.8个百分点。1~5月平均CPI比去年同期上涨4.1%。

CPI是反映居民家庭一般所购买的消费品和服务价格水平变动的宏观经济指标,是国家进行经济分析和决策、价格总水平监测和调控及国民经济核算的重要指标。全国居民很多,消费很多种商品和服务,CPI是如何计算的呢?CPI的变化,对居民的消费支出会产生怎样的影响呢?本章将介绍统计指数的基本概念和统计指数编制的基本原理及其应用。

6.1 统计指数的概念及分类

6.1.1 统计指数的概念

统计指数(index number)简称指数,是动态分析的进一步深入和发展,已成为统计研究中常用的数量分析方法之一。指数这一概念产生于物价的变动,18世纪中叶,由于美洲新大陆的开发,大量的金银源源不断地流入欧洲,使得欧洲物价飞涨,引起社会不安。当时的经济学家为了测定物价的变动,开始尝试编制物价指数。此后,指数的理论和应用不断发展,应用范围不断扩大,逐渐运用于社会经济的许多方面。对于指数的概念,目前主要有广义和狭义两种理解。

广义的指数泛指所有反映社会经济现象数量变动的相对数,指数的使用范围不仅限于动态对比,而且已推广到静态对比,如在某一时期中,实际指标数值与计划指标数值对比,同类事物在不同地区、企业、部门或国家之间的数量对比等,这些相对数从广义上来说,都可以称之为指数。

狭义的指数是一种特殊设计的相对数,它是用来综合反映不能直接相加的复杂社会经济现象总体数量变动程度的相对数。所谓的复杂社会经济现象总体,是指由于各个部分的性质不同,在研究数量特征时不能直接相加和直接对比的总体。例如,要说明一个国家或者地区商品价格综合变动的情况,由于各种商品的规格、型号、计量单位等不同,不能直接将各种商品的价格简单对比,而要解决这种复杂现象总体各要素的相加问题,就要编制统计指数来综合反映它们的变动情况。本章主要研究狭义指数的编制方法及其在统计分析中的应用。

6.1.2 统计指数的作用

统计指数的作用,主要有以下四个方面:

1) 综合反映社会经济现象总体的变动方向和程度

在统计实践中,除了应用发展速度指标说明个别产品产量、个别商品价格或个别产品成本等在不同时期的变动情况外,更有必要综合研究多种产品产量,多种商品价格或多种产品成本等总的变动情况,这是指数的主要作用。由于各种商品或者产品的使用价值、规格、单位不同,所研究总体中的各个个体不能直接相加。指数分析的首要任务就在于对这些不同使用价值的多种产品或商品的数量关系,由不能直接相加过渡到可以综合对比,以反映复杂经济现象的总变动。

2) 分解分析社会经济现象总体变动中各个因素的变动影响

许多社会经济现象的数量变动是由它们的构成因素变动综合影响的结果。例如,销售额的变动就是商品销售量和商品价格两个因素变动综合的结果。指数分析就是要根据事物的主要因素的内在联系,分别编制相应的指数进行综合分析。例如,编制商品销售量指数和商品价格指数,以便分析它们的变动对商品销售额变动的影响。

3) 分析复杂经济现象平均水平变动中各个因素的影响

指数分析方法不仅可以对总量指标如工业总产值,生产支出总额及其构成因素进行分析,还可以研究总平均指标的变动中各组标志水平和总体构成变动的影响。例如,职工平均工资的总变动,既受各类职工平均工资水平的影响,又受各类职工人数结构(比重)的影响,因此,需要利用指数,以测定总平均工资变动中这两个因素的变化情况及其产生的影响程度。

4) 反映经济现象总体长期的变动趋势

对于同一个复杂经济总体,有时需要根据连续若干个时期的统计资料编制一系列指数,形成一个指数数列,可以用来说明该现象的综合变动趋势。例如,根据2000—2019年共20年的零售商品价格资料,编制环比价格指数,从而形成价格指数数列,这样就可以揭示价格的变动趋势。

6.1.3 统计指数的分类

统计指数的种类很多,可以从不同的角度作不同的分类:

1) 个体指数和总指数

指数按其反映的对象范围的不同,可以分为个体指数和总指数。个体指数是说明个别事物在不同时间上数量变动的相对数。通常记作 K。例如:

$$个体产品产量指数\ K_Q = \frac{Q_1}{Q_0} \tag{式6.1}$$

$$个体产品成本指数\ K_Z = \frac{Z_1}{Z_0} \tag{式6.2}$$

$$个体物价指数\ K_P = \frac{P_1}{P_0} \tag{式6.3}$$

上式中,Q 代表产量,Z 代表单位产品成本,P 代表商品的单价,下标 1 代表报告期,下标 0 代表基期。

总指数是说明度量单位不相同的多种事物数量综合变动的相对数,如工业总产量指数、零售物价总指数等。总指数与个体指数有一定的联系,可以用个体指数计算相应的总指数。狭义的指数其实指的就是总指数。

2) 数量指标指数和质量指标指数

指数按其所反映的社会经济现象特征的不同,分为数量指标指数和质量指标指数。数量指标指数简称数量指数,主要是指反映现象的规模、水平变化的指数,如商品销售量指数、工业产品产量指数等。质量指标指数简称质量指数,是指综合反映生产经营工作质量变动情况的指数,如物价指数、产品成本指数等。

3) 定基指数和环比指数

指数按其采用基期的不同,分为定基指数和环比指数。指数通常是连续编制的,形成在时间上前后衔接的指数数列。在同一个指数数列中,如果各个指数都以某一个固定时期作为基期,就称为定基指数;如果各个指数都是以报告期的前一期作为基期,则称之为环比指数。

4) 动态指数和静态指数

指数按其对比内容的不同,分为动态指数和静态指数。动态指数是由两个不同时期的经济变量值对比形成的指数,说明现象在不同时间上发展变化的情况。静态指数包括空间指数和计划完成情况指数,空间指数是将同一时间条件下,不同地区、单位之间同一经济变量的不同数值的对比,反映现象在不同空间的差异程度;计划完成情况指数是由同一地区、单位的某种现象的实际指标数值与计划指标数值对比而形成的指数,反映计划的执行情况。指数方法论主要论述动态指数。

5) 综合指数和平均数指数

综合指数和平均数指数是按照常用的计算总指数的方法或形式而划分的,它们是计算总指数的两种基本形式。

6.2 总指数的编制方法

编制总指数的目的,是要从数量上表明不能直接相加的社会经济现象的总动态,总指数的编制主要有综合指数法和平均数指数法。

6.2.1 综合指数

1) 综合指数的编制原理

编制综合指数的基本方法是先综合,后对比,也就是先计算出总体的总量,后进行对比。例如,在分析市场商品价格总变动时,其步骤是首先把市场各种商品价格加以综合,然后再进行对比。市场商品品种很多,虽然各种商品的价格都是以货币作为计量单位的,但是不同商品的价格反映不同使用价值的实物的价值,彼此相加没有实际意义,因此不能直接加和,也就是不能同度量,因此需要引进一个媒介因素,也就是同度量因素,通过同度量因素把各种商品的价格过渡为可以同度量的价值指标(销售额),再进行对比,综合指数的编制首先解决的就是同度量的问题。例如:商品销售量(Q)×价格(P) = 销售额(QP)。从上述方程式中可以看出,商品的销售量起着媒介作用,使不能直接相加的各种商品的价格过渡到能够相加的销售额,在这种情况下,销售量就是同度量因素。在综合各种商品的价格的过程中,同度量因素还起到权衡轻重的作用,所以也称之为权数。

其次,要确定同度量因素所属的时期。例如,为了说明各种商品价格的动态,直接用多种商品报告期的销售额之和比上基期的销售额之和,但是销售额的变动既包含了价格的变动也包含了销售量的变动,要说明多种商品价格的综合变动,必须从销售额中排除销售量的变动影响,因此需要假定报告期和基期的销售额是按同一个时期的销售量计算的,即销售量这一同度量因素必须采用同一个时期的。

从上述分析可以看出,综合指数是由两个时期(报告期和基期)内的总量指标数值对比形成的一种特殊相对数,由于将其中一个(或几个)因素指标固定,因而可以测定另一个因素指标(通常称之为指数化指标)在时间上发展变化的方向和程度。综合指数具有以下一些特点:

(1) 根据经济理论和统计研究的任务,对被研究现象诸因素的内在联系进行分析,确定其同度量因素和指数化指标(即用来计算指数的指标)。

(2) 采用合理假定的抽象方法,固定其中的一个或几个因素(同度量因素),以测定另一个因素(指数化指标)的动态。

(3) 使两个时期内不能同度量现象的数值转化为可以同度量现象的数值,通过对比,不仅可以从相对数方面明显反映该现象在时间上发展变化的程度,而且还可以联系绝对数的变动进行分析。

正因为综合指数具有以上的特点,所以它已成为计算总指数的基本形式或方法。以下将以数量指标指数和质量指标指数为例,说明采用综合指数公式计算总指数的方法。

2) 数量指标指数

数量指标指数是用来反映生产、经营或经济工作数量和总体规模变动情况的指数,如产量指数、商品销售量指数、货物运输量指数等,下面通过[例 6.1]以销售量指数来说明数量指标指数的计算方法。

【例 6.1】 表 6.1 列出某商业企业销售的三种商品基期、报告期的销售量和价格,计算该企业三种商品的销售量指数以及反映该企业三种商品报告期较之基期的销售量变动情况。

表 6.1 某企业销售量和销售价格情况表

品名	计量单位	销售量		价格/元		销售额/万元			
		基期 Q_0	报告期 Q_1	基期 P_0	报告期 P_1	$Q_0 P_0$	$Q_1 P_1$	$Q_1 P_0$	$Q_0 P_1$
毛衣	万件	100	115	100	120	10 000	13 800	11 500	12 000
裤子	万条	200	220	50	50	10 000	11 000	11 000	10 000
帽子	万顶	300	280	20	15	6 000	4 200	5 600	4 500
合计	—					26 000	29 000	28 100	26 500

三种商品的实物量不能直接相加,但商品价格乘上商品销售量等于商品销售额,而商品销售额就成为可以直接加总的总量,所以必须通过同度量因素即价格 P 使之转化为能够相加的销售额指标。为了分析销售量(指数化指标)这一因素的变动,必须假定价格因素没有变动,亦即假定报告期和基期的价格相同,计算销售量指标指数时,有两种可能采用的价格即报告期价格和基期价格。以基期价格作为同度量因素,说明在价格水平维持不变的条件下,销售量的综合变动的方向和程度,所反映的仅仅是销售量的变动情况。以报告期价格作为同度量因素,说明在报告期价格水平的条件下,销售量的综合变动的方向和程度,从基期来看,价格已经发生变化,所以在反映商品销售量变动情况的同时,也含有价格变动的因素。因此,就销售量指数而言,以基期价格更合适一些。

因此,计算销售量指数时选择基期价格作为同度量因素,计算公式为:

$$\bar{K}_Q = \frac{\sum Q_1 P_0}{\sum Q_0 P_0} \tag{式 6.4}$$

这个指数是由德国学者拉斯贝尔(E. Laspeyres)于 1864 年提出的,被称为拉氏指数。因此,我们利用拉氏指数计算销售量指数如下:

$$\bar{K}_Q = \frac{\sum Q_1 P_0}{\sum Q_0 P_0} = \frac{28\ 100}{26\ 000} = 108.08\%$$

结果表明,报告期商品销售量比基期增长了 8.08%,分子与分母的差额为:

$$\sum Q_1 P_0 - \sum Q_0 P_0 = 28\ 100 - 26\ 000 = 2\ 100(万元)$$

表示由于销售量增加,使销售额增加了2 100万元。

3) 质量指标指数

质量指标指数是说明经济工作质量变动的指数,如商品价格指数、产品成本指数等,下面通过例题以价格指数为例来说明质量指标指数的计算方法。

【例6.2】 根据表6.1计算该企业三种商品的价格指数以及反映该企业三种商品报告期较之基期的价格变动情况。

尽管价格都是以货币为计量单位,但由于各种商品的价格反映不同使用价值的实物量的价格水平,彼此直接相加和对比是没有实际意义的,因此必须通过同度量因素即销售量Q使之转化为能够相加的销售额指标。为了分析价格(指数化指标)这一因素的变动,必须假定销售量因素没有变动,亦即假定报告期和基期的销售量相同,计算价格指标指数时,同样有两种可能采用的销售量即报告期销售量和基期销售量。计算价格指数,目的是为了反映价格总变动的方向和程度,反映价格变动对国家财政收入以及对居民收支的影响。以报告期销售量作为同度量因素,可以反映当前实际生活中全部商品价格总变动,如果采用基期销售量,虽然排除了销售量的影响,但是从绝对值来看,分子分母的差额仅是一个假定值,其意义是观察在过去时期所销售的商品由于价格的变动而带来的销售额的变化,没有实际意义。

因此,计算价格指数时选择报告期的销售量作为同度量因素,计算公式为:

$$\bar{K}_P = \frac{\sum Q_1 P_1}{\sum Q_1 P_0} \qquad (式6.5)$$

这个指数是由德国学者帕许(H. Paasche)于1874年提出的,被称为帕氏指数。因此,我们利用帕氏指数计算价格指数如下:

$$\bar{K}_P = \frac{\sum Q_1 P_1}{\sum Q_1 P_0} = \frac{29\,000}{28\,100} = 103.20\%$$

结果表明,报告期商品价格比基期上涨了3.20%,分子与分母的差额为:

$$\sum Q_1 P_1 - \sum Q_1 P_0 = 29\,000 - 28\,100 = 900(万元)$$

表示由于价格上涨,使销售额增加了900万元。

综上所述,编制数量指标指数时,同度量因素是质量指标,固定在基期;编制质量指标指数时,同度量因素是数量指标,固定在报告期。动态指数是两个时期同类现象的两个总量指标数值对比得出的特殊相对数,因此选择合适的基期至关重要,选择时,应该注意基期条件的正常性。遇有突然因素如严重自然灾害、重大政策改变而产生全面性影响的时期,不应选作基期。如果以这种特殊的时期为基准,计算其他时期的指数,势必出现偏高或偏低的情况,不足以反映事物的正常趋势。同时,基期与报告期不宜相隔太远,因为随着时间的推移,两个时期之间在消费类型、商品品种结构和质量、技术革新等方面的差距也会扩大,因此到一定阶段后,需要更换基期,否则,编制的指数就会降低甚至失去其代表性。至于基期和报告期所取的一致的时间单位,是以一周、一月、一季或一年为期,需视研究对象发展变化的快慢和研究目的而定。

6.2.2 平均数指数

有时,由于缺少所需的统计资料,不能直接按综合指数公式计算指数时,可以用平均数指数公式计算。

以个体指数为基础,采取平均形式编制的总指数,称为平均数指数。综合指数与平均数指数都是编制总指数的形式或方法,适用于不同的条件,各有其应用价值。常用的平均数指数,有加权算术平均数指数和加权调和平均数指数。

1) 加权算术平均数指数

编制数量指标指数时,如果掌握的资料只是个体指数和综合指数的分母即基期的实际数值资料,就要用加权算术平均数指数公式计算其总指数,下面通过[例6.3]来说明利用加权算术平均数指数来计算销售量指数的方法。

【例6.3】 表6.2列出了某商业企业销售的三种商品的个体销售量指数和基期的销售额,请计算该企业三种商品的销售量指数以及反映该企业三种商品报告期较之基期的销售量变动情况。

表6.2 某企业销售量和销售额情况表

品名	计量单位	个体销售量指数 $K_Q = Q_1/Q_0$	基期销售额 $Q_0 P_0$ /万元
毛衣	万件	1.15	10 000
裤子	万条	1.10	10 000
帽子	万顶	0.93	6 000
合计	—	—	26 000

【解】 由于已知个体商品销售量指数 $K_Q = Q_1/Q_0$,则 $Q_1 = K_Q Q_0$。代入销售量综合指数公式(式6.4)中,得:

$$\bar{K}_Q = \frac{\sum Q_1 P_0}{\sum Q_0 P_0} = \frac{\sum K_Q Q_0 P_0}{\sum Q_0 P_0} \quad \text{(式6.6)}$$

上式中,以个体商品销售量指数 K_Q 为变量,以基期产品销售额($Q_0 P_0$)为权数,则产品销售量综合指数就改变为加权算术平均数指数。因此,我们利用加权算术平均数指数来计算商品销售量指数如下:

$$\bar{K}_Q = \frac{\sum K_Q Q_0 P_0}{\sum Q_0 P_0} = \frac{1.15 \times 10\,000 + 1.10 \times 10\,000 + 0.93 \times 6\,000}{10\,000 + 10\,000 + 6\,000}$$

$$= \frac{28\,100}{26\,000} = 108.08\%$$

结果表明,报告期商品销售量比基期增长了8.08%,由于销售量增长,增加的销售额为:

$$\sum Q_1 P_0 - \sum Q_0 P_0 = 28\,100 - 26\,000 = 2\,100(万元)$$

2) 加权调和平均数指数

加权调和平均数指数是以各个个体指数为变量,按调和平均数形式进行加权计算的指数。这种形式的指数公式通常用来编制质量指标指数。例如,编制价格指数时不易取得销售量资料,只能掌握报告期的销售额以及有关的价格资料,这时就不能直接计算价格综合指数,而要采用加权调和平均数指数公式计算。下面通过[例 6.4],说明其计算过程。

【例 6.4】 表 6.3 列出了某商业企业销售的三种商品的个体价格指数和报告期的销售额,请计算该企业三种商品的价格指数以及反映该企业三种商品报告期较之基期的价格变动情况。

表 6.3 某企业商品销售价格和销售额情况表

品名	计量单位	个体价格指数 $K_P = P_1/P_0$	报告期销售额 $Q_1 P_1$ /万元
毛衣	万件	1.20	13 800
裤子	万条	1.00	11 000
帽子	万顶	0.75	4 200
合计	—	—	29 000

【解】 由于已知个体商品价格指数 $K_P = P_1/P_0$,则 $P_0 = \dfrac{1}{K_P} P_1$。代入价格综合指数公式(式 6.5)中,得:

$$\bar{K}_P = \frac{\sum Q_1 P_1}{\sum Q_1 P_0} = \frac{\sum Q_1 P_1}{\sum \dfrac{1}{K_P} Q_1 P_1} \tag{式 6.7}$$

可见综合指数变形后,就得到以个体商品价格指数 K_P 为变量,以报告期的商品销售额 $(Q_1 P_1)$ 为权数的加权调和平均数指数。因此,我们利用加权调和平均数指数来计算商品价格指数如下:

$$\bar{K}_P = \frac{\sum Q_1 P_1}{\sum \dfrac{1}{K_P} Q_1 P_1} = \frac{13\,800 + 11\,000 + 4\,200}{\dfrac{13\,800}{1.20} + \dfrac{11\,000}{1.00} + \dfrac{4\,200}{0.75}} = \frac{29\,000}{28\,100} = 103.20\%$$

$$\sum Q_1 P_1 - \sum \frac{1}{K_P} Q_1 P_1 = 29\,000 - 28\,100 = 900(万元)$$

综上所述,可以看出:

(1) 综合指数改变为算术平均数指数时,要以综合指数的分母指标 $Q_0 P_0$ 作为权数;

(2) 综合指数改变为调和平均数指数时,要以综合指数的分子指标 $Q_1 P_1$ 作为权数。

在这种特定权数条件下改变成的平均数指数公式,其计算形式虽然不同于综合指数,但计算结果和反映的经济内容与相应的综合指数是一致的,在此条件下,平均数指数是综合指数的变形。综合指数与平均数指数的关系,如表 6.4 所示:

表 6.4 综合指数与平均数指数的关系

指数种类	综合指数	个体指数	算术平均数指数	调和平均数指数
质量指数 $\bar{K}_P$	$\bar{K}_P = \dfrac{\sum Q_1 P_1}{\sum Q_1 P_0}$	$K_P = P_1/P_0$ $P_0 = \dfrac{P_1}{K_P}$	$\dfrac{\sum K_P Q_1 P_0}{\sum Q_1 P_0}$	$\dfrac{\sum Q_1 P_1}{\sum \dfrac{1}{K_P} Q_1 P_1}$
数量指数 $\bar{K}_Q$	$\bar{K}_Q = \dfrac{\sum Q_1 P_0}{\sum Q_0 P_0}$	$K_Q = Q_1/Q_0$ $Q_1 = K_Q Q_0$	$\dfrac{\sum K_Q Q_0 P_0}{\sum Q_0 P_0}$	$\dfrac{\sum Q_1 P_0}{\sum \dfrac{1}{K_Q} Q_1 P_0}$

计算总指数时采用何种公式,需视实际掌握的原始资料的情况和计算是否简便而定。例如,上表中的质量指标综合指数改变为以个体指数为变量(K_P)、以 $Q_1 P_0$(假定的商品销售额)为权数的算术平均数指数,因为没有现成的 $Q_1 P_0$ 资料,需要专门计算,而 $Q_1 P_1$ 是报告期的实际销售额,容易取得这方面的资料,所以采用调和平均数指数公式计算质量指数比较方便。同理,计算数量指数时,选择算术平均数指数计算比较方便。

6.3 指数体系和因素分析

6.3.1 指数体系

1) 指数体系的含义

有些复杂的经济现象总体是由两个或多个因素构成的,这些构成因素可以分解为数量指标因素和质量指标因素。有些社会经济总体就是其各个构成因素的乘积,如:

$$商品销售额 = 商品销售量 \times 商品销售价格$$
$$生产总成本 = 产品产量 \times 单位产品成本$$

上述的这种关系,按指数形式表现时,同样也存在这种对等关系。按编制综合指数的一般原理,表示为:

(1) 商品销售额指数=商品销售量指数×商品销售价格指数,即:

$$\frac{\sum Q_1 P_1}{\sum Q_0 P_0} = \frac{\sum Q_1 P_0}{\sum Q_0 P_0} \times \frac{\sum Q_1 P_1}{\sum Q_1 P_0} \tag{式 6.8}$$

商品销售增减额=商品销售量变动引起的增减额+物价变动引起的增减额:

$$\left(\sum Q_1 P_1 - \sum Q_0 P_0\right) = \left(\sum Q_1 P_0 - \sum Q_0 P_0\right) + \left(\sum Q_1 P_1 - \sum Q_1 P_0\right) \tag{式 6.9}$$

(2) 生产总成本指数=产品产量指数×单位产品成本指数,即:

$$\frac{\sum Q_1 Z_1}{\sum Q_0 Z_0} = \frac{\sum Q_1 Z_0}{\sum Q_0 Z_0} \times \frac{\sum Q_1 Z_1}{\sum Q_1 Z_0} \tag{式 6.10}$$

生产成本增减额＝产品产量变动引起的增减额＋单位产品成本变动引起的增减额

$$(\sum Q_1 Z_1 - \sum Q_0 Z_0) = (\sum Q_1 Z_1 - \sum Q_0 Z_0) + (\sum Q_1 Z_1 - \sum Q_1 Z_0)$$

(式 6.11)

在统计分析中,将一系列相互联系、彼此间在数量上存在推算关系的统计指数所构成的整体称为指数体系。它的基本含义是:若干个因素(数量指标因素和质量指标因素)指数的乘积等于总变动指数;各个因素的变动所引起的差额之和等于实际产生的总差额。

2) 指数体系的作用

指数体系主要有以下两个作用:

(1) 指数体系是进行因素分析的根据,即利用指数体系可以分析复杂经济现象总变动中各因素变动影响的方向和程度。例如,分析商品销售额的变动分别受到销售量的变动和价格的变动怎样的影响。

(2) 利用各指数之间的联系进行指数间的相互推算。例如,我国商品销售量总指数往往就是根据商品销售额总指数和价格总指数进行推算的,即商品的销售量指数＝销售额指数/价格指数。

6.3.2 因素分析

因素分析法是根据指数体系理论从数量方面研究现象总体变动中各因素变动的影响的一种方法。其任务就是要测定受多因素影响的复杂现象总动态中,各因素的变动情况以及对其产生的影响程度和绝对效果。

因素分析法的基本要点是:

(1) 要根据被研究现象各因素之间的客观内在联系,建立指数体系,这是因素分析的前提;

(2) 在分析现象总变动中某一个因素的变动影响时,必须假定其他因素不变;

(3) 要按照被研究现象的内在规律,合理地确定各因素排列的先后顺序;

(4) 因素分析的结果要符合指数体系的基本含义:即相对数分析,要求总变动指数等于各因素指数的乘积;绝对数分析,要求总变动绝对额等于各因素变动影响绝对额之和。

因素分析法的基本类型有:

(1) 按分析时所包含的因素多少分为两因素分析与多因素分析。两因素分析仅对两个因素的变动情况进行分析,它是因素分析的基本方法,如销售价格和销售量对销售额的影响分析。多因素分析则是对研究对象中包含两个以上因素变动的影响分析,如原材料支出额受产品产量、原材料单耗、原材料单价的影响分析。

(2) 按分析指标的种类分为总量指标因素分析和平均指标因素分析。总量指标因素分析是指分析的对象是总量指标,如销售额受销售量和销售价格影响的分析;产值受产量和出厂价格影响的因素分析。平均指标因素分析是指分析的对象是平均指标,如同一单位不同时期职工平均工资受各类职工工资水平和职工人数构成因素变动影响的分析。

上述两种基本分类又可以相互交错组合,形成多种形式。如:总量指标的两因素分析、总量指标的多因素分析、平均指标的两因素分析、总量指标与平均指标相结合的因素分析等。由于分析的指标和包含的因素不同,进行因素分析时,有着不同的特点,但无论对哪一类现象进行因素分析,其原理和步骤基本相同,其步骤为:

(1) 根据现象之间的经济关系,建立指数体系;
(2) 计算总变动指数,测定总变动的程度和绝对数;
(3) 分别计算各因素指数,测定其对总变动影响的程度和绝对数;
(4) 根据指数体系从相对数和绝对数两方面对各影响因素综合分析。

1) 总量指标的两因素分析

总量指标的两因素分析,分析的对象是总量指标,一般可以分解为数量指标和质量指标两个因素,并等于这两个因素的乘积。分析的目的是要测定每个因素的变动对总体总量变动的影响。分析时,要固定其中一个因素以测定另一个因素的变动影响,并根据这两个因素和总量指标总动态之间形成的指数体系,从相对数和绝对数两方面分析各个因素对总变动的影响程度和绝对额。下面通过[例 6.5]来说明总量指标两因素分析的方法。

【例 6.5】 表 6.5 列出了某省三种出口商品的统计资料,请据此分析出口商品价格、出口商品数量的变动对出口额的影响。

表 6.5 某省出口商品统计资料

品名	计量单位	出口数量		出口价格/美元		出口额/万美元		
		基期 Q_0	报告期 Q_1	基期 P_0	报告期 P_1	$Q_0 P_0$	$Q_1 P_1$	$Q_1 P_0$
大米	吨	30 000	40 000	400	410	1 200	1 640	1 600
桐油	吨	3 000	2 500	1 800	2 000	540	500	450
茶叶	吨	1 300	1 700	2 300	2 400	299	408	391
合计	—	—	—	—	—	2 039	2 548	2 441

【解】 根据表中资料,按照因素分析的步骤,计算如下:

(1) 根据研究对象各因素之间的数量关系编制相应的指数,则有:

$$商品出口额 = 商品出口数量 \times 商品出口价格$$

(2) 计算商品出口额的总变动程度和绝对额:

$$商品出口额指数 \bar{K}_{PQ} = \frac{\sum Q_1 P_1}{\sum Q_0 P_0} = \frac{2\ 548}{2\ 039} = 124.96\%$$

可见,商品出口额报告期比基期增长 24.96%,出口额增加了:

$$\sum Q_1 P_1 - \sum Q_0 P_0 = 2\ 548 - 2\ 039 = 509(万美元)$$

(3) 分别计算出口数量和出口价格两个因素变动影响的程度和绝对额:

$$出口数量指数 \bar{K}_Q = \frac{\sum Q_1 P_0}{\sum Q_0 P_0} = \frac{2\ 441}{2\ 039} = 119.72\%$$

结果表明商品出口数量增加了 19.72%,从而使出口额增加了:

$$\sum Q_1 P_0 - \sum Q_0 P_0 = 2\,441 - 2\,039 = 402(万美元)$$

$$出口价格指数 \bar{K}_P = \frac{\sum Q_1 P_1}{\sum Q_1 P_0} = \frac{2\,548}{2\,441} = 104.38\%$$

由于出口价格上涨 4.38%,使得出口额增加了:

$$\sum Q_1 P_1 - \sum Q_1 P_0 = 2\,548 - 2\,441 = 107(万美元)$$

(4) 根据指数体系,从相对数和绝对数两方面进行综合分析:

相对数分析:

$$商品出口额指数 = 商品出口数量指数 \times 商品出口价格指数$$

$$\frac{\sum Q_1 P_1}{\sum Q_0 P_0} = \frac{\sum Q_1 P_0}{\sum Q_0 P_0} \times \frac{\sum Q_1 P_1}{\sum Q_1 P_0}$$

$$124.96\% = 119.72\% \times 104.38\%$$

绝对数分析:

商品出口额增减量 = 商品出口数量变动引起的增减量 + 出口价格变动引起的增减量

$$\left(\sum Q_1 P_1 - \sum Q_0 P_0\right) = \left(\sum Q_1 P_0 - \sum Q_0 P_0\right) + \left(\sum Q_1 P_1 - \sum Q_1 P_0\right)$$

$$509\,万美元 = 402\,万美元 + 107\,万美元$$

综合分析表明,该省商品出口额增长了 24.96%,是由于商品出口数量增加了 19.72% 和出口价格上涨 4.38% 共同作用的结果;商品出口额增加了 509 万美元,是由于商品出口数量增加使出口额增加 402 万美元和出口价格上涨带来的出口额增加 107 万美元综合影响的结果。

2) 总量指标的多因素分析

如果分析的对象总量指标表现为三个或三个以上因素的乘积,其总体总量的变动受多个因素的变动影响。例如,影响工业企业原材料支出总额的因素,可以分解为产品产量、单位产品原材料消耗量和原材料单位价格三个因素。如用公式表示,即:

原材料支出总额 QMP = 产品产量 Q × 单位产品原材料消耗量 M × 原材料单价 P

由于上述总量指标表现为三个因素的乘积,因此研究这类总量指标变动的原因时,就可以根据这种相互关系进行多因素分析。多因素现象的指数体系,由于所包含的因素较多,指数的编制过程比较复杂,因此应注意几个问题。

(1) 确定数量指标和质量指标

由于多个因素之间存在着互为条件的关系,因此要逐步进行分解,相对地判别数量指标和质量指标。例如,在上例中,产品产量 Q 是数量指标,而 MP 为单位产品原材料费用,相对产品产量而言,则是质量指标;单位产品原材料消耗量 M 相对 Q 而言,是质量指标,而

相对原材料单价 P 来说,则是数量指标;相对 QM 即原材料消耗总量这一数量指标来说,原材料单价 P 是质量指标。

(2) 确定各因素的排列顺序

在多因素分析中,各因素的排列应有一定顺序,因素现象中的指标有数量指标和质量指标,数量指标是基础,质量指标是数量指标的派生指标。所以,应按照先数量指标后质量指标的顺序排列。因此,上例中因素的排列顺序应该为:先产品产量 Q、再单位产品原材料消耗量 M,最后是原材料单价 P。

(3) 确定同度量因素固定的时期

在编制多因素指标所组成的综合指数时,为测定某一因素指标的变动影响,要把其中两个或两个以上的因素固定不变。采取逐项固定的方法,即将未被分析的诸因素固定在基期水平,而已被分析过的前面诸因素,则固定在报告期水平。其实原则上仍是遵循综合指数编制的一般要求,即编制数量指标指数时,以基期的质量指标为同度量因素;编制质量指标指数时,以报告期的数量指标为同度量因素。仍以上例为例,分析 Q 对于 QMP(原材料支出总额)的影响时,要将 M 和 P 固定在基期;分析 M 对于 QMP 的影响时,应将 Q 固定在报告期,P 固定在基期;分析 P 这一因素对于 QMP 的影响时,要把 Q 和 M 固定在报告期。因此,建立的多因素指数体系为:

原材料支出总额指数=产品产量指数×单位产品原材料消耗量指数×原材料单价指数

用符号表示为:

$$\frac{\sum Q_1 M_1 P_1}{\sum Q_0 M_0 P_0} = \frac{\sum Q_1 M_0 P_0}{\sum Q_0 M_0 P_0} \times \frac{\sum Q_1 M_1 P_0}{\sum Q_1 M_0 P_0} \times \frac{\sum Q_1 M_1 P_1}{\sum Q_1 M_1 P_0} \quad (式 6.12)$$

绝对额形式为:

$$\sum Q_1 M_1 P_1 - \sum Q_0 M_0 P_0 = \left(\sum Q_1 M_0 P_0 - \sum Q_0 M_0 P_0\right) + \\ \left(\sum Q_1 M_1 P_0 - \sum Q_1 M_0 P_0\right) + \left(\sum Q_1 M_1 P_1 - \sum Q_1 M_1 P_0\right) \quad (式 6.13)$$

现在通过[例 6.6]来说明总量指标的多因素指数分析方法和步骤。

【例 6.6】 表 6.6 列出了某企业三种产品的产量、单位产品原材料消耗量(单耗)和原材料单价的相关资料,请据此分析产量、单耗和原材料单价的变动对原材料支出总额的影响。

表 6.6 三种产品的产量、单耗和原材料单价情况

产品	产品产量		单耗/kg		单位原材料价格/元	
	基期 Q_0	报告期 Q_1	基期 M_0	报告期 M_1	基期 P_0	报告期 P_1
甲	200	230	8	9	100	106
乙	300	280	10	10	30	32
丙	500	550	30	28	40	43

【解】 根据表 6.6 可以计算三种商品的原材料支出总额,如表 6.7 所示:

表 6.7　三种产品原材料支出总额

产品	原材料支出总额/万元			
	$Q_0 M_0 P_0$	$Q_1 M_0 P_0$	$Q_1 M_1 P_0$	$Q_1 M_1 P_1$
甲	16.00	18.40	20.70	21.94
乙	9.00	8.40	8.40	8.96
丙	60.00	66.00	61.60	66.22
合计	85.00	92.80	90.70	97.12

根据表 6.7 的计算结果，首先测定现象总体的总变动情况，即：

$$\text{原材料支出总额指数} = \frac{\text{报告期原材料支出总额}}{\text{基期原材料支出总额}} = \frac{\sum Q_1 M_1 P_1}{\sum Q_0 M_0 P_0} = \frac{97.12}{85} = 114.26\%$$

结果表明报告期原材料支出总额比基期增长了 14.26%，因而使支出总额增加了 12.12 万元，即：

$$\sum Q_1 M_1 P_1 - \sum Q_0 M_0 P_0 = 97.12 - 85 = 12.12(\text{万元})$$

接着，分析各个因素对于支出总额的影响程度。

(1) 产品产量变动的影响：$\text{产品产量指数} = \dfrac{\sum Q_1 M_0 P_0}{\sum Q_0 M_0 P_0} = \dfrac{92.8}{85} = 109.18\%$

产品产量变动对支出总额变动影响的绝对额：

$$\sum Q_1 M_0 P_0 - \sum Q_0 M_0 P_0 = 92.8 - 85 = 7.8(\text{万元})$$

(2) 单耗变动的影响：$\text{产品单耗指数} = \dfrac{\sum Q_1 M_1 P_0}{\sum Q_1 M_0 P_0} = \dfrac{90.7}{92.8} = 97.74\%$

单耗变动对支出总额变动影响的绝对额：

$$\sum Q_1 M_1 P_0 - \sum Q_1 M_0 P_0 = 90.7 - 92.8 = -2.1(\text{万元})$$

(3) 单位原材料价格变动的影响：$\text{单位原材料价格指数} = \dfrac{\sum Q_1 M_1 P_1}{\sum Q_1 M_1 P_0} = \dfrac{97.12}{90.7} = 107.08\%$

单位原材料价格对支出总额变动影响的绝对额：

$$\sum Q_1 M_1 P_1 - \sum Q_1 M_1 P_0 = 97.12 - 90.7 = 6.42(\text{万元})$$

最后对所有影响因素进行综合分析：

(1) 相对数分析

原材料支出总额指数 = 产品产量指数 × 单位产品原材料消耗量指数 × 原材料单价指数

$$\frac{\sum Q_1 M_1 P_1}{\sum Q_0 M_0 P_0} = \frac{\sum Q_1 M_0 P_0}{\sum Q_0 M_0 P_0} \times \frac{\sum Q_1 M_1 P_0}{\sum Q_1 M_0 P_0} \times \frac{\sum Q_1 M_1 P_1}{\sum Q_1 M_1 P_0}$$

$$114.26\% = 109.18\% \times 97.74\% \times 107.08\%$$

(2) 绝对数分析：

原材料支出总额增减量 = 产品产量变动引起的增减量 +
单位产品原材料消耗量变动引起的增减量 +
原材料单价变动引起的增减量

$$\sum Q_1 M_1 P_1 - \sum Q_0 M_0 P_0 = \left(\sum Q_1 M_0 P_0 - \sum Q_0 M_0 P_0\right) + \\ \left(\sum Q_1 M_1 P_0 - \sum Q_1 M_0 P_0\right) + \left(\sum Q_1 M_1 P_1 - \sum Q_1 M_1 P_0\right)$$

$$12.12 \text{ 万元} = 7.8 \text{ 万元} + (-2.1) \text{ 万元} + 6.42 \text{ 万元}$$

综上所述，原材料支出总额由基期的 85 万元上升至报告期的 97.12 万元，增长了 14.26%，增加了 12.12 万元。这一结果是由于产量、单耗、单位原材料价格三个因素共同影响的结果。其中，产量增长了 9.18%，使支出总额增加 7.8 万元；单耗降低 2.26%，使支出总额减少 2.1 万元；单位原材料价格增加 7.08%，使支出总额增加 6.42 万元。

3) 平均指标的两因素分析

平均指标的两因素分析，分析对象是总平均指标。平均指标通常是在分组条件下，用加权算术平均方式计算得到，即 $\overline{X} = \frac{\sum Xf}{\sum f}$。通过公式可知，平均指标的变动实际上受到两个因素的影响：一个是各组平均指标变动的影响，另外一个是各组单位数占总体比重变动的影响。例如，平均工资的变动取决于各类职工的工资水平的变动，同时又受各类职工人数在职工总人数中所占比重的影响；又如平均价格的提高，可能是由于各类商品价格上涨，也可能是由于价格较高的商品在销售中所占比重的增大。平均指标的两因素分析的目的就是测定这两个因素的变动对平均指标总变动的影响程度和绝对值。

为了考察总平均指标的动态和原因，需要编制平均指标指数体系，借以分析总平均指标的动态及其各个因素所起的作用。在平均指标指数体系中，有以下三种指数，即：

可变构成指数 = 固定构成指数 × 结构变动影响指数

(1) 可变构成指数

可变构成指数就是指反映总平均指标变动方向和程度的指数，是两个不同时期同一经济内容的总平均指标对比计算的相对数。可变构成指数不仅反映总平均指标的动态对比中各组平均水平的变化，而且反映总体内部结构的变化，即综合反映了总体平均水平的总动态。其计算公式为：

$$\overline{K}_{可变} = \overline{X_1} : \overline{X_0} = \frac{\sum X_1 f_1}{\sum f_1} : \frac{\sum X_0 f_0}{\sum f_0} \qquad \text{(式 6.14)}$$

其中，$\bar{X}$ 为总平均指标，X 为各组的标志值，即各组的平均水平，f 为各组的单位数。

(2) 固定构成指数

固定构成指数是反映各组平均水平变动对总平均指标变动影响程度的指数。在计算固定构成指数时，将各组单位数比重固定在报告期。计算公式为：

$$\bar{K}_{固定} = \frac{\sum X_1 f_1}{\sum f_1} : \frac{\sum X_0 f_1}{\sum f_1} \qquad (式6.15)$$

(3) 结构变动影响指数

结构变动影响指数是反映总体内部结构变动对总平均指标变动影响程度的指数。在测定总体结构变动时，将各组平均水平固定在基期。计算公式为：

$$\bar{K}_{结构} = \frac{\sum X_0 f_1}{\sum f_1} : \frac{\sum X_0 f_0}{\sum f_0} \qquad (式6.16)$$

上述三种指数之间存在密切的联系，形成如下的指数体系：

$$\frac{\sum X_1 f_1}{\sum f_1} : \frac{\sum X_0 f_0}{\sum f_0} = \left(\frac{\sum X_1 f_1}{\sum f_1} : \frac{\sum X_0 f_1}{\sum f_1} \right) \times \left(\frac{\sum X_0 f_1}{\sum f_1} : \frac{\sum X_0 f_0}{\sum f_0} \right) \qquad (式6.17)$$

绝对额的形式：

$$\frac{\sum X_1 f_1}{\sum f_1} - \frac{\sum X_0 f_0}{\sum f_0} = \left(\frac{\sum X_1 f_1}{\sum f_1} - \frac{\sum X_0 f_1}{\sum f_1} \right) + \left(\frac{\sum X_0 f_1}{\sum f_1} - \frac{\sum X_0 f_0}{\sum f_0} \right)$$

$$(式6.18)$$

下面通过[例6.7]，具体说明平均指标的两因素分析法。

【例6.7】 表6.8列出了某企业两类职工基期和报告期的月平均工资和人数情况，对该企业职工的平均工资的变动进行因素分析。

表6.8 某企业工资情况表

工人类别	月平均工资/万元		职工人数/人		工资总额/万元		
	基期 X_0	报告期 X_1	基期 f_0	报告期 f_1	$X_0 f_0$	$X_1 f_1$	$X_0 f_1$
管理人员	0.70	0.75	600	800	420	600	560
普通工人	0.40	0.45	400	2 200	160	990	880
合计	—	—	1 000	3 000	580	1 590	1 440

【解】

(1) 根据上表资料计算工人总平均工资的可变构成指数为：

$$\bar{K}_{可变} = \bar{X}_1 : \bar{X}_0 = \frac{\sum X_1 f_1}{\sum f_1} : \frac{\sum X_0 f_0}{\sum f_0} = \frac{1\,590}{3\,000} : \frac{580}{1\,000} = 0.53 : 0.58 = 91.38\%$$

结果表明,报告期工人总平均工资比基期降低了 8.62%。指数中的绝对差额为:

$$\frac{\sum X_1 f_1}{\sum f_1} - \frac{\sum X_0 f_0}{\sum f_0} = 0.53 - 0.58 = -0.05(万元)$$

表明,报告期和基期相比,工人的总平均工资下降了 500 元。

(2) 计算平均工资固定构成指数为:

$$\bar{K}_{固定} = \frac{\sum X_1 f_1}{\sum f_1} : \frac{\sum X_0 f_1}{\sum f_1} = \frac{1\,590}{3\,000} : \frac{1\,440}{3\,000} = 0.53 : 0.48 = 110.42\%$$

结果表明,消除工人结构这一因素变动的影响,报告期工人平均工资水平比基期提高了 10.42%,这一公式的分子与分母的差额为:

$$\frac{\sum X_1 f_1}{\sum f_1} - \frac{\sum X_0 f_1}{\sum f_1} = 0.53 - 0.48 = 0.05(万元)$$

亦即表示单纯由于工资水平这一因素的变动而使每人的工资平均提高了 500 元。

(3) 计算平均工资的结构变动影响指数为:

$$\bar{K}_{结构} = \frac{\sum X_0 f_1}{\sum f_1} : \frac{\sum X_0 f_0}{\sum f_0} = \frac{1\,440}{3\,000} : \frac{580}{1\,000} = 0.48 : 0.58 = 82.76\%$$

计算结果表明,消除了各组工人平均工资水平变动的影响后,单纯由于各组工人结构的变动而使报告期的总平均工资比基期降低了 17.24%,平均每人降低了 1 000 元,即:

$$\frac{\sum X_0 f_1}{\sum f_1} - \frac{\sum X_0 f_0}{\sum f_0} = 0.48 - 0.58 = -0.10(万元)$$

综上所述,上述三种指数的相对数关系为:

$$\frac{\sum X_1 f_1}{\sum f_1} : \frac{\sum X_0 f_0}{\sum f_0} = \left(\frac{\sum X_1 f_1}{\sum f_1} : \frac{\sum X_0 f_1}{\sum f_1}\right) \times \left(\frac{\sum X_0 f_1}{\sum f_1} : \frac{\sum X_0 f_0}{\sum f_0}\right)$$

即

$$91.38\% = 110.42\% \times 82.76\%$$

绝对额的形式:

$$\frac{\sum X_1 f_1}{\sum f_1} - \frac{\sum X_0 f_0}{\sum f_0} = \left(\frac{\sum X_1 f_1}{\sum f_1} - \frac{\sum X_0 f_1}{\sum f_1}\right) + \left(\frac{\sum X_0 f_1}{\sum f_1} - \frac{\sum X_0 f_0}{\sum f_0}\right)$$

即

$$0.53 - 0.58 = (0.53 - 0.48) + (0.48 - 0.58) = 0.05 + (-0.10) = -0.05(万元)$$

通过分析可知,可变构成指数不仅受各组平均水平变动的影响,还包含各组单位数结构变动的影响。因此,其数值可能超越所综合的各个组指数的范围,当各组的数量构成发生剧变时,甚至还会得出相反的结论。如上例两组工人的平均工资分别提高了7.14%和12.50%,而总平均工资不仅没有提高,反面下降了8.62%,原因在于,工资水平不同的各组工人数所占的比重(结构)发生了很大的变动。当各组数量指标比重没有变动,即各组的变量值都相同或各组单位数成等比变化时,结构变动影响指数等于1,说明对总平均指标的变动没有影响。只有当各组数量指标比重发生变化时,才会影响总平均指标的变动,并且比重变化的大小与影响作用的强弱成正比。如果各组基期的平均指标相同,尽管各组数量指标比重发生剧烈的变动,同样也不会影响总平均指标的变动。这表明只有在各组基期平均指标存在差别的条件下,结构变动才会产生作用,并且差别的大小与结构变动影响的大小成正比。因此,结构变动影响指数只有在各组质量指标的平均水平存在差别,两期数量指标构成发生变动的状况下,才会对总平均指标的变动产生影响作用。当基期平均水平较高组数量指标比重也增大时,指数数值大于1,说明结构变动对总平均指标的变动起正影响作用,反之,当基期平均水平较低组数量指标比重提高时,指数数值小于1,说明结构变动对总平均指标的变动起负影响作用。它的大小程度取决于差别的大小及比重变化的大小。

4) 总量指标与平均指标相结合的因素分析

总量指标与平均指标相结合的因素分析,分析的对象是总量指标,但影响因素中包含平均指标,因此又涉及结构变动影响,这就要求在总量指标的因素分析中进一步分析其中平均指标的两个因素的变动影响,实际上,这类现象的因素分析方法,就是总量指标的因素分析和平均指标的因素分析的结合应用。例如:

$$工资总额 = 职工人数 \times 平均工资$$

根据上述关系,可以编制相应的指数,形成如下的指数体系:

$$工资总额指数 = 职工人数指数 \times 平均工资可变构成指数$$

即:

$$\frac{\sum X_1 f_1}{\sum X_0 f_0} = \frac{\sum f_1}{\sum f_0} \times \left(\frac{\sum X_1 f_1}{\sum f_1} : \frac{\sum X_0 f_0}{\sum f_0} \right) \qquad (式6.19)$$

由于平均工资可变构成指数等于固定构成指数和结构变动影响指数的乘积,因此:

$$工资总额指数 = 职工人数指数 \times 平均工资固定构成指数 \times 平均工资结构变动影响指数$$

即

$$\frac{\sum X_1 f_1}{\sum X_0 f_0} = \frac{\sum f_1}{\sum f_0} \times \left(\frac{\sum X_1 f_1}{\sum f_1} : \frac{\sum X_0 f_1}{\sum f_1} \right) \times \left(\frac{\sum X_0 f_1}{\sum f_1} : \frac{\sum X_0 f_0}{\sum f_0} \right) \qquad (式6.20)$$

上式就是两种指数体系相结合的表达式,可以用来研究分析工资总额动态中各个因素变动的影响作用。

【例6.8】 仍以表6.8为例,进行总量指标与平均指标相结合的因素分析。

【解】

(1) 分别计算指数体系中的四个指数,得:

工资总额指数 $= \dfrac{\sum X_1 f_1}{\sum X_0 f_0} = \dfrac{1\,590}{580} = 274.14\%$,

职工人数指数 $= \dfrac{\sum f_1}{\sum f_0} = \dfrac{3\,000}{1\,000} = 300\%$

固定构成指数 $= \dfrac{\sum X_1 f_1}{\sum f_1} : \dfrac{\sum X_0 f_1}{\sum f_1} = \dfrac{1\,590}{3\,000} : \dfrac{1\,440}{3\,000} = 110.42\%$

结构变动影响指数 $= \dfrac{\sum X_0 f_1}{\sum f_1} : \dfrac{\sum X_0 f_0}{\sum f_0} = \dfrac{1\,440}{3\,000} : \dfrac{580}{1\,000} = 82.76\%$

(2) 将结果代入(式 6.20),即得:

$$274.14\% = 300\% \times 110.42\% \times 82.76\%$$

或

$$274.14\% = 300\% \times 91.38\%$$

计算结果表明,工资总额增长了 174.14% 是由于工人人数增加了 200%、各组工人工资水平提高了 10.42%、工人人数结构发生变化,影响平均工资下降 17.24% 共同作用的结果。

(3) 从绝对额方面分析,报告期工资总额比基期增加了 1 010 万元,即:

$$\sum X_1 f_1 - \sum X_0 f_0 = 1\,590 - 580 = 1\,010(万元)$$

在上述分析的基础上,进一步分析工人人数和平均工资这两个因素对于工资总额变动的影响。

(4) 为了测定工人人数的变动对工资总额的影响,根据指数分析法的一般原则,应将两个时期工人人数的差数乘以基期的平均工资,即:

$$\left(\sum f_1 - \sum f_0\right)\overline{X}_0 = (3\,000 - 1\,000) \times 0.58 = 1\,160(万元)$$

(5) 为了测定总平均工资的变动对工资总额的影响,应将两个时期总平均工资的差额乘以报告期的工人人数,即:

$$(\overline{X}_1 - \overline{X}_0)\sum f_1 = (0.53 - 0.58) \times 3\,000 = -150(万元)$$

由于上述两个因素共同变动的结果,使工资总额增加了 1 010 万元。它们之间的关系可以表述如下:

$$\sum X_1 f_1 - \sum X_0 f_0 = \left(\sum f_1 - \sum f_0\right)\overline{X}_0 + (\overline{X}_1 - \overline{X}_0)\sum f_1$$

即   1 010 万元 = 1 160 万元 − 150 万元

(6) 接着,应该再分析总平均工资变动中的两个因素对工资总额变动的影响。为此,只要用平均工资的固定构成指数分子减分母的差额、平均工资的结构变动影响指数分子减分母的差额分别乘上报告期的工人总数($\sum f_1$)即可确定。具体分析计算如下：

由于各组工人工资水平的变动而影响工资总额的变动为：

$$\left(\frac{\sum X_1 f_1}{\sum f_1} - \frac{\sum X_0 f_1}{\sum f_1}\right) \times \sum f_1 = \sum X_1 f_1 - \sum X_0 f_1 = (0.53 - 0.48) \times 3\,000$$

$$= 150(万元)$$

由于各组工人人数比重的变动而影响工资总额的变动为：

$$\left(\frac{\sum X_0 f_1}{\sum f_1} - \frac{\sum X_0 f_0}{\sum f_0}\right) \times \sum f_1 = \sum X_0 f_1 - \bar{X}_0 \sum f_1 = (0.48 - 0.58) \times 3\,000$$

$$= -300(万元)$$

平均工资变动而影响工资总额变动的绝对额，就是上述两个因素变动所引起的绝对额之和，亦即使工资总额减少了 150 万元：150 万元－300 万元＝－150 万元。通过上述两种指数体系的结合应用，对工资总额变动中各个因素进行分析的结果，可以列表表明它们之间的关系，如表 6.9 所示。

表 6.9 两种指数体系结合应用下对工资总额的变动分析

	影响程度	
	指数/%	绝对额/万元
工资总额的变动	274.14	1 010
其中：(一) 由于工人人数的变动	300.00	1 160
(二) 由于总平均工资的变动	91.38	－150
其中：(1) 由于各组工人工资水平的变动	110.42	150
(2) 由于各组工人人数比重的变动	82.76	－300

运用总量指标和平均指标相结合的因素分析方法，就可以深入揭示经济总量变动受外延和内涵因素变动的影响，说明经济变动的形态，有助于经济统计分析的深入。

6.4 几种常用的经济指数

指数作为一种重要的经济分析指标和方法，在实践中得到了广泛应用。从我国现行的统计调查制度来看，目前编制的价格指数主要有：居民消费价格指数(CPI)，商品零售价格指数(RPI)，生产者价格指数(PPI)，农业生产资料价格指数(AMPI)，原材料、燃料、动力购进价格指数，固定资产投资价格指数，房地产价格指数，股票价格指数，等等。现以目前国内外常见的主要经济指数为例，对指数方法的具体应用加以介绍。

6.4.1 居民消费价格指数

居民消费价格指数(consumer price index,CPI)在国外称为消费者价格指数,是度量一定时期内城乡居民所购买的生活消费品和服务项目价格变动趋势和程度的相对数,是反映居民家庭一般所购买的消费品和服务项目价格水平变动的宏观经济指标。是国家进行经济分析和决策、价格总水平监测和调控及国民经济核算的重要指标,其按年度计算的变动率通常被用来作为反映通货膨胀或通货紧缩程度的指标。

我国的居民消费价格指数是采用固定加权算术平均指数方法来编制的。其编制的基本步骤为:

(1) 首先将居民消费的商品划分为八大类,包括食品烟酒、衣着、居住、生活用品及服务、交通和通信、教育文化和娱乐、医疗保健和其他用品和服务。

(2) 接着从以上各类中选定约260个代表性商品的基本分类和600~700种代表规格品入编指数,利用有关对比时期的价格资料分别计算个体价格指数。

(3) 依据有关时期内各种商品的销售额构成确定代表品的比重权数,它不仅包括代表品本身的权数(直接权数),而且还要包括该代表品所属的那一类商品中其他项目所具有的权数(附加权数),以此提高入编项目对于所有消费品的一般代表性程度,通常情况下,该权数一年内保持不变。

(4) 最后按照从低到高的顺序,采用固定加权算术平均指数的编制方法,依次编制各小类、中类的消费价格指数和消费价格总指数。其计算公式为:

$$I_P = \frac{\sum i_p \cdot \omega}{\sum \omega} \qquad (式6.21)$$

其中,i_p 为类指数,ω 为固定权数。

【例6.9】 表6.10给出居民消费价格指数计算表,已知各大类、粮食中类及其代表规格品的有关资料,要求据以编制有关的价格指数。

表6.10 居民消费价格指数计算表

类别及品名	计量单位	平均价格(元)		权数 ω	指数/%
		基期	计算期		
总指数	—	—	—	100	115.1
一、食品类	—	—	—	51	117.5
1. 粮食	—	—	—	35	105.3
① 细粮	—	—	—	65	105.6
面粉	kg	2.40	2.52	40	105.0
大米	kg	3.50	3.71	60	106.0
② 粗粮	—	—	—	35	104.7
大豆	kg	2.90	3.10	70	106.9

(续表)

类别及品名	计量单位	平均价格(元)		权数 ω	指数/%
		基期	计算期		
绿豆	kg	3.10	3.09	30	99.7
2. 副食品	—	—	—	45	125.4
3. 烟酒茶	—	—	—	11	126.0
4. 其他	—	—	—	9	114.8
二、衣着类	—	—	—	20	115.2
三、家庭设备及用品类	—	—	—	11	109.5
四、医疗保健类	—	—	—	5	110.4
五、交通和通信工具类	—	—	—	2	108.6
六、文体娱乐用品类	—	—	—	6	116.4
七、居住项目类	—	—	—	2	114.5
八、服务项目	—	—	—	3	105.6

【解】 (1) 计算小类指数，如细粮和粗粮指数：

$$i_{p细} = \frac{0.4 \times 105 + 0.6 \times 106}{100} = 105.6\%$$

$$i_{p粗} = \frac{0.7 \times 106.9 + 0.3 \times 0.997}{100} = 104.7\%$$

(2) 计算粮食、副食品、烟酒茶和其他四个中类的价格指数，如粮食指数：

$$i_{p粮} = \frac{0.65 \times 105.6 + 0.35 \times 104.7}{100} = 105.3\%$$

(3) 计算各大类指数。如食品类指数：

$$i_{p食} = \frac{0.35 \times 105.3 + 0.45 \times 125.4 + 0.11 \times 126 + 0.09 \times 114.8}{100} = 117.5\%$$

(4) 计算居民消费价格总指数：

$$I_P = \frac{\sum i_p \cdot \omega}{\sum \omega} = 115.1\%$$

由于食品和能源等消费品的价格容易受到季节因素和供需关系的影响，发生较为剧烈的季节性或周期性波动，故有时还在剔除了食物和能源类别之后计算一种特殊消费者价格指数，希望借此正确判断市场物价的基本走势。

6.4.2 商品零售价格指数

商品零售价格指数(retail price index，RPI)是反映一定时期内城乡商品零售价格变动趋势和程度的相对数,零售物价的调整变动直接影响到城乡居民的生活支出和国家的财政收入,影响居民购买力和市场供需平衡,影响消费与积累的比例。因此,编制商品零售价格指数可以掌握市场价格的变动状况,并在此基础上编制其他各种派生指数,为研究市场流通和进行国民核算提供依据。

我国的零售物价指数编制流程与居民消费价格指数基本相同,也是采用固定加权算术平均指数公式。目前,零售商品价格指数的入编商品共计353项,其中不包括服务项目,对商品的分类方式也与居民消费价格指数有所不同,这些都决定了两种价格指数在分析意义上的差别,主要表现为:

(1) 观察角度不同。居民消费价格指数从消费者即买方角度考察;商品零售价格指数从商业部门即卖方角度考察。

(2) 观察对象不同。居民消费价格指数包括生活消费品和服务,不包括用做生产资料的机电产品;商品零售价格指数包括生活消费品、办公用品、机电产品,不包括非商品性服务。

(3) 购买力地域不同。居民消费价格指数是本地居民不管是在本地还是在外地购买的商品和服务;商品零售价格指数包括售予本地消费者和在本地售予外地消费者的商品。

(4) 购买力层次不同。居民消费价格指数只包括居民购买力;商品零售价格指数包括居民和社会集团购买力。

(5) 权数选择不同。居民消费价格指数选择居民家庭实际支出额作为权数;商品零售价格指数选择商业部门的商品零售额作为权数。

(6) 资料来源不同。居民消费价格指数资料来源于城乡居民住户抽样调查;商品零售价格指数资料来源于商业报表和典型调查。

6.4.3 生产者价格指数

生产者价格指数(producer price index,PPI)是从生产者角度考虑的物价指数,反映生产者在初级市场(非零售市场)上出售或购买的产品的价格变动程度。广义的生产者价格指数包括有关国民经济各产业的原材料、半成品和产成品三个环节的价格指数。狭义的生产者价格指数仅指工农业等的产品价格指数。在我国,生产者价格指数通常是指工业品出厂价格指数,也可包括农产品生产价格指数。

我国的工业品出厂价格指数是反映一定时期内全部工业产品出厂价格总水平的变动趋势和程度的相对数,包括工业企业售给本企业以外所有单位的各种产品和直接售给居民用于生活消费的产品。农产品生产价格指数是反映一定时期内,农产品生产者出售农产品价格水平变动趋势及幅度的相对数。这两种指数可以客观反映相关产业的产品生产价格水平和结构变动情况,满足工农业统计核算乃至整个国民经济核算和宏观经济分析的需要。

生产者价格指数的编制方法与前面所讲的居民消费价格指数和商品零售价格指数大致相似,也采用固定加权算术平均法。区别在于涉及的产品范围、产品分类方式以及产品计价标准等有所不同。例如,目前,我国工业品出厂价格指数调查的产品有4 000多种(含规格品9 500多种),覆盖全部39个工业行业大类,涉及调查种类186个。编制工业品出厂价格指数所用的权数用工业品销售额计算,计算资料来源于工业普查数据。权数一般五年更换一次,与国外通行的做法一样,在五年期间,若出现产品更新换代快,以致影响权数代表性的情况时,可及时进行合理修正。

根据价格传导规律,PPI 对 CPI 有一定的影响。PPI 反映生产环节价格水平,CPI 反映消费环节的价格水平。整体价格水平的波动一般首先出现在生产领域,然后通过产业链向下游产业扩散,最后波及消费品。所以,PPI 是衡量通货膨胀的先导性、潜在性指标,或者说,它是 CPI 出现波动的先声。一般认为,这种延迟的特性使得根据现在的 PPI 来粗略估计将来的 CPI 或通货膨胀率成为可能。但是,由于 CPI 不仅包括消费品价格,还包括服务价格,CPI 与 PPI 在统计口径上并非严格的对应关系,因此 CPI 与 PPI 的变化出现不一致的情况也是存在的。

6.4.4 股票价格指数

在发育较为充分的市场经济条件下,股票价格的波动和走向是反映经济景气状况的重要方面,也是影响投资人决策和行为的主要因素之一。股票价格指数综合反映股票市场价格的变动程度,是反映证券市场行情变化的重要指标。编制股票价格指数,通常以某年某月为基础,以这个基期的股票价格为 100,用以后各时期的股票价格和基期的价格比较,计算出升降的百分比,就是该时期的股票价格指数,简称股票指数。股票价格指数的单位习惯上用"点"表示,即以基期为 100,每上升或下降 1 个单位称为 1 点。股价指数的计算方法很多,但一般以发行权数进行加权综合,其公式为:

$$I = \frac{\sum p_{1i} q_i}{\sum p_{0i} q_i} \qquad (式6.22)$$

式中,p_{1i} 和 p_{0i} 分别为报告期和基期样本股的平均价格,q_i 为第 i 种股票的报告期发行量(也有采用基期的)。世界各地的股票市场都有自己的股票价格指数。在一个国家,同一股市往往有不同的股票价格,下面介绍几种常见的股票价格指数。

1) 道琼斯股票指数

道琼斯股票指数(Dow-Jones's average index)是世界上历史最悠久的股票指数,它的全称是股票价格平均数。它是在 1884 年由美国的道琼斯公司计算并发布的。最初的道琼斯股价平均数以在纽约交易所挂牌上市交易的一些著名大公司的股票为编制对象,最初采用简单算术平均方法计算,将采样股票价格总额除以公司数,反映的是每一公司的平均股票价格总额。考虑到增资和折股等各种非市场因素对股票总股数的影响,后来采用除数修正法,即将各种采样股票价格总和除以一个修正后的除数来计算道琼斯股价平均数。除数修正公式为:

$$修正后的新除数 = \frac{非市场因素影响后各种采样股票理论价格之和}{非市场因素影响前各种采样股票收盘价之和} \times 原先除数$$

$$道琼斯股价平均数 = \frac{正采样股票价格总和}{修正后的新除数}$$

人们通常引用的道琼斯股价指数实际是一组平均数,包括以下几类:

(1) 工业股价平均数。由美国 30 家著名工商业公司股票组成采样股,主要用以反映整个工商业股票的价格水平。在许多场合,也被用作道琼斯股价平均数的代表。

(2) 交通运输业股价平均数。以美国 20 家著名的交通运输公司的股票为采样股,其中有 8 家铁路公司、8 家航空公司和 4 家公路货运公司。

(3) 公用事业股价平均数。以美国 15 家最大公用事业公司的股票为采样股,反映公用事业类股票的价格水平。

(4) 股价综合平均数。以上述三种股价平均数所涉及的共 65 家公司的股票为采样股综合得到的股价平均数,反映整个股票市场价格的变化趋势。

2) 标准普尔指数

标准普尔指数(Standard & Poor's stock price index)是由美国最大的证券研究机构标准普尔公司于 1923 年开始编制的,最初采用 230 种股票,编制两种股票价格指数。到 1957 年,这一股票价格指数的范围扩大到 500 种股票,分为 95 种组合,最重要的是工业股、运输股、公用事业股和混合股。标准普尔指数以 1941—1943 年抽样股票的平均市价为基期,以基期各种股票发行量为权数,对所有采样股票价格采用拉氏公式计算而成的。由于它包括的股票市价总值约占纽约证券交易所上市股票的 75%,因此,该指数具有较强的代表性和广泛的影响力,能较全面地反映股票市场价格的变动,在国际金融市场上影响也较大。

3) 香港恒生指数

香港恒生指数(Hang Seng index, HSI)是中国香港股票市场上历史最久、影响最大的股票价格指数,由香港恒生银行于 1969 年 11 月 24 日发布。

香港恒生指数从香港 500 多家上市公司中共选择了 33 种具有代表性的股票(成分股)为指数计算对象。其中,金融业 4 种,公用事业 6 种,地产业 9 种,其他行业 14 种。

香港恒生指数是以 1964 年 7 月 31 日为基日,基期指数定为 100。计算公式为:

$$即时指数 = \frac{现时成分股的总市值}{上日收市时成分股的总市值} \times 上日收市指数$$

成分股的市值是按股价乘以发行股数计算的。因此,香港恒生指数也是以股票发行量为权数的加权综合指数。

4) 上海证券交易所股价指数

上证综合指数是以 1990 年 12 月 19 日为基日(该日为上证所正式营业之日),基期指数定为 100,以所有在上海证券交易所上市的股票为编制范围,采用以股票发行量为权数的综合股价指数。计算公式为:

$$上证综合指数 = \frac{报告期市价总值}{基日市价总值} \times 100$$

式中,市价总值是股票市价乘发行股数;基日市价总值也称为除数。

当市价总值出现非交易因素(增股、配股、汇率等)变动时,原除数需修正,以维持指数的连续可比。修正公式为:

$$修正后的除数 = \frac{修正后的市价总值}{修正前的市价总值} \times 原除数$$

在上证指数中,除了上证综合指数,还有上证 180 指数,A 股指数、B 股指数等股票指数作为补充,以更全面地反映股票市场的变动情况。

5) 深圳证券交易所股价指数

深证综合指数是以在深圳证券交易所上市的所有股票为对象编制的指数,1991 年 4 月 3 日为指数的基日,基期指数定为 100,1991 年 4 月 4 日公布。深证综合指数是以发行量为权数的加权综合股价指数,纳入计算范围的股票称为指数股。指数计算基本公式为:

$$指数 = \frac{现时指数股总市值}{基日指数股总市值} \times 100$$

若遇股市结构有所变动,其修正是用"连锁"方法计算得到的指数溯源于原有基期,以维持指数的连续性。

重要术语

统计指数　个体指数　总指数　数量指标指数　质量指标指数　平均数指数　指数体系总量指标因素分析　平均指标因素分析　CPI　RPI　PPI　股票价格指数

主要公式

名称	公式
质量指数	综合指数:$\bar{K}_P = \dfrac{\sum Q_1 P_1}{\sum Q_1 P_0}$ 平均数指数:$\bar{K}_P = \dfrac{\sum Q_1 P_1}{\sum \dfrac{1}{K_P} Q_1 P_1}$ 个体指数:$K_P = P_1 / P_0$
数量指数	综合指数:$\bar{K}_Q = \dfrac{\sum Q_1 P_0}{\sum Q_0 P_0}$ 平均数指数:$\bar{K}_Q = \dfrac{\sum K_Q Q_0 P_0}{\sum Q_0 P_0}$ 个体指数:$K_Q = Q_1 / Q_0$

(续表)

名称	公式
总量指标的指标体系	相对数形式：$$\frac{\sum Q_1 P_1}{\sum Q_0 P_0} = \frac{\sum Q_1 P_0}{\sum Q_0 P_0} \times \frac{\sum Q_1 P_1}{\sum Q_1 P_0}$$ 绝对数形式：$$\left(\sum Q_1 P_1 - \sum Q_0 P_0\right) = \left(\sum Q_1 P_0 - \sum Q_0 P_0\right) + \left(\sum Q_1 P_1 - \sum Q_1 P_0\right)$$
平均指标的指数体系	相对数形式：$$\frac{\sum X_1 f_1}{\sum f_1} : \frac{\sum X_0 f_0}{\sum f_0} = \left(\frac{\sum X_1 f_1}{\sum f_1} : \frac{\sum X_0 f_1}{\sum f_1}\right) \times \left(\frac{\sum X_0 f_1}{\sum f_1} : \frac{\sum X_0 f_0}{\sum f_0}\right)$$ 绝对数形式：$$\frac{\sum X_1 f_1}{\sum f_1} - \frac{\sum X_0 f_0}{\sum f_0} = \left(\frac{\sum X_1 f_1}{\sum f_1} - \frac{\sum X_0 f_1}{\sum f_1}\right) + \left(\frac{\sum X_0 f_1}{\sum f_1} - \frac{\sum X_0 f_0}{\sum f_0}\right)$$

练习题

一、单项选择题

1. 如果已知两个企业报告期和基期某种产品的产量和单位成本资料，要测定平均单位成本的变动，应采用（ ）
   A. 综合指数   B. 可变构成指数
   C. 加权算术平均数指数   D. 加权调和平均数指数

2. 指数是表明现象变动的（ ）
   A. 绝对数   B. 相对数   C. 平均数   D. 抽样数

3. 下列指数中，属于质量指数的是（ ）
   A. 出口量指数   B. 单位产品工时指数
   C. 销售量指数   D. 产量指数

4. 考察总体中个别现象或个别项目数量变动的相对数称为（ ）
   A. 个体指数   B. 总指数   C. 简单指数   D. 加权指数

5. 综合反映多种项目数量变动的相对数称为（ ）
   A. 数量指数   B. 质量指数   C. 个体指数   D. 总指数

6. 拉氏指数方法是指在编制综合指数时（ ）
   A. 用基期的变量值加权   B. 用报告期的变量值加权
   C. 用固定某一时期的变量值加权   D. 选择有代表性时期的变量值加权

7. 帕氏指数方法是指在编制综合指数时（ ）

A. 用基期的变量值加权 B. 用报告期的变量值加权
C. 用固定某一时期的变量值加权 D. 选择有代表性时期的变量值加权

8. 某地区 2019 年的零售价格指数为 105%,这说明(　　)
   A. 商品销售量增长了 5% B. 商品销售价格增长了 5%
   C. 由于价格变动使销售量增长了 5% D. 由于销售量变动使价格增长了 5%

9. 在由三个指数构成的综合指数体系中,两个因素指数中的权数必须固定在(　　)
   A. 报告期 B. 基期
   C. 同一时期 D. 不同时期

10. 在指数体系中,总量指数与各因素指数之间的数量关系是(　　)
    A. 总量指数等于各因素指数之和 B. 总量指数等于各因素指数之差
    C. 总量指数等于各因素指数之积 D. 总量指数等于各因素指数之商

11. 某商场今年与去年相比,销售量增长了 15%,价格增长了 10%,则销售额增长了(　　)
    A. 4.8%　　　　B. 26.5%　　　　C. 1.5%　　　　D. 4.5%

12. 三种空调以 2018 年为基期,2019 年为报告期的销售量指数为 106%,销售额 2019 年比 2018 年增长了 8%,则(　　)
    A. 三种空调的价格综合指数为 101.89%
    B. 三种空调的价格均有所上涨
    C. 由于价格的提高使销售额提高 101.89%
    D. 由于价格的提高使销售额提高 14.48%

13. 某商场第一季度的销售额比去年同期销售额增长了 4%,该商场的综合价格指数比去年上涨了 5%,则该商场销售量增长了(　　)
    A. 2%　　　　B. −0.95%　　　　C. 0.96%　　　　D. −0.96%

14. 某百货公司 2019 年同 2018 年相比,所有商品的价格平均提高了 10%,销售量平均下降了 10%,则商品销售额(　　)
    A. 上升 B. 下降
    C. 保持不变 D. 可能上升也可能下降

二、判断题(对的在括号里打√,错的在括号里打×)

1. 报告期与基期相比,同样多的钱只能购买 90% 的商品,说明物价指数上升了 10%。(　　)
2. 综合指数可以同时研究几个因素的变动方向和变动程度。(　　)
3. 劳动生产率指数和单位成本指数都是数量指标指数。(　　)
4. 平均指数编制总指数的方法,既可以用于全面调查的资料,又可用于非全面调查的资料。(　　)
5. 统计指数是综合反映社会经济现象总变动方向及变动幅度的相对数。(　　)

三、计算题

1. 某工厂生产两种不同种类的产品,有关资料如下:

产品种类	计量单位	产量		价格/元	
		基期	报告期	基期	报告期
甲	件	20 000	24 600	40	45
乙	台	108	120	500	450

要求：(1)计算该厂工业总产值指数及总产值增长额；(2)从相对数和绝对数两方面对总产值变动进行因素分析。

2. 某工厂三种产品的生产情况如下：

产品	上月产值/万元	本月产值/万元	个体产量指数/%
甲	60	65	90
乙	12	15	105
丙	50	55	102

计算：

(1) 该工厂三种产品的价格总指数及由于价格变动对产值的影响。

(2) 该工厂三种产品的产量总指数及由于产量变动对产值的影响。

3. 某地区三种水果的销售情况如下：

水果品种	本月销售额/万元	本月比上月价格增减/%
苹果	68	-10
草莓	12	12
橘子	50	2

计算该地区三种水果的价格指数及由于价格变动对居民开支的影响。

4. 某厂生产情况如下：

产品	计量单位	产量		基期产值/万元
		基期	报告期	
甲	台	1 000	920	650
乙	双	320	335	290

根据资料计算该厂的产量总指数和因产量变动而增减的产值。

5. 某企业总产值及产量增长速度资料如下：

产品名称	总产值/万元		个体产量指数/%
	基期	报告期	
甲	120	150	110
乙	200	210	105
丙	400	440	120

根据上述资料计算:产量总指数、物价总指数、由于物价变动所引起的总产值的增加或减少额。

6. 用 Excel 对表 6.8 进行因素分析。

实 训

【实训 6.1】 统计指数的计算

1) 实训任务

某农贸市场四月份和三月份肉禽蛋的销售情况如下,利用 Excel 计算肉禽蛋销售量指数和价格指数。

表 6.11 销售情况表

	A	B	C	D	E	F	G	H	I	J
1	商品名称	计量单位	销售量/kg		价格/元		销售额		假定销售额	
2			三月份 Q_0	四月份 Q_1	三月份 P_0	四月份 P_1	基期 P_0Q_0	报告期 P_1Q_1	P_0Q_1	P_1Q_0
3	猪肉	kg	1 200	1 000	40	42				
4	牛肉	kg	1 000	1 200	62	65				
5	羊肉	kg	600	900	66	66				
6	整鸡	kg	460	520	32	36				
7	整鸭	kg	670	610	26	28				
8	鸡翅	kg	840	780	38	36				
9	鸡腿	kg	630	610	32	33				
10	鸭翅	kg	1 100	900	26	25				
11	鸭腿	kg	690	600	22	22				
12	鸡蛋	kg	1 000	1 100	10	9				
13	鸭蛋	kg	600	560	15	14				
14	合计									
15		销售量指数=								
16		由于销售量的变化引起的销售额变化=								
17		价格指数=								
18		由于价格的变化引起的销售额变化=								

2) 实训过程

(1) 计算 G、H、I、J 列的销售额,对于 G 列,单击 G3 单元格,输入"=C3*E3",并利用填充柄功能计算 G4 至 G13;利用相同的方法对 H、I、J 列的销售额进行计算。然后单击 G14 单元格,输入"=SUM(G3:G13)",并利用填充柄功能计算出 H、I、J 列的总销售额。

(2) 计算销售量指数。销售量指数是以价格作为同度量因素的，一般情况下，价格需要固定在基期。因此，单击 C15 单元格，输入"=I14/G14 * 100"，单击 C16 单元格，输入"=I14－G14"得销售量指数为 105.01%，销售额的变化为 14 860 元，说明四月份和三月份相比，该农贸市场的肉禽蛋销售量增长了 5.01%，由于销售量的增长，使肉禽蛋的销售额增加了 14 860 元。

(3) 计算价格指数。价格指数是以销售量作为同度量因素的，一般情况下，销售量需要固定在报告期。因此，单击 C17 单元格，输入"=H14/I14 * 100"，单击 C18 单元格，输入"=H14－I14"得价格指数为 101.73%，销售额的变化为 5 390 元，说明四月份和三月份相比，该农贸市场的肉禽蛋价格上涨了 1.73%，由于价格上涨，使肉禽蛋的销售额增加了 5 390 元。

(4) 计算销售额指数。单击 C19 单元格，输入"=H14/G14 * 100"，单击 C20 单元格，输入"=H14－G14"得销售额指数为 106.83%，销售额的变化为 20 250 元，说明四月份和三月份相比，由于销售量和价格共同的作用，该农贸市场的肉禽蛋销售额增加了 6.83%，即 20 250 元。

表 6.12 计算表

	A	B	C	D	E	F	G	H	I	J
1	商品名称	计量单位	销售量/kg		价格/元		销售额/元		假定销售额/元	
2			三月份 Q_0	四月份 Q_1	三月份 P_0	四月份 P_1	基期 P_0Q_0	报告期 P_1Q_1	P_0Q_1	P_1Q_0
3	猪肉	kg	1 200	1 000	40	42	48 000	42 000	40 000	50 400
4	牛肉	kg	1 000	1 200	62	65	62 000	78 000	74 400	65 000
5	羊肉	kg	600	900	66	66	39 600	59 400	59 400	39 600
6	整鸡	kg	460	520	32	36	14 720	18 720	16 640	16 560
7	整鸭	kg	670	610	26	28	17 420	17 080	15 860	18 760
8	鸡翅	kg	840	780	38	36	31 920	28 080	29 640	30 240
9	鸡腿	kg	630	610	32	33	20 160	20 130	19 520	20 790
10	鸭翅	kg	1 100	900	26	25	28 600	22 500	23 400	27 500
11	鸭腿	kg	690	600	22	22	15 180	13 200	13 200	15 180
12	鸡蛋	kg	1 000	1 100	10	9	10 000	9 900	11 000	9 000
13	鸭蛋	kg	600	560	15	14	9 000	7 840	8 400	8 400
14	合计						296 600	316 850	311 460	301 430
15		销售量指数=	105.01	%						
16		由于销售量的变化引起的销售额变化=	14 860	元						
17		价格指数=	101.73	%						
18		由于价格的变化引起的销售额变化=	5 390	元						
19		销售额指数=	106.83	%						
20		销售额的变化=	20 250	元						

第7章 时间数列分析

某电商企业2016年至2019年每个季度的营业收入和净利润如下表所示,企业需要根据这些数据了解企业的发展情况,股民需要根据这些数据进行股票的购买和抛售,那这些数据是如何变化的呢?如果这些数据的变化符合一定的规律,如何根据这一规律进行预测呢?

表7.1 某企业营业收入及净利润表

	营业收入			净利润		
	营业收入/亿元	同比增长/%	季度环比增长/%	净利润/亿元	同比增长/%	季度环比增长/%
2016年一季度	318.00	8.13	−24.14	−2.96	10.79	−136.14
2016年二季度	687.00	9.01	116.04	−1.21	−134.79	59.12
2016年三季度	1 039.00	11.00	51.24	−3.04	−672.42	−151.24
2016年四季度	1 486.00	9.62	43.02	7.04	−19.27	331.58
2017年一季度	374.00	17.61	−74.83	0.78	126.35	−88.92
2017年二季度	837.00	21.83	123.80	2.91	340.50	273.08
2017年三季度	1 319.00	26.95	57.59	6.72	321.05	130.93
2017年四季度	1 879.00	26.45	42.46	42.13	498.44	526.93
2018年一季度	496.00	32.62	−73.60	1.11	42.31	−97.37
2018年二季度	1 107.00	32.26	123.19	60.03	1 962.89	5308.11
2018年三季度	1 730.00	31.16	56.28	61.27	811.76	2.07
2018年四季度	2 450.00	30.39	41.62	133	215.69	117.07
2019年一季度	622.00	25.40	−74.61	1.36	22.52	−98.98
2019年二季度	1 356.00	22.49	118.01	21.39	−64.37	1 472.79
2019年三季度	2010.00	16.18	48.23	119	94.22	456.33
2019年四季度	2 692.00	9.88	33.93	98.43	−25.99	−17.29

现实生活中,人们经常会关心以后的事情,也就是对未来做出预测。比如,企业明天的销售额会达到多少?房价下个月会不会下降?这只股票明天会不会上涨?要对未来做出预测,就需要知道它们在过去的一段时间里是如何发展变化的,这就需要对时间数列进行分析,进而建立恰当的模型进行预测。本章将介绍时间数列的发展水平指标和发展速度指

标,以及对时间数列进行变动分析。

7.1 时间数列概述

7.1.1 时间数列的概念

社会经济现象是不断变化发展的,为了探索社会经济现象随时间而发展变化的规律,仅仅从静态上分析现象的特征、内部结构和相互联系是不够的,还应该对社会经济现象在不同时间上的发展变化进行动态分析,时间数列分析就是运用时间数列的一系列动态指标,分析经济现象的变动过程和变化规律的一种动态分析方法。

时间数列,也称时间序列或者动态数列,是指社会经济现象在不同时间(如年、月、日等)上的一系列指标值按时间先后顺序加以排列后形成的数列。如表7.2列举了我国2009—2018年十年间国内生产总值、年末人口数、人均国内生产总值、居民消费价格指数的时间数列。

表7.2 我国2009—2018年重要经济指标

年份	国内生产总值/亿元	年末人口数/万人	人均国内生产总值/(元/人)	居民消费价格指数/%
2009	348 517.7	133 450	26 180	99.3
2010	412 119.3	134 091	30 808	103.3
2011	487 940.2	134 735	36 302	105.4
2012	538 580.0	135 404	39 874	102.6
2013	592 963.2	136 072	43 684	102.6
2014	641 280.6	136 782	47 005	102.0
2015	685 992.9	137 462	50 028	101.4
2016	740 060.8	138 271	53 680	102.0
2017	820 754.3	139 008	59 201	101.6
2018	900 309.5	139 538	64 644	102.1

资料来源:中国统计年鉴(2019)

由表7.2可知,时间数列由两个基本要素组成:一是某现象同一指标所属的时间,时间可长可短,时间的间隔长度可以相等,也可以不相等;二是统计指标在一定时间条件下的具体数值。

时间数列是反映社会经济现象发展变化过程的历史记录,对于统计分析工作来说,具有十分重要的意义。首先,可以从现象的量变过程中反映其发展变化的方向、程度和趋势,研究其质变的规律性。其次,通过时间数列资料的研究,可以对某些社会经济现象进行预测。最后,利用时间数列,可以在不同地区或国家之间进行对比分析。由此可见,编制和分析时间数列具有重要的作用,它已成为对社会经济现象进行统计分析的一种重要方法。

7.1.2 时间数列的分类

时间数列按其排列的指标表现形式的不同,可分为绝对数时间数列、相对数时间数列和平均数时间数列三类。其中绝对数时间数列是基本数列,后两类则是以前者为基础计算得出的派生数列。

1) 绝对数时间数列

绝对数时间数列是由一系列同类的总量指标数值按时间先后顺序排列的时间数列,可以反映某种社会经济现象在各个时期达到的绝对水平。例如,表7.2中的国内生产总值和年末人口数都是绝对数时间数列。

绝对数时间数列按其所反映的社会经济现象性质的不同,又可以区分为时期数列和时点数列。

(1) 时期数列。当时间数列中的指标是时期指标,反映某种经济现象在一定时期内发展过程的总量,这种绝对数时间数列就称为时期数列。例如表7.2中的国内生产总值就是一个时期数列。时期数列具有的特点是:

① 时期数列中的每个指标数值表示在一段时期内发展变化的累积总量,各个指标数值是可以相加的,相加具有一定的经济意义,表示更长时期内的发展总量。

② 时期数列中每个指标数值的大小都与时间的长短有直接关系,一般来说,时期越长,指标数值越大,反之,指标数值越小。

③ 时期数列中每个指标数值,通常是通过连续不断的登记取得的。

(2) 时点数列。当时间数列中的指标是时点指标,反映某种社会经济现象在一定时点上的状态及其水平,这种绝对数时间数列就称为时点数列。例如,表7.2中的年末人口数就是一个时点数列。时点数列具有以下特点:

① 由于时点数列中的每个指标数值都是表明某一时点上瞬间现象的总量,因此时点数列中的各个指标数值是不能相加的,如果相加就会产生重复计算,所得的数据没有实际意义。

② 在时点数列中,两个相邻的指标数值之间相隔的时间距离称为间隔。时点数列中指标数值的大小与间隔的长短没有直接关系,例如,年末的总人数可能大于月末的总人数,也可能小于月末的人数。

③ 时点数列中每个指标数值,通常都是间隔一定时期通过一次性登记取得的。

2) 相对数时间数列

相对数时间数列是由一系列同类的相对指标数值按照时间先后顺序排列的时间数列,说明现象之间的数量对比关系、结构、速度的发展变化过程。如表7.2中的居民消费价格指数就是一个相对数时间数列。在相对数时间数列中,由于各个指标数值的基数不同,所以不可以直接相加。

3) 平均数时间数列

平均数时间数列是由一系列同类的平均指标数值按时间先后顺序排列的时间数列,用来表示某一个社会经济现象一般水平的变化过程或者发展趋势。例如,表7.2中的人均国内生产总值就是一个平均数时间数列。同样的,平均数时间数列中的指标数值也不可以相加,相加没有实际的经济意义。

7.1.3 编制时间数列的原则

编制时间数列的主要目的是通过同一指标在不同时间上的数值对比来反映社会经济现象的发展变化过程及其规律性,为此,保证数列中各项指标数值的可比性,就成为编制时间数列的基本原则,具体要求为:

1) 时期长短应该尽量统一

在时期数列中,由于各指标数值的大小和时间的长短有直接关系,因此,各个指标数值所述的时期长短应该前后统一。若时间长短不同,就很难做直接的对比。但这个原则不能绝对化,为了某种特殊的研究目的,也可以将时期不等的指标数值编制为时期数列。例如,我国新中国成立前自1900年到1948年的钢产量为760万t,而第一个五年计划期间的钢产量为1 667万t,两者虽然时间长短不等,但仍然可以说明第一个五年计划期间的钢产量超过了旧中国半个世纪的钢产量总和的一倍以上,表明了我国社会主义制度的优越性。

对于时点数列来说,其指标数值的大小虽然与时点间隔的长短没有直接关系,但为了更明显地反映现象的变化过程及其规律性,各个指标数值之间的时间间隔最好能保持前后一致。

2) 总体范围应该一致

编制时间数列时,通常涉及总体范围的问题即被研究的社会经济现象总体所包括的地区范围、隶属关系的范围、分组范围等是否前后一致。在实际工作中,由于各时期的行政区划、经济管理体制、基层单位的隶属关系等方面发生变化时,统计口径往往前后不一致,如果总体范围有了变动,则前后各期的指标数值不能直接对比,必须将资料加以适当的调整。例如,2019年,国务院批复同意山东省将原来莱芜市所辖区域划归为济南市管辖,行政区划发生变动后,在编制时间数列时,济南市的人口数、土地面积、工农业总产值等等指标都要做相应的调整,使编制的时间数列具有可比性,正确说明所研究的问题。

3) 经济内容应该统一

有时,时间数列中的某个指标虽然名称没有发生变化,但经济内容却已经改变,如果仍然机械地进行对比分析,可能导致错误的结论。例如,我们编制某地2010—2019年增值税征收情况的时间数列,由于2015年进行营改增,使增值税的经济内容在2015年前后发生了变化,如果不先加以调整,就不具有可比性。

4) 计算口径应该统一

计算口径主要是指计算方法、计算价格以及计量单位等。在指标名称及其经济内容一致的前提下,采用什么方法计算,按照何种价格或单位计量,各个指标数值都要保持前后一致。例如,研究企业劳动生产率的变动,产量用实物量还是价值量,人数用全部职工数还是生产工人数,前后各期都要统一。如果按实物指标计算,就应该采用统一的计量单位;如果采用价值指标,就需统一是按现价计算还是按不变价格计算,否则就没有可比性。

7.2 发展水平指标

发展水平指标主要用来分析现象在某一时期或者时点上发展变化的水平,以揭示社会经济现象发展变化过程和规律。

7.2.1 发展水平

发展水平是指社会经济现象在一定时期内或者时点上所达到的规模或者水平,也就是时间数列中的每个指标数值。它是计算各种动态指标的基础。例如,表7.2中2018年我国国内生产总值为 900 309.5 亿元,人均国内生产总值为 64 644 元,居民消费价格指数为 102.1%,就是我国这些社会经济现象的发展水平即所达到的规模和水平。

在时间数列中,各指标值用 a_i 表示,则在一个时间数列中,各时间下的发展水平按时间顺序可表示为:

$$a_0, a_1, a_2, a_3, \cdots, a_{n-1}, a_n$$

其中,时间数列中的第一项指标数值叫做最初水平,即 a_0,最后一项指标数值叫做最末水平,即 a_n,其余各项就是中间水平。在进行动态对比时,作为对比基础时期的发展水平叫做基期水平,要与基期水平进行对比的那个时期的发展水平,称为报告期水平或者计算期水平。基期和报告期水平或者最初和最末水平都不是固定不变的,将随着研究的目的和研究时间的变更做出相应的改变。

7.2.2 增减水平和平均增减水平

1) 增减水平

增减水平也称增减量,是时间数列中报告期水平与基期水平之差,用来表示现象在一定时期内增减的绝对数量。增减量可以是正值,表示现象水平增长,也可以是负值,表示现象水平的下降。

由于采用的基期不同,增减水平可以分为以下两种:

(1) 逐期增减量,就是报告期水平与前一期水平之差,表示本期比前一时期增减的绝对数值,说明现象逐期增减的数量。表示为:

$$a_1 - a_0, a_2 - a_1, a_3 - a_2, \cdots, a_n - a_{n-1} \qquad (式7.1)$$

(2) 累积增减量,就是报告期水平与某一固定时期(通常为最初水平)的差额,说明一定时期内的总增减量。表示为:

$$a_1 - a_0, a_2 - a_0, a_3 - a_0, \cdots, a_n - a_0 \qquad (式7.2)$$

显然,两者之间存在以下关系:

(1) 累积增减量等于对应各个逐期增减量之和,即

$$a_n - a_0 = (a_1 - a_0) + (a_2 - a_1) + (a_3 - a_2) + \cdots + (a_n - a_{n-1}) \qquad (式7.3)$$

(2) 相邻两个累积增减量之差等于相应的逐期增减量,即

$$(a_i - a_0) - (a_{i-1} - a_0) = a_i - a_{i-1} \qquad (式7.4)$$

【例7.1】 根据表7.2中2013—2018年国内生产总值计算增减量指标,结果如表7.3

所示:

表 7.3 增减量计算表　　　　　　　　　　　　　　　单位:亿元

年份	2013	2014	2015	2016	2017	2018
发展水平	592 963.2	641 280.6	685 992.9	740 060.8	820 754.3	900 309.5
逐期增减量	—	48 317.4	44 712.3	54 067.9	80 693.5	79 555.2
累积增减量	—	48 317.4	93 029.7	147 097.6	227 791.1	307 346.3

2) 平均增减水平

平均增减水平又叫做平均增减量,是用来说明某种经济现象在较长时期内平均每期增减的绝对量,是将各个逐期增减量加以平均计算出来的,用公式表示为:

$$\overline{\Delta a} = \frac{逐期增减量之和}{逐期增减量个数} = \frac{累积增减量}{时间数列项数 - 1} \quad (式 7.5)$$

表 7.3 中的平均增减量:

$$\overline{\Delta a} = \frac{48\,317.4 + 44\,712.3 + 54\,067.9 + 80\,693.5 + 79\,555.2}{5} = \frac{307\,346.3}{6-1}$$
$$= 61\,469.24(亿元)$$

说明以基期水平 a_0 为基础,经过 n 期按每期平均增减水平 $\overline{\Delta a}$ 发展,第 n 期发展水平的理论值和实际值相等,即满足 $a_0 + n\overline{\Delta a} = a_n$。

7.2.3 平均发展水平

平均发展水平又叫做序时平均数或动态平均数,是指时间数列中各个时期或时点上的发展水平的平均数,从动态上说明社会经济现象在某一段时间内发展的一般水平。

序时平均数和静态平均数一样,都是将现象的数量差异加以抽象平均来反映现象的一般水平,但两者也有显著的差别:第一,静态平均数是现象在同一时间上的数量差异,序时平均数是现象在不同时期或时点上的数量差异;第二,静态平均数是根据变量数列计算的,序时平均数的计算依据的是时间数列;第三,静态平均数是从静态上反映现象在具体时间条件下的一般水平,动态平均数是从动态上反映现象在一段时间内发展的一般水平。

由于时间数列的类型不同,因此计算序时平均数主要有以下三种方法。

1) 根据绝对数时间数列计算序时平均数

绝对数时间数列序时平均数的计算方法是最基本的,它是计算相对数和平均数时间数列序时平均数的基础,由于绝对数时间数列又分时期数列和时点数列,因此计算方法也不同。

(1) 时期数列的序时平均数

因为时期数列的各个指标数值是可以直接相加的,因此,可以直接采用各时期的指标数值之和除以时期项数来计算,具体公式为:

$$\bar{a} = \frac{a_1 + a_2 + a_3 + \cdots + a_n}{n} = \frac{\sum a_i}{n} \quad (式 7.6)$$

【例 7.2】 根据表 7.3 中 2013—2018 年国内生产总值计算序时平均数。

【解】
$$\bar{a} = \frac{592\,963.2 + 641\,280.6 + 685\,992.9 + 740\,060.8 + 820\,754.3 + 900\,309.5}{6}$$
$$= 730\,226.9(亿元)$$

(2) 时点数列的序时平均数

时点数列是根据时点资料编制的，相邻时点之间总会有一定的间隔，因此时点数列一般是间断数列，但是，如果时点数列的资料是逐日登记逐日排列的话，可以视为连续时点数列。因此，时点数列又可分为连续时点数列和间断时点数列。

① 连续时点数列。连续时点数列又分为间隔相等和间隔不等两种情况。

a. 间隔相等的连续时点数列。即数列中各时点指标值是逐日排列的，可以采用简单算术平均法，即用各指标数值总和除以时点个数，计算公式为：

$$\bar{a} = \frac{a_1 + a_2 + a_3 + \cdots + a_n}{n} = \frac{\sum a_i}{n} \quad \text{（式 7.7）}$$

【例 7.3】 根据表 7.4 中 2018 年 1 月上旬某企业职工人数计算序时平均数。

表 7.4 职工人数资料表

日期/日	1	2	3	4	5	6	7	8	9	10
职工人数/人	200	210	206	200	212	208	206	210	214	214

【解】 该企业 1 月上旬日平均职工人数：

$$\bar{a} = \frac{200 + 210 + 206 + 200 + 212 + 208 + 206 + 210 + 214 + 214}{10} = 208(人)$$

b. 间隔不等的连续时点数列。在逐日统计时，会存在连续多日不变的情况，这时在编制时间数列统计表时还是逐日列举就显得非常繁琐，可以进行简写，将相同指标值的初始时间与结束时间以"—"连接在一起，表示这个时间段内每天都是同一个指标值，如表 7.5 中第二列表示"1—7 日"连续 7 天每天企业职工数都是 410 人，这样就形成了间隔不等的连续时点数列。对间隔不等的连续时点数列求序时平均数，可以采用加权算术平均法，即用每次变动持续的时间间隔长度为权数对各时点指标数值进行加权平均，计算公式为：

$$\bar{a} = \frac{a_1 f_1 + a_2 f_2 + \cdots + a_n f_n}{f_1 + f_2 + \cdots + f_n} = \frac{\sum a_i f_i}{\sum f_i} \quad \text{（式 7.8）}$$

【例 7.4】 根据表 7.5 中 2018 年 8 月份某企业职工人数计算序时平均数。

表 7.5 企业职工人数

日期	1~7 日	8~11 日	12~18 日	19~20 日	21~31 日
企业职工数/人	410	414	430	424	416

【解】 该企业 8 月份平均职工人数：

$$\bar{a} = \frac{410 \times 7 + 414 \times 4 + 430 \times 7 + 424 \times 2 + 416 \times 11}{31} = 418(人)$$

② 间断时点数列。要编制连续时点数列，就需要逐日统计数据，这是一项十分繁琐的工作。在实际统计工作中，对时点性质的指标，为了简化登记手续，往往间隔一定的时间统计一次，这样就形成了间断时点数列，根据间隔是否相等，间断时点数列也分为间隔相等和间隔不等两种情况。

a. 间隔相等的间断时点数列。它是根据间隔相等的各期期初或者期末时点资料编制的时点数列。如商业企业的商品库存、工业企业中的职工人数等，一般都只统计月末数据，因此就形成了间隔相等的间断时点数列。一般情况下，可以假定所研究的对象在两个相邻时点之间的变动是均匀的，则相邻两个时点之间的序时平均数就近似等于两个相邻时点指标数值相加再除以 2，即 $\frac{期初 + 期末}{2}$。

【例 7.5】 下表为某企业 2018 年 6～9 月各月月末库存量，计算该企业第三季度的平均库存量。

表 7.6 某企业 6～9 各月月末库存量

日期	6 月末	7 月末	8 月末	9 月末
库存量/kg	120	132	110	142

【解】 7 月份的平均库存量为：$\frac{120 + 132}{2} = 126 \,(\text{kg})$

8 月份的平均库存量为：$\frac{132 + 110}{2} = 121 \,(\text{kg})$

9 月份的平均库存量为：$\frac{110 + 142}{2} = 126 \,(\text{kg})$

根据各月的平均库存量采用简单算术平均法求得第三季度的平均库存量为：

$$\frac{126 + 121 + 126}{3} = 124.33 \,(\text{kg})$$

即：

$$\frac{\frac{120+132}{2} + \frac{132+110}{2} + \frac{110+142}{2}}{3} = \frac{\frac{1}{2} \times 120 + 132 + 110 + \frac{1}{2} \times 142}{4-1} = 124.33 \,(\text{kg})$$

因此间隔相等的间断时点数列的序时平均数公式可以概括为：

$$\bar{a} = \frac{\frac{a_1+a_2}{2} + \frac{a_2+a_3}{2} + \cdots + \frac{a_{n-1}+a_n}{2}}{n-1} = \frac{\frac{1}{2}a_1 + a_2 + \cdots + a_{n-1} + \frac{1}{2}a_n}{n-1}$$

(式 7.9)

按上述公式计算序时平均数时，假定现象在两个时点之间是均匀变动的，但实际上不可能完全均匀,因此所得的数值只是近似值。

b. 间隔不等的间断时点数列。它是根据间隔不等的各期期初或期末时点资料编制的时点数列。由于各时点之间的间隔不等,因此,选择各个间隔的长度为权数,对各相应时点的平均数进行加权平均,求得序时平均数为:

$$\bar{a} = \frac{\frac{a_1+a_2}{2}f_1 + \frac{a_2+a_3}{2}f_2 + \cdots + \frac{a_{n-1}+a_n}{2}f_{n-1}}{f_1 + f_2 + \cdots + f_{n-1}}$$ (式7.10)

【例7.6】 下表为2018年某银行储蓄存款余额数,计算该行2018年储蓄存款的平均余额。

表7.7 某银行2018年储蓄存款余额数

日期	1月初	4月初	8月初	12月末
余额/万元	320	462	450	392

【解】 储蓄存款的平均余额为:

$$\bar{a} = \frac{\frac{320+462}{2} \times 3 + \frac{462+450}{2} \times 4 + \frac{450+392}{2} \times 5}{3+4+5} = 425.17(万元)$$

按照上述公式计算序时平均数时,假定现象在两个时点之间是均匀变动的,但实际上是不可能完全均匀,因此所得只是近似值,时间间隔越小,所得数值越接近实际,因此,为了使计算结果能尽量反映实际情况,间断时点数列的间隔不宜过长。

2) 根据相对数和平均数时间数列计算序时平均数

相对数和平均数一般是由两个有密切联系的绝对数对比形成的,即观察值 $c_i = \frac{a_i}{b_i}$。由于各个相对数不能直接相加,所以计算它们的序时平均数时,不能直接对 c_i 平均,而应该分别计算其分子数列的序时平均数($\bar{a}$)和分母数列的序时平均数($\bar{b}$),然后将两个序时平均数进行对比,获得相对数或平均数时间数列的序时平均数,其计算公式为:

$$\bar{c} = \frac{\bar{a}}{\bar{b}}$$ (式7.11)

(1) 分子数列和分母数列都是时期数列

【例7.7】 某企业第二季度产值计划完成程度资料如表7.8所示,计算该企业第二季度平均每月产值计划完成程度。

表7.8 某企业第二季度产值计划完成情况

时间	4月	5月	6月
a:实际产值/万元	420	560	714
b:计划产值/万元	400	500	700
c:计划完成程度/%	105	112	102

【解】
① 因为产值是时期数列,因此根据(式 7.6),求得:

$$\bar{a} = \frac{\sum a_i}{n} = \frac{420 + 560 + 714}{3} = \frac{1\,694}{3}$$

$$\bar{b} = \frac{\sum b_i}{n} = \frac{400 + 500 + 700}{3} = \frac{1\,600}{3}$$

② 根据(式 7.11)计算计划完成程度:

$$\bar{c} = \frac{\bar{a}}{\bar{b}} = \frac{\dfrac{1\,694}{3}}{\dfrac{1\,600}{3}} = 105.88\%$$

(2) 分子数列和分母数列都是时点数列

【例 7.8】 表 7.9 为某企业第一季度职工人数和生产工人人数情况,计算该企业第一季度生产工人数占全部职工人数的平均比重。

表 7.9 某企业第一季度职工人数情况

时间	12 月末	1 月末	2 月末	3 月末
a:生产工人数/人	435	452	462	576
b:全部职工数/人	580	580	600	720
c:生产工人占全部职工的比例/%	75	78	77	80

【解】
① 因为人数是时点数列,且是间隔相等的间断时点数列,因此根据(式 7.9),求得

$$\bar{a} = \frac{\frac{1}{2}a_1 + a_2 + \cdots + a_{n-1} + \frac{1}{2}a_n}{n-1} = \frac{\frac{435}{2} + 452 + 462 + \frac{576}{2}}{4-1} = 473 \text{ 人}$$

$$\bar{b} = \frac{\frac{1}{2}b_1 + b_2 + \cdots + b_{n-1} + \frac{1}{2}b_n}{n-1} = \frac{\frac{580}{2} + 580 + 600 + \frac{720}{2}}{4-1} = 611 \text{ 人}$$

② 根据(式 7.12)计算生产工人占全部职工的比重:

$$\bar{c} = \frac{\bar{a}}{\bar{b}} = \frac{473}{611} = 77.4\%$$

(3) 分子数列和分母数列是两个不同性质的数列

【例 7.9】 某企业第二季度的产值和职工人数的资料如表 7.10 所示,计算该企业第二季度平均每月劳动生产率。

表 7.10 某企业第二季度的产值和职工人数情况

时间	3月	4月	5月	6月
a：月总产值/万元	1 150	1 170	1 200	1 370
b：月末职工人数/千人	6.5	6.7	6.9	7.1

【解】 劳动生产率 $= \dfrac{产值}{人数}$

① 因为产值是时期数列，因此根据（式 7.6），求得

$$\bar{a} = \frac{\sum a_i}{n} = \frac{1\,170 + 1\,200 + 1\,370}{3} = 1\,246.67(万元)$$

② 因为人数是时点数列，且是间隔相等的间断时点数列，因此根据（式 7.9），求得

$$\bar{b} = \frac{\frac{1}{2}b_1 + b_2 + \cdots + b_{n-1} + \frac{1}{2}b_n}{n-1} = \frac{\frac{6\,500}{2} + 6\,700 + 6\,900 + \frac{7\,100}{2}}{4-1} = 6\,800(人)$$

③ 根据（式 7.11）计算月平均劳动生产率：

$$\bar{c} = \frac{\bar{a}}{\bar{b}} = \frac{1\,246.67 \times 10\,000}{6\,800} = 1\,833.34(元/人)$$

(4) 由平均数时间数列计算序时平均数

【例 7.10】 表 7.11 为某商场第一季度的销售情况，计算：
(1) 第一季度各月人均销售额是多少？
(2) 第一季度平均每月人均销售额是多少？

表 7.11 某商场第一季度的销售情况

时间	12月	1月	2月	3月
销售额/万元	380	374	458	480
月末营业员数/人	120	118	130	140

【解】

① 人均销售额 $= \dfrac{销售总额}{人数}$

1月份人均销售额 $= \dfrac{1月份销售总额}{1月份平均人数} = \dfrac{374}{\frac{120+118}{2}} = 3.14(万元)$

2月份人均销售额 $= \dfrac{2月份销售总额}{2月份平均人数} = \dfrac{458}{\frac{118+130}{2}} = 3.69(万元)$

3月份人均销售额 $= \dfrac{3月份销售总额}{3月份平均人数} = \dfrac{480}{\frac{130+140}{2}} = 3.56(万元)$

② 根据(式 7.11)可知：

$$\text{平均每月人均销售额 } \bar{c} = \frac{\text{平均每月销售总额 } \bar{a}}{\text{平均每月人数 } \bar{b}}$$

因为销售额是时期数列，因此根据(式 7.6)，求得

$$\bar{a} = \frac{\sum a_i}{n} = \frac{374 + 458 + 480}{3} = 437.33(\text{万元})$$

因为人数是时点数列，且是间隔相等的间断时点数列，因此根据(式 7.9)，求得

$$\bar{b} = \frac{\frac{1}{2}b_1 + b_2 + \cdots + b_{n-1} + \frac{1}{2}b_n}{n-1} = \frac{\frac{120}{2} + 118 + 130 + \frac{140}{2}}{4-1} = 126(\text{人})$$

根据(式 7.11)平均每月人均销售额：

$$\bar{c} = \frac{\bar{a}}{\bar{b}} = \frac{437.33}{126} = 3.47(\text{万元/人})$$

7.3 发展速度指标

发展速度指标是用来比较分析某种社会经济现象在不同发展阶段或不同地区、组成部分之间的发展变化程度，也可以作为编制和检查国民经济计划的参考，是广泛应用的一种动态分析指标，发展速度指标是以发展水平指标为基础的，主要包括发展速度、增减速度、平均发展速度、平均增减速度四种指标。

7.3.1 发展速度和增减速度

1) 发展速度

发展速度是时间数列中报告期水平和基期水平之比，它表明现象发展变化的相对程度。根据基期选择的不同，发展速度可以分为定基发展速度和环比发展速度。

(1) 定基发展速度，就是报告期水平对某一固定时期(通常为最初水平)之比，说明该现象在较长一段时期内总的发展速度，所以也叫做总速度。用符号表示为：

$$\frac{a_1}{a_0}, \frac{a_2}{a_0}, \frac{a_3}{a_0}, \cdots, \frac{a_n}{a_0} \qquad (\text{式 7.12})$$

(2) 环比发展速度，就是报告期水平与前一期水平之比，表示现象逐期发展变化的程度。用符号表示为：

$$\frac{a_1}{a_0}, \frac{a_2}{a_1}, \frac{a_3}{a_2}, \cdots, \frac{a_n}{a_{n-1}} \qquad (\text{式 7.13})$$

定基发展速度和环比发展速度虽然说明问题时的侧重点不同，但两者之间存在以下两种关系：

(1) 定基发展速度等于对应各个环比发展速度之积,即

$$\frac{a_1}{a_0} \cdot \frac{a_2}{a_1} \cdot \frac{a_3}{a_2} \cdot \cdots \cdot \frac{a_n}{a_{n-1}} = \frac{a_n}{a_0} \quad (式7.14)$$

(2) 相邻两个定基发展速度之商等于相应的环比发展速度,即

$$\frac{a_i}{a_0} \div \frac{a_{i-1}}{a_0} = \frac{a_i}{a_{i-1}} \quad (式7.15)$$

在实际统计工作中,为了消除季节变动的影响,说明报告期较上年同期发展的相对程度,还经常以报告期水平(月或季)与上年同期(月或季)发展水平相比,这样计算的发展速度称为年距发展速度。

2) 增减速度

增减速度又称增长率,是增减量与基期水平之比的相对指标,表明社会经济现象的增减程度。其公式为:

$$增减速度 = \frac{增减量}{基期水平} = \frac{报告期水平 - 基期水平}{基期水平} = \frac{报告期水平}{基期水平} - 1 \quad (式7.16)$$

即

$$增减速度 = 发展速度 - 1 \quad (式7.17)$$

由于采用的基期不同,发展速度有定基发展速度和环比发展速度,相应的,增减速度也有定基增减速度和环比增减速度。

$$定基增减速度 = \frac{累积增减量}{最初水平} = 定基发展速度 - 1 \quad (式7.18)$$

$$环比增减速度 = \frac{逐期增减量}{前一期的水平} = 环比发展速度 - 1 \quad (式7.19)$$

显然,发展速度没正负之分,增减速度有正负之分,增减速度为正值,表明现象呈现增长,若为负,说明现象呈现下降。

需要说明的是,增减速度是由发展速度减1得到的,但是它们说明的内容是不同的,发展速度说明报告期水平增加到基期水平的多少倍或百分之多少,包括基期水平,增减速度则是说明报告期水平比基期水平增加了或减少了多少倍或者百分之多少,不包括基期水平。因此,环比增减速度的连乘积不等于相应时期的定基增减速度。要想由环比增减速度求定基增减速度,只能先将环比增减速度加1转换为环比发展速度,通过环比发展速度连乘计算定基发展速度再减1,才能求得定基增减速度。

在应用增减速度指标分析实际问题时,需要注意下面两点:

(1) 当时间数列中的观察值出现0或者负值时,不适合计算增减速度,这样无法解释其实际意义,此时,适宜直接用绝对数进行分析。

(2) 有时不能单纯就增减速度论增减速度,要注意增减速度与绝对水平结合分析。计算每增减1%的绝对值指标,就是将现象的速度与水平结合起来进行分析的一个指标,计算

公式为:

$$\text{增减1\%的绝对值} = \frac{\text{逐期增减量}}{\text{环比增减速度} \times 100} = \frac{a_i - a_{i-1}}{\left(\frac{a_i}{a_{i-1}} - 1\right) \cdot 100} = \frac{a_{i-1}}{100} = \frac{\text{前一期水平}}{100}$$

(式 7.20)

【例 7.11】 根据表 7.2 中国内生产总值计算相应的发展水平和发展速度指标,结果如表 7.12 所示:

表 7.12 发展水平和发展速度计算表

	国内生产总值/亿元	逐期增减量/亿元	累积增减量/亿元	环比发展速度/%	定基发展速度/%	环比增减速度/%	定基增减速度/%	增减1%的绝对值/亿元
2009	348 517.7	—	—	—	—	—	—	—
2010	412 119.3	63 601.6	63 601.6	118.25	118.25	18.25	18.25	3 485.18
2011	487 940.2	75 820.9	139 422.5	118.40	140.00	18.40	40.00	4 121.19
2012	538 580.0	50 639.8	190 062.3	110.38	154.53	10.38	54.53	4 879.40
2013	592 963.2	54 383.2	244 445.5	110.10	170.14	10.10	70.14	5 385.80
2014	641 280.6	48 317.4	292 762.9	108.15	184.00	8.15	84.00	5 929.63
2015	685 992.9	44 712.3	337 475.2	106.97	196.83	6.97	96.83	6 412.81
2016	740 060.8	54 067.9	391 543.1	107.88	212.35	7.88	112.35	6 859.93
2017	820 754.2	80 693.4	472 236.6	110.90	235.50	10.90	135.50	7 400.61
2018	900 309.5	79 555.2	551 791.7	109.69	258.33	9.69	158.33	8 207.54

资料来源:中国统计年鉴(2019)

7.3.2 平均发展速度和平均增减速度

1) 平均发展速度

平均发展速度是各个时期环比发展速度的序时平均数,表明社会经济现象在一个较长时期内速度变化的平均程度。

由于环比发展速度是根据同一现象在不同时期发展水平对比而得到的动态相对数,它所依据的基期不同。因此,计算平均发展速度不能用算术平均数方法,通常采用几何平均法和累计法。

(1) 几何平均法(水平法)

由于现象发展的总速度不等于各期环比发展速度之和,而等于各期环比发展速度的连乘积,所以求环比发展速度的平均值即平均发展速度,通常采用几何平均法,计算公式为:

$$\overline{X} = \sqrt[n]{X_1 \cdot X_2 \cdot X_3 \cdots X_n} = \sqrt[n]{\frac{a_1}{a_0} \cdot \frac{a_2}{a_1} \cdot \frac{a_3}{a_2} \cdot \cdots \cdot \frac{a_n}{a_{n-1}}} = \sqrt[n]{\frac{a_n}{a_0}} \quad \text{(式 7.21)}$$

其中:$\overline{X}$ 为平均发展速度,n 为环比发展速度的个数,它等于观察数据的个数减1。例如表 7.2 中,我国 2009—2018 年国内生产总值的平均发展速度为:

$$\overline{X} = \sqrt[n]{\frac{a_n}{a_0}} = \sqrt[9]{\frac{900\,309.5}{348\,517.7}} = 111.12\%$$

说明从 2009 年开始,我国的国内生产总值以平均每年 111.12% 的发展速度发展,经过 9 年达到 2018 年的 900 309.5 亿元。

应用几何平均法计算平均发展速度的基本思想是,从最初水平 a_0 出发,每期按平均发展速度 $\overline{X}$ 发展,经过 n 期后将达到最末水平 a_n,即 $a_0(\overline{X})^n = a_n$,因此,用几何平均法计算的平均发展速度推算出的最末期的数值与最末期的实际观察值是一致的。从计算公式可以看出,用几何平均法计算的平均发展速度,只与最初水平 a_0 和最末水平 a_n 有关,与其他观察值无关。因此,该方法只是考察现象在最末一期所应达到的发展水平,所以在实际应用中,如果我们关心的是现象在最后一期应该达到的水平,如最末期所达到的工业生产能力、产值、人口数的增长等,采用几何平均法计算平均发展速度比较合适。

(2) 累计法(方程法)

在一个时间数列中,各期实际水平之和为:

$$a_1 + a_2 + \cdots + a_n = \sum a_i$$

在最初水平 a_0 的基础上,如果每一期均按固定的发展速度 $\overline{X}$ 发展,各期按固定发展速度计算的水平分别为 $a_0 \overline{X}^i$,设定计算期的各期发展水平之和等于实际各期发展水平之和,则:

$$a_0 \overline{X} + a_0 \overline{X}^2 + a_0 \overline{X}^3 + \cdots + a_0 \overline{X}^n = a_1 + a_2 + \cdots + a_n = \sum a_i$$

两边同除以 a_0,则有:

$$\overline{X} + \overline{X}^2 + \overline{X}^3 + \cdots + \overline{X}^n = \frac{\sum a_i}{a_0} \tag{式 7.22}$$

解此高次方程所得 $\overline{X}$ 的正根就是按累计法所求的平均发展速度。

应用累计法计算平均发展速度的特点,是着眼于各期发展水平的累计之和。若在实际中侧重于考察现象各期发展水平的总和,如累计新增固定资产数、累计毕业生人数等,则应采用累计法比较合适。

2) 平均增减速度

平均增减速度是用于描述现象在整个观察期内平均增减变化的程度,它通常用平均发展速度减 1 来求。平均增减速度是现象各期环比增减速度的动态平均数,表明现象在一个较长时期内平均增减的水平。表示为:

$$\text{平均增减速度} = \text{平均发展速度} - 1 \tag{式 7.23}$$

平均增减速度可能是正数,也可能是负数。当平均发展速度大于 1 时,平均增减速度为正数,说明现象在一段时期内发展水平增长的平均程度;当平均发展速度小于 1 时,平均增减速度为负数,说明现象在一段时期内发展水平降低的平均程度。上例说明,从 2009 年到

2018年,我国国内生产总值平均每年以11.12%的速度增长。

平均速度指标是各个环比速度的几何平均数,它一方面概括了各个环比速度的数量差异,同时又掩盖了环比速度之间的数量差异,因此在具体计算和应用时,要注意以下几个问题:

(1) 要结合具体研究目的选择适当的基期,并注意指标在整个研究时期的同质性。如果资料中有几年的环比速度增长特别快,另外的几年出现负增长,以及所选择的最初水平和最末水平受特殊因素的影响过高或过低,用这样的资料来计算平均发展速度,就会降低甚至失去指标的代表意义。

(2) 要联系各个时期的环比发展速度应用分段平均速度补充总平均速度。平均发展速度仅能表示一定时期的平均发展情况,将中间各个时期的具体变动抽象掉了,所以有必要补充各期的环比速度加以分析。

(3) 平均速度应该和发展水平、环比速度、定基速度等动态分析指标结合应用。因为发展速度是报告期水平除以基期水平而得,从数量关系来看,基期水平低,速度就容易高;基期水平高,速度就一般较低,所以,速度高可能掩盖低水平,速度低可能隐藏着高水平。

(4) 在经济分析中将有关的经济现象的平均速度指标结合起来分析。例如,轻、重工业生产的平均速度,工、农业生产的平均速度,总产值和利润额的平均速度等结合起来分析,借以反映有关现象在各个时期中每年平均发展的差别幅度,研究各个方面是否协调发展。

7.4 时间数列的变动分析

7.4.1 时间数列变动因素的分解

1) 时间数列的变动因素

社会经济现象的发展变化是多种因素影响的综合结果。在诸多影响因素中,有的是长期起作用的,对事物的变化发挥决定性作用;有的只是短期起作用,或者只是偶然发挥非决定性的作用。这些因素的作用方向和影响强弱不同,使具体的时间序列呈现出不同的变动形态,统计分析的任务就是要正确确定时间数列的性质,对构成时间序列的各种因素加以分解和测定,以便对未来的状况作出判断和预测,时间数列变动因素通常归纳为四种:长期趋势变动(T)、季节变动(S)、循环变动(C)及不规则变动(I)。

(1) 长期趋势变动(T)。长期趋势变动是时间数列中最基本的规律性变动。长期趋势是指现象在一个相当长的时期内持续发展变动的总趋势。如持续上升、持续下降、基本持平。长期趋势变动是由于现象受到各个时期普遍的、持续的、决定性的基本因素影响的结果。分析经济现象的长期趋势对于正确预测经济现象的发展具有十分重要的意义。

(2) 季节变动(S)。季节变动因素是经济现象受季节变动影响所形成的一种长度和幅度固定的周期波动。季节变动因素既包括受自然季节影响所形成的波动,也包括受工作时间规律(如5天工作制)、社会风俗习惯等原因所形成的波动。例如,逢年过节,许多商品的销售额会成倍地增加,每年寒暑假和黄金周,交通运输就特别繁忙等。季节变动的周期为一年或一年以内(如一季、一月、一周等)。

(3) 循环变动(C)。循环变动也称周期变动,是一种周期较长的、近乎规律性的由高到底、再由低至高周而复始的变动。它不同于长期趋势的变动,它不是朝同一方向的持续发展,也不同于季节变动,季节变动的周期较短,周期长度相等且波动规律,而一般循环变动的周期较长,周期长度不等且波动程度也不同,如农业中的丰年、歉年、平年,它们相继出现,几年一个周期,使农业生产呈现明显的循环变动。

(4) 不规则变动(I)。不规则变动又称随机变动,是指除上述各种变动以外,现象受偶然的、临时因素的影响而出现的不规则波动,如股票市场受突然出现的利好或利空消息的影响使股票价格产生波动等。从长期来看,某些偶然因素的个别影响是可以相互抵消一部分的。

2) 时间数列变动因素的组合模型

时间数列变动分析的任务之一,就是对时间数列中这几个因素进行测定和分析,从而揭示现象变动的规律和特征,为认识和预测事物的发展提供依据。

上述四种因素,按照它们的影响方式的不同,可以设定不同的组合模型,其中最常见的有乘法模型和加法模型。乘法模型假定四个因素对现象发展的影响是相互的,加法模型则假定各因素的影响是相互独立的。

(1) 加法模型。当四种变动因素是相互独立的,时间数列(Y)是各因素相加的总和,则:

$$Y = T + S + C + I$$

式中:Y、T 是总量指标,S、C、I 均是对 T 产生的偏差,用原始单位表示。

(2) 乘法模型。当四种变动因素是相互影响、交叉作用的关系,时间数列(Y)是各因素相乘的乘积,则:

$$Y = T \cdot S \cdot C \cdot I$$

式中:Y、T 是总量指标,用原始单位表示,S、C、I 则为比率,用百分数表示。时间数列组合模型中包含了四种因素,这是时间数列的完备模式,但并不意味着在每个时间数列中这四种因素都是同时存在的。一般而言,在时间数列中长期趋势是经常存在的,季节变动因素和循环变动因素则不一定存在,当季节变动因素或循环变动因素不存在时,在乘法模型中 S 或 C 取值为1,在加法模型中 S 或 C 取值为0。

实际应用中,一般采用乘法模型。

7.4.2 长期趋势的测定

对长期趋势的测定,就要用一定的方法对时间数列进行修匀,使修匀后的数列排除季节变动、循环变动和不规则变动等因素的影响,显示出现象变动的基本趋势。常见的测定长期趋势的方法主要有时距扩大法、移动平均法和趋势模型法。

1) 时距扩大法

时距扩大法也叫隔扩大法,就是把原来时间数列中较小时距单位的若干个数据加以合并,形成一个间隔较大的时间数列,以消除原数列中因间隔较小而受到偶然因素影响所引起的波动,显现出现象变动的长期趋势。

【例 7.12】 表 7.13 是 2015—2018 年某企业连续 16 个季度的商品销售量资料。

表 7.13　某企业商品销售量资料

年份	销售量/万件			
	第一季度	第二季度	第三季度	第四季度
2015	10.8	11.5	7.9	8.6
2016	13.1	13.9	9.7	11.0
2017	14.6	17.5	16.0	18.0
2018	18.4	20.0	16.9	18.2

从表 7.13 四年 16 个季度的资料来看,该企业的销售量有升有降,且明显的以四个季度为周期的重复变动,而且也有逐年持续增长的趋势。为了测定长期趋势,必须将其他因素剔除,因为该表中的变动周期为四季,所以把以季为单位的数据合并为以年为单位的数据,如表 7.14,这样就剔除了季节变动的影响,显示出长期增长的趋势。

表 7.14　时距扩大法计算结果

年份	年销售量/万件	季平均销售量/万件
2015	38.8	9.7
2016	47.7	11.9
2017	66.1	16.5
2018	73.5	18.4

从表 7.14 可以看到,时距扩大法很好地消除了季节变动和偶然因素的影响,显示时间数列的长期趋势。年销售量是间隔扩大后按年计算的总数,只适合于时期数列;而序时平均数(如季平均销售量)既适合于时期数列也适合于时点数列。

应用时距扩大法,其时间间隔的扩大程度要适当。间隔时间太短,不能排除偶然因素的影响,间隔时间太长,又会掩盖现象在不同时期发展变化的差异,因此间隔扩大的程度要根据原数列的数据波动情况以及具体的分析目的而定。时距扩大法可以简单直观地测定长期趋势,但是时距扩大之后形成的数列数据大大减少,不利于进行进一步的分析。

2) 移动平均法

移动平均法又称继动平均法,它是对原数列按照一定的时间跨度逐项移动,计算一系列的序时平均数,以消除短期的、偶然的因素的影响,形成一个新的时间数列,显示出现象发展的基本趋势。表 7.15 为利用移动平均法对表 7.13 的计算结果。

表 7.15　移动平均法计算结果　　　　　　　　　　　　　　单位:万件

年份	季度	销售量	三项移动平均	四项移动平均	二项移动平均
2015	第一季度	10.8	—	—	—
	第二季度	11.5	10.07	9.70	—
	第三季度	7.9	9.33	10.28	9.99
	第四季度	8.6	9.87	10.88	10.58

(续表)

年份	季度	销售量	三项移动平均	四项移动平均	二项移动平均
2016	第一季度	13.1	11.87	11.33	11.10
	第二季度	13.9	12.23	11.93	11.63
	第三季度	9.7	11.53	12.30	12.11
	第四季度	11	11.77	13.20	12.75
2017	第一季度	14.6	14.37	14.78	13.99
	第二季度	17.5	16.03	16.53	15.65
	第三季度	16.0	17.17	17.48	17.00
	第四季度	18.0	17.47	18.10	17.79
2018	第一季度	18.4	18.80	18.33	18.21
	第二季度	20.0	18.43	18.38	18.35
	第三季度	16.9	18.37	—	—
	第四季度	18.2	—	—	—

应用移动平均法进行长期趋势的测定,需要注意以下几点:

(1) 移动平均项数 n 为奇数时,只需要进行一次移动平均,得出相应的趋势值。其移动平均值(趋势值)作为移动平均项数中间一期的数值,因此移动平均数都能与各时期的数值对正。例如,对上表的时间数列进行三项移动平均,首先计算 2015 年第一季度到第三季度三组数据的平均数,对应写在中间一期的位置。即: $\frac{10.8+11.5+7.9}{3}=10.07$,写在 2015 年第二季度对应的位置,接着计算 2015 年第二季度到第四季度三组数据的平均数,即 $\frac{11.5+7.9+8.6}{3}=9.33$,写在 2015 年第三季度对应的位置。按照上述方式依次递移,分别算出相应的移动平均数。

(2) 移动平均项数 n 为偶数时,其移动平均值代表的是该偶数项的中间位置的水平,无法正对某一个时期,因此需要再进行一次两项移动平均,得出能对正某个时期的趋势值。例如,对上表的时间数列进行四项移动平均,首先计算 2015 年第一季度到第四季度四组数据的平均数,对应写在中间的位置。即: $\frac{10.8+11.5+7.9+8.6}{4}=9.70$,写在 2015 年第二季度和第三季度中间(表中因排版需要未按此要求,下同),接着计算 2015 年第二季度到 2016 年第一季度四组数据的平均数,即 $\frac{11.5+7.9+8.6+13.1}{4}=10.28$,写在 2015 年第三季度和第四季度中间,然后再求两个平均数的平均数 $\frac{9.70+10.28}{2}=9.99$,写在两个平均数的中间,也就是 2015 年第三季度对应的位置。按照上述方式依次递移,分别算出其他的移动平均数。

(3) 在选择移动平均项数 n 时,应该根据资料的具体特点来选定。如果现象的变动具有周期性或存在自然周期,应该以周期长度或者长度的倍数作为移动平均的项数。例如,现象的变动以 5 年为一个周期,则可取五项移动平均;若为各年的季度或月份时,则可取四项或十二项移动平均,这样处理可以消除周期变动的影响,取得较好的修匀效果,真实反映现象发展的长期趋势,如该例中选择四项移动平均修匀的效果比三项移动平均要好。

(4) 由移动平均数形成的趋势值的项数要比原数列中的指标数值的项数少,当 n 为奇数时,移动平均所形成的新数列,比原数列少 $n-1$ 项,当 n 为偶数时,新数列比原数列少 n 项。移动平均时选择的项数越多,修匀的效果越好,但是所得的趋势值的项数就越少,不利于长期趋势的分析,但要是时距过小,虽然趋势值的项数多,但是可能出现数据波动的情况,无法反映现象的长期趋势。

(5) 应用移动平均法,是按算术平均计算一系列移动平均数的,所以只有当原来数列的基本趋势为直线时,这一系列移动平均数才与该数列的基本趋势符合。

3) 趋势模型法

趋势模型法就是借助于直观判断或者散点图,构造一个趋势方程来描述长期趋势,使求出的趋势值 Y_c 与实际观测值达到最大限度的接近,拟合原时间数列。要构造这样的趋势方程,最合适的方法就是最小二乘法,它既适合于直线拟合,也适合于曲线拟合。

最小二乘法的中心思想是,要拟合一条在所有直线中最接近实际数据点的理想直线,必须满足两个条件:① $\sum(Y-Y_c)^2 = $ 最小值;② $\sum(Y-Y_c) = 0$

(1) 直线趋势的拟合

如果一个时间数列各个时期的变化量大体相同,即各时期的逐期增减量近似相等,则时间数列发展的长期趋势接近直线型(也可以绘制散点图观察),这时可以对时间数列拟合直线方程,来反映现象长期的趋势动向,直线趋势方程的一般形式为:

$$Y_c = a + bt \tag{式 7.24}$$

根据最小二乘法原理,按此公式求出趋势值与实际观测值的离差平方和是最小的,即:

$$\sum(Y-Y_c)^2 = \sum(Y-a-bt)^2 = 最小值$$

对 a 和 b 的偏导数等于零,得正规方程为:

$$\begin{cases} \sum Y = na + b\sum t \\ \sum tY = a\sum t + b\sum t^2 \end{cases}$$

求解得:

$$\begin{cases} b = \dfrac{n\sum tY - (\sum t)(\sum Y)}{n\sum t^2 - (\sum t)^2} \\ a = \dfrac{\sum Y}{n} - \dfrac{b\sum t}{n} = \bar{Y} - b\bar{t} \end{cases} \tag{式 7.25}$$

上述表达式中,t 是数列中的时间指标,为了计算简便,可以采用假定的序号,使得 t 之和等于 0。具体编制方法为:当数列项数为奇数时,以中间一期为原点,记为 0,原点以前各期依次减 1，记为 $\left(-\frac{n-1}{2}, \cdots, -2, -1\right)$ 原点以后各期依次加 1，记为 $\left(1, 2, \cdots, \frac{n-1}{2}\right)$，即整个时间数列对应 t 值序列为 $\left(-\frac{n-1}{2}, \cdots, -2, -1, 0, 1, 2, \cdots, \frac{n-1}{2}\right)$。如 9 项时间数列，对应 t 值序列为 $(-4, -3, -2, -1, 0, 1, 2, 3, 4)$。当项数为偶数时，则用中间两个时期的中点为出发点，分别记为 -1 和 1，往前各期依次减 2，记为 $(-(n-1), \cdots, -5, -3, -1)$，往后各期依次加 2，记为 $(1, 3, 5, \cdots, n-1)$，即整个时间数列对应 t 值序列为 $(-(n-1), \cdots, -5, -3, -1, 1, 3, 5, \cdots, n-1)$。如 10 项时间数列，对应 t 值序列为 $(-9, -7, -5, -3, -1, 1, 3, 5, 7, 9)$。从而（式 7.25）可以简化为：

$$\begin{cases} b = \dfrac{\sum tY}{\sum t^2} \\ a = \dfrac{\sum Y}{n} = \overline{Y} \end{cases} \quad (\text{式 } 7.26)$$

【例 7.13】 对表 7.2 中国内生产总值，拟合其长期趋势方程。

【解】 第一步，绘制散点图，如图 7.1，初步确定长期趋势模型。

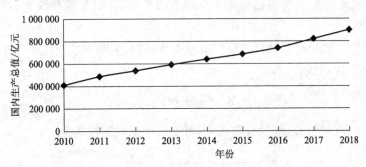

图 7.1 2010—2018 年国内生产总值散点图

第二步，数据处理。如表 7.16。

表 7.16 最小二乘法计算

年份	t	国内生产总值 Y/亿元	tY	t^2	Y_c
2010	-4	412 119.3	$-1\,648\,477.2$	16	416 853.84
2011	-3	487 940.2	$-1\,463\,820.6$	9	474 307.08
2012	-2	538 580.0	$-1\,077\,160$	4	531 760.32
2013	-1	592 963.2	$-592\,963.2$	1	589 213.56
2014	0	641 280.6	0	0	646 666.80
2015	1	685 992.9	685 992.9	1	704 120.04
2016	2	740 060.8	1 480 121.6	4	761 573.28
2017	3	820 754.3	2 462 262.9	9	819 026.52
2018	4	900 309.5	3 601 238	16	876 479.76
合计	0	5 820 000.8	3 447 194.4	60	5 820 001.2

第三步,将表中数据代入(式 7.26)得:

$$\begin{cases} b = \dfrac{\sum tY}{\sum t^2} = \dfrac{3\ 447\ 194.4}{60} = 57\ 453.24 \\ a = \dfrac{\sum Y}{n} = \bar{Y} = \dfrac{5\ 820\ 000.8}{9} = 646\ 666.8 \end{cases}$$

代入(式 7.24),得趋势方程为:

$$Y_c = 646\ 666.8 + 57\ 453.24t$$

将代表各年份的 t 值代入上述直线方程,即可求出各年的趋势值 Y_c,如表 7.16 最后一栏。

如要采用点估计的方法预测 2021 年的国内生产总值,只需把 2021 年对应的 $t=7$ 代入直线方程即可,则可得到 2021 年国内生产总值预测值 $Y_c = 646\ 666.8 + 57\ 453.24 \times 7 = 1\ 048\ 839.48$(亿元)。

(2) 曲线趋势的拟合

社会经济现象的发展变化趋势并不总是直线形式,有时呈现曲线变动趋势,如抛物线型和指数曲线型。

① 抛物线型。如果时间数列二级增减量大致相同,表明现象变化趋势近似于二次抛物线,可拟合如下二次曲线方程:

$$Y_c = a + bt + ct^2 \tag{式 7.27}$$

按照最小二乘法进行求解及数学迭代,可得三个正规方程式为:

$$\begin{cases} \sum Y = na + b\sum t + c\sum t^2 \\ \sum tY = a\sum t + b\sum t^2 + c\sum t^3 \\ \sum t^2 Y = a\sum t^2 + b\sum t^3 + c\sum t^4 \end{cases}$$

为便于计算,参照之前方法对 t 进行处理,使 $\sum t = 0$,则上式化简为:

$$\begin{cases} a = \dfrac{\sum t^4 \sum Y - \sum t^2 \sum t^2 Y}{\sum t^4 - (\sum t^2)^2} \\ b = \dfrac{\sum tY}{\sum t^2} \\ a = \dfrac{n\sum t^2 \sum Y - \sum t^2 Y}{n\sum t^4 - (\sum t^2)^2} \end{cases} \tag{式 7.28}$$

② 指数曲线型。如果社会经济现象是按每期以大体相同的速度增减变化时,即各期的环比发展速度大致相同,则该现象的发展基本趋势是指数曲线型,其方程为:

$$Y_c = ab^t \qquad (式7.29)$$

求解指数曲线方程中的参数 a 和 b 时,可将上式两端取对数,得:

$$\lg Y_c = \lg a + t\lg b$$

按最小二乘法进行计算,求得两个正规方程:

$$\begin{cases} \sum \lg Y = n\lg a + \lg b \sum t \\ \sum t\lg Y = \lg a \sum t + \lg b \sum t^2 \end{cases}$$

按照之前方法对 t 进行处理,使 $\sum t = 0$,得:

$$\begin{cases} \lg a = \dfrac{\sum \lg Y}{n} \\ \lg b = \dfrac{\sum t\lg Y}{\sum t^2} \end{cases} \qquad (式7.30)$$

曲线趋势的拟合计算量较大,具体求解过程见实训内容。

7.4.3 季节变动的测定

季节变动是指客观现象因受自然因素或社会经济因素影响,在一年内形成的有规律的周期变动。季节变动在现实生活中经常遇到,如商业活动中的"销售旺季"和"销售淡季",旅游业的"旅游旺季"和"旅游淡季"等等。季节变动的测定就是采用一定的方法,对按月或按季编制的时间数列,计算季节比率,来反映季节变动的方向、程度和一般规律,同时还可以消除时间数列中的季节变动,为测定和分析其他因素变动提供条件。

季节变动的测定有很多方法,常见的主要有按月(季)平均法和移动平均趋势剔除法。

1) 按月(季)平均法

按月(季)平均法是测定季节变动最简单的方法,它不考察长期趋势的影响,直接根据原时间数列通过简单平均来计算季节比率。季节比率又称季节指数,是各月(季)平均数与全年总月(季)平均数的比值,它以全期的总平均水平为基准(100%),用百分比形式来反映各月(季)平均水平相对总平均水平的高低程度,季节比率高说明"旺",反之说明"淡"。具体步骤为:

(1) 根据各年的月份(或季度)数据计算同月份(或季度)的平均数,其目的是为了消除各年同一月份(或季度)数据上的不规则变动。

(2) 计算各年所有月份(或季度)的总平均数,找出整个数列的水平趋势。

(3) 将各月份(或季度)的平均数除以总平均数,得到各月份(或季度)的季节比率。

【例 7.14】 以表 7.13 为例,采用按季平均法进行季节变动的测定。计算结果如表 7.17 所示。

表 7.17 按季平均法计算季节比率结果

年份	各季销售量/万件				全年合计/万件
	一	二	三	四	
2015	10.8	11.5	7.9	8.6	38.8
2016	13.1	13.9	9.7	11.0	47.7
2017	14.6	17.5	16.0	18.0	66.1
2018	18.4	20.0	16.9	18.2	73.5
同季合计/万件	56.9	62.9	50.5	55.8	226.1
季平均数/万件	14.23	15.73	12.63	13.95	14.13
季节比率/%	100.66	111.28	89.34	98.72	400.00

结果分析:第三季度销售量最低,为淡季,第二季度销售量最高,为旺季。

按月(季)平均法计算简单,易于理解。其缺点是没有考虑时间数列中的长期趋势,因而当时间数列存在明显的长期趋势时,该方法的季节比率不够准确,当存在剧烈的上升趋势时,年末季节比率会明显高于年初的季节比率。当存在下降趋势时,年末的季节比率明显低于年初的季节比率。只有当数列的长期趋势不明显或影响不重要时,可应用此方法。

2) 移动平均趋势剔除法

移动平均趋势剔除法的基本思想是:先利用移动平均法将时间数列中的长期趋势予以消除,然后再计算季节比率。假定包含趋势变动的时间数列的各影响因素以乘法模型形式组合,同时各年度的不规则变动彼此独立,依然以表 7.13 为例,具体步骤如下:

(1) 对数列求项数等于季节周期的移动平均数,求出移动平均趋势值 Y_c,以消除季节变动和不规则变动。因本例是季度资料,因此选择四项移动平均法。如表 7.15 中最后一列已经求得。

(2) 从原数列中剔除已经测定的长期趋势变动,剔除趋势值有两种方法:①从实际观测值 Y 中减去趋势值 Y_c。②用实际观测值除以趋势值 Y_c,因假定的是乘法模型,故选择第二种方式。计算结果如表 7.18。

表 7.18 从原数列中剔除长期趋势变动

年份	季度	销售量 Y/万件	四项移动平均趋势值 Y_c/万件	Y/Y_c/%
2015	第一季度	10.8	—	—
	第二季度	11.5	—	—
	第三季度	7.9	9.99	79.08
	第四季度	8.6	10.58	81.29
2016	第一季度	13.1	11.10	118.02
	第二季度	13.9	11.63	119.52
	第三季度	9.7	12.11	80.10
	第四季度	11	12.75	86.27

(续表)

年份	季度	销售量 Y/万件	四项移动平均趋势值 Y_c/万件	Y/Y_c/%
2017	第一季度	14.6	13.99	104.36
	第二季度	17.5	15.65	111.82
	第三季度	16.0	17.00	94.12
	第四季度	18.0	17.79	101.18
2018	第一季度	18.4	18.21	101.04
	第二季度	20.0	18.35	108.99
	第三季度	16.9	—	—
	第四季度	18.2	—	—

(3) 根据剔除趋势值所得的结果,将各年各季的 Y/Y_c 重新排列,求得同月(或同季)的平均数,以消除不规则变动。一到四季度的平均数之和应该是 400%,否则就应该进行校正,如果是按月度资料计算,则 12 个月的平均数之和应该等于 1 200%。本例中,各季 Y/Y_c 的平均值之和为 395.26%,因此需要校正,校正系数为 400÷395.26 = 1.01,以校正系统分别乘以各季的平均数,即可得季节比率。结果如表 7.19 所示。

表 7.19 季节比率计算结果   单位:%

年份	第一季度	第二季度	第三季度	第四季度	合计
2015	—	—	79.08	81.29	160.37
2016	118.02	119.52	80.10	86.27	403.91
2017	104.36	111.82	94.12	101.18	411.48
2018	101.04	108.99	—	—	210.03
同季合计	323.42	340.33	253.30	268.74	1185.79
平均数	107.81	113.44	84.43	89.58	395.26
季节比率	109.10	114.80	85.45	90.65	400.00

季节比率说明现象在剔除了长期趋势影响后,在一年中各季的波动情况。根据结果可知第二季度为旺季,第三季度为淡季,从第三季度到下一年的第二季度销售量是逐渐增加的,季节比率也可以用来进行销售预测。

重要术语

时间数列　绝对数时间数列　相对数时间数列　平均数时间数列　时期数列　时点数列　发展水平　基期水平　报告期水平　逐期增减量　累积增减量　平均增减量　平均发展水平　定基发展速度　环比发展速度　增减速度　平均发展速度

主要公式

名称	公式
增减水平	逐期增减量：$a_1 - a_0, a_2 - a_1, a_3 - a_2, \cdots, a_n - a_{n-1}$ 累积增减量：$a_1 - a_0, a_2 - a_0, a_3 - a_0, \cdots, a_n - a_0$
平均增减量	$\overline{\Delta a} = \dfrac{\text{逐期增减量之和}}{\text{逐期增减量个数}} = \dfrac{\text{累积增减量}}{\text{时间数列项数}-1}$
绝对数时间数列的序时平均数	时期数列：$\bar{a} = \dfrac{a_1 + a_2 + a_3 + \cdots + a_n}{n} = \dfrac{\sum a_i}{n}$ 时点数列： 　连续时点数列： 　　间隔相等：$\bar{a} = \dfrac{a_1 + a_2 + a_3 + \cdots + a_n}{n} = \dfrac{\sum a}{n}$ 　　间隔不等：$\bar{a} = \dfrac{a_1 f_1 + a_2 f_2 + \cdots + a_n f_n}{f_1 + f_2 + \cdots + f_n} = \dfrac{\sum af}{\sum f}$ 　间断时点数列： 　　间隔相等：$\bar{a} = \dfrac{\frac{1}{2}a_1 + a_2 + \cdots + a_{n-1} + \frac{1}{2}a_n}{n-1}$ 　　间隔不等：$\bar{a} = \dfrac{\frac{a_1+a_2}{2}f_1 + \frac{a_2+a_3}{2}f_2 + \cdots + \frac{a_{n-1}+a_n}{2}f_{n-1}}{f_1 + f_2 + \cdots + f_{n-1}}$
相对数和平均数时间数列的序时平均数	$\bar{c} = \dfrac{\text{分子数列的序时平均数 } \bar{a}}{\text{分母数列的序时平均数 } \bar{b}}$
发展速度	定基发展速度：$\dfrac{a_1}{a_0}, \dfrac{a_2}{a_0}, \dfrac{a_3}{a_0}, \cdots, \dfrac{a_n}{a_0}$ 环比发展速度：$\dfrac{a_1}{a_0}, \dfrac{a_2}{a_1}, \dfrac{a_3}{a_2}, \cdots, \dfrac{a_n}{a_{n-1}}$
增减速度	增减速度 = 发展速度 − 1
增减 1% 的绝对值	增减 1% 的绝对值 $= \dfrac{a_{i-1}}{100} = \dfrac{\text{前一期水平}}{100}$
平均发展速度	$\bar{X} = \sqrt[n]{X_1 \cdot X_2 \cdot X_3 \cdots X_n} = \sqrt[n]{\dfrac{a_1}{a_0} \cdot \dfrac{a_2}{a_1} \cdot \dfrac{a_3}{a_2} \cdot \cdots \cdot \dfrac{a_n}{a_{n-1}}} = \sqrt[n]{\dfrac{a_n}{a_0}}$
平均增减速度	平均增减速度 = 平均发展速度 − 1
直线趋势方程	$Y_c = a + bt$ 其中：$\begin{cases} b = \dfrac{n\sum tY - (\sum t)(\sum Y)}{n\sum t^2 - (\sum t)^2} \\ a = \dfrac{\sum Y}{n} - \dfrac{b\sum t}{n} = \bar{Y} - b\bar{t} \end{cases}$

练习题

一、单项选择题

1. 在线性趋势方程 $Y_c = a + bt$ 中,参数 a 表示(　　)
   A. 年平均绝对增长量　　　　　　　B. 年平均发展速度
   C. 年平均水平　　　　　　　　　　D. $t=0$ 时动态数列水平

2. 累计增长量等于:(甲)逐期绝对增长量之和;(乙)逐期绝对增长量连乘积。定基发展速度等于:(丙)环比发展速度的总和;(丁)环比发展速度的连乘积。(　　)
   A. 甲丙　　　B. 乙丙　　　C. 甲丁　　　D. 乙丁

3. 增长速度的算法是:(　　)
   A. 数列水平之差　　　　　　　　　B. 绝对增长量同发展速度之比
   C. 数列水平之比　　　　　　　　　D. 绝对增长量同基期水平之比

4. 已知环比增长速度为8%、6%、5%、7%,则定基增长速度为(　　)
   A. 8%×6%×5%×7%　　　　　　　B. (8%×6%×5%×7%)−1
   C. 108%×106%×105%×107%　　　D. (108%×106%×105%×107%)−1

5. 用几何平均法求平均发展速度时,被开方的数是:(甲)环比发展速度连乘积;(乙)环比发展速度之和。这个指标的根次等于:(丙)动态数列水平的项数;(丁)环比增长速度的项数。(　　)
   A. 甲丙　　　B. 乙丙　　　C. 甲丁　　　D. 乙丁

6. 某地区粮食产量的平均发展速度 2009—2011 年是 1.03,2012—2013 年是 1.05,则 2009—2013 年这 5 年的平均发展速度是(　　)
   A. $\sqrt{1.03 \times 1.05}$　　　　　　　　　B. $\sqrt[5]{1.03 \times 1.05}$
   C. $\sqrt{1.03^3 \times 1.05^2}$　　　　　　　D. $\sqrt[5]{1.03^3 \times 1.05^2}$

7. 假如每年绝对增长量稳定,那么环比增长速度:(甲)下降;(乙)稳定不变。如果每年发展速度稳定,那么逐年的绝对增长量是:(丙)增加;(丁)保持稳定。(　　)
   A. 甲丙　　　B. 乙丙　　　C. 甲丁　　　D. 乙丁

8. 一时间数列有 30 年数据,若以五年移动平均,修匀后的时间数列有多少年数据?(　　)
   A. 30 年　　　B. 28 年　　　C. 26 年　　　D. 24 年

9. 一时间数列有 30 年数据,若以六年移动平均,修匀后的时间数列有多少年数据?(　　)
   A. 30 年　　　B. 28 年　　　C. 26 年　　　D. 24 年

10. 对动态数列进行修匀,利用直线公式 $Y_c = a + bt$,参数 b 说明(　　)
    A. 年平均绝对增长量　　　　　　　B. 年平均发展速度
    C. 年平均增长速度　　　　　　　　D. 数列的平均水平

11. 若无季节变动,则季节比率应为(　　)

A. 0 B. 1 C. 大于1 D. 小于1

12. 定基发展速度和环比发展速度的关系是(　　)
    A. 两个相邻时期的定基发展速度之商等于相应的环比发展速度
    B. 两个相邻时期的定基发展速度之差等于相应的环比发展速度
    C. 两个相邻时期的定基发展速度之和等于相应的环比发展速度
    D. 两个相邻时期的定基发展速度之积等于相应的环比发展速度

13. 增长率是时间序列中(　　)
    A. 报告期观察值与基期观察值之比
    B. 报告期观察值与基期观察值之比减1
    C. 报告期观察值与基期观察值之比加1
    D. 基期观察值与报告期观察值之比减1

14. 增长1个百分点而增加的绝对数量称为(　　)
    A. 环比增长率   B. 平均增长率
    C. 年度化增长率   D. 增长1%的绝对值

15. 环比增长率是(　　)
    A. 报告期观察值与前一时期观察值之比
    B. 报告期观察值与前一时期观察值之比减1
    C. 报告期观察值与某一固定时期观察值之比加1
    D. 某一固定时期观察值与报告期观察值之比减1

16. 移动平均法适用于预测(　　)
    A. 平稳序列   B. 非平稳序列
    C. 有趋势成分的序列   D. 有季节成分的序列

17. 计算按年排列的动态数列的年平均发展速度时,应采用下面(　　)公式。
    A. 各年定基发展速度连乘,然后开n次方
    B. 各年环比发展速度连乘,然后开n次方
    C. 各年定基增长速度连乘,然后开n次方
    D. 各年环比增长速度连乘,然后开n次方

18. 对长度不同的各时期产值资料计算平均发展速度应采用(　　)
    A. 简单算术平均   B. 加权算术平均
    C. 简单几何平均   D. 加权几何平均

19. 下列数列中哪一个属于动态数列(　　)
    A. 学生按学习成绩分组形成的数列
    B. 工业企业按地区分组形成的数列
    C. 职工按工资水平高低排列形成的数列
    D. 出口额按时间先后顺序排列形成的数列

20. 已知某企业1月、2月、3月、4月的平均职工人数分别为190人、195人、193人和201人。则该企业一季度的平均职工人数的计算方法为(　　)

A. $\dfrac{(190+195+193+201)}{4}$ B. $\dfrac{190+195+193}{3}$

C. $\dfrac{(190/2)+195+193+(201/2)}{4-1}$ D. $\dfrac{(190/2)+195+193+(201/2)}{4}$

二、判断题(对的在括号里打√,错的在括号里打×)

1. 绝对数时间数列中的各个指标数值是可以相加的。 ( )
2. 动态数列又称时间数列,它与分配数列是相同的。 ( )
3. 平均增长量等于累计增长量除以数列的项数。 ( )
4. 如果逐期增长量年年相等,则各年的环比增长速度也年年相等。 ( )
5. 最小平方法配合趋势线的基本要求是:原数列与趋势线的离差平方和最小。 ( )
6. 逐期增长量的总和等于累计增长量。 ( )
7. 两个相邻时期的定基发展速度之差等于相应的环比发展速度。 ( )
8. 说明现象在较长时期内发展的总速度的指标是环比发展速度。 ( )
9. 两个相邻时期的定基发展速度相除之商,等于相应的环比发展速度。 ( )
10. 平均发展速度是定基发展速度的算术平均数。 ( )

三、计算题

1. 某企业各月工人人数如下:

日期	1月1日	2月1日	3月1日	4月1日	7月1日
人数(人)	430	435	438	410	420

计算第一季度及上半年企业的平均工人人数。

2. 某市 2015 年—2019 年消费品零售额资料如下:

年份	2015	2016	2017	2018	2019
零售额/亿元	20.0	21.6	22.9	24.4	26.0

求:(1)用最小平方方法建立直线趋势方程;(2)预测 2020 年消费品零售额。

3. 某企业上半年工人数和总产值资料如下:

月份	1	2	3	4	5	6	7
月初工人数/人	2 000	2 020	2 025	2 040	2 035	2 045	2 050
总产值/万元	36 200	35 800	34 100	34 700	33 300	33 300	—

试求:上半年工人劳动生产率。

4. 某奶牛养殖场乳牛头数及产奶量资料如下表:

月份	1	2	3	4
月初奶牛头数/头	120	112	130	140
全月产奶量/千克	38 000	374 000	458 000	46 000

求:第一季度平均每月每头奶牛产奶量是多少?

5. 某地区 2016—2019 年工业总产值资料如下:

年份	2016	2017	2018	2019
工业总产值/亿元	64	72	78	88

计算:(1) 各年逐期增减量和累计增减量;(2) 各年环比发展速度和定基发展速度。

6. 下表是某只股票连续 30 个交易日的收盘价格,利用 SPSS 分别拟合回归直线,二阶曲线和三阶曲线,并对结果进行比较分析。

时间 t	观测值 Y	时间 t	观测值 Y
1	371	16	358
2	370	17	359
3	374	18	360
4	375	19	357
5	377	20	356
6	377	21	352
7	374	22	348
8	372	23	356
9	373	24	359
10	372	25	360
11	369	26	357
12	367	27	355
13	365	28	356
14	363	29	363
15	359	30	365

实 训

【实训 7.1】 移动平均预测

1) 实训任务

以引导案例为例用 Excel 进行移动平均预测。

2) 实训过程

(1) 选择【数据】→【数据分析】,在分析工具中选择【移动平均】,单击【确定】。如图 7.2 所示。

(2) 在对话框【输入区域】中输入原始数据的区域,在【间隔】中输入移动间隔长度,在【输出区域】中选择预测结果的输出位置,单击【确定】。如图 7.3 所示。

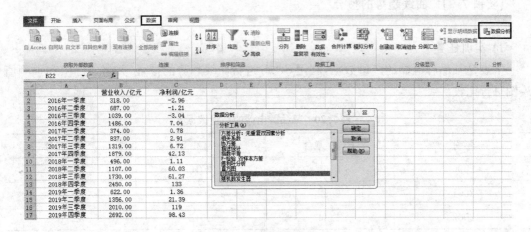

图 7.2 数据分析设置

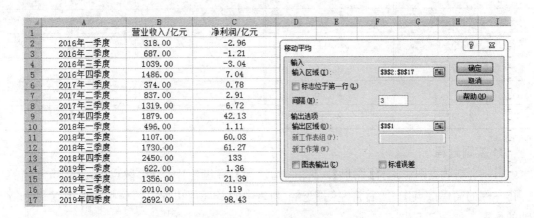

图 7.3 移动平均设置

(3) 对营业收入进行三项移动平均,对净利润进行五项移动平均,获得结果如图 7.4 所示:

	A	B	C	D	E
1		营业收入/亿元	净利润/亿元	三项移动平均	五项移动平均
2	2016年一季度	318.00	-2.96		
3	2016年二季度	687.00	-1.21	681.33	
4	2016年三季度	1039.00	-3.04	1070.67	0.122
5	2016年四季度	1486.00	7.04	966.33	1.296
6	2017年一季度	374.00	0.78	899.00	2.882
7	2017年二季度	837.00	2.91	843.33	11.916
8	2017年三季度	1319.00	6.72	1345.00	10.73
9	2017年四季度	1879.00	42.13	1231.33	22.58
10	2018年一季度	496.00	1.11	1160.67	34.252
11	2018年二季度	1107.00	60.03	1111.00	59.508
12	2018年三季度	1730.00	61.27	1762.33	51.354
13	2018年四季度	2450.00	133	1600.67	55.41
14	2019年一季度	622.00	1.36	1476.00	67.204
15	2019年二季度	1356.00	21.39	1329.33	74.636
16	2019年三季度	2010.00	119	2019.33	
17	2019年四季度	2692.00	98.43		

图 7.4 运行结果

【实训 7.2】 曲线趋势的拟合

1) 实训任务

下表是某品牌电器的产量数据,利用 SPSS 进行曲线趋势的拟合,并将实际值和预测值绘图进行比较。

表 7.20 某品牌电器的产量数据

年份	产量/万台	年份	产量/万台
2000	0.65	2010	36.51
2001	0.92	2011	50.42
2002	1.34	2012	52.34
2003	1.74	2013	57.64
2004	2.53	2014	62.12
2005	3.43	2015	70.27
2006	5.41	2016	107.31
2007	9.32	2017	183.24
2008	15.58	2018	226.32
2009	24.42	2019	279.15

2) 实训过程

(1) 绘制散点图。选择【图形】→【图表构建器】,在图库中选择"散点图/点图",双击第一行左侧的简单散点图,然后将左侧"变量"列表中的"年份"和"产量"分别拖曳到 X 轴和 Y 轴的位置。如图 7.5、图 7.6 所示。

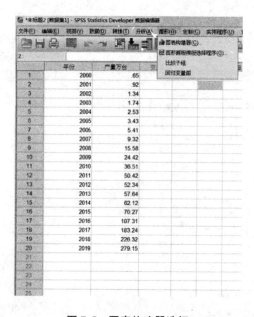

图 7.5 图表构建器选择

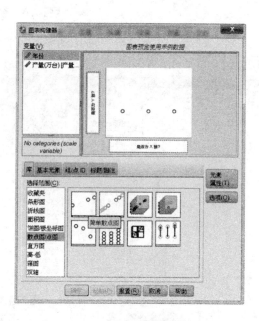

图 7.6 图表构建器设置

单击【确定】按钮,输出散点图,如图 7.7 所示。

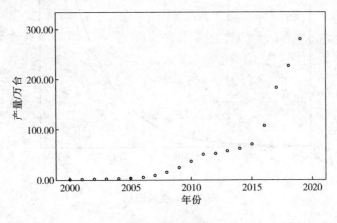

图 7.7 散点图

(2) 根据散点图,判断出是指数曲线。选择【分析】→【回归】→【曲线估计】。在对话框【因变量】选择产量,在【自变量】中选择年份,由于已经判断出是指数趋势,所以在【模型】中选择指数分布(如果不能判断出是什么分布,也可以把所有模型全部选中,在形成的图形中去判断哪个拟合得最好)。单击【保存】。如图 7.8 所示。在对话框【保存变量】中勾选预测值、残值、预测区间(输出 95% 的预测区间),点击【继续】,返回主对话框,点击【确定】。如图 7.9 所示。

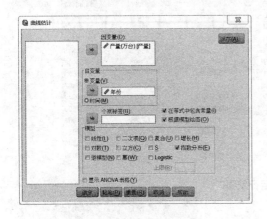

图 7.8 曲线估计设置

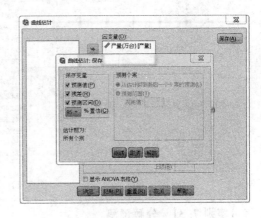

图 7.9 保存结果设置

获得的结果如下表所示:

表 7.21 运行结果模型统计及参数评估

模型统计及参数评估							
因变量:产量(万台)							
方程式	模型摘要					参数评估	
	R 平方	F	df1	df2	显著性	常数	$b1$
指数模式	0.975	702.134	1	18	0.000	2.986×10^{-280}	0.322
自变量为年份							

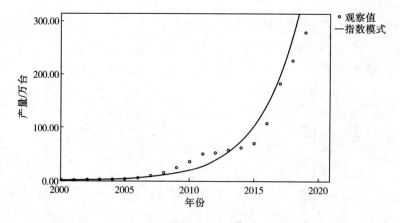

图 7.10 生成图形

下图为产量各年的预测值(FIT_1),预测误差(ERR_1),以及预测值的95%的置信下限(LCL_1)和置信上限(UCL_1)。

	年份	产量	FIT_1	ERR_1	LCL_1	UCL_1
1	2000	.65	.82203	-.17203	.40162	1.68250
2	2001	.92	1.13398	-.21398	.55861	2.30200
3	2002	1.34	1.56432	-.22432	.77631	3.15221
4	2003	1.74	2.15797	-.41797	1.07793	4.32015
5	2004	2.53	2.97690	-.44690	1.49542	5.92606
6	2005	3.43	4.10662	-.67662	2.07273	8.13630
7	2006	5.41	5.66506	-.25506	2.87025	11.18122
8	2007	9.32	7.81492	1.50508	3.97091	15.38012
9	2008	15.58	10.78064	4.79936	5.48840	21.17599
10	2009	24.42	14.87184	9.54816	7.57852	29.18399
11	2010	36.51	20.51561	15.99439	10.45453	40.25915
12	2011	50.42	28.30117	22.11883	14.40806	55.59086
13	2012	52.34	39.04131	13.29869	19.83761	76.83503
14	2013	57.64	53.85726	3.78274	27.28726	106.29887
15	2014	62.12	74.29579	-12.17579	37.49921	147.19949
16	2015	70.27	102.49062	-32.22062	51.48524	204.02600
17	2016	107.31	141.38524	-34.07524	70.62365	283.04662
18	2017	183.24	195.04013	-11.80013	96.79073	393.01961
19	2018	226.32	269.05676	-42.73676	132.53916	546.18985
20	2019	279.15	371.16228	-92.01228	181.33976	759.68690

图 7.11 运行结果

【实训 7.3】 分解预测

1) 实训任务

分解预测是先将时间数列的各个成分依次分解出来,然后再进行预测,该方法适合含有趋势、季节、循环等多种成分数列预测的方法,该方法在多种情况下能给出很好的预测结果。

图 7.12 是某上市公司 2016 年到 2019 年的营业收入数据,利用 SPSS 采用分解法预测 2016—2020 年各季度的营业收入,并将实际值和预测值绘制成图形进行比较。

	时间	营业收入亿元
1	2016年一季度	6.28
2	2016年二季度	21.82
3	2016年三季度	32.66
4	2016年四季度	58.93
5	2017年一季度	6.07
6	2017年二季度	21.62
7	2017年三季度	36.63
8	2017年四季度	60.78
9	2018年一季度	5.94
10	2018年二季度	16.44
11	2018年三季度	28.59
12	2018年四季度	49.31
13	2019年一季度	6.42
14	2019年二季度	17.00
15	2019年三季度	29.26
16	2019年四季度	49.47

图 7.12 原始数据

2) 实训过程

(1) 定义日期标示量。选择【数据】→【定义日期】。在【个案为】选择"年份、季度",在第一个个案的起始年对话框中输入 2016,季中输入 1。这样就会生成三个新的变量。如图 7.13、图 7.14、图 7.15 所示。

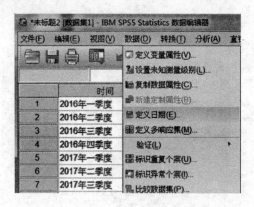

图 7.13　定义日期

图 7.14　起始数据设置

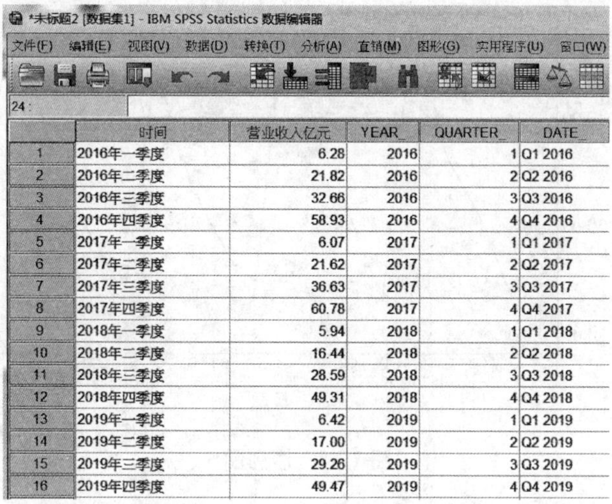

图 7.15　处理结果

(2) 了解时间数列的变化趋势。选择【分析】→【预测】→【序列图】。把营业收入拖曳到【变量】对话框,将"Date_"拖曳到【时间轴标签】,单击【确定】。如图 7.16、图 7.17 所示。

根据序列图(图 7.18)可知,序列的波动随着季节的波动越来越大,所以选择乘法模型。

(3) 季节性分解。选择【分析】→【预测】→【周期性分解】。模型类型选择乘法,单击【确定】得到四个变量。如图 7.19、图 7.20、图 7.21 所示。

其中,ERR_1 表示分解出来的误差成分,即随机误差;SAS_1 表示经季节调整后的序列;SAF_1 表示季节因素,即季节指数;STC_1 表示趋势和周期成分。

(4) 用新出现的四个变量和营业收入即 Date_做序列图,如图 7.22 所示。

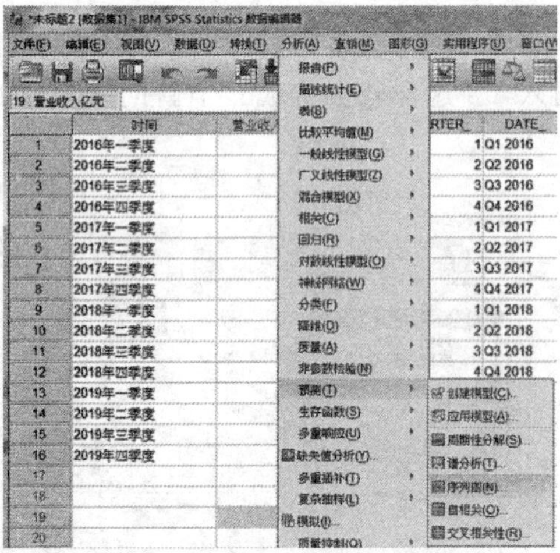

图 7.16　序列图选择 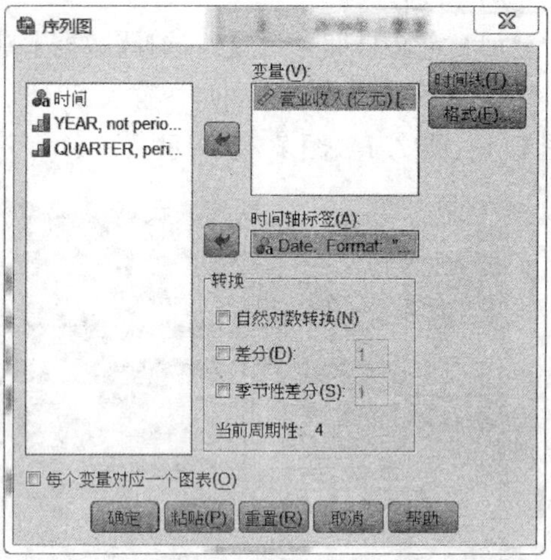　　　　　　　　　　　图 7.17　序列图设置

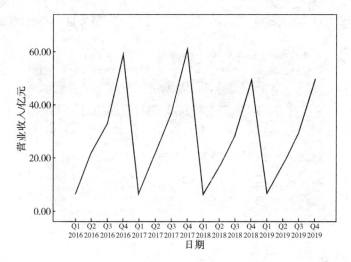

图 7.18　序列图

图 7.19　预测方式选择 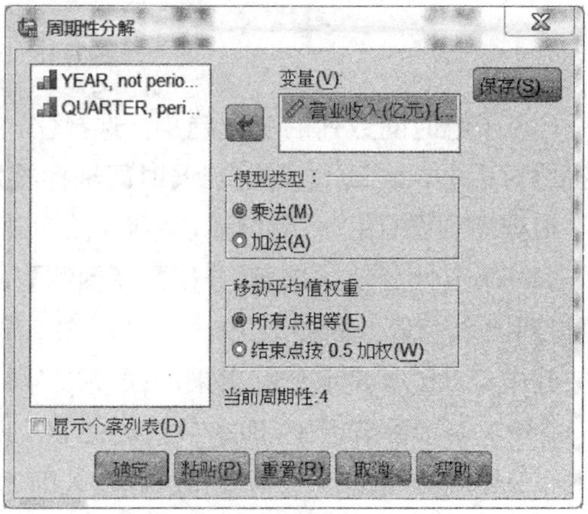　　　　　　　　　　图 7.20　周期性分解设置

	时间	营业收入亿元	YEAR_	QUARTER_	DATE_	ERR_1	SAS_1	SAF_1	STC_1
1	2016年一季度	6.28	2016	1	Q1 2016	.99646	30.62719	.20505	30.73599
2	2016年二季度	21.82	2016	2	Q2 2016	1.06544	32.48867	.67162	30.49325
3	2016年三季度	32.66	2016	3	Q3 2016	.94522	28.36388	1.15146	30.00776
4	2016年四季度	58.93	2016	4	Q4 2016	.99518	29.88533	1.97187	30.02993
5	2017年一季度	6.07	2017	1	Q1 2017	.97543	29.60303	.20505	30.34856
6	2017年二季度	21.62	2017	2	Q2 2017	1.03020	32.19088	.67162	31.12343
7	2017年三季度	36.63	2017	3	Q3 2017	1.02239	31.81166	1.15146	31.11510
8	2017年四季度	60.78	2017	4	Q4 2017	1.02479	30.82353	1.97187	30.07789
9	2018年一季度	5.94	2018	1	Q1 2018	1.02585	28.96903	.20505	28.23904
10	2018年二季度	16.44	2018	2	Q2 2018	.93010	24.47871	.67162	26.31792
11	2018年三季度	28.59	2018	3	Q3 2018	.95605	24.82925	1.15146	25.97072
12	2018年四季度	49.31	2018	4	Q4 2018	.94927	25.00672	1.97187	26.34319
13	2019年一季度	6.42	2019	1	Q1 2019	1.15107	31.30996	.20505	27.20085
14	2019年二季度	17.00	2019	2	Q2 2019	.95129	25.31198	.67162	26.60807
15	2019年三季度	29.26	2019	3	Q3 2019	1.00557	25.41112	1.15146	25.27032
16	2019年四季度	49.47	2019	4	Q4 2019	1.01977	25.08786	1.97187	24.60144

图 7.21 分解结果

（5）创建模型。选择【分析】→【预测】→【创建模型】。在对话框中的【模型类型】选择"所有模型"且专家建模器考虑季节性模型，单击【继续】。如图 7.23、图 7.24 所示。

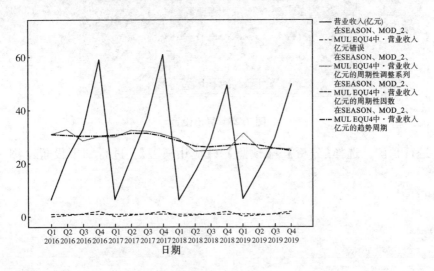

图 7.22 序列图

图 7.23 创建模型　　　　　　　　　　图 7.24 专家建模器条件设置

在对话框中,单击【保存】选项卡,勾选"预测值"复选框,单击"导出模型文件"中的浏览,设置导出路径,单击【确定】。如图 7.25 所示。

图 7.25　导出设置

(6) 进行预测。选择【分析】→【预测】→【应用模型】。进行如下设置:(图 7.26、图 7.27)

图 7.26　应用模型设置

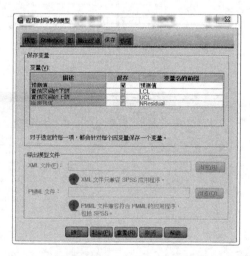

图 7.27　结果保存设置

单击【确认】,获得预测结果。如图 7.28 所示。
把预测的数据和原始数据放在一起,生成序列图如图 7.29,可知预测的效果很好。

时间	营业收入亿元	YEAR_	QUARTER_	DATE_	ERR_1	SAS_1	SAF_1	STC_1	预测值_营业收入亿元_模型_1	预测值_营业收入亿元_模型_1_A
2016年一季度	6.28	2016	1	Q1 2016	.99646	30.62719	.20505	30.73599	6.29	
2016年二季度	21.82	2016	2	Q2 2016	1.06544	32.48867	.67162	30.49325	21.25	
2016年三季度	32.66	2016	3	Q3 2016	.94522	28.36388	1.15146	30.00776	34.06	
2016年四季度	58.93	2016	4	Q4 2016	.99518	29.88533	1.97187	30.02993	58.12	
2017年一季度	6.07	2017	1	Q1 2017	.97543	29.60303	.20505	30.34856	6.32	
2017年二季度	21.62	2017	2	Q2 2017	1.03430	32.19088	.67162	31.12343	20.99	
2017年三季度	36.63	2017	3	Q3 2017	1.02239	31.81166	1.15146	31.11510	33.29	
2017年四季度	60.78	2017	4	Q4 2017	1.02479	30.82353	1.97187	30.07789	61.42	
2018年一季度	5.94	2018	1	Q1 2018	1.02585	28.96903	.20505	28.23904	6.59	
2018年二季度	16.44	2018	2	Q2 2018	.93010	24.47817	.67162	26.31792	21.52	
2018年三季度	28.59	2018	3	Q3 2018	.95605	24.82925	1.15146	25.97072	29.71	
2018年四季度	49.31	2018	4	Q4 2018	.94927	25.00672	1.97187	26.34319	49.24	
2019年一季度	6.42	2019	1	Q1 2019	1.15107	31.30996	.20505	27.20085	5.09	
2019年二季度	17.00	2019	2	Q2 2019	.95129	25.31198	.67162	26.60807	18.95	
2019年三季度	29.26	2019	3	Q3 2019	1.00557	25.41112	1.15146	25.27032	29.00	
2019年四季度	49.47	2019	4	Q4 2019	1.01977	25.08786	1.97187	24.60144	49.92	
		2020	1	Q1 2020	.	.	.	.		5.35
		2020	2	Q2 2020	.	.	.	.		16.88
		2020	3	Q3 2020	.	.	.	.		27.50
		2020	4	Q4 2020	.	.	.	.		46.96

图 7.28　运行结果

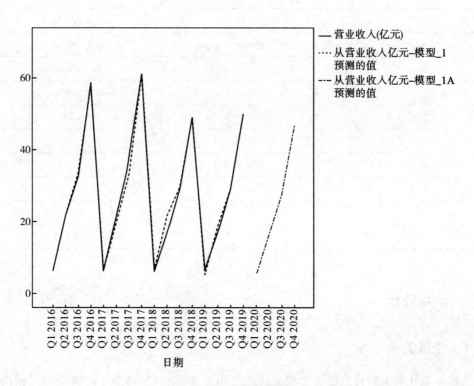

图 7.29　预测序列图

第 8 章 相关与一元线性回归分析

为了研究某地区某行业企业广告支出对销售收入的影响,随机抽取了 8 个企业,调查得知它们的广告费与销售额的数据,如表 8.1 所示。显然广告费支出是影响销售额的一个重要因素,通常企业的广告投入越多,产品销售额就会越多,但是具有相同广告支出的企业,其产品销售额并不完全相同,因为企业销售额不仅受广告投入的影响,同时还受许多其他因素的影响,这些影响因素存在不确定性,甚至有些是无法观察的。所以,企业的广告费与产品销售额之间的关系不是函数关系而是相关关系。那么广告费支出与销售额的相关关系有多大?广告费支出对销售额的影响有多大?当广告费支出确定时,销售额预测值是多少?这些问题有显著的实际意义,而要解答这些问题,就要使用到相关与回归分析知识。本章即对相关系数与一元线性回归分析的概念、求法、检验与预测,以及相关应用进行介绍。

表 8.1 广告费-销售额数据表

序号	广告费/万元	销售额/百万元
1	300	300
2	400	350
3	400	490
4	550	500
5	720	600
6	850	610
7	900	700
8	950	660
合计	5 070	4 210

8.1 相关分析

8.1.1 变量关系

自然界与社会中的许多事务和现象彼此之间存在相互联系、相互依赖与相互制约的关系,分析这些关系,有助于指导生产经营活动的开展。例如,在商业活动中,商品价格、商品销售量、商品销售总额和商品总利润之间具有关联关系,商品单价越高,往往意味着商品销售量越低,但商品销售总额和商品总利润并不一定就高或者低,分析获取它们的关系,可以指导商品定价决策;在企业生产中,产品总量、产品成本、工人数、工作时间之间具有关联关系,一般来说,工人数越多、工作时间越长,产品总量越大,但是工作时间越长,产品边际产量可能越小,导致产品成本的上升,分析获取它们的关系,可以指导安排生产;在农业生产中,农作物产量和施肥量之间存在关联关系,随着施肥量的增加,农作物产量大多都是随之提升,但是施肥量达到一定量的时候,进一步增加施肥量却会导致农作物的减产,分析获取它们的关系,可以指导安排地里劳作。人们通过以上实践认知发现,各种变量之间关系分为两种类型,函数关系与相关关系。

1) 函数关系

函数关系是一一对应的确定关系。若一个变量或多个变量取确定值时,另一个变量有一个唯一值与其对应,则称前者变量与后者变量为函数关系。例如三个变量 X、Y、Z,变量 Z 随着 X、Y 的变化而变化,当 X、Y 取某确定数值时,Z 依据确定关系取得相应的值,则称 Z 是 X、Y 的函数,其中 Z 是因变量,X、Y 是自变量,记为 $Z = F(X, Y)$。现以一个生产经营活动实际例子来说明,某种商品价格 P 确定不变,当销售量 Q 已定的时候,该种商品的销售收入 R 就确定了,即 $R = P \cdot Q$。

2) 相关关系

变量之间除了确定的函数关系,也可能存在不确定关系,仅仅表现在数量上的依存,这种关系称为相关关系。相关关系往往只考虑两个变量之间的关系。例如,体重与身高,身高相同的人体重未必相同,身高与体重的关系并不是唯一确定的;收入与受教育程度,受教育水平相同的人收入不尽相同,收入与受教育程度的关系并不是唯一确定的;家庭支出与家庭收入,家庭收入相同的家庭,在支出方面往往具有差异,家庭支出与家庭收入的关系并不是唯一确定的。尽管以上变量之间并不存在一一对应的关系,但是通过对它们的大量取值进行观察和研究就会发现,彼此之间还是存在一定客观规律,如一般来说身高越高,体重越重;受教育程度越高,收入越高;家庭收入越高,家庭支出越高。之所以出现不确定关系的原因往往在于后者只是影响前者的一个因素,还有其他影响因素未被纳入考虑范围。但是在实际生产经营活动中,我们需要排除其他因素,获取某两个变量之间的这种相关关系,相关关系具有实践价值。

总的来说,函数关系与相关关系是不同的:变量之间的函数关系是确定的,而相关关系是不确定的;函数关系可以用确定的函数关系式来进行表达,可以根据自变量来确定因变量,而相关关系没有确定的关系表达式,自变量确定后,因变量往往不唯一;函数关系是相关关系的特殊形式,是完全的相关关系。

8.1.2 相关关系的类型

相关关系按照不同的标准,有不同的类型划分方法,以下分别从相关程度、相关方向、相关形式、相关变量数量等方面对相关关系进行分类。

1) 按相关程度划分的相关关系

按相关程度划分的相关关系可以分为完全相关、不完全相关和不相关。当因变量随着自变量的变化唯一确定时,即因变量与自变量存在函数关系时,称为完全相关;变量之间没有任何依存关系时,称为不相关;变量之间介于完全相关与不相关之间时,称为不完全相关,不完全相关又可以根据相关系数的大小分为高度相关、中度相关、低度相关和弱相关,将在相关系数中具体讲到。

2) 按相关方向划分的相关关系

按相关方向划分的相关关系可以分为正相关和负相关。当因变量与自变量变动方向一致时,变量之间的相关关系为正相关,如学习成绩往往随着学习时间的增加而提高。当因变量与自变量变动方向相反时,变量之间的相关关系为负相关,如正常商品销售量往往随着价格的提高而降低。

3) 按相关形式划分的相关关系

按相关形式划分的相关关系可以分为线性相关和非线性相关。当自变量均匀发生变化,因变量的变化也接近均匀变动,变量之间的关系为线性相关,如人均消费水平与人均收入水平通常为线性相关。当自变量均匀发生变化时,因变量的变化并不接近均匀变动,变量之间的关系为非线性相关,如商品销售量与销售利润之间的关系、农作物产量与施肥量之间的关系就是非线性相关。

4) 按变量数量划分的相关关系

按变量数量划分的相关关系可以分为单相关、复相关和偏相关。两个变量之间的相关关系称为单相关。一个变量对两个或两个以上的变量的相关关系称为复相关。一个变量对两个以上的变量,只考虑两个变量而假定其他变量不变时,则这两个变量的相关关系就是偏相关。如商品需求量、商品价格与国民人均收入的关系,考查这三个变量之间相关关系的时候,三个变量之间是复相关关系,但当假定国民人均收入一定时,商品需求量与商品价格之间的相关关系就是偏相关。

8.1.3 相关关系的描述与度量

在进行相关关系分析的工作过程中,首先需要判定变量之间相关关系是否存在,如果存在,是什么类型的相关关系?相关关系强度如何?怎样度量相关关系强度?目前主要有两种方法来解决这些问题:散点图法和求取相关系数法。根据变量数据绘制的散点图是一种直观的方法,大体上可以进行关系形态和关系强度判定,但是精确性尚不够。根据算法求取的相关系数可以对变量之间的相关系数进行具体度量,人们可以利用相关系数进行清晰判断,但是计算稍显复杂。当有多个变量时,可以通过相关矩阵表达变量两两之间相关系数的大小。

1) 散点图

散点图也称为相关图。针对两个变量,在二维平面坐标系中,横坐标表示其中一个变量,纵坐标表示另一个变量,把两个变量的观察或实验数据对应的点标识在平面坐标系中,形成的表示相关关系的图叫散点图。

散点图是反映两个变量之间关系的一种直观方法,通过观察散点图,可以对变量相关关系进行大体判断。如果坐标点基本围绕在一条直线周围,则可认为变量之间存在线性相关;如果坐标点基本围绕在一条曲线周围,则可认为变量之间存在非线性相关;如果坐标点杂乱无章,没有任何规律,则可认为变量之间没有相关关系。如图 8.1 所示,图(a)为正线性相关,图(b)为负线性相关,图(c)为完全正线性相关,图(d)为完全负线性相关,图(e)为非线性相关,图(f)为不相关。

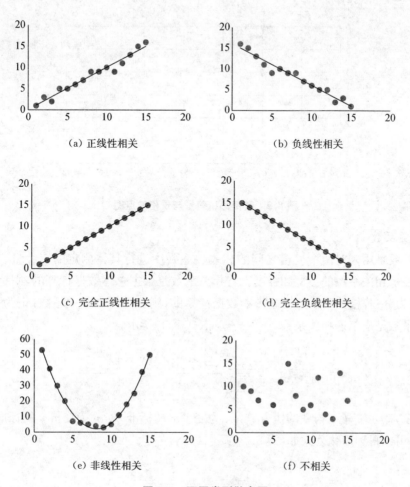

图 8.1 不同类型散点图

【例 8.1】 六个地区某种商品的销售量与价格资料如下,请根据资料绘制销售量与价格的散点图。

表 8.2 六个地区某种商品的销售量与价格资料表

地区编号	销售量 y_i/万件	价格 x_i/(元/件)
1	2	73
2	3	72
3	4	71
4	3	73
5	4	69
6	5	68

【解】 本例使用 Excel 绘制散点图,如图 8.2 所示。通过绘制散点图,可以直观获得该

商品在这六个地区的销售量和价格变化方向相反,随着价格的提升,销售量下降,大体呈现负相关关系。

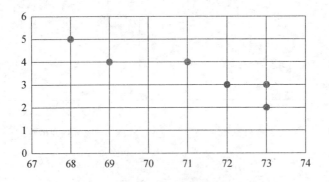

图 8.2 某商品销售量与价格散点图

2) 相关系数

相关系数是用来对两个变量之间的相关关系强度进行具体测定的统计量。数值的正负和大小表示相关系数的类型和强度。若相关系数是根据总体数据计算的,则称为总体相关系数,记为 ρ;若相关系数是根据样本数据计算的,则称为样本相关系数,记为 r。常用的样本相关系数是皮尔逊相关系数,计算公式如(式 8.1)所示。

$$r = \frac{\sigma_{xy}}{\sigma_x \cdot \sigma_y} = \frac{\sum(x-\bar{x})(y-\bar{y})}{\sqrt{\sum(x-\bar{x})^2} \cdot \sqrt{\sum(y-\bar{y})^2}} \quad \text{(式 8.1)}$$

其中 σ_{xy} 表示变量 x 与 y 的协方差,σ_x 为变量 x 的标准差,σ_y 为变量 y 的标准差。经过代数推演,可以得到简化公式如(式 8.2)所示。

$$r = \frac{n\sum xy - \sum x \cdot \sum y}{\sqrt{n\sum x^2 - (\sum x)^2} \cdot \sqrt{n\sum y^2 - (\sum y)^2}} \quad \text{(式 8.2)}$$

相关系数的性质:

(1) 相关系数具有对称性。变量 x 与变量 y 的相关系数和变量 y 与变量 x 的相关系数相等,即 $r_{xy} = r_{yx}$。

(2) 相关系数的取值范围为 $[-1, 1]$。若相关系数为正,则表明两个变量之间的相关关系为正相关;若相关系数为负,则表明两个变量之间的相关关系为负相关。若 $r=0$ 时,则表明两个变量不存在线性关系;若 $0 < |r| \leqslant 0.3$ 时,则表明两个变量之间的相关关系为弱相关;若 $0.3 < |r| \leqslant 0.5$ 时,则表明两个变量之间的相关关系为低度相关;若 $0.5 < |r| \leqslant 0.8$ 时,则表明两个变量之间的相关关系为中度相关;若 $0.8 < |r| < 1$ 时,则表明两个变量之间的相关关系为高度相关;若 $|r| = 1$ 时,则表明两个变量之间的相关关系为完全相关。

(3) 相关系数的大小与变量所在坐标系原点及变量的度量单位无关。

(4) 某一变量与变量自身的相关系数为 1。

【例 8.2】 根据表 8.2 中数据,求取商品销售量与价格的相关系数。

【解】 根据表 8.2 数据,可得 x_iy_i、y_i^2 和 x_i^2,如表 8.3 所示。

表 8.3 x_iy_i、y_i^2 和 x_i^2 列表

地区编号	销售量 y_i /万件	价格 x_i /(元/件)	x_iy_i	y_i^2	x_i^2
1	2	73	146	4	5 329
2	3	72	216	9	5 184
3	4	71	284	16	5 041
4	3	73	219	9	5 329
5	4	69	276	16	4 761
6	5	68	340	25	4 624
合计	21	426	1 481	79	30 268

即: $\sum x = 426$, $\sum y = 21$, $\sum xy = 1\,481$, $\sum x^2 = 30\,268$, $\sum y^2 = 79$

则:

$$\sum x \cdot \sum y = 426 \times 21 = 8\,946$$

$$\sqrt{n\sum x^2 - (\sum x)^2} = \sqrt{6 \times 30\,268 - 426^2} = 11.489\,1$$

$$\sqrt{n\sum y^2 - (\sum y)^2} = \sqrt{6 \times 79 - 21^2} = 5.744\,6$$

所以:

$$r = \frac{n\sum xy - \sum x \cdot \sum y}{\sqrt{n\sum x^2 - (\sum x)^2} \cdot \sqrt{n\sum y^2 - (\sum y)^2}} = \frac{6 \times 1\,481 - 8\,946}{11.489\,1 \times 5.744\,6} = -0.909\,1$$

即商品销售量与价格的相关系数为 $-0.909\,1$,说明商品销售量与价格存在高度负相关关系,表示价格每提升 1 元,销售量平均下降 0.909 1 万件。

3) 相关矩阵

当变量有三个以上,需要考查每两个变量之间的相关关系时,可以利用相关矩阵直观表示。在相关矩阵中,将变量名称依次作为行标题和列标题,并在对应位置,记录行列变量之间的相关系数。由于两个变量相关系数不受位置影响,因此相关矩阵具有对称性,在实践应用中,常常只列出包含对角线元素在内的下对角矩阵。具体相关矩阵见相关分析应用案例。

8.1.4 相关关系的显著性检验

一般来说,总体相关系数 ρ 是未知的,无法进行准确计算,通常将样本相关系数 r 作为总体相关系数 ρ 的近似估计值。但是 r 是根据样本数据计算得出的,会受到抽样误差的影

响。如果样本数据来自正态分布总体，当样本数足够大时，r 的抽样分布也会呈现正态分布，尤其在总体相关系数趋近于 0 时，r 的抽样分布正态趋势非常明显。而当总体相关系数远离 0 时，除非样本数非常大，否则 r 的抽样分布会呈现偏态分布。因此，直接用样本相关系数来估计总体相关系数，存在风险。

通常情况下，对相关系数的检验不再采用正态分布检验，而是采用戈塞(Gosset)提出的 t 检验，该检验方法可以应用于小样本，也可以应用于大样本，具体步骤如下：

第一步：提出假设。

$$H_0: \rho = 0;\ H_1: \rho \neq 0 \tag{式8.3}$$

第二步：计算统计量。

$$|t| = |r|\sqrt{\frac{n-2}{1-r^2}} \sim t(n-2) \tag{式8.4}$$

其中 n 为样本单位数。

第三步：进行决策。

根据给定的显著性水平 α 和自由度 $(n-2)$，查 t 分布表获得 $t_{\frac{\alpha}{2}}(n-2)$ 的临界值。若 $|t| > t_{\frac{\alpha}{2}}(n-2)$，则拒绝原假设 H_0，表明总体两个变量之间存在显著的线性关系；若 $|t| < t_{\frac{\alpha}{2}}(n-2)$，则不拒绝原假设 H_0，表明没有证据证明总体两个变量之间存在显著的线性关系。

【例8.3】 根据表8.2中数据，给定显著性水平 $\alpha = 0.05$，对商品销售量与价格相关性进行显著性检验。

【解】 第一步：提出假设。

$$H_0: \rho = 0;\ H_1: \rho \neq 0$$

第二步：计算统计量。

由表8.2可知，$n = 6$，且[例8.2]已求得样本相关系数 $r = -0.9091$，则：

$$|t| = |r|\sqrt{\frac{n-2}{1-r^2}} = |-0.9091| \times \sqrt{\frac{6-2}{1-(0.9091)^2}} = 4.3646$$

第三步：做出统计决策。

根据给定的显著性水平 $\alpha = 0.05$，自由度为：$n - 2 = 6 - 2 = 4$。查 t 分布表，得：

$$t_{\frac{\alpha}{2}}(n-2) = t_{0.025}(4) = 2.7764$$

由于 $|t| > t_{\frac{\alpha}{2}}$，则拒绝原假设 H_0，说明商品销售量与价格存在显著线性关系。

8.1.5 相关分析应用案例

俗话说"衣食住行"，人们消费支出的绝大部分都花在"衣食住行"上，消费支出的底气往往建立在收入的多少上。有必要探讨各项主要消费支出与收入的相关关系，有利于相关部门进行经营决策。现以2018年全国31省市人均可支配收入和主要人均消费支出实际数据为例，如表8.4所示，进行相关系数的计算和检验，系统完成相关系数分析工作。

表 8.4 2018 年全国 31 省市人均可支配收入和主要人均消费支出　　　　（单位：元）

	人均可支配收入	人均食品烟酒消费支出	人均衣着消费支出	人均居住消费支出	人均交通通信消费支出
北京	62 361.2	8 064.9	2 175.5	14 110.3	4 767.4
天津	39 506.1	8 647.5	1 990.0	6 406.3	4 280.9
河北	23 445.7	4 271.3	1 257.4	4 050.4	2 355.4
山西	21 990.1	3 688.2	1 261	3 228.5	1 845.2
内蒙古	28 375.7	5 324.3	1 751.2	3 680.0	3 074.3
辽宁	29 701.4	5 727.8	1 628.1	4 169.5	2 968.2
吉林	22 798.4	4 417.4	1 397.0	3 294.8	2 479.7
黑龙江	22 725.8	4 573.2	1 405.4	3 176.3	2 196.6
上海	64 182.6	10 728.2	2 036.8	14 208.5	4 881.2
江苏	38 095.8	6 529.8	1 541.0	6 731.2	3 522.8
浙江	45 839.8	8 198.3	1 813.5	7 721.2	4 302.3
安徽	23 983.6	5 414.7	1 137.4	3 941.9	2 082.1
福建	32 643.9	7 572.9	1 212.1	6 130.0	2 923.3
江西	24 079.7	4 809.0	1 074.1	3 795.2	1 872.1
山东	29 204.6	5 030.9	1 391.8	3 928.5	2 834.3
河南	21 963.5	3 959.8	1 172.5	3 512.0	1 838.0
湖北	25 814.5	5 491.3	1 316.2	4 310.6	2 584.1
湖南	25 240.7	5 260.0	1 215.5	3 976.1	2 322.9
广东	35 809.9	8 480.8	1135.3	6 643.3	3 423.9
广西	21 485.0	4 545.7	616.7	3 268.5	2 150.1
海南	24 579.0	6 552.2	655.9	3 744.0	1 919.0
重庆	26 385.8	6 220.2	1 454.5	3 498.8	2 545.2
四川	22 460.6	5 937.9	1 173.8	3 368.0	2 398.8
贵州	18 430.2	3 792.9	934.7	2 760.7	2 408.0
云南	20 084.2	3 983.4	789.1	3 081.1	2 212.8
西藏	17 286.1	4 330.5	1 285.2	2 102.6	1 847.7
陕西	22 528.3	4 292.5	1 141.1	3 388.2	2 005.8
甘肃	17 488.4	4 253.5	1 111.5	3 095.0	1 640.7
青海	20 757.3	4 671.6	1 350.6	2 990.0	2 671.4
宁夏	22 400.4	4 234.1	1 388.2	3 014.3	2 724.4
新疆	21 500.2	4 691.6	1 456.0	2 894.3	2 274.4

资料来源：中国统计年鉴(2019)

先以人均可支配收入与人均食品烟酒消费支出的相关系数计算来看,将人均可支配收入视为变量 x,人均食品烟酒消费支出视为变量 y,则依据表 8.4 数据可得:

$$\sum x = 873\,148.5$$

$$\sum y = 173\,696.8$$

$$\sum xy = 5\,414\,530\,851.95$$

$$\sum x^2 = 28\,536\,834\,514.49$$

$$\sum y^2 = 1\,063\,564\,204.04$$

则:

$$r = \frac{n\sum xy - \sum x \cdot \sum y}{\sqrt{n\sum x^2 - (\sum x)^2} \cdot \sqrt{n\sum y^2 - (\sum y)^2}}$$

$$= \frac{31 \times 5\,414\,530\,851.95 - 873\,148.5 \times 173\,696.8}{\sqrt{31 \times 28\,536\,834\,514.49 - 873\,148.5^2} \times \sqrt{31 \times 1\,063\,564\,204.04 - 173\,696.8^2}}$$

$$= 0.874\,9$$

说明人均可支配收入与人均食品烟酒消费支出相关系数为 0.874 9,属于高度正相关。同样的方法可以求得人均可支配收入与人均衣着消费支出相关系数为 0.742 7;人均可支配收入与人均居住消费支出相关系数为 0.978 9;人均可支配收入与人均交通通信消费支出相关系数为 0.928 8。由此可见,人均可支配收入与人均居住消费支出相关系数最大,相关性最强;人均可支配收入与人均衣着消费支出相关系数最小,相关性最弱。

构建人均可支配收入与人均食品烟酒、衣着、居住、交通通信消费支出之间的相关矩阵,如表 8.5 所示。通过相关矩阵发现,除了人均可支配收入与各项主要支出有关以外,各项主要支出之间也有较强的相关性,这主要在于人们在衣食住行方面追求相对均衡的消费。

表 8.5　2018 年全国各地区人均可支配收入和主要人均消费支出相关矩阵

	人均可支配收入	人均食品烟酒消费支出	人均衣着消费支出	人均居住消费支出	人均交通通信消费支出
人均可支配收入	1				
人均食品烟酒消费支出	0.874 9	1			
人均衣着消费支出	0.742 7	0.580 1	1		
人均居住消费支出	0.978 9	0.833 6	0.666 8	1	
人均交通通信消费支出	0.928 8	0.849 7	0.800 8	0.868 7	1

接下来在显著性水平 $\alpha = 0.05$ 的基础上,对人均可支配收入与人均食品烟酒消费支出相关系数进行显著性检验。

第一步:提出假设。

$$H_0: \rho = 0; H_1: \rho \neq 0$$

第二步:计算统计量。

$$|t| = |r|\sqrt{\frac{n-2}{1-r^2}} = 0.8749 \times \sqrt{\frac{31-2}{1-0.8749^2}} = 9.7284$$

第三步:做出统计决策。

根据给定的显著性水平 $\alpha = 0.05$,自由度为:$n-2 = 31-2 = 29$。查 t 分布表,可得 $t_{\frac{\alpha}{2}}(n-2) = t_{0.025}(29) = 2.0452$。由于 $|t| > t_{\frac{\alpha}{2}}$,拒绝原假设 H_0,说明人均可支配收入与人均食品烟酒消费支出存在显著正线性关系。类似的,人均可支配收入与人均衣着、居住、交通通信消费支出相关性显著性检验的 t 统计量分别为:5.9728、25.7979、13.4970,所有 t 统计量的绝对值都大于检验阈值 2.0452,检验均能通过,说明人均可支配收入与人均衣着、居住、交通通信消费支出均存在显著正线性关系。

8.2 回归分析概述

8.2.1 回归分析的概念

回归分析即是对具有相关关系的多个变量,通过建立回归模型来测定一个变量与其他变量之间数量关系的具体形式,明确自变量数值对因变量可能值进行估计或预测的一种统计分析方法。

回归一词最初由英国生物学家兼统计学家高尔顿于 1886 年提出,他在研究中发现,子女身高趋势与父母身高有密切关系,会回归于父母身高的平均值。尽管这仅仅是生物遗传规律,但回归的现实意义已经非常广泛,回归分析思想渗透到统计学的许多分支中,在社会、经济、医学等方面有广泛应用。

8.2.2 回归分析与相关分析

(1) 相关分析研究的变量地位是对等的;回归分析的变量地位并不对等,有因变量和自变量两种。

(2) 相关分析变量位置的改变并不影响相关系数的数值大小;回归分析变量位置的改变会使得回归模型具有不同的经济意义,回归参数意义及数值大小也会发生改变。

(3) 相关分析变量可以是随机的,也可以是非随机的;回归分析因变量是随机的,自变量是给定的。

8.2.3 回归分析种类

1) 按自变量个数划分

按照自变量个数的不同,可以将回归分析分为一元回归分析和多元回归分析。只有一个自变量的回归分析称为一元回归分析;大于等于两个自变量的回归分析称为多元回归分析。

2) 按自变量与因变量的相关关系划分

按照自变量与因变量相关关系的不同,可以将回归分析分为线性回归和非线性回归。当自变量与因变量呈现直线相关的回归分析称为线性回归,若自变量只有一个,则从散点图上看,点集趋近一条直线;当自变量与因变量不呈现直线相关的回归分析称为非线性回归,若自变量只有一个,则从散点图上看,点集趋近一条曲线。

8.2.4 回归分析内容

1) 根据研究目的和研究现象之间的关系确定自变量和因变量

根据研究目的确定需要进行回归分析的变量,分析变量之间的主从和因果关系,确定原因变量为自变量,结果变量为因变量。

2) 确定回归模型数学表达式

根据样本数据特点,选择合适的回归分析模型,并通过样本数据对模型参数进行估计,确定回归模型数学表达式,即回归方程。

3) 检验回归模型

获得回归方程后,需要对方程本身进行检验,以判断回归模型的基本假定是否得到满足。也需要对相应参数进行检验,以分析哪些变量的影响是显著的并符合理论要求的,哪些变量的影响是不显著的、不符合理论要求的。常用的检验方法有:回归方程线性显著性检验的 F 检验、变量显著性检验的 t 检验、回归方程拟合优度检验等。

4) 利用回归模型进行估计与预测

回归模型的建立,主要为了研究社会经济现象的规律变化,以指导后续工作的开展。回归方程主要可用于对社会经济现象的估计与预测,即通过某确定的自变量数值估计或预测因变量的数值、置信区间或预测区间。

8.3 一元线性回归分析

8.3.1 一元线性回归模型

一元线性回归模型,也称为简单线性回归模型。在一元线性回归模型中,自变量和因变量都只有一个,自变量用 x 表示,因变量用 y 表示,通过一个线性方程来描述自变量 x 和随机误差项 ε 对因变量的影响,方程一般形式如下:

$$y = \beta_0 + \beta_1 x + \varepsilon \tag{式 8.5}$$

其中 β_0 和 β_1 是回归方程的未知参数,也叫回归系数,$(\beta_0 + \beta_1 x)$ 部分表示因为自变量 x 的变化对因变量 y 的线性变化影响;随机误差项 ε 表示除自变量 x 以外,其他所有随机因素对因变量的变化影响,解释了不能由自变量 x 对因变量 y 线性变化解释的所有其他的变异性。

但是随机误差项 ε 是无法直接观测到的,在进行回归分析时,通常需要进行几个假定:

(1) 随机误差项 ε 的数学期望值为 0,即:

$$E(\varepsilon) = 0$$

(2) 随机误差项 ε 的方差是一个常数，即：

$$\text{Var}(\varepsilon) = \sigma^2$$

(3) 随机误差项 ε 序列元素彼此独立，即：

$$\text{Cov}(\varepsilon_i, \varepsilon_j) = 0$$

(4) 随机误差项 ε 与自变量 x 互不相关，即：

$$\text{Cov}(\varepsilon_i, x_j) = 0$$

(5) 随机误差项 ε 服从零均值、同方差、零协方差的正态分布，即：

$$\varepsilon \sim N(0, \sigma^2)$$

以上假定是由德国数学家高斯最早提出的，所以也称为高斯假定或者标准假定，满足以上标准假定的一元线性回归模型称为标准一元线性回归模型。

根据线性回归模型以及标准假定可知，随机误差项 ε 的期望值为 0，因此线性回归模型中，因变量 y 的期望值为：

$$E(y) = \beta_0 + \beta_1 x + E(\varepsilon) = \beta_0 + \beta_1 x \qquad (式 8.6)$$

即因变量 y 的期望值是自变量 x 的线性函数，描述了因变量 y 对自变量 x 的依赖关系方程，该方程即称为一元线性总体回归方程。

但是由于总体数值规模庞大或本身不具有可获得性等原因，总体回归方程中的参数 β_0 和 β_1 常常是未知的，针对自变量 x 的某一个具体值，所对应的因变量 y 的期望值不能进行度量，只能采用抽样的办法，通过样本信息估计总体特征。具体做法为使用样本数据获得 $\hat{\beta}_0$ 和 $\hat{\beta}_1$，将其作为总体回归方程 β_0 和 β_1 的估计量，从而可以得到样本的回归方程为：

$$\hat{y} = \hat{\beta}_0 + \hat{\beta}_1 x \qquad (式 8.7)$$

上式中，$\hat{\beta}_0$ 是样本回归方程所示直线在纵轴上的截距，表示当自变量为 0 时，因变量 y 的估计值；$\hat{\beta}_1$ 是样本回归方程所示直线的斜率，表示当自变量 x 每变化一个单位，因变量 y 的平均变动值。

但是探讨 $\hat{\beta}_0$ 的取值有时在现实世界没有实际意义，如对银行不良贷款和贷款余额进行线性回归时，得到样本回归直线如图 8.3 所示，当贷款余额为 0 时，不良贷款为负数，而实际上贷款余额为 0，即意味着没有贷款，自然也就没有不良贷款，因此在回归分析中，对截距 $\hat{\beta}_0$ 常常不做实际意义解释。

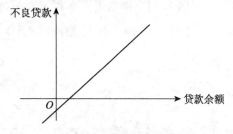

图 8.3 贷款余额与不良贷款回归分析示意图

8.3.2 参数的最小二乘估计

设变量 y 与变量 x 呈现直线相关，经随机抽样得到 n 对样本数据，分别为：(x_1, y_1)、

(x_2, y_2)、(x_3, y_3)、…、(x_n, y_n)。现需要根据这 n 对样本数据，找寻一条合适的直线来对总体进行估计。卡尔·高斯提出将使得每个观测值与回归值的差的平方和最小的直线作为样本回归直线，这种方法称为最小二乘法或者最小平方法。由（式 8.7）可知样本回归方程为：$\hat{y} = \hat{\beta}_0 + \hat{\beta}_1 x$，回归方程的确定，只要确定截距和斜率，也即确定 $\hat{\beta}_0$ 与 $\hat{\beta}_1$ 的值就可以实现了。

根据最小二乘法的思想，令：

$$Q = \sum (y_i - \hat{y}_i)^2 = \sum (y_i - \hat{\beta}_0 - \hat{\beta}_1 x_i)^2 \tag{式 8.8}$$

给定样本数据后，Q 的最小值总是存在。根据微积分原理，可对 Q 求关于 $\hat{\beta}_0$ 和 $\hat{\beta}_1$ 的偏导数，其偏导数为 0，式子如下：

$$\begin{cases} \dfrac{\partial Q}{\partial \hat{\beta}_0} = -2 \sum (y_i - \hat{\beta}_0 - \hat{\beta}_1 x_i) = 0 \\ \dfrac{\partial Q}{\partial \hat{\beta}_1} = -2 \sum (y_i - \hat{\beta}_0 - \hat{\beta}_1 x_i) \cdot x_i = 0 \end{cases} \tag{式 8.9}$$

这样得到了一个关于 $\hat{\beta}_0$ 和 $\hat{\beta}_1$ 的二元一次方程组，整理得：

$$\begin{cases} \sum y_i = n \hat{\beta}_0 + \hat{\beta}_1 \sum x_i \\ \sum x_i y_i = \hat{\beta}_0 \sum x_i + \hat{\beta}_1 \sum x_i^2 \end{cases} \tag{式 8.10}$$

解上述方程组，可得：

$$\begin{cases} \hat{\beta}_1 = \dfrac{n \sum x_i y_i - \sum x_i \sum y_i}{n \sum x_i^2 - \left(\sum x_i\right)^2} \\ \hat{\beta}_0 = \dfrac{\sum y_i}{n} - \hat{\beta}_1 \cdot \dfrac{\sum x_i}{n} \end{cases} \tag{式 8.11}$$

将 $\hat{\beta}_0$ 和 $\hat{\beta}_1$ 的取值代回样本回归方程，即可获得样本回归方程具体形式。

【例 8.4】 根据表 8.2 相关资料，建立销售量对价格的一元线性回归方程。

【解】 由[例 8.2]可知 $n = 6$，$\sum x = 426$，$\sum y = 21$，$\sum xy = 1\,481$，$\sum x^2 = 30\,268$，$\sum y^2 = 79$

则：

$$\hat{\beta}_1 = \frac{n \sum x_i y_i - \sum x_i \sum y_i}{n \sum x_i^2 - \left(\sum x_i\right)^2} = \frac{6 \times 1\,481 - 426 \times 21}{6 \times 30\,268 - 426^2} = -0.454\,5$$

$$\hat{\beta}_0 = \frac{\sum y_i}{n} - \hat{\beta}_1 \cdot \frac{\sum x_i}{n} = \frac{21}{6} - (-0.454\,5) \times \frac{426}{6} = 35.769\,5$$

因此销售量对价格的一元线性回归方程为：

$$\hat{y} = 35.769\,5 - 0.454\,5x$$

该式表明,当价格每增加1元时,销售量平均下降0.4545万件。

8.3.3 一元线性回归模型的检验

1) 拟合优度

衡量样本观测值聚集在样本回归直线周围紧密程度的指标称为拟合优度。一元线性回归模型拟合优度最常用的是判定系数,该系数是在总离差平方和、回归离差平方和、残差平方和的基础上获得的。

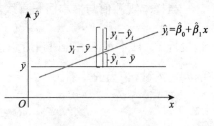

图8.4 离差分解图

在一元线性回归模型中,针对某一具体的自变量x_i,有三个对应的因变量值,实际样本观测值y_i,回归因变量值$\hat{y}_i$,样本观察均值$\bar{y}$。实际样本观测值y_i与样本观察均值$\bar{y}$的差称为总离差,即总离差为:$(y_i - \bar{y})$。若样本由n个观测值构成,则对应有n个总离差,这n个总离差的平方之和称为总离差平方和,记为SST,即:

$$SST = \sum (y_i - \bar{y})^2 \quad (式8.12)$$

同时,由于:$y_i - \bar{y} = (y_i - \hat{y}_i) + (\hat{y}_i - \bar{y})$意味着总离差可以分解为两个部分,分别为实际样本观测值与回归因变量值的离差$(y_i - \hat{y}_i)$,以及回归因变量值与样本观察均值$\bar{y}$的离差$(\hat{y}_i - \bar{y})$。前者可看成是能够由回归直线解释的离差部分,因此也称为解释离差,后者则表示不能由回归直线解释的离差部分,称为残差。解释离差的平方和称为回归平方和,记为SSR。残差的平方和称为残差平方和,记为SSE,即:

$$SSR = \sum (\hat{y}_i - \bar{y})^2 \quad (式8.13)$$

$$SSE = \sum (y_i - \hat{y}_i)^2 \quad (式8.14)$$

则:

$$\sum (y_i - \bar{y})^2 = \sum [(y_i - \hat{y}_i) + (\hat{y}_i - \bar{y})]^2$$

即:

$$\sum (y_i - \bar{y})^2 = \sum (y_i - \hat{y}_i)^2 + 2\sum (y_i - \hat{y}_i) \cdot (\hat{y}_i - \bar{y}) + \sum (\hat{y}_i - \bar{y})^2$$

可以证明:

$$2\sum (y_i - \hat{y}_i) \cdot (\hat{y}_i - \bar{y}) = 0$$

所以:

$$\sum (y_i - \bar{y})^2 = \sum (y_i - \hat{y}_i)^2 + \sum (\hat{y}_i - \bar{y})^2$$

即:

$$SST = SSR + SSE \qquad (式8.15)$$

将(式8.15)两边同时除以SST,有:

$$1 = \frac{SSR}{SST} + \frac{SSE}{SST}$$

当样本观测值与样本回归直线靠得越近,SSR在SST中的比重就越大,也就是说$\frac{SSR}{SST}$越接近1。样本观测值与回归值越接近,说明回归直线越好,因此可将$\frac{SSR}{SST}$作为拟合优度的判定系数,记为R^2,有:

$$R^2 = \frac{SSR}{SST} = 1 - \frac{SSE}{SST} \qquad (式8.16)$$

判定系数R^2取值在0和1之间,并且判定系数R^2越接近1,说明回归直线对观测数据拟合越好,判定系数R^2越接近0,说明回归直线对观测数据拟合越差。当判定系数$R^2=1$时,说明所有观测点都落在回归直线上,是完全拟合的;当判定系数$R^2=0$时,说明因变量y与自变量x完全无关,即模型中的自变量x完全无助于因变量y的解释。

实际上,在一元线性回归模型中,判定系数R^2是相关系数r的平方。因此,可以直接利用相关系数r计算判定系数R^2,同时也可以利用判定系数进一步解释相关系数的意义,相关系数从另一个角度说明了回归直线的拟合优度。当相关系数r的绝对值越接近1,说明回归直线对观测数据拟合优度越好。但是由于大于0小于1的数的平方总是比自身要小,用相关系数r说明回归直线拟合优度的时候还要特别慎重。如相关系数$r=0.5$,看起来相关程度大约是一半,但是判定系数$R^2=0.25$,也就是说,回归直线对总离差的解释能力才达到25%,这个数值是比较低的;当相关系数$r=0.7$时,判定系数$R^2=0.49$,回归直线对总离差的解释能力也就49%,将近一半,所以要慎重使用。

【例8.5】 根据表8.2的数据,计算销售量对价格的判定系数。

【解】 由[例8.4]可知$n=6, \sum y = 21, \hat{y} = 35.7695 - 0.4545x$

则$\bar{y} = \frac{21}{6} = 3.5$,各对应的$\hat{y}_i$值如表8.6所示。

表8.6 回归销售量列表

地区编号	销售量y_i/万件	价格x_i/(元/件)	回归销售量$\hat{y}_i$/万件
1	2	73	2.591
2	3	72	3.0445
3	4	71	3.5
4	3	73	2.591
5	4	69	4.409
6	5	68	4.8635
合计	21	426	21

因此可得总离差平方和与回归平方和计算列表如表 8.7 所示。

表 8.7 总离差平方和与回归平方和计算列表

地区编号	销售量 y_i /万件	价格 x_i /(元/件)	回归销售量 $\hat{y}_i$ /万件	$(\hat{y}_i - \bar{y})^2$	$(y_i - \bar{y})^2$
1	2	73	2.591	0.826 3	2.25
2	3	72	3.044 5	0.207 5	0.25
3	4	71	3.5	0.000 0	0.25
4	3	73	2.591	0.826 3	0.25
5	4	69	4.409	0.826 3	0.25
6	5	68	4.863 5	1.859 1	2.25
合计	21	426	21	4.545 5	5.5

即：

$$SSR = \sum (\hat{y}_i - \bar{y})^2 = 4.545\ 5$$

$$SST = \sum (y_i - \bar{y})^2 = 5.5$$

$$SSE = SST - SSR = 5.5 - 4.545\ 5 = 0.954\ 5$$

则：

$$R^2 = \frac{SSR}{SST} = \frac{4.545\ 5}{5.5} = 0.826\ 4$$

可见，价格解释了销售量变化 82.64% 的部分，或者说销售量的变动中，有 82.64% 是由价格决定的，拟合优度比较高，说明两者之间具有比较强的线性关系。

另一方面，根据[例 8.2]可知相关系数 $r = -0.909\ 1$，$r^2 = (-0.909\ 1)^2 = 0.826\ 5$，与判定系数 0.826 4 只有万分位上的差异，这是因为在计算过程中小数位的保留造成的误差，验证了相关系数与判定系数的关系：相关系数的平方等于判定系数。

2) 回归方程显著性检验

根据样本数据拟合回归方程时，实际上已经假定自变量与因变量之间存在线性关系，该线性关系是否真的显著存在尚需检验，由此需要构造新的可用于检验的统计量。该统计量的构造是以回归平方和（SSR）与残差平方和（SSE）为基础的。将 SSR 除以其自由度 1，SSE 除以其自由度 $(n-2)$，n 为样本单位数，再将这两者相除，得到的统计量服从分子自由度为 1、分母自由度为 $(n-2)$ 的 F 分布，即：

$$F = \frac{SSR/1}{SSE/(n-2)} \sim F(1, n-2) \qquad (式 8.17)$$

如果两个变量间的线性关系不显著，即 $H_0: \beta_1 = 0$，则 F 的值接近 1；如果两个变量间的线性关系显著，即 $H_1: \beta_1 \neq 0$，则 F 的值将变得较大。线性关系显著性检验的具体步骤如下：

第一步:提出假设。
$$H_0: \beta_1 = 0(两个变量之间线性关系不显著); H_1: \beta_1 \neq 0$$

第二步:计算统计量。
$$F = \frac{SSR/1}{SSE/(n-2)}$$

第三步:做出统计决策。

根据给定的显著性水平 α 和自由度为 $(1, n-2)$ 的 F 分布表,查得 $F_\alpha(1, n-2)$ 的临界值。若 $F > F_\alpha(1, n-2)$,则拒绝原假设 H_0,表明两个变量之间的线性关系是显著的;若 $F < F_\alpha(1, n-2)$,则不拒绝原假设 H_0,表明没有证据证明两个变量之间的线性关系是显著的,因而所建立的回归方程没有意义。

【例 8.6】 根据表 8.2 数据,求出的回归方程为:$\hat{y} = 35.7695 - 0.4545x$,在显著性水平为 0.05 的水平下,检验销售量对价格线性关系的显著性。

【解】 第一步:提出假设。
$$H_0: \beta_1 = 0(两个变量之间线性关系不显著); H_1: \beta_1 \neq 0$$

第二步:计算统计量。

由[例 8.5]可知:$n = 6$,$SSR = 4.5455$,$SSE = 0.9545$

则:
$$F = \frac{SSR/1}{SSE/(n-2)} = \frac{4.5455}{0.9545/(6-2)} = 19.0487$$

第三步:做出统计决策。

根据给定的显著性水平 $\alpha = 0.05$,和自由度为 $(1, 4)$ 的 F 分布表,查得 $F_{0.05}(1, 4)$ 的临界值 $F_{0.05}(1, 4) = 7.709$。由于 $F > F_{0.05}(1, 4)$,拒绝原假设 H_0,即表明两个变量之间的线性关系是显著的,也就是说销售量对价格的线性关系是显著的。

3) 回归系数显著性检验

回归系数的显著性检验,是根据样本估计的结果,对总体回归系数进行的假设检验。在一元线性回归中,回归系数的显著性检验是检验回归系数 β_1 是否为 0,为进行这一检验,需要构造用于检验的统计量,为此,需要了解 $\hat{\beta}_1$ 的概率分布。根据 8.3.1 节中的假设可知,y_i 是服从正态分布的变量,$\hat{\beta}_1$ 也服从正态分布。

$\hat{\beta}_1$ 的数学期望为:
$$E(\hat{\beta}_1) = \hat{\beta}_1$$

$\hat{\beta}_1$ 的标准差为:
$$\sigma_{\hat{\beta}_1} = \sigma \sqrt{\frac{1}{\sum x_i^2 - \frac{1}{n}(\sum x_i)^2}}$$

上式中,n 为样本单位数,σ 为误差项 ε 的标准差。则 $\hat{\beta}_1$ 的分布为:

$$\hat{\beta}_1 \sim N(\hat{\beta}_1, \sigma^2_{\hat{\beta}_1}) \tag{式 8.18}$$

由于 σ 未知,使用其估计量代入,可以得到 $\sigma_{\hat{\beta}_1}$ 的估计量 $s_{\hat{\beta}_1}$ 为:

$$s_{\hat{\beta}_1} = \frac{\sqrt{\dfrac{\sum(y_i - \hat{y}_i)^2}{n-2}}}{\sqrt{\sum x_i^2 - \dfrac{1}{n}(\sum x_i)^2}} \tag{式 8.19}$$

从而可构造用于检验的统计量 $t_{\hat{\beta}_1}$:

$$t_{\hat{\beta}_1} = \frac{\hat{\beta}_1 - \beta_1}{s_{\hat{\beta}_1}} \sim t(n-2) \tag{式 8.20}$$

统计量 $t_{\hat{\beta}_1}$ 服从自由度为 $(n-2)$ 的 t 分布。如果回归系数 $\beta_1 = 0$,则 $t_{\hat{\beta}_1} = \dfrac{\hat{\beta}_1}{s_{\hat{\beta}_1}}$。

回归系数显著性检验步骤如下:

第一步:提出假设。

$$H_0: \beta_1 = 0;\ H_1: \beta_1 \neq 0$$

第二步:计算统计量。

$$t_{\hat{\beta}_1} = \frac{\hat{\beta}_1}{s_{\hat{\beta}_1}}$$

第三步:做出统计决策。

根据给定的显著性水平 α 和自由度为 $(n-2)$ 的 t 分布表,查得 $t_{\frac{\alpha}{2}}(n-2)$ 的临界值。若 $|t| > t_{\frac{\alpha}{2}}$,则拒绝原假设 H_0,表明自变量 x 对因变量 y 的影响是显著的;若 $|t| < t_{\frac{\alpha}{2}}$,则不拒绝原假设 H_0,表明没有证据证明自变量 x 对因变量 y 的影响是显著的。

【例 8.7】 根据表 8.2 数据,求出的回归方程为:$\hat{y} = 35.7695 - 0.4545x$,在显著性水平为 0.05 的水平下,检验回归系数的显著性。

【解】 第一步:提出假设。

$$H_0: \beta_1 = 0;\ H_1: \beta_1 \neq 0$$

第二步:计算统计量。

由[例 8.2]可知 $n = 6$,$\sum x = 426$,$\sum x^2 = 30\,268$,由回归方程 $\hat{y} = 35.7695 - 0.4545x$。

可得回归销售量如表 8.8 所示。

表 8.8 回归销售量计算列表

销售量 y_i /万件	价格 x_i /(元/件)	回归销售量 $\hat{y}_i$ /万件	x_i^2	$(y_i - \hat{y}_i)^2$
2	73	2.591	5 329	0.349 3
3	72	3.044 5	5 184	0.002 0

(续表)

销售量 y_i /万件	价格 x_i /(元/件)	回归销售量 $\hat{y}_i$ /万件	x_i^2	$(y_i - \hat{y}_i)^2$
4	71	3.5	5 041	0.25
3	73	2.591	5 329	0.167 3
4	69	4.409	4 761	0.167 3
5	68	4.863 5	4 624	0.018 6

有：

$$\sqrt{\frac{\sum(y_i - \hat{y}_i)^2}{n-2}} = \sqrt{\frac{0.954\ 5}{6-2}} = 0.488\ 5$$

$$\sqrt{\sum x_i^2 - \frac{1}{n}\left(\sum x_i\right)^2} = \sqrt{30\ 268 - \frac{1}{6} \times (426)^2} = 4.690\ 4$$

从而：

$$s_{\hat{\beta}_1} = \frac{\sqrt{\dfrac{\sum(y_i - \hat{y}_i)^2}{n-2}}}{\sqrt{\sum x_i^2 - \dfrac{1}{n}\left(\sum x_i\right)^2}} = \frac{0.488\ 5}{4.690\ 4} = 0.104\ 1$$

$$t_{\hat{\beta}_1} = \frac{\hat{\beta}_1}{s_{\hat{\beta}_1}} = \frac{-0.454\ 5}{0.104\ 1} = -4.366\ 0$$

第三步：做出统计决策。

根据给定的显著性水平 $\alpha = 0.05$，自由度为：$n - 2 = 6 - 2 = 4$，查 t 分布表，得 $t_{\frac{\alpha}{2}}(n-2) = t_{0.025}(4) = 2.776\ 4$，由于 $|t| > t_{\frac{\alpha}{2}}$，拒绝原假设 H_0，说明价格是销售量的一个显著影响因素。

8.4 一元线性回归模型的预测

建立回归模型的重要目的是通过回归方程进行预测与辅助决策。经过拟合优度、回归系数和线性检验的回归方程，可以用来预测。在利用回归方程进行预测时，先给出自变量的具体数值，当该值属于样本内数据时，利用回归方程获得因变量，称为内插检验或事后预测；当该值不属于样本内数据时，利用回归方程获得因变量，称为外推检验或事前预测。通常所说的预测指事前预测。预测还可根据返回因变量的某一个估计值或一个区间值分为点估计预测和区间预测估计。

8.4.1 点估计

根据建立的回归方程，针对某一个特定的自变量值，求出因变量的一个估计值称为点估计。点估计比较简单，只要将已知的自变量值代入一元线性回归方程，计算得到的 $\hat{y}$ 值作为自变量的点估计值即可。

【例 8.8】 根据表 8.2 数据,求出的回归方程为:$\hat{y} = 35.7695 - 0.4545x$,当价格为 65 元时,以点估计方法预测销售量是多少?

【解】 当价格为 65 元时,将 65 作为自变量 x 的值代入方程,可得:

$$\hat{y} = 35.7695 - 0.4545x = 35.7695 - 0.4545 \times 65 = 6.227(\text{万件})$$

即当格为 65 元时,以点估计方法预测销售量是 6.227 万件。

8.4.2 区间估计

根据建立的回归方程,针对某一个特定的自变量值 x_0,求出对应因变量的一个估计值的区间称为预测区间估计。

为求出预测区间,统计学家提出了一个因变量 y 的确定值 y_0 的标准差的估计量,该估计量记为 S_{ind}:

$$S_{\text{ind}} = \sqrt{\frac{\sum(y_i - \hat{y}_i)^2}{n-2}} \cdot \sqrt{1 + \frac{1}{n} + \frac{(x_0 - \bar{x})^2}{\sum(x_i - \bar{x})^2}} \qquad (\text{式 8.21})$$

在数学上可以证明,$(y_0 - \hat{y}_0)/S_{\text{ind}}$ 服从自由度为 $(n-2)$ 的 t 分布,可以得出 y_0 在置信度为 $(1-\alpha)$ 下的置信区间为:

$$\hat{y}_0 \pm t_{\frac{\alpha}{2}} \cdot \sqrt{\frac{\sum(y_i - \hat{y}_i)^2}{n-2}} \cdot \sqrt{1 + \frac{1}{n} + \frac{(x_0 - \bar{x})^2}{\sum(x_i - \bar{x})^2}} \qquad (\text{式 8.22})$$

【例 8.9】 根据表 8.2 数据,求出的回归方程为:$\hat{y} = 35.7695 - 0.4545x$,当价格为 65 元时,求销售量在置信度为 95% 时的置信区间。

【解】 置信度为 95% 时,$\alpha = 1 - 95\% = 0.05$

$$t_{\frac{\alpha}{2}}(n-2) = t_{0.025}(4) = 2.7764$$

据[例 8.7]有:

$$\sqrt{\frac{\sum(y_i - \hat{y}_i)^2}{n-2}} = 0.4885$$

据表 8.2 有:

$$\bar{x} = \frac{426}{6} = 71$$

$$\sum(x_i - \bar{x})^2 = 22$$

则:

$$\sqrt{1 + \frac{1}{n} + \frac{(x_0 - \bar{x})^2}{\sum(x_i - \bar{x})^2}} = \sqrt{1 + \frac{1}{6} + \frac{(65-71)^2}{22}} = 1.6742$$

从而有：

$$t_{\frac{\alpha}{2}} \cdot \sqrt{\frac{\sum(y_i - \hat{y}_i)^2}{n-2}} \cdot \sqrt{1 + \frac{1}{n} + \frac{(x_0 - \bar{x})^2}{\sum(x_i - \bar{x})^2}} = 2.776\,4 \times 0.488\,5 \times 1.674\,2 = 2.270\,7$$

根据[例8.8]点估计，$\hat{y}_0 = 6.227$，则：

$$\hat{y}_0 + t_{\frac{\alpha}{2}} \cdot \sqrt{\frac{\sum(y_i - \hat{y}_i)^2}{n-2}} \cdot \sqrt{1 + \frac{1}{n} + \frac{(x_0 - \bar{x})^2}{\sum(x_i - \bar{x})^2}} = 6.227 + 2.270\,7 = 8.497\,7$$

$$\hat{y}_0 - t_{\frac{\alpha}{2}} \cdot \sqrt{\frac{\sum(y_i - \hat{y}_i)^2}{n-2}} \cdot \sqrt{1 + \frac{1}{n} + \frac{(x_0 - \bar{x})^2}{\sum(x_i - \bar{x})^2}} = 6.227 - 2.270\,7 = 3.956\,3$$

所以销售量在置信度为95%时的置信区间为：[3.956 3,8.497 7]，表明在价格为65元时，销售量95%的预测区间在3.956 3到8.497 7万件之间。

8.5 残差分析

在一元线性回归模型 $y = \beta_0 + \beta_1 x + \varepsilon$ 中，对 ε 的假定是期望值为0，方差相等且服从正态分布的一个随机变量，如果该假定不成立，则所做的检验以及预测可能就站不住脚。残差分析是判断 ε 假定条件是否满足的方法之一。

因变量的观测值 y_i 与根据回归方程估计求得的预测值 $\hat{y}_i$ 之差称为残差，记为：

$$e_i = y_i - \hat{y}_i$$

通过残差分析判断对 ε 的假定是否成立，往往使用残差图的方式，常用的残差图是关于 x 的残差图，横轴表示自变量 x，纵轴表示对应的残差 $y - \hat{y}$。残差图一般有三种常见形态：如果满足 ε 的假定条件，则残差图中的所有点都应落在一条水平带中间；如果 ε 的方差是不同的，自变量的值越大，残差也会越大；如果杂乱无章，则表明回归模型不合理，应重新考虑其他回归模型，如曲线或者多元回归模型。

【例8.10】 根据表8.2的数据，求出的回归方程为：$\hat{y} = 35.769\,5 - 0.454\,5x$，对销售量与价格进行残差分析。

【解】 根据表8.2数据及回归方程，可得回归销售量，将销售量样本值减去对应的销售量回归值，获得销售量对价格的残差如表8.9所示。

表8.9 残差计算列表

销售量 y_i/万件	价格 x_i/(元/件)	回归销售量 $\hat{y}_i$/万件	残差 e_i/万件
2	73	2.591	−0.591
3	72	3.044 5	−0.044 5
4	71	3.5	0.5
3	73	2.591	0.409

(续表)

销售量 y_i/万件	价格 x_i/(元/件)	回归销售量 $\hat{y}_i$/万件	残差 e_i/万件
4	69	4.409	−0.409
5	68	4.863 5	0.136 5

根据残差数据,绘制销售量对价格的残差图如图 8.5 所示。

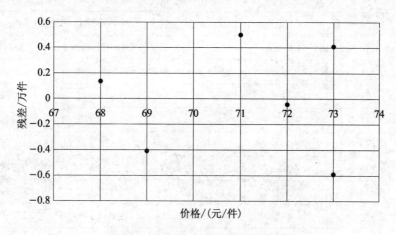

图 8.5 销售量对价格回归残差图

由以上残差图可以看出,残差大于 −0.6,小于 0.6,在一条水平带内,这表明关于销售量对价格的线性假定以及误差项 ε 的假定是成立的。

8.6 一元线性回归分析应用案例

根据 8.1 节应用案例中表 8.4 人均可支配收入与人均居住消费支出的相关资料,继续建立人均居住消费支出对人均可支配收入的一元线性回归模型,了解人均居住消费支出随着人均可支配收入的变化情况,完成拟合优度、回归方程显著性及回归系数显著性检验,如果通过检验,进一步预测某地人均收入为 50 000 元时,人均居住消费支出的点估计和区间估计分别是多少,同时进行残差分析,完成一元线性回归整个过程分析(显著性水平 $\alpha = 0.05$)。

根据应用案例的相关资料,求取 $\sum x_i$、$\sum y_i$、$\sum x_i y_i$、$\sum x_i^2$、$\sum y_i^2$,列表如下。

表 8.10 一元线性回归计算表

地区	人均居住消费支出 y_i	人均可支配收入 x_i	$x_i y_i$	y_i^2	x_i^2
北京	14 110.3	62 361.2	879 935 240.36	199 100 566.09	3 888 919 265.44
天津	6 406.3	39 506.1	253 087 928.43	41 040 679.69	1 560 731 937.21
河北	4 050.4	23 445.7	94 964 463.28	16 405 740.16	549 700 848.49
山西	3 228.5	21 990.1	70 995 037.85	10 423 212.25	483 564 498.01

(续表)

地区	人均居住消费支出 y_i	人均可支配收入 x_i	$x_i y_i$	y_i^2	x_i^2
内蒙古	3 680.0	28 375.7	104 422 576.00	13 542 400.00	805 180 350.49
辽宁	4 169.5	29 701.4	123 839 987.30	17 384 730.25	882 173 161.96
吉林	3 294.8	22 798.4	75 116 168.32	10 855 707.04	519 767 042.56
黑龙江	3 176.3	22 725.8	72 183 958.54	10 088 881.69	516 461 985.64
上海	14 208.5	64 182.6	911 938 472.10	201 881 472.25	4 119 406 142.76
江苏	6 731.2	38 095.8	256 430 448.96	45 309 053.44	1 451 289 977.64
浙江	7 721.2	45 839.8	353 938 263.76	59 616 929.44	2 101 287 264.04
安徽	3 941.9	23 983.6	94 540 952.84	15 538 575.61	575 213 068.96
福建	6 130.0	32 643.9	200 107 107.00	37 576 900.00	1 065 624 207.21
江西	3 795.2	24 079.7	91 387 277.44	14 403 543.04	579 831 952.09
山东	3 928.5	29 204.6	114 730 271.10	15 433 112.25	852 908 661.16
河南	3 512.0	21 963.5	77 135 812.00	12 334 144.00	482 395 332.25
湖北	4 310.6	25 814.5	111 275 983.70	18 581 272.36	666 388 410.25
湖南	3 976.1	25 240.7	100 359 547.27	15 809 371.21	637 092 936.49
广东	6 643.3	35 809.9	237 895 908.67	44 133 434.89	1 282 348 938.01
广西	3 268.5	21 485.0	70 223 722.50	10 683 092.25	461 605 225.00
海南	3 744.0	24 579.0	92 023 776.00	14 017 536.00	604 127 241.00
重庆	3 498.8	26 385.8	92 318 637.04	12 241 601.44	696 210 441.64
四川	3 368.0	22 460.6	75 647 300.80	11 343 424.00	504 478 552.36
贵州	2 760.7	18 430.2	50 880 253.14	7 621 464.49	339 672 272.04
云南	3 081.1	20 084.2	61 881 428.62	9 493 177.21	403 375 089.64
西藏	2 102.6	17 286.1	36 345 753.86	4 420 926.76	298 809 253.21
陕西	3 388.2	22 528.3	76 330 386.06	11 479 899.24	507 524 300.89
甘肃	3 095.0	17 488.4	54 126 598.00	9 579 025.00	305 844 134.56
青海	2 990.0	20 757.3	62 064 327.00	8 940 100.00	430 865 503.29
宁夏	3 014.3	22 400.4	67 521 525.72	9 086 004.49	501 777 920.16
新疆	2 894.3	21 500.2	62 228 028.86	8 376 972.49	462 258 600.04
合计	144 220.1	873 148.5	5 025 877 142.52	916 742 949.03	28 536 834 514.49

则有：

$$\hat{\beta}_1 = \frac{n\sum x_i y_i - \sum x_i \sum y_i}{n\sum x_i^2 - (\sum x_i)^2} = \frac{31 \times 5\,025\,877\,142.52 - 873\,148.5 \times 144\,220.1}{31 \times 28\,536\,834\,514.49 - 873\,148.5^2} = 0.244\,4$$

$$\hat{\beta}_0 = \frac{\sum y_i}{n} - \hat{\beta}_1 \cdot \frac{\sum x_i}{n} = \frac{144\,220.1}{31} - 0.244\,4 \times \frac{873\,148.5}{31} = -2\,231.034\,8$$

因此人均居住消费支出对人均可支配收入的一元线性回归方程为：

$$\hat{y} = -2\,231.034\,8 + 0.244\,4x$$

该式表明，当人均可支配收入每增加1元时，人均居住消费支出平均增加0.244 4元。而当人均可支配收入为0时，人均居住消费支出为$-2\,231.034\,8$元。实际上，人均居住消费支出不可能为负数，因此对于这个实际问题寻求截距的解释没有意义。

接下来进行拟合优度、回归方程显著性及回归系数显著性检验。

1）拟合优度检验

根据已经求出的回归方程，计算我国主要地区人均居住消费支出回归值，在此基础上，再算出 $\left(\hat{y}_i - \frac{\sum y_i}{n}\right)^2$、$\left(y_i - \frac{\sum y_i}{n}\right)^2$ 如下表。

表8.11 回归值 $\hat{y}_i$、$\left(\hat{y}_i - \frac{\sum y_i}{n}\right)^2$ 和 $\left(y_i - \frac{\sum y_i}{n}\right)^2$ 计算列表

地区	人均居住消费支出 y_i	人均可支配收入 x_i	人均居住消费支出回归值 $\hat{y}_i$	$\left(\hat{y}_i - \frac{\sum y_i}{n}\right)^2$	$\left(y_i - \frac{\sum y_i}{n}\right)^2$
北京	14 110.3	62 361.2	13 010.042 5	69 852 506.414 5	89 454 496.233 8
天津	6 406.3	39 506.1	7 424.256 0	7 683 954.892 2	3 076 651.795 0
河北	4 050.4	23 445.7	3 499.094 3	1 329 794.153 7	362 237.012 8
山西	3 228.5	21 990.1	3 143.345 6	2 276 826.439 8	2 027 096.211 8
内蒙古	3 680.0	28 375.7	4 703.986 3	2 675.474 6	945 292.016 7
辽宁	4 169.5	29 701.4	5 027.987 4	141 170.079 4	233 058.463 4
吉林	3 294.8	22 798.4	3 340.894 2	1 719 683.750 5	1 842 701.154 7
黑龙江	3 176.3	22 725.8	3 323.150 7	1 766 534.908 1	2 178 461.730 5
上海	14 208.5	64 182.6	13 455.192 6	77 491 600.347 1	91 321 698.276 3
江苏	6 731.2	38 095.8	7 079.578 7	5 891 869.904 4	4 321 986.158 6
浙江	7 721.2	45 839.8	8 972.212 3	18 661 976.898 8	9 418 384.803 8
安徽	3 941.9	23 983.6	3 630.557 0	1 043 879.575 1	504 613.162 8
福建	6 130.0	32 643.9	5 747.134 4	1 198 747.038 7	2 183 711.694 1
江西	3 795.2	24 079.7	3 654.043 9	996 437.998 3	734 554.055 4
山东	3 928.5	29 204.6	4 906.569 4	64 672.635 0	523 830.405 4
河南	3 512.0	21 963.5	3 136.844 6	2 296 487.745 3	1 300 195.810 2
湖北	4 310.6	25 814.5	4 078.029 0	329 742.723 2	116 732.437 3
湖南	3 976.1	25 240.7	3 937.792 3	510 465.966 7	457 194.090 5

(续表)

地区	人均居住消费支出 y_i	人均可支配收入 x_i	人均居住消费支出回归值 $\hat{y}_i$	$\left(\hat{y}_i - \dfrac{\sum y_i}{n}\right)^2$	$\left(y_i - \dfrac{\sum y_i}{n}\right)^2$
广东	6 643.3	35 809.9	6 520.904 8	3 491 828.416 8	3 964 235.143 4
广西	3 268.5	21 485.0	3 019.899 2	2 664 605.993 9	1 914 795.308 6
海南	3 744.0	24 579.0	3 776.072 8	767 706.270 6	824 938.571 5
重庆	3 498.8	26 385.8	4 217.654 7	188 882.871 0	1 330 472.948 3
四川	3 368.0	22 460.6	3 258.335 8	1 943 028.161 1	1 649 327.061 8
贵州	2 760.7	18 430.2	2 273.306 1	5 659 427.892 7	3 578 004.115 0
云南	3 081.1	20 084.2	2 677.543 7	3 899 509.640 5	2 468 547.800 2
西藏	2 102.6	17 286.1	1 993.688 0	7 068 011.727 3	6 500 772.695 4
陕西	3 388.2	22 528.3	3 274.881 7	1 897 174.480 7	1 597 850.945 7
甘肃	3 095.0	17 488.4	2 043.130 2	6 807 565.255 2	2 425 062.726 3
青海	2 990.0	20 757.3	2 842.049 3	3 276 867.377 5	2 763 112.597 3
宁夏	3 014.3	22 400.4	3 243.623 0	1 984 261.945 7	2 682 917.188 6
新疆	2 894.3	21 500.2	3 023.614 1	2 652 491.735 7	3 090 427.898 3
合计	144 220.1	873 148.5	144 235.414 6	235 560 388.714 3	245 793 360.513 5

由上表可知：

$$SSR = \sum (\hat{y}_i - \bar{y})^2 = 235\ 560\ 388.714\ 3$$

$$SST = \sum (y_i - \bar{y})^2 = 245\ 793\ 360.513\ 5$$

$$SSE = \sum (y_i - \hat{y}_i)^2 = 10\ 266\ 797.957\ 4$$

则：

$$R^2 = \frac{SSR}{SST} = \frac{235\ 560\ 388.714\ 3}{245\ 793\ 360.513\ 5} = 0.958\ 4$$

可见，人均可支配收入解释了人均居住消费支出的95.84%部分，或者说人均居住消费支出的变动中，有95.84%是由人均可支配收入决定的，拟合优度很高，说明两者之间具有很强的线性关系。

2) 回归方程显著性检验

第一步：提出假设。

$$H_0: \beta_1 = 0（两个变量之间线性关系不显著）；H_1: \beta_1 \neq 0$$

第二步：计算统计量。

$$F = \frac{SSR/1}{SSE/(n-2)} = \frac{235\ 560\ 388.714\ 3}{10\ 266\ 797.957\ 4/(31-2)} = 665.373\ 1$$

第三步:做出统计决策。

根据给定的显著性水平 $\alpha = 0.05$ 和自由度为 $(1, 29)$ 的 F 分布表,查得 $F_{0.05}(1, 29)$ 的临界值 $F_{0.05}(1, 29) = 4.183$。由于 $F > F_{0.05}(1, 29)$,拒绝原假设 H_0,即表明两个变量之间的线性关系是显著的,也就是说人均居住消费支出与人均可支配收入线性关系是显著的。

3) 回归系数显著性检验

第一步:提出假设。
$$H_0: \beta_1 = 0;\ H_1: \beta_1 \neq 0$$

第二步:计算统计量。

$$s_{\widehat{\beta_1}} = \frac{\sqrt{\dfrac{\sum(y_i - \hat{y}_i)^2}{n-2}}}{\sqrt{\sum x_i^2 - \dfrac{1}{n}(\sum x_i)^2}} = \frac{\sqrt{\dfrac{10\,266\,797.957\,4}{31-2}}}{\sqrt{28\,536\,834\,514.49 - \dfrac{1}{31} \times (873\,148.5)^2}}$$

$$= \frac{595.002\,1}{62\,798.594\,3} = 0.009\,5$$

$$t_{\widehat{\beta_1}} = \frac{\widehat{\beta_1}}{s_{\widehat{\beta_1}}} = \frac{0.244\,4}{0.009\,5} = 25.726$$

第三步:做出统计决策。

根据给定的显著性水平 $\alpha = 0.05$,自由度为:$n - 2 = 31 - 2 = 29$。查 t 分布表,可得 $t_{\frac{\alpha}{2}}(n-2) = t_{0.025}(29) = 2.045\,2$,由于 $|t| > t_{\frac{\alpha}{2}}$,则拒绝原假设 H_0,说明人均可支配收入是影响人均居住消费支出的一个显著影响因素。

以上检验结果说明,回归方程通过检验。

然后进行点估计和区间预测估计。

4) 点估计

当人均可支配收入为 50 000 元时,人均居住支出消费为多少。

$\hat{y} = -2\,231.034\,8 + 0.244\,4x = -2\,231.034\,8 + 0.244\,4 \times 50\,000 = 9\,988.965$

也就是说,当人均可支配收入为 50 000 元时,居民将会平均分配 9 988.965 元在人均居住支出消费上。

5) 区间预测估计

从前面计算结果可知,$n - 2 = 29$,$t_{0.025}(29) = 2.045\,2$

$$\sqrt{\frac{\sum(y_i - \hat{y}_i)^2}{n-2}} = 595.002\,1$$

$$\sqrt{1 + \frac{1}{n} + \frac{(x_0 - \bar{x})^2}{\sum(x_i - \bar{x})^2}} = \sqrt{1 + \frac{1}{31} + \frac{\left(50\,000 - \dfrac{873\,148.5}{31}\right)^2}{3\,943\,663\,448.288\,4}} = 1.073\,8$$

$$\hat{y}_0 + t_{\frac{\alpha}{2}} \cdot \sqrt{\frac{\sum(y_i - \hat{y}_i)^2}{n-2}} \cdot \sqrt{1 + \frac{1}{n} + \frac{(x_0 - \bar{x})^2}{\sum(x_i - \bar{x})^2}}$$

$$= 9\,988.965 + 2.045\,2 \times 595.002\,1 \times 1.073\,8 = 11\,295.670\,4$$

$$\hat{y}_0 - t_{\frac{\alpha}{2}} \cdot \sqrt{\frac{\sum(y_i - \hat{y}_i)^2}{n-2}} \cdot \sqrt{1 + \frac{1}{n} + \frac{(x_0 - \bar{x})^2}{\sum(x_i - \bar{x})^2}}$$

$$= 9\,988.965 - 2.045\,2 \times 595.002\,1 \times 1.073\,8 = 8\,682.259\,6$$

所以人均居住消费支出预测置信区间为[8 682.259 6, 11 295.670 4]，表明在人均可支配收入为 50 000 元时，其人均居住消费支出 95% 的预测区间在 8 682.259 6 元到 11 295.670 4 元之间。

最后对人均居住消费支出与人均可支配收入进行残差分析。

表 8.12　人均居住消费支出对人均可支配收入回归残差表　　　　　（单位：元）

地区	人均居住消费支出 y_i	人均可支配收入 x_i	预测值 $\hat{y}_i$	残差 e_i
北京	14 110.3	62 361.2	13 010.042 5	1 100.257 5
天津	6 406.3	39 506.1	7 424.256 0	−1 017.956 0
河北	4 050.4	23 445.7	3 499.094 3	551.305 7
山西	3 228.5	21 990.1	3 143.345 6	85.154 4
内蒙古	3 680.0	28 375.7	4 703.986 3	−1 023.986 3
辽宁	4 169.5	29 701.4	5 027.987 4	−858.487 4
吉林	3 294.8	22 798.4	3 340.894 2	−46.094 2
黑龙江	3 176.3	22 725.8	3 323.150 7	−146.850 7
上海	14 208.5	64 182.6	13 455.192 6	753.307 4
江苏	6 731.2	38 095.8	7 079.578 7	−348.378 7
浙江	7 721.2	45 839.8	8 972.212 3	−1 251.012 3
安徽	3 941.9	23 983.6	3 630.557 0	311.343 0
福建	6 130.0	32 643.9	5 747.134 4	382.865 6
江西	3 795.2	24 079.7	3 654.043 9	141.156 1
山东	3 928.5	29 204.6	4 906.569 4	−978.069 4
河南	3 512.0	21 963.5	3 136.844 6	375.155 4
湖北	4 310.6	25 814.5	4 078.029 0	232.571 0
湖南	3 976.1	25 240.7	3 937.792 3	38.307 7
广东	6 643.3	35 809.9	6 520.904 8	122.395 2
广西	3 268.5	21 485.0	3 019.899 2	248.600 8
海南	3 744.0	24 579.0	3 776.072 8	−32.072 8

(续表)

地区	人均居住消费支出 y_i	人均可支配收入 x_i	预测值 $\hat{y}_i$	残差 e_i
重庆	3 498.8	26 385.8	4 217.654 7	−718.854 7
四川	3 368.0	22 460.6	3 258.335 8	109.664 2
贵州	2 760.7	18 430.2	2 273.306 1	487.393 9
云南	3 081.1	20 084.2	2 677.543 7	403.556 3
西藏	2 102.6	17 286.1	1 993.688 0	108.912 0
陕西	3 388.2	22 528.3	3 274.881 7	113.318 3
甘肃	3 095.0	17 488.4	2 043.130 2	1051.869 8
青海	2 990.0	20 757.3	2 842.049 3	147.950 7
宁夏	3 014.3	22 400.4	3 243.623 0	−229.323 0
新疆	2 894.3	21 500.2	3 023.614 1	−129.314 1

根据线性回归方程,获得对应因变量的估计值,将观测值与估计值相减,从而求得相应残差,见残差表。根据残差数据,绘制人均居住消费支出对人均可支配收入回归残差图如下图所示。

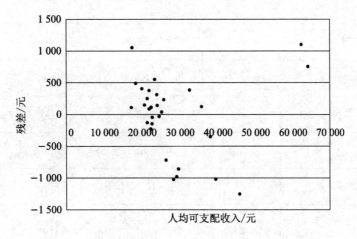

图 8.6 人均居住消费支出对人均可支配收入回归残差图

由以上残差图可以看出,残差基本上大于−1 000 元,小于 1 000 元,数点绝大多数在一条水平带内,这表明关于人均居住消费支出对人均可支配收入的线性假定以及误差项 ε 的假定是成立的。

以上数据系统说明,人均居住消费支出对人均可支配收入可以进行一元线性回归分析,可以使用获得的回归方程进行预测决策。

重要术语

函数关系　相关关系　散点图　相关系数　相关矩阵　t 检验　一元线性回归　回归

系数　回归方程　最小二乘法　拟合优度　总离差平方和　回归平方和　残差平方和
判定系数　F检验　点估计预测　区间估计预测

主要公式

名　称	公　式
相关系数	$r = \dfrac{\sigma_{xy}}{\sigma_x \cdot \sigma_y} = \dfrac{\sum(x-\bar{x})(y-\bar{y})}{\sqrt{\sum(x-\bar{x})^2} \cdot \sqrt{\sum(y-\bar{y})^2}}$
相关关系检验统计量	$t = r \cdot \sqrt{\dfrac{n-2}{1-r^2}}$
一元线性回归方程	$\hat{y} = \hat{\beta}_0 + \hat{\beta}_1 x$
一元线性回归分析回归系数的求法	$\begin{cases} \hat{\beta}_1 = \dfrac{n\sum x_i y_i - \sum x_i \sum y_i}{n\sum x_i^2 - (\sum x_i)^2} \\ \hat{\beta}_0 = \dfrac{\sum y_i}{n} - \hat{\beta}_1 \cdot \dfrac{\sum x_i}{n} \end{cases}$
总离差平方和	$SST = \sum(y_i - \bar{y})^2$
回归平方和	$SSR = \sum(\hat{y}_i - \bar{y})^2$
残差平方和	$SSE = \sum(y_i - \hat{y}_i)^2$
总离差平方和、回归平方和与残差平方和的关系	$SST = SSR + SSE$
一元线性回归判定系数	$R^2 = \dfrac{SSR}{SST} = 1 - \dfrac{SSE}{SST}$
一元线性回归方程显著性 F 检验统计量	$F = \dfrac{SSR/1}{SSE/(n-2)} \sim F(1, n-2)$
一元线性回归系数 $\hat{\beta}_1$ 的估计标准差	$s_{\hat{\beta}_1} = \dfrac{\sqrt{\dfrac{\sum(y_i - \hat{y}_i)^2}{n-2}}}{\sqrt{\sum x_i^2 - \dfrac{1}{n}(\sum x_i)^2}}$
一元线性回归系数 $\hat{\beta}_1$ 显著性 t 检验统计量	$t_{\hat{\beta}_1} = \dfrac{\hat{\beta}_1}{s_{\hat{\beta}_1}}$
一元线性回归 y 个别值的预测区间	$\hat{y}_0 \pm t_{\frac{\alpha}{2}} \sqrt{\dfrac{\sum(y_i - \hat{y}_i)^2}{n-2}} \cdot \sqrt{1 + \dfrac{1}{n} + \dfrac{(x_0 - \bar{x})^2}{\sum(x_i - \bar{x})^2}}$

练习题

一、单项选择题

1. 具有相关关系的两个变量的特点是（　　）
   A. 一个变量的取值不能由另一个变量唯一确定
   B. 一个变量的取值由另一个变量唯一确定
   C. 一个变量的取值增大时，另一个变量的取值也一定增大
   D. 一个变量的取值增大时，另一个变量的取值也一定变小

2. 如果变量之间的关系近似表现为一条直线，则称两个变量之间为（　　）
   A. 正线性相关关系　　　　　　　　B. 负线性相关关系
   C. 线性相关关系　　　　　　　　　D. 非线性相关关系

3. 下面相关系数取值哪一个是错误的（　　）
   A. -0.96　　　B. 0.78　　　C. 1.25　　　D. 0

4. 两个变量之间的相关系数为0.9，说明这两个变量之间是（　　）
   A. 低度相关　　　B. 中度相关　　　C. 高度相关　　　D. 完全相关

5. 两个变量之间的相关系数为0.2，说明这两个变量之间是（　　）
   A. 低度相关　　　B. 中度相关　　　C. 高度相关　　　D. 完全相关

6. 设有4组容量相同的样本数据，样本量都是8，相关系数分别为0.65，0.74，0.89，0.92，若取显著性水平0.05进行显著性检验，哪一个相关系数在统计上是不显著的（　　）
   A. 0.65　　　B. 0.74　　　C. 0.89　　　D. 0.92

7. 根据最小二乘法拟合直线回归方程的原则是使以下哪一项达到最小值（　　）
   A. $\sum(y_i-\hat{y}_i)^2$　　B. $\sum(y_i-\hat{y}_i)$　　C. $\sum(y_i-\bar{y}_i)^2$　　D. $\sum(y_i-\bar{y}_i)$

8. 在回归分析中，F检验主要是用来检验（　　）
   A. 相关系数的显著性　　　　　　　B. 回归系数的显著性
   C. 线性关系的显著性　　　　　　　D. 估计标准误差的显著性

9. 已知回归平方和 $SSR=4854$，残差平方和 $SSE=146$，则判定系数为（　　）
   A. 97.08%　　　B. 2.92%　　　C. 3.01%　　　D. 33.25%

10. 若变量 x 与 y 之间的相关系数 $r=0.9$，则回归方程的判定系数为（　　）
    A. 0.7　　　B. 0.9　　　C. 0.81　　　D. 0.4

11. 某空调生产商欲了解广告费用（x）对销售量（y）的影响，收集了过去10年的有关数据。通过计算得到下面的方差分析表（$\alpha=0.05$）。

变差来源	自由度	平方和	均方差
回归	1	1 512 345.3	1 512 345.3
残差	8	35 125.4	
总计	9		

根据上表计算总离差平方和为（ ）

A. 1 512 345.3 B. 35 125.4 C. 1 547 470.7 D. 不确定

12. 某空调生产商欲了解广告费用(x)对销售量(y)的影响，收集了过去10年的有关数据。通过计算得到下面的方差分析表（$\alpha = 0.05$）。

变差来源	自由度	平方和	均方差
回归	1	1 512 345.3	1 512 345.3
残差	8	35 125.4	
总计	9		

根据上表计算相关系数为（ ）

A. 0.985 4 B. 0.023 2 C. 0.977 3 D. 0.988 6

13. 某空调生产商欲了解广告费用(x)对销售量(y)的影响，收集了过去10年的有关数据。通过计算得到下面的方差分析表（$\alpha = 0.05$）。

变差来源	自由度	平方和	均方差
回归	1	1 512 345.3	1 512 345.3
残差	8	35 125.4	
总计	9		

根据上表计算判定系数为（ ）

A. 0.985 4 B. 0.023 2 C. 0.977 3 D. 0.988 6

14. 一元线性回归方程常数项（ ）

A. 一定具有实际经济意义
B. 一定不具有实际经济意义
C. 可能不具有实际经济意义
D. 可有可无

15. 某商品销售量对价格拟合直线方程为 $\hat{y} = 45 - 0.58x$，回归系数 -0.58 表示（ ）

A. 价格每增加1个单位，销售量平均增加0.58个单位
B. 价格每增加1个单位，销售量平均下降0.58个单位
C. 价格每减少1个单位，销售量平均下降0.58个单位
D. 价格每增加1个单位，销售量平均增加的单位数不定

二、计算题

1. 从某一行业中随机抽取16家企业，得到某种产品产量和生产费用数据如下

企业编号	产量/台	生产费用/万元	企业编号	产量/台	生产费用/万元
1	50	120	9	93	162
2	52	124	10	97	170
3	60	130	11	100	183
4	67	136	12	110	190
5	72	145	13	125	210

(续表)

企业编号	产量/台	生产费用/万元	企业编号	产量/台	生产费用/万元
6	80	152	14	132	212
7	85	158	15	146	220
8	89	160	16	160	235

根据以上材料
(1) 绘制产量与生产费用的散点图,判断二者之间的关系形态。
(2) 计算产量与生产费用之间的相关系数。
(3) 对相关系数进行显著性检验($\alpha = 0.05$)。

2. 某企业记录产品销售额和销售利润资料如下:

产品销售额/万元	销售利润/万元
15	2
18	2.2
20	2.5
25	3
23	2.8

根据以上材料,求取:
(1) 建立销售利润对企业销售额的一元线性回归方程,并解释回归系数的意义。
(2) 若产品销售额为 30 万元时,试对企业产品销售利润进行点估计,并在 95% 的置信度下预测销售利润置信区间。

3. 根据引例中表 8.1 数据,求取:
(1) 建立销售额对广告费的一元线性回归方程,并解释回归系数的意义。
(2) 若广告费为 1 000 万元时,试对销售额进行点估计,并在 90% 的置信度下预测销售额置信区间。

实 训

【实训 8.1】 相关与一元线性回归分析应用

1) 实训任务

根据表 8.4 中 2018 年全国 31 省市人均可支配收入和人均食品烟酒、衣着、居住、交通通信消费支出实际数据,使用 SPSS 软件,完成以下实训任务($\alpha = 0.05$):

(1) 分别绘制人均可支配收入和人均食品烟酒、衣着、居住、交通通信消费支出的散点图。

(2) 求取人均可支配收入与人均食品烟酒、衣着、居住、交通通信消费支出的相关系数并完成检验。

(3) 求取人均居住消费支出对人均可支配收入的一元线性回归方程,完成拟合优度、回归系数显著性和线性关系显著性检验,当人均可支配收入为 50 000 元时,对人均居住消费支出进行点估计和区间估计,并进行残差分析。

2) 实训过程

(1) 绘制散点图

通过绘制散点图,可以直观获得人均可支配收入与人均食品烟酒、衣着、居住、交通通信消费支出的大体相关关系。SPSS 绘制散点图方式为:打开数据文件→【图表】→【旧对话框】→【散点/点状】→【类型】(本实训选择"简单分布")→【定义】→【Y 轴】→【X 轴】→【确定】即可得散点图。人均可支配收入与人均食品烟酒、衣着、居住、交通通信消费支出的散点图如图 8.7 至图 8.10 所示。

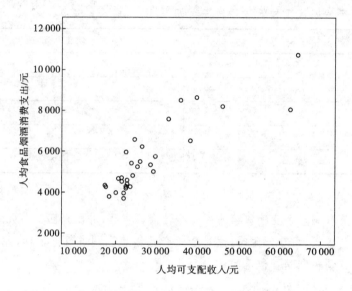

图 8.7 人均可支配收入与人均食品烟酒消费支出散点图

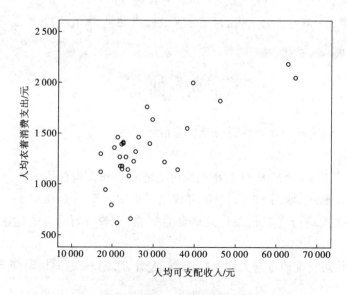

图 8.8 人均可支配收入与人均衣着消费支出散点图

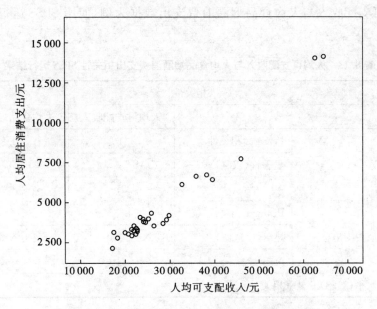

图 8.9 人均可支配收入与人均居住消费支出散点图

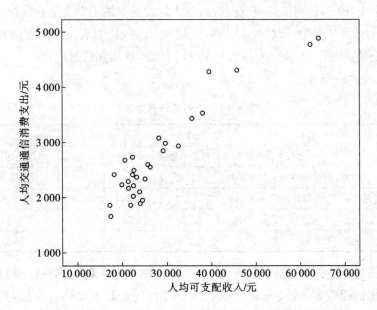

图 8.10 人均可支配收入与人均交通通信消费支出散点图

从散点图可以看出，人均可支配收入与各项主要人均消费支出均存在一定程度的线性相关关系，其中人均可支配收入与人均居住消费支出的线性关系最密切，与人均衣着消费支出的线性关系最弱。

(2) 求取相关系数

在获取散点图的基础上，求取人均可支配收入与人均食品烟酒、衣着、居住、交通通信消费支出的相关系数。SPSS求取相关系数方式为：打开数据文件→【分析】→【相关】→【双变量】→【变量】→【相关系数】(本实训选择"Pearson")方法→【确定】即可得相关系数。

以人均可支配收入与人均食品烟酒消费支出数据为例,使用 SPSS 运行结果如下表所示:

表 8.13　人均可支配收入与人均食品烟酒消费支出相关性 SPSS 运行结果

		相关性	
		人均可支配收入	人均食品烟酒消费支出
人均可支配收入	Pearson 相关性	1	0.875**
	显著性(双侧)		0.000
	N	31	31
人均食品烟酒消费支出	Pearson 相关性	0.875**	1
	显著性(双侧)	0.000	
	N	31	31

**. 在 0.01 水平(双侧)上显著相关。

由上表可知,人均可支配收入与人均食品烟酒消费支出的相关系数为 0.875,显著性水平为 0.000,小于 0.05,说明人均可支配收入与人均食品烟酒消费支出存在较强的正相关关系,这与前面的计算结果是一致的。人均可支配收入与人均衣着、居住、交通通信消费支出的相关系数可类似获得,分别为 0.743,0.979,0.929,且均能通过检验。

(3) 一元线性回归

表 8.14　SPSS 运行系数表

		系数[a]						
模型		非标准化系数		标准系数	t	Sig.	B 的 95.0% 置信区间	
		B	标准误差	试用版			下限	上限
1	(常量)	−2 231.035	287.469		−7.761	0.000	−2 818.974	−1 643.095
	人均可支配收入	0.244	0.009	0.979	25.793	0.000	0.225	0.264

a. 因变量:人均居住消费支出

SPSS 进行一元线性回归分析的方式为:打开数据文件→【分析】→【回归】→【线性】→【因变量】(本实训因变量:人均居住消费支出)→【自变量】(本实训自变量:人均可支配收入)→【统计量】(本实训选择"估计""置信区间,水平为 95%""协方差矩阵""模拟拟合度""R 方变化""个案诊断中所有个案")→【保存】(本实训选择"预测值为标准化及均值预测值的 S.E""残差为标准化""预测区间为均值及单值,置信区间为 95%""包含协方差矩阵")→【选项】(本实训选择"使用 F 的概率 0.05")→【确定】,即可得到一元线性回归运行结果。由于涉及预测,运行回归分析前,在数据文件末尾人均可支配收入列输入 50 000。

SPSS 运行系数表如表 8.14 所示。

则一元线性回归方程为:

$$\hat{y} = -2\,231.035 + 0.244x$$

回归系数 t 检验的观察值为 25.793, 概率为 0.000, 小于 0.05, 回归系数具有显著意义。

表 8.15 SPSS 运行 Anova 表

Anova[b]

模型		平方和	df	均方	F	$Sig.$
1	回归	2.355×10^8	1	2.355×10^8	665.278	0.000[a]
	残差	10 266 789.178	29	354 027.213		
	总计	2.458×10^8	30			

a. 预测变量：(常量), 人均可支配收入
b. 因变量：人均居住消费支出

SPSS 运行 Anova 表, 如表 8.15 所示。
所以：

$$SSR = 2.355 \times 10^8$$
$$SST = 2.458 \times 10^8$$
$$SSE = 10\,266\,789.178$$

回归方程 F 检验的观察值为 665.278, 概率为 0.000, 小于 0.05, 可以认为人均居住消费支出对人均可支配收入存在线性关系。

表 8.16 SPSS 运行模型汇总表

模型汇总[b]

模型	R	R 方	调整 R 方	标准估计的误差
1	0.979[a]	0.958	0.957	595.001 9

a. 预测变量：(常量), 人均可支配收入
b. 因变量：人均居住消费支出

SPSS 运行模型汇总表如表 8.16 所示, 则：

$$R^2 = 0.958$$

以上数据说明进行直线回归得到的一元线性回归方程拟合优度很高, F、t 检验都可通过, 使用线性回归分析人均居住消费支出对人均可支配收入的线性关系具有意义, 可进一步用作预测决策。

以人均可支配收入为 50 000 元为例, 在 95% 的置信度下, 含部分省市及人均可支配收入为 50 000 元时人均居住消费支出的点估计和区间估计值如下表所示, 其中 PRE_1 为点估计值, RES_1 为残差, LICI_1 为个别值的区间估计下限, UICI_1 为个别值的区间估计上限。

表 8.17　SPSS 运行点估计与区间估计表

地区	人均可支配收入	人均居住消费支出	PRE_1	RES_1	LICI_1	UICI_1
四川	22 460.6	3 368.0	3 257.941 89	110.058 11	2 016.621 07	4 499.262 72
贵州	18 430.2	2 760.7	2 272.982 83	487.717 17	1 022.284 15	3 523.681 50
云南	20 084.2	3 081.1	2 677.191 42	403.908 58	1 430.924 71	3 923.458 12
西藏	17 286.1	2 102.6	1 993.384 85	109.215 15	739.150 36	3 247.619 35
陕西	22 528.3	3 388.2	3 274.486 59	113.713 41	2 033.281 92	4 515.691 25
甘肃	17 488.4	3 095.0	2 042.823 43	1 052.176 57	789.241 94	3 296.404 91
青海	20 757.3	2 990.0	2 841.685 25	148.314 75	1 596.990 37	4 086.380 13
宁夏	22 400.4	3 014.3	3 243.230 07	−228.930 07	2 001.804 80	4 484.655 34
新疆	21 500.2	2 894.3	3 023.236 98	−128.936 98	1 780.120 33	4 266.353 62
#NULL!	50 000.0	#NULL!	9 988.088 22	#NULL!	8 681.311 06	11 294.865 37

以上数据说明，当人均可支配收入为 50 000 元时，人均居住消费支出点估计值为 9 988.088 22 元，区间估计值为 8 681.311 06 到 11 294.865 37 元之间。

表 8.18　SPSS 运行案例诊断表

案例诊断[a]				
案例数目	标准残差	人均居住消费支出	预测值	残差
1	1.851	14 110.3	13 008.949	1 101.351 3
2	−1.710	6 406.3	7 423.563	−1 017.263 1
3	0.927	4 050.4	3 498.683	551.716 9
4	0.144	3 228.5	3 142.960	85.540 1
5	−1.720	3 680.0	4 703.489	−1 023.488 6
6	−1.442	4 169.5	5 027.466	−857.966 4
7	−0.077	3 294.8	3 340.494	−45.694 3
8	−0.246	3 176.3	3 322.752	−146.452 1
9	1.268	14 208.5	13 454.067	754.433 1
10	−0.584	6 731.2	7 078.911	−347.710 5
11	−2.101	7 721.2	8 971.408	−1 250.208 3
12	0.524	3 941.9	3 630.136	311.763 6
13	0.644	6 130.0	5 746.562	383.438 2
14	0.238	3 795.2	3 653.622	141.578 5
15	−1.643	3 928.5	4 906.057	−977.557 2
16	0.631	3 512.0	3 136.459	375.540 6
17	0.392	4 310.6	4 077.576	233.023 8
18	0.065	3 976.1	3 937.350	38.750 4

(续表)

案例数目	标准残差	人均居住消费支出	预测值	残差
19	0.207	6 643.3	6 520.277	123.023 3
20	0.418	3 268.5	3 019.522	248.977 6
21	−0.053	3 744.0	3 775.642	−31.641 7
22	−1.207	3 498.8	4 217.192	−718.391 9
23	0.185	3 368.0	3 257.942	110.058 1
24	0.820	2 760.7	2 272.983	487.717 2
25	0.679	3 081.1	2 677.191	403.908 6
26	0.184	2 102.6	1 993.385	109.215 1
27	0.191	3 388.2	3 274.487	113.713 4
28	1.768	3 095.0	2 042.823	1 052.176 6
29	0.249	2 990.0	2 841.685	148.314 8
30	−0.385	3 014.3	3 243.230	−228.930 1
31	−0.217	2 894.3	3 023.237	−128.937 0

a. 因变量：人均居住消费支出

接下来依据 SPSS 运行结果中的案例诊断，以及残差与人均可支配收入形成的残差图进行残差分析，依图所知，残差基本上大于 −1 000 元、小于 1 000 元，数点绝大多数在一条水平带内，这表明关于人均居住消费支出对人均可支配收入的线性假定以及误差项 ε 的假定是成立的。

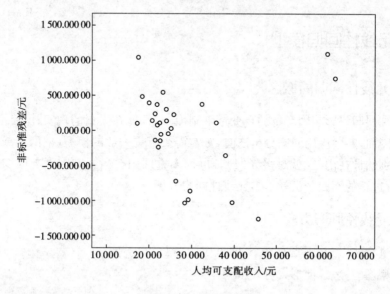

图 8.11　残差图

以上 SPSS 运行结果系统说明，人均居住消费支出对人均可支配收入可以进行一元线性回归分析，可以使用获得的回归方程进行预测决策，与前面非 SPSS 计算结果一致。

第 9 章 多元线性回归

汇率是在商品交易和货币运动越出国界时产生的,是一国货币价值在国际上的又一表现。因为一国货币汇率受制于经济、政治、军事和心理等因素的影响,这些因素彼此之间既相互联系又相互制约,而且在不同时期,各因素产生作用的强度也会出现交替变化,所以很难准确找出究竟哪些因素影响着一国货币汇率的变化。

在开放经济中,汇率是一种重要的资源配置价格。汇率的失衡或错估,不仅会破坏经济的外部平衡,而且会给国内宏观经济稳定和经济可持续增长带来一系列不利影响。另外,汇率的变化还能对人们的日常生活和企业的生产销售产生较大的影响。所以,对影响汇率的因素进行分析和探讨,对于指导汇率政策的制定、预测汇率变化趋势、优化投资策略,以及研究与汇率有关的生产消费等问题都有重要的应用价值。

现设汇率影响因素包括:通货膨胀率、一年期名义利率、美元利率、GDP、净出口、居民总储蓄、居民消费、外商直接投资、外汇储备、外债规模,根据 2010—2019 年汇率及因素数据,评判各因素对汇率的影响。此问题的解决,可以使用多元线性回归。本章即对多元线性回归的概念、求法、检验与预测,以及相关应用进行介绍。

9.1 多元线性回归模型

9.1.1 多元线性回归的概念

一元线性回归将影响因变量的自变量限制为一个,这在大量的现实社会经济现象中并不易做到。因而,实际应用回归分析法时,常常需要有更一般的模型,把两个或更多解释变量的影响分别估计在内,这就是多元回归,也称多重回归。当影响因素与因变量之间是线性关系时,所进行的回归分析就是多元线性回归分析。

9.1.2 多元线性回归方程

设因变量为 y,影响因素有 k 个,即自变量有 k 个,分别为 $(x_1, x_2, \cdots, x_k)$,可以建立总体回归模型,其一般线性形式可表示为:

$$y = \beta_0 + \beta_1 x_1 + \beta_2 x_2 + \cdots + \beta_k x_k + \varepsilon \tag{式9.1}$$

这是 y 对 $x_1, x_2, \cdots, x_k$ 的多元线性回归,也称多重回归或复回归。$\beta_0, \beta_1, \beta_2, \cdots, \beta_k$ 是模型的参数,也称为总体的偏回归系数。ε 是误差项,反映了除自变量 $x_1, x_2, \cdots, x_k$ 不能对因变量 y 进行解释的所有影响。

与一元线性回归类似,在多元线性回归模型中,对误差项ε有几个基本假定:
(1) 随机误差项ε的数学期望值为0,即:
$$E(\varepsilon) = 0$$
(2) 随机误差项ε的方差是一个常数,即:
$$\mathrm{Var}(\varepsilon) = \sigma^2$$
(3) 随机误差项ε序列元素彼此独立,即:
$$\mathrm{Cov}(\varepsilon_i, \varepsilon_j) = 0$$
(4) 随机误差项ε与自变量x互不相关,即:
$$\mathrm{Cov}(\varepsilon_i, x_j) = 0$$
(5) 随机误差项ε服从零均值、同方差、零协方差的正态分布,即:
$$\varepsilon \sim N(0, \sigma^2)$$

根据以上假定,则有:
$$E(y) = \beta_0 + \beta_1 x_1 + \beta_2 x_2 + \cdots + \beta_k x_k$$

上式描述了因变量y的期望值与自变量$x_1, x_2, \cdots, x_k$之间的关系,称为多元线性回归的总体回归方程。

回归方程中的参数$\beta_0, \beta_1, \beta_2, \cdots, \beta_k$往往是未知的,需要通过样本数据进行估计。通过样本计算获得的统计量$\hat{\beta}_0, \hat{\beta}_1, \hat{\beta}_2, \cdots, \hat{\beta}_k$,去估计回归方程中的未知参数$\beta_0, \beta_1, \beta_2, \cdots, \beta_k$,即可得到样本的回归方程:
$$\hat{y} = \hat{\beta}_0 + \hat{\beta}_1 x_1 + \hat{\beta}_2 x_2 + \cdots + \hat{\beta}_k x_k \qquad (式9.2)$$

上式中,$\hat{\beta}_0, \hat{\beta}_1, \hat{\beta}_2, \cdots, \hat{\beta}_k$是$\beta_0, \beta_1, \beta_2, \cdots, \beta_k$的估计值;$\hat{y}$是$y$的估计值。$\hat{\beta}_0, \hat{\beta}_1, \hat{\beta}_2, \cdots, \hat{\beta}_k$称为样本回归方程的偏回归系数,其中$\hat{\beta}_i (i \geqslant 1)$,表示当所有$x_j (j \neq i)$不变时,$x_i$每变化一个单位,因变量$y$的平均变动量。$\hat{\beta}_0$表示所有自变量为0时,因变量$y$的平均值,跟一元线性回归一样,$\hat{\beta}_0$也不一定具有实际经济意义。

特别地,在使用多元线性回归方法时要注意以下问题:
(1) 解释变量的选择。仔细考虑对因变量产生影响的自变量,指标体系要合理。
(2) 解释变量之间不能存在严重的多重共线性。自变量之间显著的线性关系叫多重共线性。多重共线性会使回归结果混乱,歪曲回归系数,在这种情况下,对回归系数的解释无法实现。
(3) 多元回归系数的比较一般没有意义。未去量纲标准化处理的样本数据,回归系数的大小受各自变量计量单位的影响,不能直接进行对比,其大小也不反映各自变量对因变量影响的高低排序。
(4) 避免虚假回归现象的出现。虚假回归是指变量之间在数量上表现为某种关系,并能够用回归模型描述,但事实上这种关系在实际中并不存在,因此,在回归分析中首先要进行理论分析。

9.1.3 参数的最小二乘估计

样本回归方程参数 $\hat{\beta}_0,\hat{\beta}_1,\hat{\beta}_2,\cdots,\hat{\beta}_k$ 的求取依然是根据最小二乘法获得的。经随机抽样得到 n 个样本数据,分别为:$(x_{11},x_{21},\cdots,x_{k1},y_1)$、$(x_{12},x_{22},\cdots,x_{k2},y_2)$、$(x_{13},x_{23},\cdots,x_{k3},y_3)$,…,$(x_{1n},x_{2n},\cdots,x_{kn},y_n)$。根据最小二乘法的思想,令:

$$Q=\sum(y_i-\hat{y}_i)^2=\sum(y_i-\hat{\beta}_0-\hat{\beta}_1 x_{1i}-\hat{\beta}_2 x_{2i}-\cdots-\hat{\beta}_k x_{ki})^2 \quad (\text{式 }9.3)$$

给定样本数据后,Q 的最小值总是存在。根据微积分原理,可对 Q 求关于 $\hat{\beta}_0,\hat{\beta}_1,\hat{\beta}_2,\cdots,\hat{\beta}_k$ 的偏导数,其偏导数为 0,式子如下,解此方程组可求得 $\hat{\beta}_0,\hat{\beta}_1,\hat{\beta}_2,\cdots,\hat{\beta}_k$ 的取值。

$$\begin{cases} \dfrac{\partial Q}{\partial \hat{\beta}_0}=-2\sum(y_i-\hat{\beta}_0-\hat{\beta}_1 x_{1i}-\hat{\beta}_2 x_{2i}-\cdots-\hat{\beta}_k x_{ki})=0 \\ \dfrac{\partial Q}{\partial \hat{\beta}_j}=-2\sum(y_i-\hat{\beta}_0-\hat{\beta}_1 x_{1i}-\hat{\beta}_2 x_{2i}-\cdots-\hat{\beta}_k x_{ki})\cdot x_{ji}=0(1\leqslant j\leqslant k) \end{cases}$$

(式 9.4)

【例 9.1】 研究消费者对某种商品的需求量,主要取决于消费者的收入和该商品的价格,假设已掌握如表 9.1 所示资料,求取该种商品需求量对消费者收入与商品价格的多元线性回归方程。

表 9.1 某商品需求量、消费者收入与商品价格资料表

商品需求量/千克	消费者收入/元	商品价格/元
50	500	3
40	300	5
40	600	4
35	250	4
25	150	6
30	200	5
45	650	3
50	500	2
55	700	2
30	600	6

【解】 根据以上资料,设需求量为 y,消费者收入为 x_1,商品价格为 x_2,可得 x_1^2、

x_1x_2、x_1y、x_2^2、x_2y 如表 9.2 所示。

表 9.2 多元线性回归方程计算列表

编号	商品需求量 y/kg	消费者收入 x_1/元	商品价格 x_2/元	x_1^2	x_1x_2	x_1y	x_2^2	x_2y
1	50	500	3	250 000	1 500	25 000	9	150
2	40	300	5	90 000	1 500	12 000	25	200
3	40	600	4	360 000	2 400	24 000	16	160
4	35	250	4	62 500	1 000	8 750	16	140
5	25	150	6	22 500	900	3 750	36	150
6	30	200	5	40 000	1 000	6 000	25	150
7	45	650	3	422 500	1 950	29 250	9	135
8	50	500	2	250 000	1 000	25 000	4	100
9	55	700	2	490 000	1 400	38 500	4	110
10	30	600	6	360 000	3 600	18 000	36	180
合计	400	4 450	40	2 347 500	16 250	190 250	180	1 475

将表中数据代入(式 9.4),可得:

$$\begin{cases} 10\hat{\beta}_0 + 4\,450\hat{\beta}_1 + 40\hat{\beta}_2 - 400 = 0 \\ 4\,450\hat{\beta}_0 + 2\,347\,500\hat{\beta}_1 + 16\,250\hat{\beta}_2 - 190\,250 = 0 \\ 40\hat{\beta}_0 + 16\,250\hat{\beta}_1 + 180\hat{\beta}_2 - 1\,475 = 0 \end{cases}$$

解此三元一次方程组,可得:

$$\begin{cases} \hat{\beta}_0 = 57.171\,2 \\ \hat{\beta}_1 = 0.010\,4 \\ \hat{\beta}_2 = -5.446\,4 \end{cases}$$

从而多元线性方程为:

$$\hat{y} = 57.171\,2 + 0.010\,4\,x_1 - 5.446\,4\,x_2$$

回归系数 0.010 4 表示,消费者收入每增加 1 元,该商品需求量平均增加 0.010 4 kg;回归系数 -5.446 4 表示,商品价格每增加 1 元,该商品需求量平均减少 5.446 4 kg。

9.2 多元线性回归模型的检验

9.2.1 多重判定系数

多元线性回归的拟合优度可以用多重判定系数来衡量。多元线性回归与一元线性回

归一样,也有:

$$SST = SSR + SSE \tag{式 9.5}$$

在多元线性回归中,三者的计算通常是通过计算机专业软件进行。在此基础上,可定义 R^2 为:

$$R^2 = \frac{SSR}{SST} = 1 - \frac{SSE}{SST} \tag{式 9.6}$$

上式说明,多重判定系数 R^2 表示多元线性回归的回归平方和在总离差平方和中所占的比例,对多元回归方程拟合程度进行了度量。

但是在多元线性回归中,随着自变量个数的增加,即使新增加的自变量跟因变量的关系在统计上并不显著,都会使得预测误差变得比较小,从而残差平方和 SSE 比较小,这样 SSR 就相对比较大,导致多重判定系数 R^2 也会变大。为避免这一情况,需要对多重判定系数 R^2 进行调整。调整的多重判定系数 $\bar{R}^2$ 为:

$$\bar{R}^2 = 1 - (1 - R^2)\left(\frac{n-1}{n-k-1}\right) \tag{式 9.7}$$

其中 R^2 为多重判定系数,n 为样本单位数,k 为自变量的个数。

【例 9.2】 一家出租车公司为确定合理的管理费用,需要研究出租车司机每天的收入与行驶时间、行驶里程之间的关系,为此随机调查了 50 位出租车司机,根据每天的收入、行驶时间和行驶里程的有关数据进行多元线性回归,得到回归平方和为 28 000,残差平方和为 4 320,试求判定系数和多重判定系数。

【解】 根据以上资料可知:

$$n = 50$$
$$k = 2$$
$$SSR = 28\ 000$$
$$SSE = 4\ 320$$

则:

$$SST = 32\ 320$$

所以:

$$R^2 = \frac{SSR}{SST} = \frac{28\ 000}{32\ 320} = 0.866\ 3$$

$$\bar{R}^2 = 1 - (1 - R^2)\left(\frac{n-1}{n-k-1}\right) = 1 - (1 - 0.866\ 3^2)\left(\frac{50-1}{50-2-1}\right) = 0.739\ 9$$

以上判定系数和多重判定系数超过了 70%,说明多元线性回归拟合优度较好。

9.2.2 回归方程显著性检验

在一元线性回归分析中提到,根据样本数据拟合回归方程时,实际上已经假定自变量与因变量之间存在线性关系,该线性关系是否真的显著存在尚需检验,由此需要构造新的可用于检验的统计量。该统计量的构造是以回归平方和(SSR)和残差平方和(SSE)为基础的。在多元回归模型中,自变量为 k 个,样本单位数为 n,因此 SSR 的自由度为 k,SSE 的自由度为 $(n-k-1)$,将 SSR、SSE 除以各自的自由度,再将所得的商相除,得到的变量设为 F,该统计量服从分子自由度为 k、分母自由度为 $(n-k-1)$ 的 F 分布,即:

$$F = \frac{SSR/k}{SSE/(n-k-1)} \sim F(k, n-k-1) \qquad (式9.8)$$

如果自变量与因变量之间的线性关系不显著,则满足假设 $H_0: \beta_1 = \beta_2 = \cdots = \beta_k = 0$;如果自变量与因变量之间的线性关系显著,则满足假设 $H_1: \beta_1, \beta_2, \cdots, \beta_k$ 至少有一个不为 0。线性关系显著性检验的具体步骤如下:

第一步:提出假设。

$$H_0: \beta_1 = \beta_2 = \cdots = \beta_k = 0; H_1: \beta_1, \beta_2, \cdots, \beta_k \text{ 至少有一个不为 } 0$$

第二步:计算统计量。

$$F = \frac{SSR/k}{SSE/(n-k-1)}$$

第三步:做出统计决策。

根据给定的显著性水平 α 和自由度为 $(k, n-k-1)$,查 F 分布表,查得 $F_\alpha(k, n-k-1)$ 的临界值。若 $F > F_\alpha(k, n-k-1)$,则拒绝原假设 H_0,表明自变量与因变量之间的线性关系是显著的;若 $F < F_\alpha$,则不拒绝原假设 H_0,表明没有证据证明自变量与因变量之间的线性关系是显著的,因而所建立的回归方程没有意义。

【例 9.3】 一家出租车公司为确定合理的管理费用,需要研究出租车司机每天的收入与行驶时间、行驶里程之间的关系,为此随机调查了 50 位出租车司机,根据每天的收入、行驶时间和行驶里程的有关数据进行线性回归,得到回归平方和为 28 000,残差平方和为 4 320,试进行回归方程显著性检验(显著性水平 $\alpha = 0.05$)。

【解】 第一步:提出假设。

$$H_0: \beta_1 = \beta_2 = 0; H_1: \beta_1, \beta_2 \text{ 至少有一个不为 } 0$$

第二步:计算统计量。

$$F = \frac{SSR/k}{SSE/(n-k-1)} = \frac{28\ 000/2}{4\ 320/(50-2-1)} = 152.314\ 8$$

第三步:做出统计决策。

根据给定的显著性水平 $\alpha = 0.05$ 和自由度为 $(2, 50-2-1)$,即自由度为 $(2, 47)$,查 F 分布表,查得 $F_{0.05}(2, 47)$ 的临界值为:$F_{0.05}(2, 47) = 3.195$。$F > F_{0.05}(2, 47)$,拒绝原假设 H_0,表明行驶时间和行驶里程与每天的收入之间的线性关系是显著的。

9.2.3 回归系数显著性检验

回归系数的显著性检验,是根据样本估计的结果,对总体回归系数进行的假设检验。

在一元线性回归中,回归方程显著性检验与回归系数显著性检验是等价的,比如回归方程显著性检验表明人均居住消费支出与人均可支配收入之间具有显著的线性关系,也即意味着回归系数 $\beta_1 \neq 0$。但在多元回归中,这两种检验不能等价。由于多元线性回归有 k 个自变量,只要一个自变量与因变量之间存在显著线性关系,即使其他自变量与因变量之间不存在显著线性关系,也能够通过整个回归方程显著性检验,因此多元线性回归分析中的回归系数显著性检验,需要针对每个回归系数分别进行单独的检验。如果某个自变量没有通过检验,只意味着这一个自变量对因变量的影响不显著。

在多元线性回归中,回归系数的显著性检验是检验回归系数 $\beta_i(i=1,2,\cdots,k)$ 是否为 0,为进行这一检验,需要构造用于检验的统计量。将样本回归系数统计量 $\hat{\beta}_i$ 与该系数抽样分布的标准差 $s_{\hat{\beta}_i}$ 的商作为检验统计量,该统计量满足自由度 $(n-k-1)$ 的 t 分布。其中 $s_{\hat{\beta}_i}$ 为:

$$s_{\hat{\beta}_i} = \frac{\sqrt{\dfrac{\sum(y_i - \hat{y}_i)^2}{n-k-1}}}{\sqrt{\sum x_i^2 - \dfrac{1}{n}\left(\sum x_i\right)^2}} \tag{式 9.9}$$

统计量 $t_{\hat{\beta}_i}$ 为:

$$t_{\hat{\beta}_i} = \frac{\hat{\beta}_i}{s_{\hat{\beta}_i}} \sim t(n-k-1) \tag{式 9.10}$$

回归系数显著性检验步骤如下:

第一步:提出假设。

$$H_0: \beta_i = 0; H_1: \beta_i \neq 0$$

第二步:计算统计量。

$$t_{\hat{\beta}_i} = \frac{\hat{\beta}_i}{s_{\hat{\beta}_i}}$$

第三步:做出统计决策。

根据给定的显著性水平 α 和自由度为 $(n-k-1)$,查 t 分布表,查得 $t_{\frac{\alpha}{2}}(n-k-1)$ 的临界值。若 $|t| > t_{\frac{\alpha}{2}}(n-k-1)$,则拒绝原假设 H_0,表明自变量 x_i 对因变量 y 的影响是显著的;若 $|t| < t_{\frac{\alpha}{2}}(n-k-1)$,则不拒绝原假设 H_0,表明没有证据证明自变量 x_i 对因变量 y 的影响是显著的。

【例 9.4】 一家出租车公司为确定合理的管理费用,需要研究出租车司机每天的收入与行驶时间、行驶里程之间的关系,为此随机调查了 50 位出租车司机,根据每天的收入、行驶时间和行驶里程的有关数据进行线性回归,得到行驶时间的回归系数为 8.9,该系数的标准差为 0.45,得到行驶里程的回归系数为 4.62,该系数的标准差为 0.12,试分别进行两个回归系数的显著性检验(显著性水平 $\alpha = 0.05$)。

【解】 (1)行驶时间回归系数的显著性检验。

第一步:提出假设。

$$H_0: \beta_1 = 0; H_1: \beta_1 \neq 0$$

第二步:计算统计量。

$$t_{\hat{\beta}_1} = \frac{\hat{\beta}_1}{s_{\hat{\beta}_1}} = \frac{8.9}{0.45} = 19.7778$$

第三步:做出统计决策。

根据给定的显著性水平 $\alpha = 0.05$ 和自由度为 $(50-2-1)$,即自由度为47,查 t 分布表,查得 $t_{\frac{\alpha}{2}}(n-k-1) = t_{0.025}(47) = 2.0117$ 的临界值。$|t| > t_{0.025}(47)$,拒绝原假设 H_0,表明行驶时间对每天的收入的影响是显著的。

(2) 行驶里程回归系数的显著性检验。

第一步:提出假设。

$$H_0: \beta_2 = 0; H_1: \beta_2 \neq 0$$

第二步:计算统计量。

$$t_{\hat{\beta}_2} = \frac{\hat{\beta}_2}{s_{\hat{\beta}_2}} = \frac{4.62}{0.12} = 38.5$$

第三步:做出统计决策。

根据给定的显著性水平 $\alpha = 0.05$ 和自由度为 $(50-2-1)$,即自由度为47的 t 分布表,查得 $t_{\frac{\alpha}{2}}(n-k-1) = t_{0.025}(47) = 2.0117$ 的临界值。$|t| > t_{0.025}(47)$,拒绝原假设 H_0,表明行驶里程对每天的收入的影响是显著的。

9.3 多元线性回归模型的预测

与一元线性回归一样,如果多元线性回归能够通过检验,那么说明回归方程是有意义的,可以用来估计和预测。给定 x_0,预测因变量 y_0 的某一个估计值或一个区间值,从而可以将预测分为点估计和区间估计。

9.3.1 点估计

根据建立的回归方程,针对某一个特定的自变量值,求出因变量的一个估计值称为点估计。同样的点估计比较简单,只要将已知的各个自变量值代入多元线性回归方程,计算得到的 $\hat{y}$ 值作为自变量的点估计值。

【例9.5】 一家电器销售公司的管理人员认为,月销售收入与电视广告费用、报纸广告费用存在多元线性回归关系,设月销售收入为 y 万元,电视广告费用为 x_1 万元,报纸广告费用为 x_2 万元,根据以往资料可得它们的具体关系为:

$$\hat{y} = 85.24 + 2.15 x_1 + 1.28 x_2$$

当电视广告费用为20万元,报纸广告费用为15万元时,试求月销售收入的点估计值。

【解】 $\hat{y} = 85.24 + 2.15 x_1 + 1.28 x_2 = 85.24 + 2.15 \times 20 + 1.28 \times 15 = 147.44$

即当电视广告费用为20万元,报纸广告费用为15万元时,月销售收入的点估计值是

147.44 万元。

9.3.2 区间估计

根据建立的回归方程,针对某一特定的自变量的观测值 X_0,求出对应因变量的一个估计值的区间称为预测区间估计。

为求出预测区间,统计学家提出了一个因变量 y 的确定值 y_0 的标准差的估计量,该估计量记为 S_{ind}:

$$S_{ind} = \sqrt{\frac{\sum (y_i - \hat{y}_i)^2}{n-k-1}} \cdot \sqrt{1 + X_0 (X^T X)^{-1} X_0^T} \quad (\text{式 } 9.11)$$

在数学上可以证明,$(y_0 - \hat{y}_0)/S_{ind}$ 服从自由度为 $(n-k-1)$ 的 t 分布,可以得出 y_0 在置信度为 $(1-\alpha)$ 下的置信区间为:

$$\hat{y}_0 \pm t_{\frac{\alpha}{2}}(n-k-1) \cdot \sqrt{\frac{\sum (y_i - \hat{y}_i)^2}{n-k-1}} \cdot \sqrt{1 + X_0 (X^T X)^{-1} X_0^T} \quad (\text{式 } 9.12)$$

【例 9.6】 一家电器销售公司的管理人员认为,月销售收入与电视广告费用、报纸广告费用存在多元线性回归关系,设月销售收入为 y 万元,电视广告费用为 x_1 万元,报纸广告费用为 x_2 万元,根据以往 50 期资料可得它们的具体关系为:

$$\hat{y} = 85.24 + 2.15 x_1 + 1.28 x_2$$

当电视广告费用为 20 万元,报纸广告费用为 15 万元时,$S_{ind} = 1.21$,置信度为 95%,试求月销售收入个别值的预测置信区间。

【解】 由[例 9.5]可知:

$$\hat{y}_0 = 147.44$$

而

$$t_{\frac{\alpha}{2}}(n-k-1) = t_{0.025}(50-2-1) = t_{0.025}(47) = 2.0117$$

则

$$\hat{y}_0 + t_{\frac{\alpha}{2}}(n-k-1) \cdot S_{ind} = 147.44 + 2.0117 \times 1.21 = 149.8742$$
$$\hat{y}_0 - t_{\frac{\alpha}{2}}(n-k-1) \cdot S_{ind} = 147.44 - 2.0117 \times 1.21 = 145.0058$$

即当电视广告费用为 20 万元,报纸广告费用为 15 万元时,$S_{ind} = 1.21$,置信度为 95%,月销售收入个别值的预测置信区间为 [145.0058, 149.8742]。

9.4 异方差

1) 异方差的概念

经典线性回归模型,其中一条重要假定是随机误差项的方差相同,即同方差性。如果随机误差项的方差不完全相同,就产生了异方差。

在异方差情况下,随机误差项的方差不再是常数,通常随着自变量的变化而变化。异方差一般有三种类型:

(1) 单调递增型:方差随着自变量的增大而增大。

(2) 单调递减型:方差随着自变量的增大而减小。

(3) 复杂型:方差随着自变量的变化呈现复杂形式变化。

2) 异方差的后果

当回归模型出现异方差时,用最小二乘法得到的估计参数将不再有效;变量的显著性检验(t检验)失去意义;模型不再具有良好的统计性质,并且模型失去了预测功能。

3) 异方差的检验

异方差的检验方法有多种,最直观的方法是图示检验法。最常用的图示检验法是用因变量-回归残差的散点图进行判断。这种方法先将回归模型的残差序列和因变量一起绘制一个散点图,如果两个序列的相关性存在,则回归模型存在异方差性。也就是说,当残差的绝对值分布较为随机,没有明显的规律变化时,可认为异方差不存在;当散点图中点分布的区域明显出现变宽或者变窄时,则可能存在异方差。

也可以用怀特检验法进行检验,这种方法是将残差的平方作为被解释变量,原回归方程中的自变量和自变量的平方以及交叉乘积项作为新的解释变量,来构建新的回归模型,求该回归模型的拟合优度,如果拟合优度与样本容量的乘积大于给定显著性水平下对应的χ^2临界值,则说明原回归模型存在异方差性,否则不存在异方差性。

4) 异方差的修正

在异方差情况下,通常采用加权最小二乘法来估计回归系数。其基本思路是赋予每个观测值残差不同的权数,从而使得回归模型的随机误差项具有同方差性。

下面以一元线性回归为例,说明加权最小二乘法的基本原理。

$$y = \beta_0 + \beta_1 x + \varepsilon \qquad (式9.13)$$

如果随机误差项的方差 $\mathrm{Var}(\varepsilon_i)$ 与自变量成比例关系,即:

$$\mathrm{Var}(\varepsilon_i) = \sigma_i^2 = f(x_i) \cdot \sigma^2$$

上式说明随机误差项的方差与自变量之间存在相关性,即存在异方差问题。要消除异方差,先将一元线性回归方程两边都乘以 $\dfrac{1}{\sqrt{f(x_i)}}$,可得:

$$\frac{1}{\sqrt{f(x_i)}} y_i = \frac{1}{\sqrt{f(x_i)}} \beta_0 + \frac{1}{\sqrt{f(x_i)}} \beta_1 x_i + \frac{1}{\sqrt{f(x_i)}} \varepsilon_i$$

从而:

$$\mathrm{Var}\left(\frac{1}{\sqrt{f(x_i)}} \varepsilon_i\right) = \left(\frac{1}{\sqrt{f(x_i)}}\right)^2 \mathrm{Var}(\varepsilon_i) = \frac{1}{f(x_i)} f(x_i) \cdot \sigma^2 = \sigma^2 \qquad (式9.14)$$

可见,随机误差项同方差,异方差就消除了。这时针对新的回归方程,再用普通最小二乘法估计参数,可以得到 β_0 与 β_1 的估计量,完成回归方程求取。实际使用加权最小二乘法常常通过 SPSS 或 EViews 等软件进行运算。

9.5 多重共线性

1) 多重共线性的概念

经典线性回归模型的另一条重要假定是各自变量是互不相关的。如果其中任何两个或多个自变量之间存在相关性,则称回归模型中存在多重共线性。

2) 多重共线性的后果

如果回归模型中自变量存在多重共线性,利用经典最小二乘法进行回归分析,相关系数的平方和 F 值会比较大,通过方程显著性检验。但是某些参数估计值的 t 值会比较小,导致回归系数显著性检验通不过,从而使得 t 检验失去意义,并且模型失去预测功能。同时因为多重共线性的存在,在回归模型中,自变量前的系数不能正确反映出各自与因变量之间的结构关系,使得各自的系数失去了经济学上应具有的意义,从而使得估计的参数也不再有效。而且有时会出现违背常理的现象,比如系数应该是正的,结果估计出来却是负数的情况。

3) 多重共线性的检验

常用的多重共线性的检验方法主要有相关系数检验法和逐步回归检验法。相关系数检验法中,求出各个自变量两两之间的相关系数,如果两个自变量之间的相关系数较高,则可能存在多重共线性。逐步回归检验法则是指在回归模型中增加或减少自变量个数时,如果拟合优度变化很大,说明新引进的变量是一个独立的自变量,即它与其他变量间是相互独立的,模型不存在多重共线性;如果拟合优度变化不大,说明新引进的变量不是一个独立的解释变量,它可由原有的解释变量的线性组合构成,即它与其他变量间非相互独立,模型可能存在多重共线性。

4) 多重共线性的修正

用来处理多重共线性的方法有剔除法和差分法。剔除法就是将引起多重共线性的自变量从回归模型中剔除。差分法则是将回归模型变为以下差分模型:

$$\Delta y_i = \Delta\beta_1 x_{1i} + \Delta\beta_2 x_{2i} + \cdots + \Delta\beta_k x_{ki} + \varepsilon_i - \varepsilon_{i-1} \qquad (式\ 9.15)$$

上式可以有效消除模型中的多重共线性,但是会损失一部分信息,因此要谨慎使用。

多重共线性的问题还可使用因子分析法和主成分分析法,提取公因子和主成分后再进行回归处理。

多元线性回归分析计算复杂,常常利用专门软件进行,多元线性回归分析系统性应用案例分析见实训。

重要术语

多元线性回归　多重判定系数　调整判定系数　方程显著性检验　回归系数显著性

检验　异方差　多重共线性

主要公式

名　称	公　式
多元线性回归方程	$\hat{y} = \hat{\beta}_0 + \hat{\beta}_1 x_1 + \hat{\beta}_2 x_2 + \cdots + \hat{\beta}_k x_k$
多元线性回归调整的多重判定系数	$\bar{R}^2 = 1 - (1-R^2)\left(\dfrac{n-1}{n-k-1}\right)$
多元线性回归方程显著性 F 检验统计量	$F = \dfrac{SSR/k}{SSE/(n-k-1)}$
多元线性回归系数 $\hat{\beta}_i$ 的估计标准差	$s_{\hat{\beta}_i} = \dfrac{\sqrt{\dfrac{\sum(y_i - \hat{y}_i)^2}{n-k-1}}}{\sqrt{\sum x_i^2 - \dfrac{1}{n}(\sum x_i)^2}}$
多元线性回归系数 $\hat{\beta}_i$ 显著性 t 检验统计量	$t_{\hat{\beta}_i} = \dfrac{\hat{\beta}_i}{s_{\hat{\beta}_i}}$
多元线性回归 y 个别值的预测区间	$\hat{y}_0 \pm t_{\frac{\alpha}{2}}(n-k-1)\sqrt{\dfrac{\sum(y_i - \hat{y}_i)^2}{n-k-1}} \cdot \sqrt{1 + \boldsymbol{X}_0(\boldsymbol{X}^\mathrm{T}\boldsymbol{X})^{-1}\boldsymbol{X}_0^\mathrm{T}}$

练习题

一、单项选择题

1. 多元线性回归分析中，t 检验是用来检验（　　）
   - A. 总体线性关系的显著性
   - B. 回归系统的显著性
   - C. 样本线性关系的显著性
   - D. 总体自变量系数是否都等于 0

2. 在多元线性回归模型中，若自变量对因变量的影响不显著，那么该自变量的回归系数的取值（　　）
   - A. 可能等于 0
   - B. 可能为 1
   - C. 可能小于 0
   - D. 可能大于 1

3. 设自变量的个数为 6，样本容量为 40，在多元线性回归分析中，残差平方和的自由度为（　　）
   - A. 40
   - B. 6
   - C. 34
   - D. 33

4. 在多元线性回归分析中，如果 F 检验表明线性关系显著，则说明（　　）
   - A. 在多个自变量中至少有一个自变量与因变量之间的线性关系显著
   - B. 所有的自变量与因变量之间的线性关系都显著

C. 在多个自变量中至少有一个自变量与因变量之间的线性关系不显著

D. 所有的自变量与因变量之间的线性关系都不显著

5. 如果回归模型中存在多重共线性,则(　　)

A. 整个回归模型的线性关系不显著

B. 肯定有一个回归系数通不过显著性检验

C. 肯定导致某个回归系数的符号与预期相反

D. 可能导致某些回归系数通不过显著性检验

6. 在样本量为30,包含3个自变量的多元线性回归模型中的判定系数为0.9,则调整的多重判定系数为(　　)

　　A. 0.9　　　　B. 0.81　　　　C. 0.7796　　　　D. 0.8326

7. 对多元线性回归方程进行总体显著性检验,统计量使用的是哪种检验方式(　　)

　　A. t　　　　B. F　　　　C. 卡方　　　　D. Z

8. 对含有两个自变量的多元线性回归方程进行总体显著性检验,检验的原假设是(　　)

　　A. $\beta_1 = 0$　　　　　　　　B. $\beta_2 = 0$

　　C. $\beta_1 = \beta_2 = 0$　　　　D. $\beta_1 = 0$ 或 $\beta_2 = 0$

9. 多元线性回归分析中的 SSE 反映了(　　)

A. 因变量观测值总变差的大小

B. 因变量回归估计值总变差的大小

C. 因变量观测值与估计值总变差之间的大小

D. 自变量的变化大小

10. 居民收入决定了其消费支出水平,但不同的收入来源水平的变动对消费水平的影响是有差异的。从统计资料来看,城镇居民收入主要来自工资性收入、营业净收入、财产性收入与转移性收入4大项,而从实际来看,大部分人的收入主要来自工资性收入,其他3项来源的收入相对来说要小得多,因此将收入分为工资性收入和其他收入两大类,现通过收集31个省市城镇居民人均工资性收入和其他收入,以及人均消费性支出资料,进行多元线性回归分析,第11~14题条件与此一致。得到回归平方和为5 463,残差平方和为368,则判定系数为(　　)

　　A. 93.69%　　　B. 98.33%　　　C. 87.78%　　　D. 86.91%

11. 根据第10题条件,进行多元线性回归分析,得到回归平方和为5 463,残差平方和为368,则调整的多重判定系数为(　　)

　　A. 93.69%　　　B. 98.33%　　　C. 87.78%　　　D. 86.91%

12. 根据第10题条件,进行多元线性回归分析,得到回归平方和为5 463,残差平方和为368,则回归方程显著性检验的统计量为(　　)

　　A. 7.42　　　　B. 207.83　　　　C. 14.85　　　　D. 230.1

13. 根据第10题条件,进行多元线性回归分析,则回归方程显著性检验的临界值为(显著性水平 $\alpha = 0.05$)(　　)

　　A. $t_{0.025}(28)$　　B. $F_{0.025}(28)$　　C. $t_{0.05}(28)$　　D. $F_{0.05}(28)$

14. 根据第10题条件,进行多元线性回归分析,则回归系数的显著性检验临界值为(显著性

水平 $\alpha = 0.05$)( )

A. $t_{0.025}(28)$ B. $F_{0.025}(28)$ C. $t_{0.05}(28)$ D. $F_{0.05}(28)$

15. 在多元线性回归中,多重共线性指模型中( )

    A. 两个或两个以上的自变量彼此相关
    B. 两个或两个以上的自变量彼此无关
    C. 因变量与一个自变量相关
    D. 因变量与两个或两个以上的自变量相关

16. 设自变量的个数为 4,样本容量为 50,在多元线性回归分析中,残差平方和的自由度为( )

    A. 50   B. 44   C. 45   D. 46

二、计算题

1. 某监督机构随机抽取 10 家卖场同一种商品的有关数据如下:

编号	销售价格/元	购进价格/元	销售费用/元
1	2 000	1 462	320
2	2 050	1 480	315
3	1 980	1 450	325
4	1 950	1 390	350
5	2 080	1 420	342
6	1 960	1 360	290
7	1 996	1 432	315
8	2 046	1 390	362
9	2 025	1 415	326
10	1 986	1 436	298

试求取销售价格对购进价格和销售费用的多元线性回归方程,并求取判定系数,完成方程显著性检验和回归系数显著性检验。

2. 1995—2019 年我国国内生产总值、出口总额、社会消费品零售总额、财政收入,以及进出口总额,如下表所示。请分别计算出口总额、社会消费品零售总额、财政收入,以及进出口总额与国内生产总值的相关系数,并就国内生产总值对出口总额、社会消费品零售总额、财政收入,以及进出口总额进行多元线性回归分析,求出多元线性回归方程,在显著性水平 0.05 的基础上,进行拟合优度检验、方程显著性检验、回归系数显著性检验。当出口总额达到 200 000 亿元、社会消费品零售总额达到 450 000 亿元、财政收入达到 220 000 亿元、进出口总额达到 350 000 亿元时,分别对国内生产总值进行点估计和区间估计,并就以上相关结果展开分析。

报告期	国内生产总值/亿元	出口总额/亿元	社会消费品零售总额/亿元	财政收入/亿元	进出口总额/亿元
1995年	61 339.9	12 451.8	23 613.8	6 242.2	23 499.9
1996年	71 813.6	12 576.4	28 360.2	7 408.0	24 133.9
1997年	79 715.0	15 160.7	31 252.9	8 651.1	26 967.2
1998年	85 195.5	15 223.5	33 378.1	9 876.0	26 849.7
1999年	90 564.4	16 159.8	35 647.9	11 444.1	29 896.2
2000年	100 280.1	20 634.4	39 105.7	13 395.2	39 273.3
2001年	110 863.1	22 024.4	43 055.4	16 386.0	42 183.6
2002年	121 717.4	26 947.9	48 135.9	18 903.6	51 378.2
2003年	137 422.0	36 287.9	52 516.3	21 715.3	70 483.5
2004年	161 840.2	49 103.3	59 501.0	26 396.5	95 539.1
2005年	187 318.9	62 648.1	68 352.6	31 649.3	116 921.8
2006年	219 438.5	77 597.9	79 145.2	38 760.2	140 974.7
2007年	270 092.3	93 627.1	93 571.6	51 321.8	166 924.1
2008年	319 244.6	100 394.9	114 830.1	61 330.4	179 921.5
2009年	348 517.7	82 029.7	133 048.2	68 518.3	150 648.1
2010年	412 119.3	107 022.8	158 008.0	83 101.5	201 722.3
2011年	487 940.2	123 240.6	187 205.8	103 874.4	236 402.0
2012年	538 580.0	129 359.3	214 432.7	117 253.5	244 160.2
2013年	592 963.2	137 131.4	242 842.8	129 209.6	258 168.9
2014年	643 563.1	143 883.8	271 896.1	140 370.0	264 241.8
2015年	688 858.2	141 166.8	300 930.8	152 269.2	245 502.9
2016年	746 395.1	138 419.3	332 316.3	159 605.0	243 386.5
2017年	832 035.9	153 309.4	366 261.6	172 592.8	278 099.2
2018年	919 281.1	164 127.8	380 986.9	183 359.8	305 008.1
2019年	990 865.1	172 373.6	411 649.0	190 390.1	315 627.3

资料来源:中国统计年鉴(2020)

3. 搜集引例中汇率及汇率影响因素:通货膨胀率、一年期名义利率、美元利率、GDP、净出口、居民总储蓄、居民消费、外商直接投资、外汇储备、外债规模的 2010—2019 年的数据,求取多元线性回归方程,并在显著性水平 0.05 的基础上,进行拟合优度检验、方程显著性检验、回归系数显著性检验。

实 训

【实训 9.1】 多元线性回归分析应用
1) 实训任务
人均居住消费支出既受到人均可支配收入的影响,也受到其他消费支出项的影响,现考察表 8.2 中数据人均可支配收入、食品烟酒、衣着、交通通信消费支出对人均居住消费支出的影响，求取人均居住消费支出对人均可支配收入、食品烟酒、衣着、交通通信消费支出的多元线性回归方程，完成拟合优度、回归方程显著性及回归系数显著性检验，如果通过检验，进一步预测某地人均可支配收入为 50 000 元、食品烟酒消费支出为 9 000 元、衣着消费支出为 2 000 元、交通通信消费支出为 4 500 元时，人均居住消费支出的点估计和区间估计分别是多少，同时进行残差分析和多重共线性分析，完成整个多元线性回归过程分析（显著性水平 $\alpha = 0.05$）。

2) 实训过程

人均可支配收入、食品烟酒、衣着、交通通信消费支出分别对应自变量 x_1、x_2、x_3、x_4。使用 SPSS，将表 8.2 的相关数据输入 SPSS（多元线性回归 SPSS 设置过程与一元线性回归类似，不再赘述），进行多元线性回归计算，可以得到。

表 9.3 SPSS 运行系数表

模型		非标准化系数		标准系数	t	Sig.	B 的 95.0% 置信区间		相关性			共线性统计量	
		B	标准误差	试用版			下限	上限	零阶	偏	部分	容差	VIF
1	（常量）	−943.822	430.934		−2.190	0.038	−1 829.620	−58.024					
	人均可支配收入	0.328	0.024	1.314	13.726	0.000	0.279	0.377	0.979	0.937	0.432	0.108	9.246
	食品烟酒	−0.165	0.117	−0.100	−1.405	0.172	−0.405	0.076	0.834	−0.266	−0.044	0.197	5.082
	衣着	−0.822	0.442	−0.104	−1.861	0.074	−1.731	0.086	0.667	−0.343	−0.059	0.314	3.181
	交通通信	−0.605	0.334	−0.183	−1.810	0.082	−1.292	0.082	0.869	−0.335	−0.057	0.097	10.345

a. 因变量：居住

则人均居住消费支出对人均可支配收入、食品烟酒、衣着、交通通信消费支出的多元线性回归方程为：

$$\hat{y} = -943.822 + 0.328 x_1 - 0.165 x_2 - 0.822 x_3 - 0.605 x_4$$

各回归系数的实际意义为：

$\hat{\beta}_1$ 表示在食品烟酒、衣着、交通通信消费支出不变的情况下，人均可支配收入每增加 1 元，人均居住消费支出平均增加 0.328 元。

$\hat{\beta}_2$ 表示在人均可支配收入、衣着、交通通信消费支出不变的情况下，食品烟酒消费支出每增加 1 元，人均居住消费支出平均减少 0.165 元。

$\hat{\beta}_3$ 表示在人均可支配收入、食品烟酒、交通通信消费支出不变的情况下，衣着消费支出每增加 1 元，人均居住消费支出平均减少 0.822 元。

$\hat{\beta}_4$ 表示在人均可支配收入、食品烟酒、衣着消费支出不变的情况下，交通通信消费支出每增加 1 元，人均居住消费支出平均减少 0.605 元。

同时可知：$t_1 = 13.726$，$t_2 = -1.405$，$t_3 = -1.861$，$t_4 = -1.810$，对应概率分别为 0.000，0.172，0.074，0.082。说明在置信度为 0.05 的情况下，食品烟酒、衣着、交通通信

消费支出的回归系数没有显著性意义。交通通信的 $VIF=10.345$，大于一般的临界值 10，说明极可能存在多重共线性。

表 9.4 SPSS 运行 Anova 表

Anova[b]

模型		平方和	df	均方	F	$Sig.$
1	回归	2.395×10^8	4	59 864 688.016	245.711	0.000[a]
	残差	6 334 608.450	26	243 638.787		
	总计	2.458×10^8	30			

a. 预测变量：（常量），交通通信，衣着，食品烟酒，人均可支配收入
b. 因变量：居住

则：

$$SSR = 2.395 \times 10^8$$
$$SST = 2.458 \times 10^8$$
$$SSE = 6\ 334\ 608.450$$

回归方程 F 检验的观察值为 245.711，概率为 0.000，小于 0.05，表明人均居住消费支出对人均可支配收入、食品烟酒、衣着、交通通信消费支出之间的线性关系是显著的，F 检验通过。

表 9.5 SPSS 运行模型汇总表

模型汇总[b]

模型	R	R 方	调整 R 方	标准估计的误差	Durbin-Watson
1	0.987[a]	0.974	0.970	493.597 8	1.519

a. 预测变量：（常量），交通通信，衣着，食品烟酒，人均可支配收入
b. 因变量：居住

多重判定系数为：

$$R^2 = 0.974$$

调整的多重判定系数为：

$$\bar{R}^2 = 0.970$$

调整的多重判定系数 $\bar{R}^2$ 表明：用样本数据量和模型自变量个数进行调整后，在人均居住消费支出中，能被人均可支配收入、食品烟酒、衣着、交通通信消费支出的多元回归方程解释的比例为 97%，拟合优度很高。

预测某地人均可支配收入为 50 000 元、食品烟酒消费支出为 9 000 元、衣着消费支出为 2 000 元、交通通信消费支出为 4 500 元时，在 95% 的置信度下，含部分省市人均居住消费支

出的点估计和区间估计值如下表所示。

表9.6 SPSS运行点估计和区间估计表 （单位：元）

地区	人均居住消费支出	人均可支配收入	人均食品烟酒消费支出	人均衣着消费支出	人均交通通信消费支出
四川	3 368.0	22 460.6	5 937.9	1 173.8	2 398.8
贵州	2 760.7	18 430.2	3 792.9	934.7	2 408.0
云南	3 081.1	20 084.2	3 983.4	789.1	2 212.8
西藏	2 102.6	17 286.1	4 330.5	1 285.2	1 847.7
陕西	3 388.2	22 528.3	4 292.5	1 141.1	2 005.8
甘肃	3 095.0	17 488.4	4 253.3	1 111.5	1 640.7
青海	2 990.0	20 757.3	4 671.6	1 350.6	2 671.4
宁夏	3 014.3	22 400.4	4 234.1	1 388.2	2 724.4
新疆	2 894.3	21 500.2	4 691.6	1 456.0	2 274.4
	#NULL!	50 000.0	9 000.0	2 000.0	4 500.0
地区	PRE_1	RES_1	LICI_1	UICI_1	
四川	3 030.491 13	337.508 87	1 967.412 11	4 093.570 15	
贵州	2 252.288 02	508.411 98	1 119.305 96	3 385.270 09	
云南	3 001.379 55	79.720 45	1 879.122 18	4 123.636 92	
西藏	1 839.394 43	263.205 57	766.207 72	2 912.581 14	
陕西	3 588.138 33	−199.938 33	2 536.096 13	4 640.180 53	
甘肃	2 186.552 99	908.447 01	1 116.970 16	3 256.135 81	
青海	2 369.737 15	620.262 85	1 291.060 13	3 448.414 16	
宁夏	2 917.742 28	96.557 72	1 834.704 82	4 000.779 74	
新疆	2 763.737 30	130.562 70	1 700.558 76	3 826.915 84	
	9 609.955 80	#NULL!	8 502.571 94	10 717.339 65	

根据表9.6数据可知点估计值为9 609.955 80元，表明居民将会分配9 609.955 80元在居住支出消费上。在置信度为95%时的置信区间估计值为[8 502.571 94, 10 717.339 65]，表明该地人均可支配收入为50 000元、食品烟酒消费支出为9 000元、衣着消费支出为2 000元、交通通信消费支出为4 500元时，其人均居住消费支出置信度为95%的预测区间在8 502.571 94元到10 717.339 65元之间。

接下来进行残差分析。由图9.1残差图可以看出，残差基本上大于−1 000元，小于1 000元，数点绝大多数在一条水平带内，这表明关于人均居住消费支出对人均可支配收入、食品烟酒、衣着、交通通信消费支出的线性假定以及误差项ε的假定是成立的。

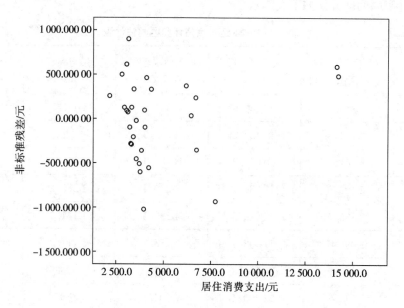

图 9.1 残差图

通过以上结果分析发现,拟合优度和方程线性检验 F 通过,散点图也说明误差项不存在异方差,但是自变量回归系数的 t 检验没有通过,并且共线性 VIF 说明自变量之间还可能存在多重共线性,如果仍然进行点估计和区间估计,则结果失去意义。出现这种情况时,可以在 SPSS 线性回归设置界面将方法选择"逐步"进行修正运行,系数表如下。通过该表可以发现,回归系数显著性 t 检验通过,同时 $VIF<10$,均能通过检验。

表 9.7 SPSS 运行模型系数表

系数a												
模型		非标准化系数		标准系数	t	Sig.	B 的 95.0% 置信区间		相关性			共线性统计量	
		B	标准误差	试用版			下限	上限	零阶	偏	部分	容差	VIF
1	(常量)	−2 231.035	287.469		−7.761	0.000	−2 818.974	−1 643.095					
	人均可支配收入	0.244	0.009	0.979	25.793	0.000	0.225	0.264	0.979	0.979	0.979	1.000	1.000
2	(常量)	−1 539.940	322.217		−4.779	0.000	−2 199.971	−879.909					
	人均可支配收入	0.313	0.022	1.253	14.220	0.000	0.268	0.358	0.979	0.937	0.464	0.137	7.280
	交通通信	−0.973	0.291	−0.295	−3.345	0.002	−1.568	−0.377	0.869	−0.534	−0.109	0.137	7.280

a. 因变量:居住

说明新的方程为:

$$\hat{y} = -1\,539.940 + 0.313\,x_1 - 0.973\,x_4$$

同时 $\bar{R}^2 = 0.968$,如表 9.8 所示,F 统计量为 455.138,概率为 0.000,如表 9.9 所示,拟合优度高,F 检验通过。

表9.8 SPSS 运行模型汇总表

		模型汇总[c]		
模型	R	R 方	调整 R 方	标准估计的误差
1	0.979[a]	0.958	0.957	595.001 9
2	0.985[b]	0.970	0.968	511.823 1

a. 预测变量：(常量)，人均可支配收入
b. 预测变量：(常量)，人均可支配收入，交通通信
c. 因变量：居住

表9.9 SPSS 运行 Anova 表

			Anova[c]			
模型		平方和	df	均方	F	$Sig.$
1	回归	2.355×10^8	1	2.355×10^8	665.278	0.000[a]
	残差	10 266 789.178	29	354 027.213		
	总计	2.458×10^8	30			
2	回归	2.385×10^8	2	1.192×10^8	455.138	0.000[b]
	残差	7 334 959.572	28	261 962.842		
	总计	2.458×10^8	30			

a. 预测变量：(常量)，人均可支配收入
b. 预测变量：(常量)，人均可支配收入，交通通信
c. 因变量：居住

新的残差图如图 9.2 所示，残差基本上大于 $-1\,000$ 元，小于 $1\,000$ 元，数点绝大多数在一条水平带内，说明随机误差项不存在异方差。

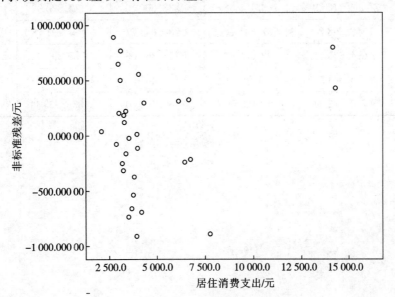

图 9.2 残差图

当人均可支配收入为 50 000 元、食品烟酒消费支出为 9 000 元、衣着消费支出为 2 000 元、交通通信消费支出为 4 500 元时,人均居住消费支出的点估计值为 9 718.033 26 元,在置信度为 95% 时的置信区间估计值为[8 580.113 40,10 855.953 11],如表 9.10 所示。

表 9.10 SPSS 运行点估计和区间估计表 (单位:元)

地区	人均居住消费支出	人均可支配收入	人均食品烟酒消费支出	人均衣着消费支出	人均交通通信消费支出
四川	3 368.0	22 460.6	5 937.9	1 173.8	2 398.8
贵州	2 760.7	18 430.2	3 792.9	934.7	2 408.0
云南	3 081.1	20 084.2	3 983.4	789.1	2 212.8
西藏	2 102.6	17 286.1	4 330.5	1 285.2	1 847.7
陕西	3 388.2	22 528.3	4 292.5	1 141.1	2 005.8
甘肃	3 095.0	17 488.4	4 253.3	1 111.5	1 640.7
青海	2 990.0	20 757.3	4 671.6	1 350.6	2 671.4
宁夏	3 014.3	22 400.4	4 234.1	1 388.2	2 724.4
新疆	2 894.3	21 500.2	4 691.6	1 456.0	2 274.4
	#NULL!	50 000.0	9 000.0	2 000.0	4 500.0
地区	PRE_1	RES_1	LICI_1	UICI_1	
四川	3 150.194 78	217.805 22	2 078.713 52	4 221.676 04	
贵州	1 880.892 90	879.807 10	776.943 96	2 984.841 85	
云南	2 588.008 08	493.091 92	1 512.911 05	3 663.105 11	
西藏	2 068.179 38	34.420 62	986.635 44	3 149.723 31	
陕西	3 553.675 59	−165.475 59	2 470.749 53	4 636.601 64	
甘肃	2 332.810 42	762.189 58	1 238.300 50	3 427.320 33	
青海	2 352.368 24	637.631 76	1 238.944 71	3 465.791 78	
宁夏	2 814.626 01	199.673 99	1 713.361 03	3 915.890 98	
新疆	2 970.883 00	−76.583 00	1 899.407 95	4 042.358 05	
	9 718.033 26	#NULL!	8 580.113 40	10 855.953 11	

第 10 章　高阶统计建模分析方法

城市物流已成为城市正常运转非常重要的保障,一般来说城市物流竞争力指标由城市物流竞争实力和城市物流竞争潜力两部分构成。

城市物流竞争实力包括物流规模和基础设施 2 个层面。

物流规模:衡量城市物流业发展存量。考虑到统计数据的可得性,由货运量来表示。

基础设施:一般来说,货物运输主要依靠公路运输,选取境内公路里程作为该指标的衡量。

城市物流竞争潜力分为 3 个层面。

经济实力:一个城市的经济发展规模、速度和人们收入高低会影响企业及居民对物流业的需求大小,包括 GDP、人均 GDP。

信息化水平:现代通信设施和技术的使用能提高物流信息的处理和传递效率,因而能提高物流效率,主要体现为移动电话用户数、互联网用户数、邮电业务总量三个指标。

物流相关产业:衡量物流支柱产业、现代流通贸易业的发展程度,包括第一产业增加值、第二产业增加值、批发零售业总额指标。

最终形成影响城市物流竞争力的 10 个因素,分别是:货运量、境内公路里程、GDP、人均 GDP、移动电话用户数、互联网用户数、邮电业务总量、第一产业增加值、第二产业增加值、批发零售业总额。这些因素并不一定是相互独立的且重要的,有没有可能提取隐藏的、代表性的因素进行降维处理,使得问题更加简单? 本章的因子分析法和主成分分析法即提供这类问题的解决思路。同时本章还介绍聚类分析法、层次分析法和向量自回归分析法等一些常用的高阶统计建模分析方法。

10.1　因子分析法

10.1.1　因子分析法的概念

因子分析是指从变量群中提取共性因子的统计技术。最早由英国心理学家 C. E. 斯皮尔曼提出,他发现学生的各科成绩之间存在着一定的相关性,一科成绩好的学生,往往其他各科成绩也比较好,从而推想是否存在某些潜在的共性因子,或称某些一般智力条件影响着学生的学习成绩。因子分析可在许多变量中找出隐藏的具有代表性的因子。将相同本质的变量归入一个因子,可减少变量的数目,还可检验变量间关系的假设。

10.1.2 因子分析法的算法步骤

1) 标准化处理

对原始数据进行标准化处理,标准化方法有多种,其中一种相对简单的方法是使用各个样本值减去样本均值,再除以样本标准差,获得标准化样本数据。

2) 确认待分析的原变量是否适合做因子分析

因子分析的主要任务是将原有变量信息的重叠部分提取并综合成因子,进而最终实现减少变量个数的目的。故它要求原始变量之间应存在较强的相关关系。进行因子分析前,通常可以采取计算相关系数矩阵、巴特利特球形检验和 KMO 检验等方法来检验候选数据是否适合采用因子分析,这些检验结果同样适用于主成分分析法。

3) 构造因子变量

将原有变量综合成少数几个因子是因子分析的核心内容。它的关键是根据样本数据求解因子载荷阵。因子载荷阵的求解方法有基于主成分模块的主成分分析法、基于因子分析模型的主轴因子法、极大似然法等。

4) 利用旋转方法使因子变量更具可解释性

将原有变量综合成少数几个因子后,如果因子的实际含义不清,则不利于后续分析。为解决这个问题,可通过因子旋转的方式使一个变量只在尽可能少的因子上有比较高的载荷,这样使提出的因子具有更好的解释性。

5) 计算因子变量得分

实际中,当因子确定以后,便可计算各因子在每个样本上的具体数值,这些数值称为因子得分。在后续分析中就可以利用因子得分展开对样本进行分类或评价等的研究分析,进而实现降维和简化问题的目标。

10.1.3 因子分析法应用案例

继续沿用第 9 章多元线性回归的实训资料进行因子分析,目的在于发现人均居住消费支出的影响因子。在第 9 章多元线性回归分析中,t 检验和 VIF 值不能通过,说明很可能存在多重共线性,有必要进行因子分析或者主成分分析,找到影响人均居住消费支出的主要影响因子,为社会发展提供决策支持。

本节使用 SPSS 软件进行因子求取,打开数据文件→【描述统计】→【描述】("变量",即本案例选择所有变量、选择"标准化值另存为")→【确定】将数据实现标准化→【分析】→【降维】→【因子分析】→【变量】(本案例选择 Z 人均可支配收入、Z 人均食品烟酒消费支出、Z 人均衣着消费支出、Z 人均交通通信消费支出)→【描述】(本案例选择"原始分析结果""显著性水平""KMO 和 Bartlett 的球形检验")→【抽取】(本案例选择"主轴因子分解""协方差矩阵""未旋转的因子解""碎石图""因子的固定数量"设置为 2)→【得分】(本案例选择"显示因子得分系数矩阵")→【确定】。

将全国 31 省市相关数据导入 SPSS,并使用其数据标准化功能对数据进行标准化处理,可得全国 31 省市相关标准化数据如下表所示。

表 10.1　全国 31 省市相关指标标准化变量表

地区	Z 人均居住消费支出	Z 人均可支配收入	Z 人均食品烟酒消费支出	Z 人均衣着消费支出	Z 人均交通通信消费支出
北京	3.304 28	2.982 46	1.418 79	2.321 31	2.397 27
天津	0.612 79	0.989 06	1.754 56	1.811 25	1.836 19
河北	-0.210 27	-0.411 71	-0.767 57	-0.203 12	-0.384 50
山西	-0.497 41	-0.538 66	-1.103 62	-0.193 22	-0.972 92
内蒙古	-0.339 67	0.018 28	-0.160 69	1.154 65	0.444 61
辽宁	-0.168 66	0.133 91	0.071 86	0.816 17	0.322 24
吉林	-0.474 25	-0.468 16	-0.683 36	0.180 73	-0.241 14
黑龙江	-0.515 64	-0.474 50	-0.593 57	0.203 83	-0.567 65
上海	3.338 59	3.141 32	2.953 72	1.939 94	2.528 52
江苏	0.726 30	0.866 06	0.534 07	0.576 68	0.961 87
浙江	1.072 17	1.541 48	1.495 67	1.325 95	1.860 52
安徽	-0.248 17	-0.364 79	-0.108 59	-0.533 07	-0.699 70
福建	0.516 27	0.390 55	1.135 24	-0.327 67	0.270 46
江西	-0.299 42	-0.356 41	-0.457 67	-0.707 12	-0.941 89
山东	-0.252 85	0.090 58	-0.329 79	0.166 43	0.167 82
河南	-0.398 36	-0.540 98	-0.947 09	-0.435 73	-0.981 22
湖北	-0.119 36	-0.205 10	-0.064 45	-0.041 44	-0.120 74
湖南	-0.236 23	-0.255 15	-0.197 75	-0.318 33	-0.421 98
广东	0.695 59	0.666 69	1.658 48	-0.538 85	0.847 81
广西	-0.483 43	-0.582 72	-0.609 42	-1.964 80	-0.621 27
海南	-0.317 31	-0.312 86	0.546 98	-1.857 01	-0.887 80
重庆	-0.402 98	-0.155 27	0.355 98	0.338 83	-0.165 83
四川	-0.448 67	-0.497 63	0.192 94	-0.432 99	-0.334 45
贵州	-0.660 84	-0.849 15	-1.043 28	-1.090 42	-0.323 84
云南	-0.548 90	-0.704 89	-0.933 49	-1.490 76	-0.548 96
西藏	-0.890 75	-0.948 94	-0.733 45	-0.126 68	-0.970 03
陕西	-0.441 61	-0.491 72	-0.755 35	-0.522 90	-0.787 70
甘肃	-0.544 05	-0.931 30	-0.777 94	-0.604 29	-1.208 77
青海	-0.580 73	-0.646 19	-0.536 86	0.053 15	-0.020 06
宁夏	-0.572 24	-0.502 88	-0.789 01	0.156 53	0.041 07
新疆	-0.614 16	-0.581 39	-0.525 34	0.342 96	-0.477 92

在此基础上进行 KMO 和巴特利特球形检验,以明确使用因子分析法是否合适,SPSS 运行得到 KMO 和 Bartlett 球形检验的检验结果,如表 10.2 所示。

表 10.2 KMO 和 Bartlett 的检验表

KMO 和 Bartlett 的检验		
取样足够度的 Kaiser-Meyer-Olkin 度量		0.790
Bartlett 的球形检验	近似卡方	129.044
	df	6
	$Sig.$	0.000

一般认为 KMO>0.9 时因子分析效果最佳,0.7 以上时效果尚可,0.6 时效果很差,0.50 以下不适宜做因子分析。本标准化数据 KMO=0.79,大于 0.70,而且巴特利特球形检验近似卡方为 129.044,概率为 0.000,小于 0.05,Bartlett 球形检验也通过,表明可以用因子分析法进行分析。

SPSS 运行公因子方差如表 10.3 所示,本例中 3 个公因子方差在 80% 以上,所以提取的公因子对变量的解释能力很强。

表 10.3 公因子方差表

公因子方差		
	原始	
	初始	提取
Zscore(人均可支配收入)	0.892	0.921
Zscore(人均食品烟酒消费支出)	0.803	0.915
Zscore(人均衣着消费支出)	0.686	0.777
Zscore(人均交通通信消费支出)	0.903	0.955

SPSS 运行解释的总方差如表 10.4 所示,数据表明,初始特征值仅有一个大于 1,为 3.399,方差贡献率已经达到 84.984%,但是旋转平方和载入部分方差贡献率为 48.100%,加入第二个因子累计为 89.176%,综合考虑,选取前两个公因子。相关特征值碎石图如图 10.1 所示。

表 10.4 解释的总方差

解释的总方差									
因子	初始特征值			提取平方和载入			旋转平方和载入		
	合计	方差占比/%	累积百分数/%	合计	方差占比/%	累积百分数/%	合计	方差占比/%	累积百分数/%
1	3.399	84.984	84.984	3.299	82.481	82.481	1.924	48.100	48.100
2	0.435	10.877	95.861	0.268	6.695	89.176	1.643	41.076	89.176
3	0.100	2.502	98.363						
4	0.065	1.637	100.000						

提取方法:主轴因子分解

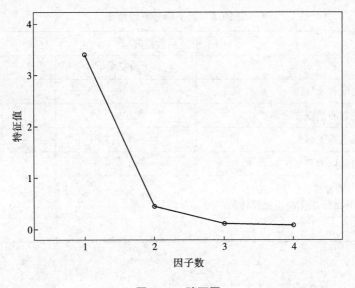

图 10.1　碎石图

SPSS 运行旋转因子矩阵如表 10.5 所示,第一个因子在人均可支配收入和人均食品烟酒消费上有较大载荷,第二个因子在人均衣着和交通通信消费支出上有较大载荷。

表 10.5　旋转因子矩阵

旋转因子矩阵[a]		
	原始	
	因子 1	因子 2
Zscore(人均可支配收入)	0.746	0.603
Zscore(人均食品烟酒消费支出)	0.891	0.347
Zscore(人均衣着消费支出)	0.335	0.815
Zscore(人均交通通信消费支出)	0.679	0.703

注:a. 系数已被标准化

SPSS 运行因子得分系数矩阵如表 10.6 所示,表示两个公因子与四个变量之间的关系,据此可以直接写出各公因子的表达式。值得一提的是,在表达式中各个变量不是原始变量而是标准化变量。公因子具体的表达式如下,至此完成因子提取工作。

F_1=0.253×人均可支配收入+0.939×人均食品烟酒消费支出−0.319×人均衣着消费支出−0.099×人均交通通信消费支出

F_2=0.120×人均可支配收入−0.761×人均食品烟酒消费支出+0.492×人均衣着消费支出+0.844×人均交通通信消费支出

表 10.6 因子得分系数矩阵

因子得分系数矩阵[a]		
	因子 1	因子 2
Zscore(人均可支配收入)	0.253	0.120
Zscore(人均食品烟酒消费支出)	0.939	−0.761
Zscore(人均衣着消费支出)	−0.319	0.492
Zscore(人均交通通信消费支出)	−0.099	0.844

提取方法:主轴因子分解
旋转法:具有 Kaiser 标准化的正交旋转法

a. 系数已被标准化

10.2 主成分分析法

10.2.1 主成分分析法的概念

主成分分析是 1901 年 Pearson 针对非随机变量引入的,1933 年 Hotelling 将此方法推广到随机向量的情形,主成分分析有严格的数学理论作基础。主成分分析的主要目的是希望用较少的变量去解释原来资料中的大部分变异,将许多相关性很高的变量转化成彼此相互独立或不相关的变量。通常是选出能解释大部分资料变异的几个新变量作为主成分,即主成分是用以解释资料的综合性指标。由此可见,主成分分析法实际上是一种降维方法。

最经典的做法就是用 F_1(选取的第一个线性组合,即第一个综合指标)的方差来表达,即 $\text{Var}(F_1)$ 越大,表示 F_1 包含的信息越多。因此在所有的线性组合中选取的 F_1 应该是方差最大的,故称 F_1 为第一主成分。如果第一主成分不足以代表原来 P 个指标的信息,再考虑选取 F_2,即选第二个线性组合,为了有效地反映原来信息,F_1 已有的信息就不需要再出现在 F_2 中,用数学语言表达就是要求 $\text{Cov}(F_1, F_2)=0$,则称 F_2 为第二主成分,以此类推可以构造出第三、第四、$\cdots$,第 P 个主成分。

主成分与因子分析的联系和区别:

(1) 两者都是在多个原始变量中通过变量之间的内部相关性来获得新的变量(主成分变量或公因子变量),达到既减少分析指标个数,又能概括原始指标主要信息的目的。但它们各有特点:主成分分析是将原始变量提取互不相关的主成分;因子分析是提取支配原始变量的公因子和 1 个特殊因子,各因子之间可以相关或互不相关。

(2) 提取公因子的方法主要有主成分法和公因子法,若采用主成分法,则主成分分析和因子分析基本等价,该法主要从解释变量的总方差角度,尽量使变量的方差被主成分解释,即主成分法倾向得到更大的共性方差;而公因子法主要是从解释变量的相关性角度,尽量使变量的相关程度能被公因子解释,当分析的目的重在确定结构时则会用到该法。

(3) 因子分析提取的公因子比主成分分析提取的主成分更具有可解释性。主成分分析不考虑观察变量的度量误差,直接用观察变量的某种线性组合来表示一个综合变量;而因子分析的潜在变量则校正了观察变量的度量误差,且它还可进行因子旋转,使潜在因子的实际意义更明确,分析结论更真实。

(4) 两者分析的实质及重点不同。主成分分析主要是综合原始变量的信息,而因子分析是解释原始变量之间的关系。主成分分析实质上是线性变换,无假设检验,而因子分析是统计模型,某些因子模型可以得到假设检验。

10.2.2 主成分分析法的算法步骤

(1) 对原始数据进行标准化处理,标准化方法有多种,其中一种相对简单的方法是使用各个样本值减去样本均值,再除以样本标准差,获得标准化样本数据。

(2) 根据标准化数据矩阵建立协方差矩阵,反映标准化后的数据之间相关关系密切程度,值越大,说明越有必要对数据进行主成分分析。

(3) 根据协方差矩阵求出特征值、主成分贡献率和累计方差贡献率,确定主成分个数。其中特征值是各主成分的方差,大小反映了各个主成分的影响力。选取主成分个数的原则是,特征值要大于1,且累计贡献率达到 $80\% \sim 95\%$,这样的特征值的个数就是主成分的个数。

(4) 得到成分得分系数矩阵,解释主成分。

10.2.3 主成分分析法应用案例

继续沿用10.1节因子分析的相关资料进行主成分分析,目的在于发现影响人均居住消费支出的主要影响成分。本节使用SPSS软件求取主成分,由于在SPSS软件里,主成分分析是含在因子分析里的,当因子分析方法选择"主成分分析"时,即变成了主成分分析,相关公因子的描述即为主成分,软件设置过程不再赘述,以下就SPSS运行结果进行分析。

KMO和巴特利特球形检验的检验结果与因子分析法一致,说明标准化后的数据也可以做主成分分析。

公因子方差显示各变量所包含的信息能被提取的公因子表示的程度。如表10.7所示,本例中3个公因子方差在80%以上,所以提取的公因子对变量的解释能力很强。

表10.7 公因子方差

公因子方差		
	初始	提取
Zscore(人均可支配收入)	1.000	0.933
Zscore(人均食品烟酒消费支出)	1.000	0.811
Zscore(人均衣着消费支出)	1.000	0.708
Zscore(人均交通通信消费支出)	1.000	0.948
提取方法:主成分分析		

表 10.8 中数据表明,初始特征值仅有一个大于 1,为 3.399,方差贡献率已经达到 84.984%,因此主成分只有一个。相关特征值碎石图如图 10.2 所示。

表 10.8 解释的总方差

成分	初始特征值			提取平方和载入		
	合计	方差占比/%	累积百分数/%	合计	方差占比/%	累积百分数/%
1	3.399	84.984	84.984	3.399	84.984	84.984
2	0.435	10.877	95.861			
3	0.100	2.502	98.363			
4	0.065	1.637	100.000			

提取方法:主成分分析

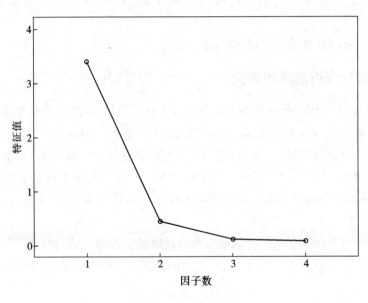

图 10.2 碎石图

表 10.9 所示为成分得分系数矩阵,表示主成分与四个变量之间的关系,据此可以直接写出主成分的表达式。值得一提的是,在表达式中各个变量不是原始变量而是标准化变量。主成分具体的表达式如下,至此完成主成分提取工作。

F_1=0.284×人均可支配收入+0.265×人均食品烟酒消费支出+0.248×人均衣着消费支出+0.286×人均交通通信消费支出

表 10.9 成分得分系数矩阵

成分得分系数矩阵	
Zscore(人均可支配收入)	0.284
Zscore(人均食品烟酒消费支出)	0.265
Zscore(人均衣着消费支出)	0.248
Zscore(人均交通通信消费支出)	0.286

提取方法:主成分
旋转法:具有 Kaiser 标准化的正交旋转法

10.3 聚类分析法

10.3.1 聚类分析法的概念

聚类分析指将物理或抽象对象的集合分组为由类似的对象组成的多个类的分析过程。聚类分析的目标就是在相似的基础上收集数据来分类。聚类源于很多领域,包括数学、计算机科学、统计学、生物学和经济学。在不同的应用领域,聚类技术都得到了发展,这些技术方法被用作描述数据,衡量不同数据源间的相似性,从而把数据源分类到不同的簇中,其中 K-means 聚类分析法是最典型的聚类算法的一种,本教材仅介绍 K-means 聚类分析法的算法步骤和案例应用。

10.3.2 K-means 聚类分析法的算法步骤

K 均值聚类算法(K-means clustering algorithm)是一种根据距离迭代求解的聚类分析算法,其步骤是:

1) 选择聚类分析的变量和类簇数量

参与聚类分析的变量必须是数值型变量,为了表示各观测量所属哪一类,还应指定一个表明观测量特征的变量作为表示变量;指定的聚类数必须大于等于 2,但不能大于观测量。

2) 确定 K 个初始类中心

对样本进行聚类分析,在给定聚类数为 K 的前提下,首先需要指定 K 个具有代表性的观测量作为聚类的种子,事先指定的观测量就是 K 个聚类中心点,也称为初始聚类中心,在 SPSS 里,也可由系统自行决定初始聚类中心。

3) 根据距离最近原则进行分类

按照距离中心点最近原则,把观测量分配到各类中心所在的类簇中,形成第一次迭代的分类。

4) 根据聚类条件进行迭代,直到满足终止条件停止

根据每一类的观测量计算该类各变量均值,将这些均值作为新的聚类中心,不断迭代下去,直到达到指定的迭代次数或终止迭代的条件要求时,迭代停止,聚类结束。

10.3.3 K-means 聚类分析法应用案例

对第 9 章多元线性回归的相关资料进行聚类分析,目的在于根据全国 31 省市人均可支配收入、人均食品烟酒、居住、衣着、交通通信消费支出情况分 5 类进行 K-means 聚类分析,以挖掘省市发展情况,明确省市定位,为不同类型省市发展提供辅助决策依据。

本次应用案例采取 SPSS 软件进行运算,打开数据文件→【分析】→【分类】→【K-均值聚类】(本案例选择所有收入与支出变量到"变量"、选择地区变量到"个案标记依据""聚类数"设置为 5)→【迭代】(本案例"最大迭代次数"设置为 25)→【保存】(本案例选择"聚类成员""与聚类中心的距离")→【选项】(本案例选择"初始聚类中心""每个个案的聚类信息")→【确定】。相关结果如下。

采用系统自动选择初始聚类中心的方式确定五个初始聚类中心,分别为:(7 721.2,45 839.8,8 198.3,1 813.5,4 302)、(6 643.3,35 809.9,8 480.8,1 135.3,3 423.9)、(14 208.5,64 182.6,10 728.2,2 036.8,4 881.2)、(2 102.6,17 286.1,4 330.5,1 285.2,1 847.7)、(4 169.5,29 701.4,5 727.8,1 628.1,2 968.2),如表 10.10 所示。

表 10.10 初始聚类中心表

初始聚类中心					
	聚 类				
	1	2	3	4	5
人均居住费支出/元	7 721.20	6 643.30	14 208.50	2 102.60	4 169.50
人均可支配收入/元	45 839.8	35 809.9	64 182.6	17 286.1	29 701.4
人均食品烟酒消费支出/元	8 198.3	8 480.8	10 728.2	4 330.5	5 727.8
人均衣着消费支出/元	1 813.50	1 135.30	2 036.80	1 285.20	1 628.10
人均交通通信消费支出/元	4 302.00	3 423.90	4 881.20	1 847.70	2 968.20

接下来获得迭代次数,表 10.11 显示经过 3 次迭代,迭代中心更改为 0.000,聚类达到收敛结果,满足终止迭代条件,并显示初始中心间的最小距离为 7 173.770。

表 10.11 迭代历史记录表

迭代历史记录[a]					
迭代次数	聚类中心内的更改				
	1	2	3	4	5
1	0.000	1 049.182	1 616.516	3 851.680	3 695.048
2	0.000	0.000	0.000	176.342	319.591
3	0.000	0.000	0.000	0.000	0.000

a. 由于聚类中心内没有改动或改动较小而达到收敛。任何中心的最大绝对坐标更改为 0.000。当前迭代数为 3。初始中心间的最小距离为 7 173.770。

迭代结束后,在必要的情况下,可以了解最终聚类中心是什么,各个类簇中心之间的距离是多少,如表10.12和表10.13所示,可以发现最终聚类中心在经过迭代后,除第一个外,其他四个均与初始聚类中心发生了变化。

表10.12 最终聚类中心

最终聚类中心					
	聚 类				
	1	2	3	4	5
人均居住费支出/元	7 721.2	6 477.7	14 159.4	3 148.3	3 893.8
人均可支配收入/元	45 839.8	36 513.9	63 271.9	21 156.3	26 373.9
人均食品烟酒消费支出/元	8 198.3	7 807.7	9 396.6	4 376.2	5 536.8
人均衣着消费支出/元	1 813.5	1 469.6	2 106.2	1 182.7	1 291.6
人均交通通信消费支出/元	4 302.0	3 537.7	4 824.3	2 203.3	2 466.9

表10.13 最终聚类中心间的距离

最终聚类中心间的距离					
聚类	1	2	3	4	5
1	—	9 453.737	18 631.231	25 487.218	20 107.064
2	9 453.737	—	27 921.005	16 142.507	10 762.542
3	18 631.231	27 921.005	—	43 907.809	38 574.130
4	25 487.218	16 142.507	43 907.809		5 404.396
5	20 107.064	10 762.542	38 574.130	5 404.396	

聚类最重要的,还是查看最终聚类单位的聚类结果,SPSS自动给出的聚类结果如表10.14所示,从该表中可以看到每个地区分属于哪一类,而且可以知道每个地区到所在类簇中心的距离。

表10.14 未经排序的聚类结果表

聚类成员			
案例号	地区	聚类	距离
1	北京	3	1 616.516
2	天津	2	3 238.289
3	河北	4	2 468.793
4	山西	4	1 144.294
5	内蒙古	5	2 162.932
6	辽宁	5	3 398.430

(续表)

案例号	地区	聚类	距离
7	吉林	4	1 685.839
8	黑龙江	4	1 597.690
9	上海	3	1 616.516
10	江苏	2	2 050.626
11	浙江	1	0.000
12	安徽	5	2 429.515
13	福建	2	3 949.300
14	江西	5	2 490.741
15	山东	5	2 900.873
16	河南	4	1 044.414
17	湖北	5	709.233
18	湖南	5	1 180.685
19	广东	2	1 049.182
20	广西	4	688.771
21	海南	5	2 231.480
22	重庆	5	810.380
23	四川	4	2 055.882
24	贵州	4	2 832.922
25	云南	4	1 209.627
26	西藏	4	4 026.268
27	陕西	4	1 409.865
28	甘肃	4	3 713.872
29	青海	4	720.300
30	宁夏	4	1 378.334
31	新疆	4	601.678

但是表 10.14 是一个没有经过排序的聚类结果，看起来有些凌乱，并且不带原始数据，不方便进行分析，将以上结果进行整理可以得到带原始值的排序聚类结果，如表 10.15 所示。

表 10.15 带原始值的排序聚类结果表

案例号	地区	人均居住消费支出/元	人均可支配收入/元	人均食品烟酒消费支出/元	人均衣着消费支出/元	人均交通通信消费支出/元	聚类	距离
11	浙江	7 721.2	45 839.8	8 198.3	1 813.5	4 302	1	0
2	天津	6 406.3	39 506.1	8 647.5	1 990	4 280.9	2	3 238.289
10	江苏	6 731.2	38 095.8	6 529.8	1 541	3 522.8	2	2 050.626
13	福建	6 130	32 643.9	7 572.9	1 212.1	2 923.3	2	3 949.3
19	广东	6 643.3	35 809.9	8 480.8	1 135.3	3 423.9	2	1 049.182
1	北京	14 110.3	62 361.2	8 064.9	2 175.5	4 767.4	3	1 616.516
9	上海	14 208.5	64 182.6	10 728.2	2 036.8	4 881.2	3	1 616.516
3	河北	4 050.4	23 445.7	4 271.5	1 257.4	2 355.4	4	2 468.793
4	山西	3 228.5	21 990.1	3 688.2	1 261	1 845.5	4	1 144.294
7	吉林	3 294.8	22 798.4	4 417.4	1 397	2 479.7	4	1 685.839
8	黑龙江	3 176.3	22 725.8	4 573.2	1 405.4	2 196.6	4	1 597.69
16	河南	3 512	21 963.5	3 959.8	1 172.8	1 838	4	1 044.414
20	广西	3 268.5	21 485	4 545.7	616.7	2 150.1	4	688.771
23	四川	3 368	22 460.6	5 937.9	1 173.8	2 398.8	4	2 055.882
24	贵州	2 760.7	18 430.2	3 792.9	934.7	2 408	4	2 832.922
25	云南	3 081.1	20 084.2	3 983.4	789.1	2 212.9	4	1 209.627
26	西藏	2 102.6	17 286.1	4 330.5	1 285.2	1 847.7	4	4 026.268
27	陕西	3 388.2	22 528.3	4 292.5	1 141.1	2 005.8	4	1 409.865
28	甘肃	3 095	17 488.4	4 253.3	1 111.1	1 640.7	4	3 713.872
29	青海	2 990	20 757.3	4 671.6	1 350.6	2 671.4	4	720.3
30	宁夏	3 014.3	22 400.4	4 234.1	1 388.2	2 724.4	4	1 378.334
31	新疆	2 894.3	21 500.2	4 691.6	1 456	2 274.4	4	601.678
5	内蒙古	3 680	28 375.7	5 324.3	1 751.8	3 074.3	5	2 162.932
6	辽宁	4 169.5	29 701.4	5 727.8	1 628.1	2 968.2	5	3 398.43
12	安徽	3 941.9	23 983.6	5 414.7	1 137.4	2 082.1	5	2 429.515
14	江西	3 795.2	24 079.7	4 809	1 074.1	1 872.1	5	2 490.741
15	山东	3 928.5	29 204.6	5 030.9	1 391.8	2 834.3	5	2 900.873
17	湖北	4 310.6	25 814.5	5 491.3	1 316.2	2 584.1	5	709.233
18	湖南	3 976.1	25 240.7	5 260	1 215.5	2 322.9	5	1 180.685
21	海南	3 744	24 579	6 552.2	655.9	1 919	5	2 231.48
22	重庆	3 498.8	26 385.8	6 220.8	1 454.5	2 545	5	810.38

从上表可以发现，按照设定要求，已将31个省市分成5个类簇，每个聚类中的案例数分别为1个、4个、2个、15个和9个。类簇内案例数量多少，SPSS也自行给出了统计表格，如表10.16所示。具体来说第一类是浙江1个地区；第二类是天津、江苏、福建、广东4个地区；第三类是北京和上海2个地区；第四类是河北、山西、吉林、黑龙江、河南、广西、四川、贵州、云南、西藏、陕西、甘肃、青海、宁夏、新疆15个地区；第五类是内蒙古、辽宁、安徽、江西、山东、湖北、湖南、海南、重庆9个地区。

表 10.16 每个聚类中的案例数表

聚类	每个聚类中的案例数	
	1	1.000
	2	4.000
	3	2.000
	4	15.000
	5	9.000
有效		31.000
缺失		0.000

总的来说，北京、上海属于一线省份或直辖市，经济发达，收入支出均属于我国前列；天津、江苏、福建、广东属于沿海省份，经济发展比较强劲；内蒙古、辽宁、安徽、江西、山东、湖北、湖南、海南、重庆则属于发展比较好的省份，经济发展动力较足；河北、山西、吉林、黑龙江、河南、广西、四川、贵州、云南、西藏、陕西、甘肃、青海、宁夏、新疆则相对弱一些，收入支出情况更加接近，聚类结果基本符合我国实际情况，当然由于考虑的指标不一定完善，分类结果不够精准。在实际使用聚类方法时，构建系统完善的指标体系也是非常重要的。

10.4 层次分析法

10.4.1 层次分析法的概念

层次分析法，简称AHP，该方法是美国运筹学家匹茨堡大学教授萨蒂（Santy）于20世纪70年代初，在为美国国防部研究"根据各个工业部门对国家福利的贡献大小而进行电力分配"课题时，应用网络系统理论和多目标综合评价方法，提出的一种层次权重决策分析方法，这种方法在现实中广泛存在，如人才评价、方案选拔都可以使用。

层次分析法是指将一个复杂的多目标决策问题作为一个系统，将目标分解为多个目标或准则，进而分解为多指标（或准则、约束）的若干层次，然后用求解判断矩阵特征向量的办法，求得每一层次的各元素对上一层次元素的优先权重，最后再用加权和的方法递阶归并各备择方案对总目标的最终权重。层次分析法适合于具有分层交错评价指标的目标系统，而且目标值又难于定量描述的决策问题。

10.4.2　层次分析法的算法步骤

1) 建立层次结构模型

将决策的目标、考虑的因素(决策准则)和决策对象按它们之间的相互关系分为最高层、中间层和最低层,绘出层次结构图。最高层是指决策的目的、要解决的问题。最低层是指决策时的备选方案。中间层是指考虑的因素、决策的准则。对于相邻的两层,称高层为目标层,低层为因素层。

2) 构造判断矩阵

在确定各层次各因素之间的权重时,如果只是定性的结果,则常常不容易被人接受,因而 Santy 等人提出判断矩阵法,不把所有因素放在一起比较,而是两两相互比较,对此采用相对尺度,以尽可能减少性质不同的诸因素相互比较的困难,提高准确度。如对某一准则,对各方案进行两两对比,并按其重要性程度评定等级。

a_{ij} 为要素 i 与要素 j 重要性比较结果,Santy 给出 9 个重要性等级及其赋值。按两两比较结果构成的矩阵称作判断矩阵。判断矩阵具有如下性质:

$$a_{ij} = \frac{1}{a_{ji}}$$

判断矩阵元素 a_{ij} 的标度方法如下表所示:

表 10.17　比例标度表

因素 i 比因素 j	量化值
同等重要	1
稍微重要	3
较强重要	5
强烈重要	7
极端重要	9
两相邻判断的中间值	2, 4, 6, 8

3) 层次单排序及其一致性检验

对应于判断矩阵最大特征根 $\lambda_{\max}$ 的特征向量,经归一化(使向量中各元素之和等于 1)后记为 ω。ω 的元素为同一层次因素对于上一层次某因素相对重要性的排序权值,这一过程称为层次单排序。能否确认层次单排序,则需要进行一致性检验,一致性指标用 CI 表示,计算公式如下所示。

$$CI = \frac{\lambda - n}{n - 1}$$

CI 越小,往往说明一致性越好,$CI = 0$,有完全的一致性;CI 接近于 0,有满意的一致性;CI 越大,不一致性越严重。为衡量整个判断矩阵一致性的大小,引入随机一致性指标 RI:

$$RI = \frac{CI_1 + CI_2 + \cdots + CI_n}{n}$$

其中 n 为判断矩阵的阶数。随机一致性指标 RI 和判断矩阵的阶数有关,一般情况下,矩阵阶数越大,则出现一致性随机偏离的可能性也越大,其对应关系如表 10.18 所示。

表 10.18 平均随机一致性指标 RI 标准值

矩阵阶数	1	2	3	4	5	6	7	8	9	10
RI	0	0	0.58	0.90	1.12	1.24	1.32	1.41	1.45	1.49

考虑到一致性的偏离可能是由于随机原因造成的,因此在检验判断矩阵是否具有满意的一致性时,还需将 CI 和随机一致性指标 RI 进行比较,得出检验系数 CR,公式如下:

$$CR = \frac{CI}{RI}$$

一般,如果 $CR < 0.1$,则认为该判断矩阵通过一致性检验,否则就不具有满意一致性。

4) 层次总排序

计算某一层次所有因素对于最高层相对重要性的权值,称为层次总排序。

10.4.3 层次分析法应用案例

1) 网络消费者满意度模型指标体系

满意度是一种心理状态,是需求被满足后形成的愉悦感或状态,对消费者消费行为有重要影响。满意度比较经典的模型有 SCSB 模型、ACSI 模型、ECSI 模型、CCSI 模型。围绕这些模型,构建指标层次体系,再进行综合评价获得满意度指标因素权重,可以使用层次分析法。网络消费者跟传统消费者一样,对产品或服务有一定价值预期,并且在使用产品或接受服务的过程中,对产品或服务有感知服务、感知质量、感知价值,对产品或服务也会追求品牌效应。然而相比传统环境,在网络购物环境下,一个重要因素是网络安全,越来越多的网络消费者希望保护用户个人隐私及资金安全,并且网络用户评价信息容易获取,对消费者消费具有更强的借鉴意义。因此,网络消费者满意度影响因素有:预期价值、感知服务、感知质量、感知价值、品牌形象、网络安全、用户评价,综合以上因素构建指标体系如表 10.19 所示。

表 10.19 网络消费者满意度指标体系

一级指标	二级指标	三级指标
满意度 Y	预期价值 Y_1	Y_{11}:预期质量 Y_{12}:预期价格
	感知服务 Y_2	Y_{21}:网站性能 Y_{22}:信息质量 Y_{23}:关键词设置 Y_{24}:物流配送速度 Y_{25}:物流质量 Y_{26}:客服反应 Y_{27}:售后服务

(续表)

一级指标	二级指标	三级指标
满意度 Y	感知质量 Y_3	Y_{31}：产品种类与库存 Y_{32}：产品质量保障 Y_{33}：产品信息描述
	感知价值 Y_4	Y_{41}：价格合理 Y_{42}：符合预期 Y_{43}：与宣传一致 Y_{44}：积分折扣
	品牌形象 Y_5	Y_{51}：权威代表性 Y_{52}：网站特色 Y_{53}：品牌所属企业形象
	网站安全 Y_6	Y_{61}：支付安全 Y_{62}：用户信息安全
	用户评价 Y_7	Y_{71}：评价真实性 Y_{72}：评价信息质量 Y_{73}：好评差评比

现需要通过调查获取判断矩阵，求出各指标权重。由于层次分析法主要是根据判断矩阵求取最大特征根来作为权重大小的依据，根据最大特征根对应的特征向量来作为一致性判定的重要中介指标，计算相对简单，在 Excel、SPSS 和 EViews 等常用工具里没有专门的模块，可以使用 Matlab 的 eig 函数求取特征根和特征向量。

2）判断矩阵及指标权重

将同级指标进行两两对比，获得被调查者对指标评价的判断矩阵。

表 10.20 二级指标判断矩阵

满意度 Y	预期价值 Y_1	感知服务 Y_2	感知质量 Y_3	感知价值 Y_4	品牌形象 Y_5	网站安全 Y_6	用户评价 Y_7
Y_1	1	1/7	1/5	1/3	1	1/3	1/5
Y_2	7	1	2	3	5	3	1
Y_3	5	1/2	1	3	2	2	1/3
Y_4	3	1/3	1/3	1	1	1	1/3
Y_5	3	1/5	1/2	1	1	1	1/3
Y_6	3	1/3	1/2	1	1	1	1/5
Y_7	7	1	3	3	3	5	1

以上判断矩阵最大特征根为：

$$\lambda_{\max} = 7.4464$$

则一致性指标为：

$$CI = \frac{\lambda - n}{n - 1} = \frac{7.4464 - 7}{7 - 1} = 0.0744$$

7 阶 $RI = 1.32$，则：

$$CR = \frac{CI}{RI} = \frac{0.0744}{1.32} = 0.0564$$

$CR < 0.1$，判断矩阵通过一致性检验。

因此可以将最大特征根对应的最大特征向量进行归一化处理作为二级指标权重，结果如下：

$\boldsymbol{\omega}' = (0.0405, 0.2730, 0.1543, 0.0806, 0.0792, 0.0788, 0.2936)$

接下来考虑各三级指标的判断矩阵和指标权重。

表 10.21　三级指标预期价值判断矩阵

预期价值 Y_1	Y_{11}	Y_{12}
Y_{11}	1	1/4
Y_{12}	4	1

$\lambda_{max} = 2$，$CI = 0$，$CR = 0$，$CR < 0.1$，判断矩阵通过一致性检验，则 $\boldsymbol{\omega}'_{Y1} = (0.2, 0.8)$。

表 10.22　三级指标感知服务判断矩阵

感知服务 Y_2	Y_{21}	Y_{22}	Y_{23}	Y_{24}	Y_{25}	Y_{26}	Y_{27}
Y_{21}	1	1/7	1/5	1/5	1/3	1/3	1/7
Y_{22}	7	1	3	3	5	5	5
Y_{23}	5	1/3	1	1	3	3	3
Y_{24}	5	1/3	1	1	3	3	3
Y_{25}	3	1/5	1/3	1/3	1	3	1
Y_{26}	3	1/5	1/3	1/3	1/3	1	1/3
Y_{27}	7	1/5	1/3	1/3	1	3	1

$\lambda_{max} = 7.4572$，$CI = 0.0762$，$CR = 0.0577$，$CR < 0.1$，判断矩阵通过一致性检验，则 $\boldsymbol{\omega}'_{Y2} = (0.0287, 0.3790, 0.1786, 0.1786, 0.0834, 0.0529, 0.0988)$。

表 10.23　三级指标感知质量判断矩阵

感知质量 Y_3	Y_{31}	Y_{32}	Y_{33}
Y_{31}	1	1/7	1/5
Y_{32}	7	1	2
Y_{33}	5	1/2	1

$\lambda_{\max} = 3.0142$, $CI = 0.0071$, $CR = 0.0122$, $CR < 0.1$,判断矩阵通过一致性检验,则 $\omega'_{Y3} = (0.0751, 0.5917, 0.3332)$。

表 10.24　三级指标感知价值判断矩阵

感知价值 Y_4	Y_{41}	Y_{42}	Y_{43}	Y_{44}
Y_{41}	1	1	2	5
Y_{42}	1	1	3	5
Y_{43}	1/2	1/3	1	2
Y_{44}	1/5	1/5	1/2	1

$\lambda_{\max} = 4.0155$, $CI = 0.0052$, $CR = 0.0058$, $CR < 0.1$,判断矩阵通过一致性检验,则 $\omega'_{Y4} = (0.3643, 0.4031, 0.1559, 0.0767)$。

表 10.25　三级指标品牌形象判断矩阵

品牌形象 Y_5	Y_{51}	Y_{52}	Y_{53}
Y_{51}	1	5	2
Y_{52}	1/5	1	1/2
Y_{53}	1/2	2	1

$\lambda_{\max} = 3.0055$, $CI = 0.0028$, $CR = 0.0048$, $CR < 0.1$,判断矩阵通过一致性检验,则 $\omega'_{Y5} = (0.5954, 0.1283, 0.2764)$。

表 10.26　三级指标网站安全性判断矩阵

网站安全 Y_6	Y_{61}	Y_{62}
Y_{61}	1	5
Y_{62}	1/5	1

$\lambda_{\max} = 2$, $CI = 0$, $CR = 0$, CR 小于 0.1,判断矩阵通过一致性检验,则 $\omega'_{Y6} = (0.8333, 0.1667)$。

表 10.27　三级指标用户评价判断矩阵

用户评价 Y_7	Y_{71}	Y_{72}	Y_{73}
Y_{71}	1	1/5	1/3
Y_{72}	5	1	2
Y_{73}	3	1/2	1

$\lambda_{\max} = 3.0037$, $CI = 0.0018$, $CR = 0.0031$, $CR < 0.1$,判断矩阵通过一致性检验,则 $\omega'_{Y7} = (0.1095, 0.5816, 0.3090)$。

在获得二级指标和三级指标权重后,可以对三级指标在一级指标中的权重作用进行计算,只需要将相应权重对应相乘即可,如预期质量对满意度影响的权重为:$0.0405 \times 0.2 =$

0.008 1。这样就可获得指标层次总排序,如表 10.28 所示,进而可以分析基层指标对最高指标的影响。

表 10.28 层次总排序

Y_{11}:预期质量	Y_{12}:预期价格	Y_{21}:网站性能	Y_{22}:信息质量	Y_{23}:关键词设置	Y_{24}:物流配送速度	Y_{25}:物流质量	Y_{26}:客服反应
0.008 1	0.003 24	0.007 835	0.103 467	0.048 758	0.048 758	0.022 768	0.014 442
Y_{27}:售后服务	Y_{31}:产品种类与库存	Y_{32}:产品质量保障	Y_{33}:产品信息描述	Y_{41}:价格合理	Y_{42}:符合预期	Y_{43}:与宣传一致	Y_{44}:积分折扣
0.026 972	0.011 588	0.091 299	0.051 413	0.029 363	0.032 49	0.012 5 66	0.006 182
Y_{51}:权威代表性	Y_{52}:网站特色	Y_{53}:品牌所属企业形象	Y_{61}:支付安全	Y_{62}:用户信息安全	Y_{71}:评价真实性	Y_{72}:评价信息质量	Y_{73}:好评差评比
0.047 156	0.010 161	0.021 891	0.065 664	0.013 136	0.032 149	0.170 758	0.090 722

从层次总排序指标看,产品信息质量、评价信息质量、产品质量保障和好评差评比最高,说明消费者特别关注信息的获取和产品的质量,通过参照来决定是否付诸行动,消费者其次在意的是关键词设置、物流配送速度、产品信息描述、权威代表性、支付安全,在其他指标保持一定水平的基础上,网购从业者应该多关注这些指标层面客户满意度的提升,提高经营绩效。除了对层次总排序指标进行分析,还可以对二级指标、三级指标局部进行分析,方法类似,不再赘述。

10.5 向量自回归分析法

10.5.1 向量自回归分析法的概念

向量自回归模型简称 VAR 模型,克里斯托弗·西姆斯于 1980 年提出的。向量自回归(VAR)是基于数据的统计性质建立模型,VAR 模型把系统中每一个内生变量作为系统中所有内生变量的滞后值的函数来构造模型,从而将单变量自回归模型推广到由多元时间序列变量组成的"向量"自回归模型。VAR 模型是处理多个相关经济指标的分析与预测最容易操作的模型之一,近年来 VAR 模型受到越来越多的经济工作者的重视。

10.5.2 向量自回归分析法的算法步骤

1) 数列稳定性判断

VAR 模型只对稳定或者同阶单整的变量数列有效,为保证 VAR 模型估计结果的有效性,在构建 VAR 模型前,需要对变量进行稳定性检验,最常用的检验方法是 ADF 检验,使用该方法对所有变量分别进行单位根检验,得到变量在不同显著性水平下的检验结果。如果原变量不能通过检验,可以考虑检验差分后的新变量。由于差分会损失一部分原有变量信息,所以差分一般不超过二阶差分。如果每个变量存在同阶单整,才可能构建 VAR

模型。

2) VAR 模型构建

使用 EViews 运行默认设置的 VAR，获得 AIC、SC 在不同滞后阶数的具体取值，选择 AIC、SC 取得最小值的滞后阶数作为 VAR 模型的最优滞后阶数，重新设置运行 VAR。为防止异方差性的出现，在运行 VAR 时，一般情况下使用原变量的对数作为输入条件。

3) VAR 有效性检验

(1) 协整检验

如果是非平稳时间数列，则需要进行协整检验，用于检验非平稳的时间数列的线性组合是不是平稳数列，如果经过组合的数列平稳，则组合的平稳数列称为协整方程，表示这些非平稳的经济变量间具有长期稳定的均衡关系。如果协整关系存在，非平稳时间数列则可做下一步检验，否则说明使用 VAR 没有意义。

(2) 单位根检验

如果 VAR 模型所有根模的倒数都小于 1，即都在单位圆内，则该模型是稳定的。单位根检验可以通过获得单位根的图或者表进行，图比较直观，但是如果有单位根正好落在单位圆附近，图上也难以分辨，单位表更加明确，实际应用中，可以先看单位根的图，需要的情况下使用单位根的表。

(3) Granger 因果检验

Granger 因果检验主要用来分析变量间的因果关系，判断一个变量的变化是否是另一个变量变化的主要原因。通过 Granger 因果检验可以判断出变量 y 能在多大程度上被变量 x 的过去值所解释，如果 x 与 y 的相关关系在统计上是显著的，则说明 y 是 x 的 Granger 引起的。

4) 脉冲响应及方差分解分析

通过检验的 VAR 模型，可以进行脉冲响应和方差分解分析，获得辅助决策策略。

脉冲响应分析可以用来描述一个内生变量对由误差项所带来的冲击的反应，即在随机误差项上施加一个标准差大小的冲击后，对内生变量的当期值和未来值所产生的影响程度。方差分解是通过分析每个结构冲击对内生变量变化产生影响的程度来评价不同结构冲击的重要性。

10.5.3 向量自回归分析法应用案例

1) 指标来源与选择

表 10.29 城乡居民人均可支配收入与旅游花费表

年份	城镇居民人均可支配收入	农村居民人均可支配收入	居民人均旅游花费
1995	4 283	1 577.7	464
1996	4 838.9	1 926.1	534.1
1997	5 160.3	2 090.1	599.8
1998	5 425.1	2 162	607

(续表)

年份	城镇居民人均可支配收入	农村居民人均可支配收入	居民人均旅游花费
1999	5 854	2 210.3	614.8
2000	6 255.7	2 282.1	678.6
2001	6 824	2 406.9	708.3
2002	7 652.4	2 528.9	739.7
2003	8 405.5	2 690.3	684.9
2004	9 334.8	3 026.6	731.8
2005	10 382.3	3 370.2	737.1
2006	11 619.7	3 731	766.4
2007	13 602.5	4 327	906.9
2008	15 549.4	4 998.8	849.4
2009	16 900.5	5 435.1	801.1
2010	18 779.1	6 272.4	883
2011	21 426.9	7 393.9	877.8
2012	24 126.7	8 389.3	914.5
2013	26 467	9 429.6	946.6
2014	28 843.9	10 488.9	975.4
2015	31 194.8	11 421.7	985.5
2016	33 616.2	12 363.4	1 009.1
2017	36 396.2	13 432.4	1 024.6
2018	39 250.8	14 617	1 034

考察 1995—2018 年的国内旅游市场，数据来源于国家统计局统计年鉴，欲从城镇-农村居民，个人收入-支出的角度分析居民收入对旅游消费的影响，选择旅游人均花费、城镇居民人均可支配收入，农村居民人均可支配收入等数据进行分析，其中旅游人均花费用 $PCOS$ 表示，城镇居民人均可支配收入用 $PCIT$ 表示，农村居民人均可支配收入用 $PCTR$ 表示，为规避时间数列可能存在的异方差性，在进行动态实证分析以前，对以上三个指标分别取对数，即 $\log(PCOS)$、$\log(PCIT)$、$\log(PCTR)$，之后研究三个对数变量之间的关系。

2) VAR 及 VEC 模型构建

开始利用向量自回归(VAR)模型分析城镇-农村居民收入对旅游消费的影响，首先对三个变量数列 $\log(PCOS)$、$\log(PCIT)$、$\log(PCTR)$ 进行平稳性检验，在数列不平稳的情况下进行差分处理，在获得变量同阶平稳的基础上，使用 VAR 模型进行协整检验，存在协整关系时，求取最佳滞后阶数，转而建立向量误差修正(VEC)模型。

(1) 变量平稳性检验

VAR 模型只对稳定或者同阶单整的变量有效,为保证 VAR 模型估计结果的有效性,在构建 VAR 模型前,需要对变量进行稳定性检验。在此采用 ADF 检验方法,对 $\log(PCOS)$、$\log(PCIT)$、$\log(PCTR)$ 三个变量进行单位根检验,得到三个变量的初始变量、一阶差分及二阶差分在不同显著水平下的检验结果,如表 10.30 所示。可以看出 $\log(PCOS)$、$\log(PCIT)$、$\log(PCTR)$ 原变量均不稳定,不能通过假设检验;取一阶差分后,尽管三个变量在 10% 的检验水平下稳定,但是检验形式不同;取二阶差分后,显著性水平为 5% 时,三个变量均在有截距、有趋势项及滞后一阶的情况下平稳,检验通过,即三个变量皆为二阶单整,可以构建 VAR 模型。

表 10.30 变量平稳性检验

变量	ADF 值	检验形式 (c, t, k)	显著水平下的检验结果		
			1%	5%	10%
$\log(PCOS)$	−1.695 883	$(c, t, 1)$	不稳定	不稳定	不稳定
$D\log(PCOS)$	−3.247 864	$(c, 0, 1)$	不稳定	稳定	稳定
$D^2\log(PCOS)$	−6.495 662	$(c, t, 1)$	不稳定	稳定	稳定
$\log(PCIT)$	−1.231 821	$(c, t, 1)$	不稳定	不稳定	不稳定
$D\log(PCIT)$	−3.987 369	$(c, t, 1)$	不稳定	稳定	稳定
$D^2\log(PCIT)$	−6.185 433	$(c, t, 1)$	稳定	稳定	稳定
$\log(PCTR)$	−0.994 089	$(c, t, 1)$	不稳定	不稳定	不稳定
$D\log(PCTR)$	−3.457 237	$(c, t, 1)$	不稳定	不稳定	稳定
$D^2\log(PCTR)$	−4.943 27	$(c, t, 1)$	稳定	稳定	稳定

(2) VAR 模型构建

使用 EViews 工具按默认设置试运行 VAR 模型,进一步获得 AIC、SC 在不同滞后阶数的具体取值,以 AIC、SC 最小值原则确定标准 VAR 模型的最优滞后阶数,结果发现,AIC 最小值出现在滞后四阶,SC 最小值出现在滞后一阶,如表 10.31 所示。为防止损失较多参数,本文最终选择 SC 原则,确定 VAR 模型滞后阶数为一阶。

表 10.31 AIC、SC 滞后阶数值

Lag	LogL	LR	FPE	AIC	SC	HQ
0	43.659 30	NA	3.44×10^{-6}	−4.065 930	−3.916 571	−4.036 774
1	157.260 6	181.762 0*	1.00×10^{-10}	−14.526 06	−13.928 62*	−14.409 43
2	162.855 5	7.273 425	1.52×10^{-10}	−14.185 55	−13.140 03	−13.981 45
3	173.653 0	10.797 54	1.56×10^{-10}	−14.365 30	−12.871 71	−14.073 74
4	191.847 9	12.736 43	9.79×10^{-11}	−15.284 79	−13.343 12	−14.905 76*

运行 VAR(1),对 log(PCOS)、log(PCIT)、log(PCTR) 变量进行协整检验,结果显示,变量之间存在协整关系,如表 10.32 所示,适合 VAR 模型中误差修正模型的类型,即 VEC 模型的情形。由于标准 VAR 模型最优滞后阶数为 1,VEC 模型在标准 VAR 模型的基础上减 1,因此,VEC 模型构建时,滞后阶数设置为(0 0)。

表 10.32　变量协整关系

不受限协整层级测试(最大特征值)

假定误差修正次数	特征值	最大特征值统计量	临界值0.05	P
0	0.714 168	28.804 07	21.131 162	0.003 4
1	0.655 747	24.526 69	14.264 60	0.000 9
2	0.240 397	6.324 062	3.841 466	0.011 9

(3) VEC 模型构建

要分析居民收入对旅游消费的动态影响,还必须确保 VEC 模型的稳定性。稳定性的判定主要依据自回归根模倒数的大小,如果根模的倒数都小于 1,则模型稳定,否则模型无效。可以从自回归根模图上直观看出,所有单位根所对应的点都落在单位圆内,满足稳定性条件,如图 10.3 所示,说明 VEC 模型稳定,可以进行脉冲和方差分析。

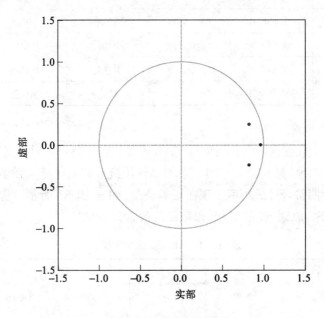

图 10.3　单位根检验

3) 脉冲与方差分析

(1) 脉冲分析

给予一个标准的脉冲函数冲击,脉冲响应结果如图 10.4 所示。由图可见:①旅游人均消费因受到来自其自身的一个标准差的冲击后,开始存在一个较大的正向作用,达到

0.051，之后逐期下降，到第 7 期到达最低 -0.010，然后持续上升 10 期，再有所下降，慢慢趋于平稳，且在平稳后的影响高于城镇居民人均可支配收入和农村居民人均可支配收入，说明旅游消费对于自身有较强的增强作用；②旅游人均消费因受到来自城镇人均可支配收入的一个标准差的冲击后，在开始达到 0.016，之后缓慢下降，到第 7 期的 0.009 后相对保持平稳，说明城镇居民人均可支配收入对旅游消费具有拉动作用，并存在较强的持续影响；③旅游人均消费因受到来自农村居民人均可支配收入的一个标准差的冲击后，影响开始为 0，然后保持一个较快的增长趋势，在第 4 期达到最高值 0.010，之后下降并慢慢趋于稳定，说明农村居民人均可支配收入对旅游消费在一定时期内具有正向刺激作用。

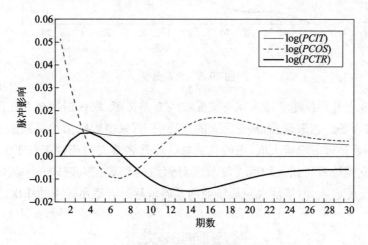

图 10.4　脉冲分析

（2）方差分析

为进一步了解每个结构冲击对旅游人均花费变化影响的重要性，进行方差分析，结果如图 10.5 所示。由图可知，对于旅游消费而言，在开始时，由于其自身扰动所引起的预期方差贡献达到 91%，占据绝对优势，城镇居民人均可支配收入所引起的预期方差贡献为 9%，农村居民人均收入所引起的预期方差贡献几乎可忽略，之后自身扰动所引起的预期方差贡献逐渐减弱，到 14 期后基本稳定在 59%，城镇居民人均可支配收入与农村居民人均可支配收入预期方差贡献都处于上升趋势，并在第 15 期两者达到一致，之后农村居民人均可支配收入的预期方差贡献略大于城镇居民人均可支配收入预期方差贡献，并在第 18 期后维持均衡，前者为 22%，后者为 19%。以上数据表明，旅游消费方差产生原因中，其自身一直占据主导地位，城镇居民人均可支配收入与农村居民人均可支配收入影响接近相等，城镇居民人均可支配收入与农村居民人均可支配收入对旅游花费的影响都不可小觑。

以上分析表明，居民收入是影响旅游的重要因素，伴随着居民收入的提升，旅游支出增加，促使我国旅游业迅速发展，旅游总花费在 GDP 中的比重基本呈现上升趋势，城镇-农村居民人均可支配收入对旅游花费的贡献之和达到 41%，对旅游业的发展起着非常重要的作用；农村居民是旅游市场非常重要的潜在力量，随着农村居民人均可支配收入的提升，改善性消费需求增加，人均旅游消费与收入比提高，该比值近几年甚至高于城镇居民，说明越来越多农村居民解决刚性消费需求后，愿意将更多的收入用作旅游消费，农村人均可支配收

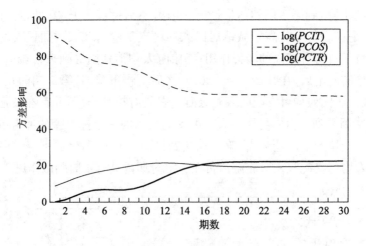

图 10.5 方差分析

入方差贡献也在上升后反超城镇人均可支配收入方差贡献,农村居民成为旅游市场不可或缺的对象,农村市场会越来越大,具有巨大的发展潜力;城镇居民依然是旅游市场的核心力量,城镇居民不管是旅游消费人次、旅游花费总量还是旅游人均花费都高于农村居民,脉冲和方差分析也支持城镇居民人均可支配收入对旅游的影响在未来较长一段时期内大于农村居民人均可支配收入,城镇居民对旅游业的发展依然起着举足轻重的作用。

重要术语

因子分析法　主成分分析法　聚类分析法　层次分析法　向量自回归分析法

练习题

1. 1995—2019 年我国国内生产总值、出口总额、社会消费品零售总额、财政收入,以及进出口总额,如下表所示。请对国内生产总值在出口总额、社会消费品零售总额、财政收入,以及进出口总额影响层面展开因子分析、主成分分析。

报告期	国内生产总值/亿元	出口总额/亿元	社会消费品零售总额/亿元	财政收入/亿元	进出口总额/亿元
1995 年	61 339.9	12 451.8	23 613.8	6 242.2	23 499.9
1996 年	71 813.6	12 576.4	28 360.2	7 408.0	24 133.9
1997 年	79 715.0	15 160.7	31 252.9	8 651.1	26 967.2
1998 年	85 195.5	15 223.5	33 378.1	9 876.0	26 849.7
1999 年	90 564.4	16 159.8	35 647.9	11 444.1	29 896.2

(续表)

报告期	国内生产总值/亿元	出口总额/亿元	社会消费品零售总额/亿元	财政收入/亿元	进出口总额/亿元
2000 年	100 280.1	20 634.4	39 105.7	13 395.2	39 273.3
2001 年	110 863.1	22 024.4	43 055.4	16 386.0	42 183.6
2002 年	121 717.4	26 947.9	48 135.9	18 903.6	51 378.2
2003 年	137 422.0	36 287.9	52 516.3	21 715.3	70 483.5
2004 年	161 840.2	49 103.3	59 501.0	26 396.5	95 539.1
2005 年	187 318.9	62 648.1	68 352.6	31 649.3	116 921.8
2006 年	219 438.5	77 597.9	79 145.2	38 760.2	140 974.7
2007 年	270 092.3	93 627.1	93 571.6	51 321.8	166 924.1
2008 年	319 244.6	100 394.9	114 830.1	61 330.4	179 921.5
2009 年	348 517.7	82 029.7	133 048.2	68 518.3	150 648.1
2010 年	412 119.3	107 022.8	158 008.0	83 101.5	201 722.3
2011 年	487 940.2	123 240.6	187 205.8	103 874.4	236 402.0
2012 年	538 580.0	129 359.3	214 432.7	117 253.5	244 160.2
2013 年	592 963.2	137 131.4	242 842.8	129 209.6	258 168.9
2014 年	643 563.1	143 883.8	271 896.1	140 370.0	264 241.8
2015 年	688 858.2	141 166.8	300 930.8	152 269.3	245 502.9
2016 年	746 395.1	138 419.3	332 316.3	159 605.0	243 386.5
2017 年	832 035.9	153 309.4	366 261.6	172 592.8	278 099.2
2018 年	919 281.1	164 127.8	380 986.9	183 359.8	305 008.1
2019 年	990 865.1	172 373.6	411 649.0	190 390.1	315 627.3

资料来源:中国统计年鉴(2020)

2. 2010年53家财险公司收入数据如下表所示,一共15个变量,分别是:公司名称、企业财产保险(X_1)、家庭财产保险(X_2)、机动车辆保险(X_3)、责任保险(X_4)、工程保险(X_5)、货物运输保险(X_6)、船舶保险(X_7)、信用保险(X_8)、保证保险(X_9)、特殊风险保险(X_{10})、农业保险(X_{11})、短期健康保险(X_{12})、意外伤害保险(X_{13})、其他(X_{14})。请根据这15个变量使用K-means聚类分析法对保险公司进行聚类分析。(单位:百万元)

公司名称	X_1	X_2	X_3	X_4	X_5	X_6	X_7
人保保险	10 363.12	1 230.37	115 758.86	5 440.52	2 346.80	3 350.90	2 549.52
国寿财险	478.58	102.75	9743.60	263.29	235.92	104.96	59.31
大地	659.00	88.00	10 827.00	374.00	188.00	172.00	389.00
太平集团	954.00	52.00	5 985.00	490.00	236.00	203.00	177.00
太平财险	432.10	5.73	4 377.63	131.17	102.70	101.73	34.89
中国信保	0.00	0.00	0.00	0.00	0.00	0.00	0.00
阳光产险	521.01	79.21	8 834.81	224.70	191.79	104.10	106.69
中华联合	633.17	123.86	15 032.43	368.45	63.88	101.97	113.41
太保产险	4 132.40	314.67	39 635.99	1 332.94	1 320.68	1 199.68	898.78
平安产险	4 064.71	172.82	49 318.75	1 435.05	1 340.29	981.79	597.28
华泰产险	371.94	10.55	2 457.53	251.85	247.15	288.46	19.97
天安保险	317.27	6.25	7 064.40	119.04	76.85	58.28	19.07
大众	193.53	3.20	1 378.20	21.89	22.86	27.79	12.59
华安	102.90	1.03	3 635.77	23.24	63.67	8.16	10.35
永安	326.76	36.03	4 923.92	127.09	54.10	34.77	29.04
永诚	879.91	23.41	3 876.03	94.22	203.24	41.79	49.42
安信农险	48.60	15.11	200.91	19.14	67.70	1.08	5.19
安邦产险	114.33	1.07	6771.31	33.62	8.11	36.21	2.49
安华农险	28.06	17.45	987.59	5.38	0.13	0.38	0.00
天平汽车	0.01	0.00	3 074.53	5.69	0.00	0.00	0.00
阳光农险	26.90	6.66	67.14	4.37	0.00	0.00	0.00
渤海	32.80	0.75	1 068.65	15.14	15.97	3.99	10.28
都邦	211.87	7.12	2 959.89	66.89	53.98	53.92	0.00
华农	8.80	2.83	110.83	2.58	0.26	1.30	1.52
民安	170.45	0.60	1 272.46	42.02	85.59	18.68	33.47
安诚	39.82	1.79	1 396.01	18.14	17.99	3.53	0.00
中银	387.91	64.55	1 534.74	54.24	139.00	43.03	43.05
英大财险	1045.09	0.00	201.91	70.30	89.75	1.27	2.67
长安责任	45.46	6.23	1 421.74	33.82	6.19	15.61	9.75
国元农险	9.32	1.17	133.81	5.01	0.59	0.05	0.00
鼎和	243.54	0.13	317.37	15.23	62.91	0.99	0.32

(续表)

公司名称	X_1	X_2	X_3	X_4	X_5	X_6	X_7
紫金	49.91	0.25	399.90	18.80	30.01	13.41	15.58
浙商	45.46	0.39	981.28	5.60	12.08	3.17	6.92
信达	54.31	0.57	261.86	5.03	6.71	1.71	0.60
中意财险	44.65	0.28	19.10	58.13	14.68	25.46	3.27
国泰产险	33.38	0.63	9.64	14.02	4.02	7.31	0.00
美亚	200.38	−0.15	0.00	369.95	27.00	230.86	6.00
东京海上日东	123.98	0.29	2.08	68.84	7.75	203.32	0.00
丰泰上海	88.56	3.52	0.00	35.99	29.98	45.04	0.00
太阳联合	38.76	1.30	0.00	57.25	53.72	39.27	0.77
丘博	7.64	0.00	0.00	117.00	0.00	28.88	0.00
三井住友	126.13	0.12	0.00	43.33	14.69	189.18	18.37
三星	159.81	0.00	2.48	22.08	17.34	170.59	8.54
安联	82.95	0.19	22.92	82.87	55.32	41.97	7.42
日本财险	210.81	0.00	0.00	29.85	35.69	88.22	0.18
利宝	3.94	0.16	199.30	12.64	5.53	6.91	0.00
安盟成都	6.38	1.49	23.53	3.00	0.00	0.31	0.00
苏黎世北京	78.59	1.11	0.00	71.14	18.16	18.27	0.00
现代	60.16	0.01	30.98	9.75	26.60	15.28	25.11
爱和谊	16.99	0.00	0.00	3.76	0.16	9.08	0.00
日本兴亚	7.29	0.03	0.00	1.27	0.04	16.27	0.00
乐爱金	29.50	0.00	0.00	5.29	1.79	10.63	0.00
福邦财险	0.58	0.02	0.00	0.11	0.35	0.03	0.00

公司名称	X_8	X_9	X_{10}	X_{11}	X_{12}	X_{13}	X_{14}
人保保险	48.14	166.08	1 427.17	7 057.87	1 902.28	2 288.39	0.00
国寿财险	0.00	2.89	6.62	0.00	0.00	267.56	0.00
大地	50.00	23.00	68.00	21.00	427.00	528.00	2.00
太平集团	0.00	65.00	27.00	0.00	57.00	212.00	59.00
太平财险	0.00	−1.78	2.19	0.06	22.31	128.01	12.32
中国信保	8 906.03	0.00	0.00	0.00	0.00	0.00	0.00
阳光产险	0.00	5.33	7.18	24.01	79.42	368.44	88.87
中华联合	−0.03	−10.67	4.60	1 930.61	444.66	529.99	0.00
太保产险	2.18	−48.31	484.15	275.20	642.94	1 337.73	0.00

(续表)

公司名称	X_8	X_9	X_{10}	X_{11}	X_{12}	X_{13}	X_{14}
平安产险	144.01	1652.91	536.86	4.57	508.33	1 358.34	0.00
华泰产险	0.00	2.37	0.00	0.00	0.00	170.55	113.95
天安保险	0.00	−22.49	6.04	2.91	57.49	180.90	141.74
大众	0.00	−0.30	0.00	3.16	6.05	52.13	4.00
华安	0.00	15.28	0.00	0.83	4.60	122.49	2.42
永安	0.00	−0.02	0.00	4.05	0.00	254.20	0.00
永诚	0.00	3.53	0.00	0.00	38.88	202.69	0.00
安信农险	0.00	1.81	0.00	247.41	11.83	14.18	5.00
安邦产险	0.00	7.03	11.28	2.62	0.00	42.21	0.00
安华农险	0.00	2.67	0.00	1 518.98	0.00	21.89	5.31
天平汽车	0.00	0.00	0.00	0.00	3.29	63.85	0.01
阳光农险	0.00	0.00	0.00	1 278.30	0.00	18.93	7.18
渤海	0.00	7.91	2.38	0.00	6.54	23.24	0.51
都邦	0.00	10.10	1.38	0.00	38.77	171.58	0.00
华农	0.00	0.00	1.79	3.80	0.00	11.88	0.00
民安	0.00	2.57	10.45	0.39	1.55	35.24	0.00
安诚	0.00	1.98	0.00	45.14	0.27	29.94	0.00
中银	87.73	11.66	4.68	0.00	58.04	135.08	0.00
英大财险	336.94	0.58	0.00	0.00	0.02	6.95	0.08
长安责任	0.00	0.00	0.00	0.00	14.76	63.54	0.00
国元农险	0.00	0.00	0.00	1 095.35	6.90	9.02	0.00
鼎和	0.00	0.01	0.00	0.00	6.23	12.45	0.90
紫金	0.00	3.30	2.00	43.01	10.16	23.87	0.00
浙商	0.00	0.58	0.00	0.00	0.00	13.70	0.00
信达	0.00	0.06	3.25	0.00	8.64	8.04	0.00
中意财险	0.00	0.01	24.81	0.00	0.00	2.43	0.00
国泰产险	0.24	0.05	0.00	0.00	0.00	0.00	1.08
美亚	34.95	0.00	6.96	0.00	27.80	211.81	11.13
东京海上日东	4.84	0.02	0.00	0.00	0.00	1.98	0.25
丰泰上海	0.00	2.17	0.00	0.00	4.82	3.90	0.80
太阳联合	0.00	1.00	0.00	0.00	0.37	8.97	0.50
丘博	0.00	0.00	0.00	0.00	0.86	8.25	0.00
三井住友	10.91	0.16	0.00	0.00	0.00	2.41	0.00
三星	0.00	1.41	0.00	0.00	0.00	23.88	0.00

(续表)

公司名称	X_8	X_9	X_{10}	X_{11}	X_{12}	X_{13}	X_{14}
安联	46.67	0.00	0.00	0.00	1.58	1.96	0.00
日本财险	0.00	0.01	8.16	0.00	0.00	10.64	0.00
利宝	0.00	0.00	0.00	0.00	0.22	16.58	20.38
安盟成都	0.00	0.00	0.00	29.00	0.55	4.18	0.00
苏黎世北京	0.00	0.00	0.00	0.00	0.48	1.36	0.00
现代	0.00	0.08	0.00	0.00	0.34	0.51	0.00
爱和谊	0.00	0.00	0.00	0.00	0.27	0.77	0.00
日本兴亚	0.00	0.00	0.00	0.00	0.00	0.14	0.00
乐爱金	0.00	0.02	0.00	0.00	0.14	0.82	0.00
福邦财险	0.00	0.00	0.00	0.00	0.00	0.16	0.00

3. 设新零售商顾客忠诚度指标体系如下表所示。

客户忠诚度 Y	设计 Y_1	实体店的布局、装修风格 Y_{11}
		实体店的面积 Y_{12}
		实体店的地段 Y_{13}
		对平台的总体印象 Y_{14}
		平台的特色 Y_{15}
	感知质量 Y_2	实体店服务人员素质 Y_{21}
		实体店产品种类 Y_{22}
		实体店产品价格 Y_{23}
		实体店产品质量 Y_{24}
		实体店产品包装 Y_{25}
		个性化定制 Y_{26}
		网站安全 Y_{27}
		网站客服服务 Y_{28}
	营销 Y_3	品牌声誉 Y_{31}
		支付方式 Y_{32}
		经营特色 Y_{33}
		促销活动 Y_{34}
		开发新产品 Y_{35}
		智能化场景体验 Y_{36}
		售后服务 Y_{37}

(续表)

		物流配送距离 Y_{41}
客户忠诚度 Y	物流 Y_4	物流配送速度 Y_{42}
		物流配送准时性 Y_{43}
		配送员工的专业素养 Y_{44}
		配送费用合理性 Y_{45}

现针对某新零售平台进行顾客忠诚度指标体系进行调查,获得二级、三级指标判断矩阵如下:

	设计	感知质量	营销	物流
设计	1	1/3	1/7	1/5
感知质量	3	1	1/2	1/2
营销	7	2	1	3
物流	5	2	1/3	1

设计 Y_1	Y_{11}	Y_{12}	Y_{13}	Y_{14}	Y_{15}
Y_{11}	1	2	1/5	1/3	3
Y_{12}	1/2	1	1/3	1/5	2
Y_{13}	5	3	1	2	5
Y_{14}	3	5	1/2	1	3
Y_{15}	1/3	1/2	1/5	1/3	1

感知质量 Y_2	Y_{21}	Y_{22}	Y_{23}	Y_{24}	Y_{25}	Y_{26}	Y_{27}	Y_{28}
Y_{21}	1	1/5	1/6	1/7	1	1/5	3	1/7
Y_{22}	5	1	1/2	1/2	5	2	5	1/2
Y_{23}	6	2	1	1/2	3	2	5	1/2
Y_{24}	7	2	2	1	5	2	5	1
Y_{25}	1	1/5	1/3	1/5	1	1/5	3	1/5
Y_{26}	5	1/2	1/2	1/2	5	1	5	1/2
Y_{27}	1/3	1/5	1/5	1/5	1/3	1/5	1	1/5
Y_{28}	7	2	2	1	5	2	5	1

营销 Y_3	Y_{31}	Y_{32}	Y_{33}	Y_{34}	Y_{35}	Y_{36}	Y_{37}
Y_{31}	1	4	5	2	3	3	6
Y_{32}	1/4	1	2	1/2	1/2	1/2	2
Y_{33}	1/5	1/2	1	1/3	1/2	1/2	3
Y_{34}	1/2	2	3	1	2	2	5
Y_{35}	1/3	2	2	1/2	1	1	2
Y_{36}	1/3	2	2	1/2	1	1	2
Y_{37}	1/6	1/2	1/3	1/5	1/2	1/2	1

物流 Y_4	Y_{41}	Y_{42}	Y_{43}	Y_{44}	Y_{45}
Y_{41}	1	1/3	1/5	1/3	3
Y_{42}	3	1	2	1	3
Y_{43}	5	1/2	1	1	5
Y_{44}	3	1	1	1	3
Y_{45}	1/3	1/3	1/5	1/3	1

请根据以上数据,进行一致性检验,若能通过检验,求取各指标权重。

4. 根据 2005—2018 年我国电子商务交易额和全国 GDP 相关数据,如下表所示,利用向量自回归(VAR)方法分析电子商务对我国经济发展的动态影响。

年份	全国电子商务交易额/万亿元	全国GDP/万亿元
2005	0.68	18.73
2006	1.34	21.94
2007	1.70	27.01
2008	3.15	31.92
2009	3.85	34.85
2010	4.50	41.21
2011	5.88	48.79
2012	8.10	53.86
2013	10.20	59.30
2014	16.39	64.13
2015	21.80	68.60
2016	26.10	74.01
2017	29.16	82.08
2018	31.63	90.03

第 11 章　统计分析报告

某电商平台针对某季度所销售的不同型号空调情况展开调查,调查情况如下表所示:

表 11.1　不同型号空调的调查数据

型号	库存/台	单位成本/(元/台)	售价/(元/台)	销售量/台
A	4 000	2 000	2 400	2 961
B	6 000	1 600	1 950	3 748
C	8 000	1 300	1 700	4 135
D	6 000	1 800	2 150	5 138
E	8 000	1 600	1 970	3 037
F	10 000	1 200	1 450	3 554

企业需要根据这些数据了解企业的运营情况并及时进行决策调整,消费者需要根据这些数据进行购买选择,那这些数据能够揭示什么现象呢?阅读者可以通过这些数据得出什么结论呢?

随着经济社会发展和领导对统计信息需求的不断提高,统计工作仅单纯地上报统计数据,已很难满足领导对统计的需求。积极开展调查研究,以统计分析、统计调查报告为载体,提供准确、真实的决策信息,才能切实地提高统计服务质量。本章就对统计分析报告的基本内容及写作要求进行介绍。

11.1　统计分析报告概述

1) 统计分析报告的概念

统计分析报告是运用统计资料和统计分析方法,对被研究现象的成因和过程进行分析研究,并以特定的表达形式和结构特点,揭示研究对象的本质和规律性的一种应用性文体。

统计分析结果可以通过文章式、表格式、图形式等多种方式表现。文章式的主要形式是统计分析报告,这种形式可以综合灵活地运用表格、图形等形式,可以使分析结果鲜明、生动、具体,可以进行深刻的定性分析,得出结论性的总结并提出建议和预测。

2) 统计分析报告的特点

统计分析报告不同于一般的总结报告、议论文、叙述文和说明文,它是利用统计资料和统计方法,使数字与文字相结合的统计分析的表达形式。其特点可以归纳为以下几点:

(1) 统计分析报告要以统计数据为主体

统计分析报告主要以统计数字为语言,来直观反映事物之间的各种复杂联系,以数据来说明具体时间、地点条件下社会经济领域的发展变化情况。统计分析报告以统计数字为主体,结合统计表和统计图,用简洁的文字来分析叙述。统计图和统计表是统计数据的生动表现,也是统计分析最基本、最常用的方法,可以更加生动鲜明地反映问题。

统计分析报告的行文,通常先后有序,主次分明,一般是先摆数据,然后进行各种科学的分析,进而揭示问题,亮出观点,最后有针对性地提出建议、办法和措施,做到统计资料与基本观点统一,数据、情况、问题和建议融为一体。

(2) 统计分析报告注重定量分析为主,定性分析为辅

在统计分析报告中要注重定量分析为主,定性分析为辅,两者相结合。一方面要从现象的数量方面来分析研究其发展规模、发展水平、结构比例、发展速度、质量和效益等内容,另一方面要从质的角度分析事物,以全面反映现象的本质规律。

(3) 统计分析报告必须以科学的指标体系和统计分析方法来进行分析说明

根据实际研究的需要,统计分析报告中可以同时应用对比分析法、动态分析法、指数分析法、因素分析法、相关和回归分析法、统计抽样推断法等统计分析方法,全面、系统地分析研究社会、经济现象的发展变化。在整个分析研究中,要科学地选择统计分析方法,进行灵活、具体的分析。统计分析报告是各种统计分析方法的运用,没有统计分析方法就没有统计分析报告。

(4) 统计分析报告中提出的方法和对策要具有实用性

统计分析报告是统计工作的最终成果,通过研究统计数据反映的信息,为未来的工作提供建议。因此提出的预测方法和决策方法要具有较强的实用性,并且提出的建议要可行,不能脱离实际,同时要明确指出数据资料反映出来的问题,并找出存在的原因。此外,统计分析报告一般是为了满足政府和社会各界了解社会经济形势、制定政策、编制计划、经济管理、检查监督、总结评比、科学研究等方面的实际需要,所以要坚持实用、实效和准确的原则,针对政府、企业单位、居民普遍关心的社会经济现象中的热点、难点、焦点问题进行分析,提供分析报告。

11.2 统计分析报告的类型

统计分析报告种类繁多,可以从不同角度进行分类。按照统计分析报告的内容和作用不同,可划分为国家和地方政府的统计公报、进度统计分析报告、综合统计分析报告、典型调查分析报告和专题统计分析报告等几种。

1) 统计公报

在我国,统计公报(Statistical Bulletin)一般是由国家和地方政府部门的统计机构通过报纸、杂志、网络等媒体向社会公众公布的年度国民经济和社会发展情况的统计分析报告。一般是由国家、各省市自治区和计划单列市一级的统计局发布。例如:《中华人民共和国 2019 年国民经济和社会发展统计公报》《2019 年江苏省国民经济和社会发展统计公报》等。

统计公报的特点是:政治性、政策性和权威性强;主要是用统计数据直接反映国民经济和社会发展的成果,一般不做统计分析;标题和结构基本固定;写作用语郑重、严肃、概括性

强,主要披露国家或地方国民经济和社会发展的主要、重要和综合性的数据。

2) 进度统计分析报告

进度统计分析报告主要是以定期的统计报表数据为依据,辅以其他必要的统计调查资料,反映社会经济发展情况,分析影响和形成原因的一种统计分析报告。主要有月度分析报告、季度分析报告、半年分析报告和年度分析报告。

按照研究对象所属时间是否固定,进度统计分析报告可分为定期进度统计分析报告和不定期进度统计分析报告,其中不定期的统计分析报告是研究那些不需要经常定期调查的社会经济现象,即根据经济管理中的临时需要进行的统计分析报告。

按照研究对象的内容,进度统计分析报告可分为专题进度统计分析报告和综合进度统计分析报告。

进度统计分析报告的特点主要是具有进度性和时效性,同时内容短小精悍,结构简单规范,结果清晰明确。

3) 综合统计分析报告

综合统计分析报告是从客观实际出发,利用一定时期内全部或大量的数据资料对国民经济和社会发展的规模、水平、速度和比例关系、经济效益及其发展变化状况进行综合的分析研究所形成的统计分析报告。

从国家或地方来说,综合统计分析报告包括国民经济的各行业和各部门的经济发展及运行情况的分析;从企业单位来说,综合统计分析报告包括对本单位的人、财、物的全部现象的综合分析研究。

综合统计分析报告的特点是:分析的内容具有全面性、系统性和客观性。此类报告要运用大量的、丰富的统计资料,灵活地运用多种统计分析方法,从整体的角度出发,客观地分析研究对象的总体特征,对总体分析做出评价,得出最后结论。

4) 典型调查统计分析报告

典型调查报告是根据研究的目的和要求,主观地选择少数有代表性的单位进行深入细致的调查研究所形成的统计分析报告。典型调查一般是为了总结某项政策或措施实施后取得的成果、经验或教训所进行的调查。

典型调查报告的特点主要有:调查单位数少、目的是"以点代面",一般情况下不能用典型调查取得的数据推断总体特征。虽然调查研究的只是被研究总体中的少数单位,但是能对其进行详细的、深入的分析研究,有"解剖麻雀"之称,比其他分析报告更加具体、细致和生动。

5) 专题统计分析报告

专题统计分析报告是对社会经济发展中的某一方面、某一问题所进行专门调查或深入的分析研究而形成的统计分析报告。其作用主要是为领导制定某项政策或解决某个问题提供参考和依据,如对我国服务业经济发展情况的统计分析报告、对我国人口发展状况的统计分析报告等。

专题统计分析报告的特点是:分析的内容针对性强,不需要反映事物全貌,研究的问题单一、目标集中;选题应该根据研究国家和地方经济发展的需要、社会公众的需要来进行研究,因此常将社会经济发展中的焦点、热点问题列为统计分析报告的专题研究;报告要求突出时间性、时效性。例如,我国近期外贸形势变化较大,波及各行各业,因此国家和公众都需要了解外贸形势的发展变化趋势;人口的城镇化和年房地产供应、需求和价格的走势是政府和公众关注的焦点等;还有股票价格的波动较大,政府和居民都希望深入了解股市变动状况等。研究者可以把这些社会经济发展中的焦点、热点问题列为专题研究并写作专题的统计分析报告。

除了以上介绍的常用的统计分析报告以外,还可以从其他角度分类。按照研究现象所在的领域分为工业、农业、商业、科技、文化教育、人口、财政、金融、人民生活、国民经济综合等统计分析报告;按照研究对象的层次可分为宏观统计分析报告和微观统计分析报告。国家和各部门经济发展状况和地方的社会经济发展状况属于宏观的研究内容,国民经济各部门之间的比例关系及协调发展问题也属于宏观的研究内容,企事业单位和居民家庭个人属于微观的研究内容。按照写作的具体类型可分为说明型、快报型、总结型、公报型、调研型、研究型、预测型、综合型、决策型等类型的统计分析报告等。

11.3 统计分析报告的选题

1) 选题立意和原则

统计分析报告的写作首先要选择合适的题目,准确、合理的题目对统计分析报告的撰写至关重要。一方面,选题要有意义,没有实际意义的选题,分析报告写得再好也没有实用价值;另一方面,选题要合理,难易程度合适,过难的题目不仅不能实现写作目的,还会造成人力、物力、财力和时间的浪费。

统计分析报告的题目来源一般有3种:任务题、固定题、自选题。任务题是领导布置的或者是上级部门布置需要完成的。固定题是结合企事业单位的定期报表制度的数据资料进行分析的题目,这类题目一般不会发生变化。自选题目是作者根据研究需要自行确定的选题。选题时特别是自选题应具备实用价值和新颖性两个基本条件。选题时注意遵守的原则是:要根据社会经济发展的实际情况来选择题目、根据服务对象的需要选择题目、根据研究者自身的工作条件、研究条件和研究水平选择题目。

总之,统计分析报告的选题要根据实际情况来进行,不要为了研究而研究。当然选题中还要考虑实际条件,如课题所需资料的来源渠道是否畅通,写作人员能否胜任,时间是否赶得上领导决策的需要等。此外,最好选择自己熟悉、适合自己业务水平且各项资料也比较齐全的课题来写,这样成功的把握较大。切不可好高骛远、选题过大过难,以致力不从心、半途而废,即使勉强写了出来,也不会有较好的质量。

2) 选题的方法

统计分析报告的课题虽然很多,但不建议随便选题,应从国家、地方政府、企事业单位、居民个人需要了解的、普遍关注的问题入手进行选题。选题要围绕国民经济和社会发展中的热点、难点、矛盾点。例如,我国国家、企业、居民个人都希望了解国民经济发展中波动较大的社会经济现象,如房地产供求及价格、商品房贷款利率趋势、股价走势、农业生产资料价格等。这时研究者可以根据需要选择题目进行研究,并撰写相关的统计分析报告,写出来的统计分析报告就能发挥统计报告作用,取得较好的社会效益。

11.4　统计分析报告的结构

一份完整的统计分析报告的内容一般要有标题、导言、正文、结语及附件等几个部分。

1) 标题

统计分析报告同其他的论文、作品一样必须有标题。标题是统计分析报告的名称,是全篇内容的最简洁概括。所以标题必须确切、简洁、醒目。标题的主要形式如下:揭示主题的标题,如《2019年我国餐饮行业现状及发展趋势》;表明作者观点的标题,如《××年中国大城市的住房价格必跌的十点理由》;提问式的标题,如《2019年"二师兄"肉价为什么狂飙突进?》;概括统计分析报告的范围、内容、时间、地点式的标题,如《2019年中国足球市场调研报告》。

2) 导言

导言是统计分析报告的开头语,是本报告主要观点的概括,好的导言能起到提纲挈领和引导阅读兴趣的作用。导言的形式多种多样,可以是"开门见山、言简意赅",直接揭示主题,阐明分析目的和动机,使读者对该分析报告有大概的了解;也可以是"结论先行,逐步论证",即先写明分析的结论和观点,然后再层层论证,使人一目了然;也可以是"抽丝剥茧,逐层分析",即在报告中先介绍写作背景、调查数据,为正文埋下伏笔,然后逐层分析,得出结论;也可以是"问题导向,引人入胜",即在开头提出人们关注的问题,充分调动读者的阅读积极性和主动性。总之导言要切实做到重点突出、高度概括、统率全文,同时还要具备吸引力,这样既可以顺利展开分析报告又能吸引读者继续阅读。

3) 正文

正文是统计分析报告的主体。正文要围绕所要分析研究的中心内容,以基本统计数据为基础,对某项经济活动及其发展变化进行实事求是的分析。既要肯定成绩、总结经验又要发现矛盾、找出产生的原因。正文的写作要注意:对于篇幅较长的统计分析报告最好分成几个部分,每个部分设置有小标题。分析要有层次性、全文结构设置要合理、各部分之间保持连贯等。统计分析报告要求具有严密的逻辑性,使用概念要明确,推理要以准确、充分的数据为依据,判断与推理的结果前后不能矛盾,做到观点和材料相统一,以观点统率材料,用材料阐明观点。

4) 结语

结语是统计分析报告的结束语,要对全文进行总结。统计分析报告的结语部分没有统一的规定和严格的要求,主要由报告正文的内容决定。如果是总结性的分析报告,结语就是得出报告结论;如果是对策或者建议性的分析报告,结语部分就分析的主要问题提出对策建议、意见等,实现统计工作的实用价值;如果在正文的论述中已经分析研究完成了主题,对于论述的内容已经讲具体了,结语可展望未来前景、说明意义,也可不设置结语部分。

5) 附件

附件是统计分析报告中正文包含不了或没有提交的,但是和正文有关,且必须附加说明的部分。它是正文的补充和更详尽的说明,包括问卷、技术细节说明、原始资料、背景材料、统计输出部分、结果显示等。

11.5 统计分析报告写作要求

1) 主题要集中、突出、唯一

主题是文章的灵魂,是整篇文章的统帅。一篇统计分析,只应有一个主题,文章要围绕主题去展开,不能走题。"意多乱文",文章切忌多中心,绝不可企图通过一篇统计分析去解决几个问题。

2) 标题要确切、简明、醒目

(1) 标题的意义

文章都有标题,统计分析也不例外。标题与主题密切相关,是用来揭示主题的中心思想的。但标题与主题又有区别:一篇文章只应有一个主题,而且必须在收集和整理资料之前就确定下来;但同一篇统计分析却可以有不同的标题,而且既可在写作之前确定,也可以在写完文章后根据全文的中心思想和文章的特色酌定。文章的标题,犹如商店的门面和招牌,门面漂亮,招牌醒目,才能招引更多的顾客。一个好的标题,往往会给文章带来画龙点睛的奇效。

(2) 标题的要求

一篇文章可以有多种标题,到底哪种标题更好,必须有所选择,其要求是"确切、简明、醒目"。

"确切"是指标题要能准确揭示统计分析的主题思想,要使人能从标题便一目了然地看出文章的基本内容是什么,要解决什么问题。写文章一定要围绕主题去写,不能"文不对题",但标题的制作则要求能准确反映文章的内容,不能"题不对文"。"简明"就是标题必须简明扼要,高度概括,不能拖泥带水,文章要精炼,标题尤其要在"精"字上下功夫。"醒目"即要求文章的标题要在确切、简明的前提下尽可能地突出事物的特点,甚至用生动的词语、形象的比喻,达到引人注目的效果。

(3) 段落标题

如果说总标题是一篇文章的纲,那么段落标题便是文章的目。有纲有目,便可纲举目张。段落标题的作用是:提示本段内容;表明作者观点;展示全文结构;提高读者的阅读效果。

【例 11.1】 江苏省统计局的《江苏高质量发展迈出坚实步伐》一文的段落标题:

一是经济运行态势"稳"。

二是三次产业发展"新"。

三是三大需求结构"优"。

四是实体经济活力"强"。

五是居民生活"富"。

上述例子,便很好地体现了段落标题的作用,如果上述统计分析只有一个总标题而没有段落标题,人们阅读的效果要差得多。

3）观点与材料要统一

观点和材料是文章的两个最基本的要素。任何文章都要反映作者的观点，统计分析也不例外，必须观点鲜明。文章的大小标题和基本论点，尤其应当如此。是什么和不是什么，赞成什么和反对什么，应该怎样和不应该怎样，必须泾渭分明，不能含糊其辞、模棱两可。没有观点或观点不明确，必然令人不知所云，甚至引起误解。材料是文章的"血肉"，观点要从材料中形成，并以材料为支撑，只有材料充实，言之有据，文章才会丰满有力。但这并不是说材料越多越好，而是材料要准、要精（足以说明问题即可）。总之，统计分析必须做到观点与材料的统一，观点要从材料中产生，又要用观点去统率材料，实现正确的观点与准确、充实的材料的完美结合。

4）结构要严密

文章的结构是文章的支架，是一篇文章的各个必要组成部分的合理组合。但一篇文章到底应有哪几个部分和应当怎样组合，却是因题而异和因材而异的，并没有统一的固定的格式可循，应当根据主题和所掌握材料之不同去周密构思，合理布局，力求层次分明，条理清晰，前后呼应，顺理成章。

5）文字要准确、精炼、通俗、生动

文章是用文字来表述的，用词、用语一定要准确、精炼、通俗、生动，使人看得懂，愿意读，甚至喜欢读，力求达到信息传递的最佳效果。

"准确"就是在用词语来描述事物的性质、状况和表达作者的看法时，要做到恰如其分，不能词不达意。例如，事物的多少、大小、高低、快慢等，都有程度的不同，在表述事物的变动情况时，到底用"基本持平""有所增长""增长较快"和"显著增长"这几个词中的哪一个更为准确，就要很好斟酌。

"精炼"就是要力求言简意赅，用尽量少而精的文字去描述客观事物和表述作者的思想，把不必要和可要可不要的字、词、句子以至段落删掉。但精炼应当以准确、明了为前提，不能把不该省略的省略了，把不该删除的删掉了。

"通俗"就是要使人能理解所写的统计分析报告。统计是一种专业知识，要使统计分析报告能被人看懂，除了写作要符合语法、修辞规则外，还有一个专业知识通俗化的问题，要把文中非用不可而又不易为普通读者所了解的专业名词、指标、方法等尽可能说得浅显易懂。

"生动"就是要求把文章写得活泼、形象一些，讲究一些文采，增加文章的趣味性。这就要求撰写报告的人员有一定的文学修养，懂得遣词造句的技巧和修辞的基本手法，同时还要注意深入实际，调查研究，熟悉生活，了解群众，并把已有的知识和通过调查获得的新情况、新信息联系起来认真思考。

6）数据准确、分析方法正确、提供的建议可行

数据要准确。统计数据是用来表现实际情况的统计语言，又是得出统计分析报告结论的基础。如果使用的数据不准确，其结论可能片面，甚至是错误的。所以要注意数据资料的来源要可靠。如果是自己调研的结果要保证其有足够的代表性。

分析要得当。分析时要坚持实事求是的原则，全面看问题，必须反映出现象的本质特征和规律性，要用发展和联系的观点看问题。

方法要正确。统计分析方法很多,在分析研究时要根据研究目的和现象自身的特点采用合适的方法进行分析研究,并注意各种分析方法的结合使用,力求从不同的角度观察和分析问题。

建议要可行。统计分析的基本任务就是应用一定的方法,对统计数据资料进行分析研究,找出存在的问题,提出解决问题的对策措施,或者通过分析研究提出预警方案。因此提出的对策措施、预测方法或者预警方案要实用可行,否则就失去了研究的意义。

7) 要文图表并用,各施其长

统计分析报告是数字与文字相结合的特殊文体,既有文字表述,又有统计数字的运用,有时可能还会用到简明、直观、形象的统计图。文字、图像、统计表,三者在统计分析中各有各的作用,是不能互相替代的,应当让它们各施所长,相辅相成。

统计表能集中、醒目、有序地显示统计资料,还便于对比观察和分析,在引用的统计资料较多时,应尽可能设计一个简明、醒目的统计表,切忌将大量的统计资料作冗长、杂乱、累赘的文字化表述。统计图能把事物的规模、结构、速度、发展过程及变动规律形象地显示出来,其作用也是文字和统计表无法替代的。统计分析报告中,在适当的地方插上必要的、制作精美的统计图,可以使文章显得活泼生动些,增加可读性。

8) 要认真修改

要写好统计分析报告,还应注意的一点就是要认真修改。在最后定稿之前,对主题是否突出,结构是否严密,概念是否准确,判断是否正确,推论是否合乎逻辑,论据是否充分,数据有无差错,分析是否透彻,结论是否合理,建议是否可行,文字是否精炼等,一定要反复琢磨、不断修改,直至满意为止。

9) 要勇于实践

"实践出真知"是一句众所周知的至理名言。一切经验、知识、理论和方法,都来源于实践,又被用来指导实践。因此,学习一些写作知识,无疑会对写好统计分析报告有所帮助。但是,要学会游泳,必须投身到江河、湖泊或泳池中去,在课堂上、书本上、站在岸上,是永远学不会游泳的。因此,要学会写统计分析报告,要写好统计分析报告,必须要勇于实践。

重要术语

统计分析报告　统计公报　进度统计分析报告　综合统计分析报告　典型调查统计分析报告　专题统计分析报告

练习题

1. 请仿照《中华人民共和国2019年国民经济和社会发展统计公报》,撰写江苏省2019年经济发展统计公报。

中华人民共和国 2019 年国民经济和社会发展统计公报

国家统计局
2020 年 2 月 28 日

2019 年,面对国内外风险挑战明显上升的复杂局面,在以习近平同志为核心的党中央坚强领导下,各地区各部门以习近平新时代中国特色社会主义思想为指导,全面贯彻党的十九大和十九届二中、三中、四中全会精神,按照党中央、国务院决策部署,坚持稳中求进工作总基调,坚持新发展理念和推动高质量发展,坚持以供给侧结构性改革为主线,着力深化改革扩大开放,持续打好三大攻坚战,统筹稳增长、促改革、调结构、惠民生、防风险、保稳定,扎实做好稳就业、稳金融、稳外贸、稳外资、稳投资、稳预期工作,经济运行总体平稳,发展水平迈上新台阶,发展质量稳步提升,人民生活福祉持续增进,各项社会事业繁荣发展,生态环境质量总体改善,"十三五"规划主要指标进度符合预期,全面建成小康社会取得新的重大进展。

一、综合

初步核算,全年国内生产总值 990 865 亿元,比上年增长 6.1%。其中,第一产业增加值 70 467 亿元,增长 3.1%;第二产业增加值 386 165 亿元,增长 5.7%;第三产业增加值 534 233 亿元,增长 6.9%。第一产业增加值占国内生产总值比重为 7.1%,第二产业增加值比重为 39.0%,第三产业增加值比重为 53.9%。全年最终消费支出对国内生产总值增长的贡献率为 57.8%,资本形成总额的贡献率为 31.2%,货物和服务净出口的贡献率为 11.0%。人均国内生产总值 70 892 元,比上年增长 5.7%。国民总收入 988 458 亿元,比上年增长 6.2%。全国万元国内生产总值能耗比上年下降 2.6%。全员劳动生产率为 115 009 元/人,比上年提高 6.2%。

图 1　2015—2019 年国内生产总值及其增长速度

年末全国大陆总人口 140 005 万人,比上年末增加 467 万人,其中城镇常住人口 84 843 万人,占总人口比重(常住人口城镇化率)为 60.60%,比上年末提高 1.02 个百分点。户籍人口城镇化率为 44.38%,比上年末提高 1.01 个百分点。全年出生人口 1 465 万人,出生率

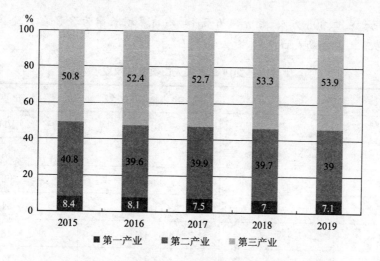

图 2　2015—2019 年三次产业增加值占国内生产总值比重

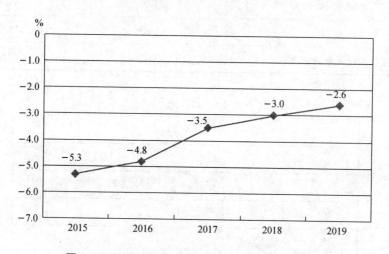

图 3　2015—2019 年万元国内生产总值能耗降低率

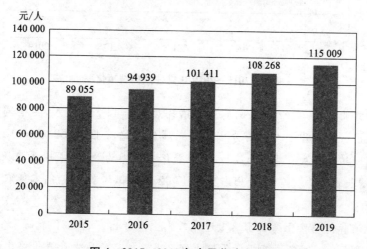

图 4　2015—2019 年全员劳动生产率

为 10.48‰;死亡人口 998 万人,死亡率为 7.14‰;自然增长率为 3.34‰。全国人户分离的人口 2.80 亿人,其中流动人口 2.36 亿人。

表 1　2019 年年末人口数及其构成

指标	年末数/万人	比重/%
全国总人口	140 005	100.0
其中:城镇	84 843	60.60
乡村	55 162	39.40
其中:男性	71 527	51.1
女性	68 478	48.9
其中:0～15 岁(含不满 16 周岁)	24 977	17.8
16～59 岁(含不满 60 周岁)	89 640	64.0
60 周岁及以上	25 388	18.1
其中:65 周岁及以上	17 603	12.6

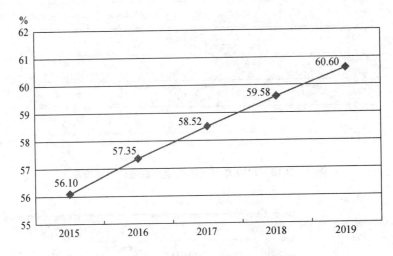

图 5　2015—2019 年常住人口城镇化率

年末全国就业人员 77 471 万人,其中城镇就业人员 44 247 万人,占全国就业人员比重为 57.1%,比上年末上升 1.1 个百分点。全年城镇新增就业 1 352 万人,比上年少增 9 万人。年末全国城镇调查失业率为 5.2%,城镇登记失业率为 3.6%。全国农民工总量 29 077 万人,比上年增长 0.8%。其中,外出农民工 17 425 万人,增长 0.9%;本地农民工 11 652 万人,增长 0.7%。

全年居民消费价格比上年上涨 2.9%。工业生产者出厂价格下降 0.3%。工业生产者购进价格下降 0.7%。固定资产投资价格上涨 2.6%。农产品生产者价格上涨 14.5%。12 月份,70 个大中城市新建商品住宅销售价格同比上涨的城市个数为 68 个,下降的为 2 个。

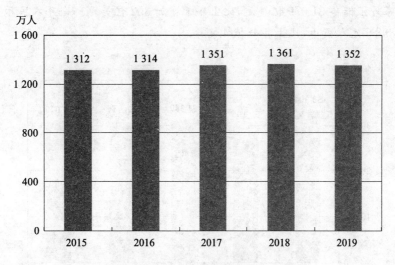

图6 2015—2019年城镇新增就业人数

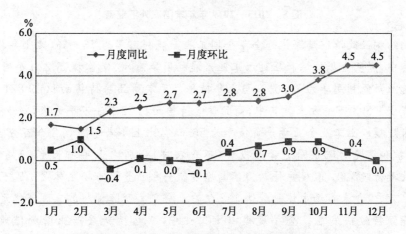

图7 2019年居民消费价格月度涨跌幅度

表2 2019年居民消费价格比上年涨跌幅度　　　　　　　　　　单位:%

指标	全国	城市	农村
居民消费价格	2.9	2.8	3.2
其中:食品烟酒	7.0	6.7	7.9
衣着	1.6	1.7	1.2
居住	1.4	1.3	1.5
生活用品及服务	0.9	0.9	0.8
交通和通信	−1.7	−1.8	−1.4
教育文化和娱乐	2.2	2.3	1.9
医疗保健	2.4	2.5	2.1
其他用品和服务	3.4	3.5	3.1

年末国家外汇储备 31 079 亿美元,比上年末增加 352 亿美元。全年人民币平均汇率为 1 美元兑 6.898 5 元人民币,比上年贬值 4.1%。

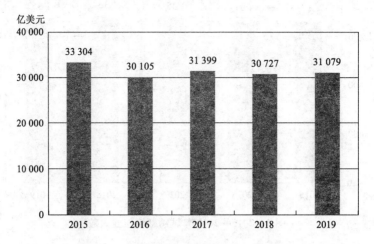

图 8　2015—2019 年年末国家外汇储备

供给侧结构性改革继续深化。全年全国工业产能利用率为 76.6%,比上年提高 0.1 个百分点。其中,黑色金属冶炼和压延加工业产能利用率为 80.0%,提高 2.0 个百分点;煤炭开采和洗选业产能利用率为 70.6%,与上年持平。年末商品房待售面积 49 821 万平方米,比上年末减少 2 593 万平方米。其中,商品住宅待售面积 22 473 万平方米,减少 2 618 万平方米。年末规模以上工业企业资产负债率为 56.6%,比上年末下降 0.2 个百分点。全年教育、生态保护和环境治理业固定资产投资(不含农户)分别比上年增长 17.7% 和 37.2%。"放管服"改革持续深化,微观主体活力不断增强。全年新登记市场主体 2 377 万户,日均新登记企业 2 万户,年末市场主体总数达 1.2 亿户。全年减税降费超过 2.3 万亿元。

新动能保持较快发展。全年规模以上工业中,战略性新兴产业增加值比上年增长 8.4%。高技术制造业增加值增长 8.8%,占规模以上工业增加值的比重为 14.4%。装备制造业增加值增长 6.7%,占规模以上工业增加值的比重为 32.5%。全年规模以上服务业中,战略性新兴服务业企业营业收入比上年增长 12.7%。全年高技术产业投资比上年增长 17.3%,工业技术改造投资增长 9.8%。全年服务机器人产量 346 万套,比上年增长 38.9%。全年网上零售额 106 324 亿元,按可比口径计算,比上年增长 16.5%。

区域协调发展扎实推进。分区域看,全年东部地区生产总值 511 161 亿元,比上年增长 6.2%;中部地区生产总值 218 738 亿元,增长 7.3%;西部地区生产总值 205 185 亿元,增长 6.7%;东北地区生产总值 50 249 亿元,增长 4.5%。全年京津冀地区生产总值 84 580 亿元,比上年增长 6.1%;长江经济带地区生产总值 457 805 亿元,增长 6.9%;长江三角洲地区生产总值 237 253 亿元,增长 6.4%。

脱贫攻坚成效明显。按照每人每年 2 300 元(2010 年不变价)的农村贫困标准计算,年末农村贫困人口 551 万人,比上年末减少 1 109 万人;贫困发生率 0.6%,比上年下降 1.1 个百分点。全年贫困地区农村居民人均可支配收入 11 567 元,比上年增长 11.5%,扣除价格因素,实际增长 8.0%。

图9 2015—2019年年末全国农村贫困人口和贫困发生率

二、农业

全年粮食种植面积11 606万公顷,比上年减少97万公顷。其中,小麦种植面积2 373万公顷,减少54万公顷;稻谷种植面积2 969万公顷,减少50万公顷;玉米种植面积4 128万公顷,减少85万公顷。棉花种植面积334万公顷,减少2万公顷。油料种植面积1 293万公顷,增加6万公顷。糖料种植面积162万公顷,减少1万公顷。

全年粮食产量66 384万吨,比上年增加594万吨,增产0.9%。其中,夏粮产量14 160万吨,增产2.0%;早稻产量2 627万吨,减产8.1%;秋粮产量49 597万吨,增产1.1%。全年谷物产量61 368万吨,比上年增产0.6%。其中,稻谷产量20 961万吨,减产1.2%;小麦产量13 359万吨,增产1.6%;玉米产量26 077万吨,增产1.4%。

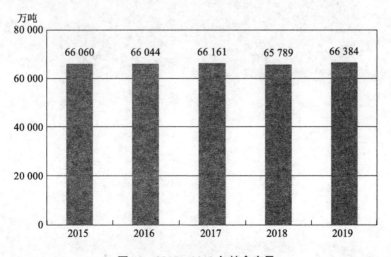

图10 2015—2019年粮食产量

全年棉花产量589万吨,比上年减产3.5%。油料产量3 495万吨,增产1.8%。糖料产量12 204万吨,增产2.2%。茶叶产量280万吨,增产7.2%。

全年猪牛羊禽肉产量7 649万吨,比上年下降10.2%。其中,猪肉产量4 255万吨,下降 21.3%;牛肉产量 667 万吨,增长 3.6%;羊肉产量 488 万吨,增长 2.6%;禽肉产量 2 239 万吨,增长 12.3%。禽蛋产量 3 309 万吨,增长 5.8%。牛奶产量 3 201 万吨,增长 4.1%。年末生猪存栏 31 041 万头,下降 27.5%;生猪出栏 54 419 万头,下降 21.6%。

全年水产品产量 6 450 万吨,比上年下降 0.1%。其中,养殖水产品产量 5 050 万吨,增长 1.0%;捕捞水产品产量 1 400 万吨,下降 5.0%。

全年木材产量 9 028 万立方米,比上年增长 2.5%。

全年新增耕地灌溉面积 27 万公顷,新增高效节水灌溉面积 146 万公顷。

三、工业和建筑业

全年全部工业增加值 317 109 亿元,比上年增长 5.7%。规模以上工业增加值增长 5.7%。在规模以上工业中,分经济类型看,国有控股企业增加值增长 4.8%;股份制企业增长 6.8%,外商及港澳台商投资企业增长 2.0%;私营企业增长 7.7%。分门类看,采矿业增长 5.0%,制造业增长 6.0%,电力、热力、燃气及水生产和供应业增长 7.0%。

……

附　　录

附表一　标准正态分布表

利用 Excel 提供的统计函数"NORM. S. DIST"，可以生成标准正态分布表，即 $P(Z \leqslant x)$。生成标准正态分布表的具体操作步骤如下：

第一步：将 x 的值分为两个部分，除最后一位的前部分值和最后一位的后部分尾数值，将前部分值输入到工作表的 A 列，将尾数输入到第一行，形成标准正态分布表的表头，如下表所示：

x	0.00	0.01	0.02	0.03	0.04	0.05	0.06	0.07	0.08	0.09
0.0										
0.1										
0.2										
0.3										
0.4										
0.5										
0.6										
0.7										
0.8										
0.9										
1.0										

第二步：在 B2 单元格输入公式"=NORM. S. DIST(＄A2＋B＄1,TRUE)"，然后拖拉填充柄到需要的位置，即可得到标准正态分布表，部分结果如下表所示（读者可根据需要生成不同 x 的标准正态分布表）：

x	0.00	0.01	0.02	0.03	0.04	0.05	0.06	0.07	0.08	0.09
0.0	0.500 0	0.504 0	0.508 0	0.512 0	0.516 0	0.519 9	0.523 9	0.527 9	0.531 9	0.535 9
0.1	0.539 8	0.543 8	0.547 8	0.551 7	0.555 7	0.559 6	0.563 6	0.567 5	0.571 4	0.575 3
0.2	0.579 3	0.583 2	0.587 1	0.591 0	0.594 8	0.598 7	0.602 6	0.606 4	0.610 3	0.614 1
0.3	0.617 9	0.621 7	0.625 5	0.629 3	0.633 1	0.636 8	0.640 6	0.644 3	0.648 0	0.651 7
0.4	0.655 4	0.659 1	0.662 8	0.666 4	0.670 0	0.673 6	0.677 2	0.680 8	0.684 4	0.687 9
0.5	0.691 5	0.695 0	0.698 5	0.701 9	0.705 4	0.708 8	0.712 3	0.715 7	0.719 0	0.722 4
0.6	0.725 7	0.729 1	0.732 4	0.735 7	0.738 9	0.742 2	0.745 4	0.748 6	0.751 7	0.754 9

(续表)

x	0.00	0.01	0.02	0.03	0.04	0.05	0.06	0.07	0.08	0.09
0.7	0.7580	0.7611	0.7642	0.7673	0.7704	0.7734	0.7764	0.7794	0.7823	0.7852
0.8	0.7881	0.7910	0.7939	0.7967	0.7995	0.8023	0.8051	0.8078	0.8106	0.8133
0.9	0.8159	0.8186	0.8212	0.8238	0.8264	0.8289	0.8315	0.8340	0.8365	0.8389
1.0	0.8413	0.8438	0.8461	0.8485	0.8508	0.8531	0.8554	0.8577	0.8599	0.8621
1.1	0.8643	0.8665	0.8686	0.8708	0.8729	0.8749	0.8770	0.8790	0.8810	0.8830
1.2	0.8849	0.8869	0.8888	0.8907	0.8925	0.8944	0.8962	0.8980	0.8997	0.9015
1.3	0.9032	0.9049	0.9066	0.9082	0.9099	0.9115	0.9131	0.9147	0.9162	0.9177
1.4	0.9192	0.9207	0.9222	0.9236	0.9251	0.9265	0.9279	0.9292	0.9306	0.9319
1.5	0.9332	0.9345	0.9357	0.9370	0.9382	0.9394	0.9406	0.9418	0.9429	0.9441
1.6	0.9452	0.9463	0.9474	0.9484	0.9495	0.9505	0.9515	0.9525	0.9535	0.9545
1.7	0.9554	0.9564	0.9573	0.9582	0.9591	0.9599	0.9608	0.9616	0.9625	0.9633
1.8	0.9641	0.9649	0.9656	0.9664	0.9671	0.9678	0.9686	0.9693	0.9699	0.9706
1.9	0.9713	0.9719	0.9726	0.9732	0.9738	0.9744	0.9750	0.9756	0.9761	0.9767
2.0	0.9772	0.9778	0.9783	0.9788	0.9793	0.9798	0.9803	0.9808	0.9812	0.9817
2.1	0.9821	0.9826	0.9830	0.9834	0.9838	0.9842	0.9846	0.9850	0.9854	0.9857
2.2	0.9861	0.9864	0.9868	0.9871	0.9875	0.9878	0.9881	0.9884	0.9887	0.9890
2.3	0.9893	0.9896	0.9898	0.9901	0.9904	0.9906	0.9909	0.9911	0.9913	0.9916
2.4	0.9918	0.9920	0.9922	0.9925	0.9927	0.9929	0.9931	0.9932	0.9934	0.9936
2.5	0.9938	0.9940	0.9941	0.9943	0.9945	0.9946	0.9948	0.9949	0.9951	0.9952
2.6	0.9953	0.9955	0.9956	0.9957	0.9959	0.9960	0.9961	0.9962	0.9963	0.9964
2.7	0.9965	0.9966	0.9967	0.9968	0.9969	0.9970	0.9971	0.9972	0.9973	0.9974
2.8	0.9974	0.9975	0.9976	0.9977	0.9977	0.9978	0.9979	0.9979	0.9980	0.9981
2.9	0.9981	0.9982	0.9982	0.9983	0.9984	0.9984	0.9985	0.9985	0.9986	0.9986
3.0	0.9987	0.9987	0.9987	0.9988	0.9988	0.9989	0.9989	0.9989	0.9990	0.9990
3.1	0.9990	0.9991	0.9991	0.9991	0.9992	0.9992	0.9992	0.9992	0.9993	0.9993
3.2	0.9993	0.9993	0.9994	0.9994	0.9994	0.9994	0.9994	0.9995	0.9995	0.9995
3.3	0.9995	0.9995	0.9995	0.9996	0.9996	0.9996	0.9996	0.9996	0.9996	0.9997
3.4	0.9997	0.9997	0.9997	0.9997	0.9997	0.9997	0.9997	0.9997	0.9997	0.9998
3.5	0.9998	0.9998	0.9998	0.9998	0.9998	0.9998	0.9998	0.9998	0.9998	0.9998
3.6	0.9998	0.9998	0.9999	0.9999	0.9999	0.9999	0.9999	0.9999	0.9999	0.9999
3.7	0.9999	0.9999	0.9999	0.9999	0.9999	0.9999	0.9999	0.9999	0.9999	0.9999
3.8	0.9999	0.9999	0.9999	0.9999	0.9999	0.9999	0.9999	0.9999	0.9999	0.9999
3.9	1.0000	1.0000	1.0000	1.0000	1.0000	1.0000	1.0000	1.0000	1.0000	1.0000
4.0	1.0000	1.0000	1.0000	1.0000	1.0000	1.0000	1.0000	1.0000	1.0000	1.0000

附表二 概率表(双侧)

利用 Excel 提供的统计函数"NORM. S. DIST",经过调整可以得到概率表(双侧),将概率度和置信度的一一对应关系表示出来。生成概率表(双侧)的具体操作步骤如下:

第一步:将概率度输入到奇数列,偶数列为前一列概率度对应的置信度,形成概率表(双侧)的表头,如下表所示:

概率度	置信度	概率度	置信度
0.00		0.11	
0.01		0.12	
0.02		0.13	
0.03		0.14	
0.04		0.15	
0.05		0.16	
0.06		0.17	
0.07		0.18	
0.08		0.19	
0.09		0.20	
0.10		0.21	

第二步:在 B2 单元格输入公式"=2*NORM. S. DIST($A2,TRUE)-1",然后拖拉填充柄到需要的位置,即可得到概率表(双侧),部分结果如下表所示(读者可根据需要生成不同概率度对应置信度的概率表(双侧)):

概率度	置信度	概率度	置信度	概率度	置信度	概率度	置信度
0.00	0.000 0	0.14	0.111 3	0.28	0.220 5	0.42	0.325 5
0.01	0.008 0	0.15	0.119 2	0.29	0.228 2	0.43	0.332 8
0.02	0.016 0	0.16	0.127 1	0.30	0.235 8	0.44	0.340 1
0.03	0.023 9	0.17	0.135 0	0.31	0.243 4	0.45	0.347 3
0.04	0.031 9	0.18	0.142 8	0.32	0.251 0	0.46	0.354 5
0.05	0.039 9	0.19	0.150 7	0.33	0.258 6	0.47	0.361 6
0.06	0.047 8	0.20	0.158 5	0.34	0.266 1	0.48	0.368 8
0.07	0.055 8	0.21	0.166 3	0.35	0.273 7	0.49	0.375 9
0.08	0.063 8	0.22	0.174 1	0.36	0.281 2	0.50	0.382 9
0.09	0.071 7	0.23	0.181 9	0.37	0.288 6	0.51	0.389 9
0.10	0.079 7	0.24	0.189 7	0.38	0.296 1	0.52	0.396 9
0.11	0.087 6	0.25	0.197 4	0.39	0.303 5	0.53	0.403 9
0.12	0.095 5	0.26	0.205 1	0.40	0.310 8	0.54	0.410 8
0.13	0.103 4	0.27	0.212 8	0.41	0.318 2	0.55	0.417 7

(续表)

概率度	置信度	概率度	置信度	概率度	置信度	概率度	置信度
0.56	0.4245	0.96	0.6629	1.36	0.8262	1.76	0.9216
0.57	0.4313	0.97	0.6680	1.37	0.8293	1.77	0.9233
0.58	0.4381	0.98	0.6729	1.38	0.8324	1.78	0.9249
0.59	0.4448	0.99	0.6778	1.39	0.8355	1.79	0.9265
0.60	0.4515	1.00	0.6827	1.40	0.8385	1.80	0.9281
0.61	0.4581	1.01	0.6875	1.41	0.8415	1.81	0.9297
0.62	0.4647	1.02	0.6923	1.42	0.8444	1.82	0.9312
0.63	0.4713	1.03	0.6970	1.43	0.8473	1.83	0.9328
0.64	0.4778	1.04	0.7017	1.44	0.8501	1.84	0.9342
0.65	0.4843	1.05	0.7063	1.45	0.8529	1.85	0.9357
0.66	0.4907	1.06	0.7109	1.46	0.8557	1.86	0.9371
0.67	0.4971	1.07	0.7154	1.47	0.8584	1.87	0.9385
0.68	0.5035	1.08	0.7199	1.48	0.8611	1.88	0.9399
0.69	0.5098	1.09	0.7243	1.49	0.8638	1.89	0.9412
0.70	0.5161	1.10	0.7287	1.50	0.8664	1.90	0.9426
0.71	0.5223	1.11	0.7330	1.51	0.8690	1.91	0.9439
0.72	0.5285	1.12	0.7373	1.52	0.8715	1.92	0.9451
0.73	0.5346	1.13	0.7415	1.53	0.8740	1.93	0.9464
0.74	0.5407	1.14	0.7457	1.54	0.8764	1.94	0.9476
0.75	0.5467	1.15	0.7499	1.55	0.8789	1.95	0.9488
0.76	0.5527	1.16	0.7540	1.56	0.8812	1.96	0.9500
0.77	0.5587	1.17	0.7580	1.57	0.8836	1.97	0.9512
0.78	0.5646	1.18	0.7620	1.58	0.8859	1.98	0.9523
0.79	0.5705	1.19	0.7660	1.59	0.8882	1.99	0.9534
0.80	0.5763	1.20	0.7699	1.60	0.8904	2.00	0.9545
0.81	0.5821	1.21	0.7737	1.61	0.8926	2.01	0.9556
0.82	0.5878	1.22	0.7775	1.62	0.8948	2.02	0.9566
0.83	0.5935	1.23	0.7813	1.63	0.8969	2.03	0.9576
0.84	0.5991	1.24	0.7850	1.64	0.8990	2.04	0.9586
0.85	0.6047	1.25	0.7887	1.65	0.9011	2.05	0.9596
0.86	0.6102	1.26	0.7923	1.66	0.9031	2.06	0.9606
0.87	0.6157	1.27	0.7959	1.67	0.9051	2.07	0.9615
0.88	0.6211	1.28	0.7995	1.68	0.9070	2.08	0.9625
0.89	0.6265	1.29	0.8029	1.69	0.9090	2.09	0.9634
0.90	0.6319	1.30	0.8064	1.70	0.9109	2.10	0.9643
0.91	0.6372	1.31	0.8098	1.71	0.9127	2.11	0.9651
0.92	0.6424	1.32	0.8132	1.72	0.9146	2.12	0.9660
0.93	0.6476	1.33	0.8165	1.73	0.9164	2.13	0.9668
0.94	0.6528	1.34	0.8198	1.74	0.9181	2.14	0.9676
0.95	0.6579	1.35	0.8230	1.75	0.9199	2.15	0.9684

附表三 t 分布临界值表

利用 Excel 提供的统计函数"T.INV",可以构建 t 分布临界表,该表是根据 t 分布的右尾显著性水平 α 计算的相应的临界值。如果 $P(t \geqslant x) = \alpha$,则对于任意给定的概率 $P(0 \leqslant \alpha \leqslant 1)$,可以求出相应的 x。生成 t 分布临界值表的具体操作步骤如下:

第一步:将 t 分布自由度 df 的值输入到工作表的 A 列,将右尾显著性水平 α 输入到第一行,形成 t 分布表的表头,如下表所示:

α \ df	0.100 0	0.050 0	0.025 0	0.010 0	0.005 0	0.001 0	0.000 5
1							
2							
3							
4							
5							
6							
7							
8							
9							
10							

第二步:在 B2 单元格输入公式"=-T.INV(B\$1,\$A2)",然后拖拉填充柄到需要的位置,即可得到 t 临界值分布表,部分结果如下表所示(读者可根据需要生成不同 α 和不同自由度的 t 分布临界值表):

α \ df	0.100 0	0.050 0	0.025 0	0.010 0	0.005 0	0.001 0	0.000 5
1	3.077 7	6.313 8	12.706 2	31.820 5	63.656 7	318.308 8	636.619 2
2	1.885 6	2.920 0	4.302 7	6.964 6	9.924 8	22.327 1	31.599 1
3	1.637 7	2.353 4	3.182 4	4.540 7	5.840 9	10.214 5	12.924 0
4	1.533 2	2.131 8	2.776 4	3.746 9	4.604 1	7.173 2	8.610 3
5	1.475 9	2.015 0	2.570 6	3.364 9	4.032 1	5.893 4	6.868 8
6	1.439 8	1.943 2	2.446 9	3.142 7	3.707 4	5.207 6	5.958 8
7	1.414 9	1.894 6	2.364 6	2.998 0	3.499 5	4.785 3	5.407 9
8	1.396 8	1.859 5	2.306 0	2.896 5	3.355 4	4.500 8	5.041 3
9	1.383 0	1.833 1	2.262 2	2.821 4	3.249 8	4.296 8	4.780 9
10	1.372 2	1.812 5	2.228 1	2.763 8	3.169 3	4.143 7	4.586 9

(续表)

df \ α	0.1000	0.0500	0.0250	0.0100	0.0050	0.0010	0.0005
11	1.3634	1.7959	2.2010	2.7181	3.1058	4.0247	4.4370
12	1.3562	1.7823	2.1788	2.6810	3.0545	3.9296	4.3178
13	1.3502	1.7709	2.1604	2.6503	3.0123	3.8520	4.2208
14	1.3450	1.7613	2.1448	2.6245	2.9768	3.7874	4.1405
15	1.3406	1.7531	2.1314	2.6025	2.9467	3.7328	4.0728
16	1.3368	1.7459	2.1199	2.5835	2.9208	3.6862	4.0150
17	1.3334	1.7396	2.1098	2.5669	2.8982	3.6458	3.9651
18	1.3304	1.7341	2.1009	2.5524	2.8784	3.6105	3.9216
19	1.3277	1.7291	2.0930	2.5395	2.8609	3.5794	3.8834
20	1.3253	1.7247	2.0860	2.5280	2.8453	3.5518	3.8495
21	1.3232	1.7207	2.0796	2.5176	2.8314	3.5272	3.8193
22	1.3212	1.7171	2.0739	2.5083	2.8188	3.5050	3.7921
23	1.3195	1.7139	2.0687	2.4999	2.8073	3.4850	3.7676
24	1.3178	1.7109	2.0639	2.4922	2.7969	3.4668	3.7454
25	1.3163	1.7081	2.0595	2.4851	2.7874	3.4502	3.7251
26	1.3150	1.7056	2.0555	2.4786	2.7787	3.4350	3.7066
27	1.3137	1.7033	2.0518	2.4727	2.7707	3.4210	3.6896
28	1.3125	1.7011	2.0484	2.4671	2.7633	3.4082	3.6739
29	1.3114	1.6991	2.0452	2.4620	2.7564	3.3962	3.6594
30	1.3104	1.6973	2.0423	2.4573	2.7500	3.3852	3.6460
31	1.3095	1.6955	2.0395	2.4528	2.7440	3.3749	3.6335
32	1.3086	1.6939	2.0369	2.4487	2.7385	3.3653	3.6218
33	1.3077	1.6924	2.0345	2.4448	2.7333	3.3563	3.6109
34	1.3070	1.6909	2.0322	2.4411	2.7284	3.3479	3.6007
35	1.3062	1.6896	2.0301	2.4377	2.7238	3.3400	3.5911
36	1.3055	1.6883	2.0281	2.4345	2.7195	3.3326	3.5821
37	1.3049	1.6871	2.0262	2.4314	2.7154	3.3256	3.5737
38	1.3042	1.6860	2.0244	2.4286	2.7116	3.3190	3.5657
39	1.3036	1.6849	2.0227	2.4258	2.7079	3.3128	3.5581
40	1.3031	1.6839	2.0211	2.4233	2.7045	3.3069	3.5510
41	1.3025	1.6829	2.0195	2.4208	2.7012	3.3013	3.5442
42	1.3020	1.6820	2.0181	2.4185	2.6981	3.2960	3.5377

(续表)

df \ α	0.100 0	0.050 0	0.025 0	0.010 0	0.005 0	0.001 0	0.000 5
43	1.301 6	1.681 1	2.016 7	2.416 3	2.695 1	3.290 9	3.531 6
44	1.301 1	1.680 2	2.015 4	2.414 1	2.692 3	3.286 1	3.525 8
45	1.300 6	1.679 4	2.014 1	2.412 1	2.689 6	3.281 5	3.520 3
46	1.300 2	1.678 7	2.012 9	2.410 2	2.687 0	3.277 1	3.515 0
47	1.299 8	1.677 9	2.011 7	2.408 3	2.684 6	3.272 9	3.509 9
48	1.299 4	1.677 2	2.010 6	2.406 6	2.682 2	3.268 9	3.505 1
49	1.299 1	1.676 6	2.009 6	2.404 9	2.680 0	3.265 1	3.500 4
50	1.298 7	1.675 9	2.008 6	2.403 3	2.677 8	3.261 4	3.496 0

附表四 χ^2 分布表

利用 Excel 提供的统计函数"CHISQ.INV.RT",可以构建 χ^2 分布临界表,该表是根据 χ^2 分布的右尾显著性水平 α 计算的相应的临界值。如果 $P(\chi^2 \geqslant x) = \alpha$,则对于任意给定的概率 $P(0 \leqslant \alpha \leqslant 1)$,可以求出相应的 x。生成 χ^2 分布临界值表的具体操作步骤如下:

第一步:将 χ^2 分布自由度 df 的值输入到工作表的 A 列,将右尾显著性水平 α 输入到第一行,形成 χ^2 分布表的表头,如下表所示:

df \ α	0.995	0.990	0.975	0.950	0.900	0.100	0.050	0.025	0.010	0.005
1										
2										
3										
4										
5										
6										
7										
8										
9										
10										

第二步:在 B2 单元格输入公式"=CHISQ.INV.RT(B$1,$A2)",然后拖拉填充柄到需要的位置,即可得到 χ^2 临界值分布表,部分结果如下表所示(读者可根据需要生成不同 α 和不同自由度的 χ^2 分布临界值表):

df \ α	0.995	0.990	0.975	0.950	0.900	0.100	0.050	0.025	0.010	0.005
1	0.0000	0.0002	0.0010	0.0039	0.0158	2.7055	3.8415	5.0239	6.6349	7.8794
2	0.0100	0.0201	0.0506	0.1026	0.2107	4.6052	5.9915	7.3778	9.2103	10.5966
3	0.0717	0.1148	0.2158	0.3518	0.5844	6.2514	7.8147	9.3484	11.3449	12.8382
4	0.2070	0.2971	0.4844	0.7107	1.0636	7.7794	9.4877	11.1433	13.2767	14.8603
5	0.4117	0.5543	0.8312	1.1455	1.6103	9.2364	11.0705	12.8325	15.0863	16.7496
6	0.6757	0.8721	1.2373	1.6354	2.2041	10.6446	12.5916	14.4494	16.8119	18.5476
7	0.9893	1.2390	1.6899	2.1673	2.8331	12.0170	14.0671	16.0128	18.4753	20.2777
8	1.3444	1.6465	2.1797	2.7326	3.4895	13.3616	15.5073	17.5345	20.0902	21.9550
9	1.7349	2.0879	2.7004	3.3251	4.1682	14.6837	16.9190	19.0228	21.6660	23.5894
10	2.1559	2.5582	3.2470	3.9403	4.8652	15.9872	18.3070	20.4832	23.2093	25.1882
11	2.6032	3.0535	3.8157	4.5748	5.5778	17.2750	19.6751	21.9200	24.7250	26.7568
12	3.0738	3.5706	4.4038	5.2260	6.3038	18.5493	21.0261	23.3367	26.2170	28.2995
13	3.5650	4.1069	5.0088	5.8919	7.0415	19.8119	22.3620	24.7356	27.6882	29.8195
14	4.0747	4.6604	5.6287	6.5706	7.7895	21.0641	23.6848	26.1189	29.1412	31.3193
15	4.6009	5.2293	6.2621	7.2609	8.5468	22.3071	24.9958	27.4884	30.5779	32.8013
16	5.1422	5.8122	6.9077	7.9616	9.3122	23.5418	26.2962	28.8454	31.9999	34.2672
17	5.6972	6.4078	7.5642	8.6718	10.0852	24.7690	27.5871	30.1910	33.4087	35.7185
18	6.2648	7.0149	8.2307	9.3905	10.8649	25.9894	28.8693	31.5264	34.8053	37.1565
19	6.8440	7.6327	8.9065	10.1170	11.6509	27.2036	30.1435	32.8523	36.1909	38.5823
20	7.4338	8.2604	9.5908	10.8508	12.4426	28.4120	31.4104	34.1696	37.5662	39.9968
21	8.0337	8.8972	10.2829	11.5913	13.2396	29.6151	32.6706	35.4789	38.9322	41.4011
22	8.6427	9.5425	10.9823	12.3380	14.0415	30.8133	33.9244	36.7807	40.2894	42.7957
23	9.2604	10.1957	11.6886	13.0905	14.8480	32.0069	35.1725	38.0756	41.6384	44.1813
24	9.8862	10.8564	12.4012	13.8484	15.6587	33.1962	36.4150	39.3641	42.9798	45.5585
25	10.5197	11.5240	13.1197	14.6114	16.4734	34.3816	37.6525	40.6465	44.3141	46.9279
26	11.1602	12.1981	13.8439	15.3792	17.2919	35.5632	38.8851	41.9232	45.6417	48.2899
27	11.8076	12.8785	14.5734	16.1514	18.1139	36.7412	40.1133	43.1945	46.9629	49.6449
28	12.4613	13.5647	15.3079	16.9279	18.9392	37.9159	41.3371	44.4608	48.2782	50.9934
29	13.1211	14.2565	16.0471	17.7084	19.7677	39.0875	42.5570	45.7223	49.5879	52.3356
30	13.7867	14.9535	16.7908	18.4927	20.5992	40.2560	43.7730	46.9792	50.8922	53.6720
31	14.4578	15.6555	17.5387	19.2806	21.4336	41.4217	44.9853	48.2319	52.1914	55.0027
32	15.1340	16.3622	18.2908	20.0719	22.2706	42.5847	46.1943	49.4804	53.4858	56.3281
33	15.8153	17.0735	19.0467	20.8665	23.1102	43.7452	47.3999	50.7251	54.7755	57.6484
34	16.5013	17.7891	19.8063	21.6643	23.9523	44.9032	48.6024	51.9660	56.0609	58.9639
35	17.1918	18.5089	20.5694	22.4650	24.7967	46.0588	49.8018	53.2033	57.3421	60.2748
36	17.8867	19.2327	21.3359	23.2686	25.6433	47.2122	50.9985	54.4373	58.6192	61.5812
37	18.5858	19.9602	22.1056	24.0749	26.4921	48.3634	52.1923	55.6680	59.8925	62.8833

(续表)

df \ α	0.995	0.990	0.975	0.950	0.900	0.100	0.050	0.025	0.010	0.005
38	19.288 9	20.691 4	22.878 5	24.883 9	27.343 0	49.512 6	53.383 5	56.895 5	61.162 1	64.181 4
39	19.995 9	21.426 2	23.654 3	25.695 4	28.195 8	50.659 8	54.572 2	58.120 1	62.428 1	65.475 6
40	20.706 5	22.164 3	24.433 0	26.509 3	29.050 5	51.805 1	55.758 5	59.341 7	63.690 7	66.766 0
41	21.420 8	22.905 6	25.214 5	27.325 6	29.907 1	52.948 5	56.942 4	60.560 6	64.950 1	68.052 7
42	22.138 5	23.650 1	25.998 7	28.144 0	30.765 5	54.090 2	58.124 0	61.776 8	66.206 2	69.336 0
43	22.859 5	24.397 6	26.785 4	28.964 7	31.625 5	55.230 2	59.303 5	62.990 4	67.459 3	70.615 9
44	23.583 7	25.148 0	27.574 6	29.787 5	32.487 1	56.368 5	60.480 9	64.201 5	68.709 5	71.892 6
45	24.311 0	25.901 3	28.366 2	30.612 3	33.350 4	57.505 3	61.656 2	65.410 2	69.956 8	73.166 1
46	25.041 3	26.657 2	29.160 1	31.439 0	34.215 2	58.640 5	62.829 6	66.616 5	71.201 4	74.436 5
47	25.774 6	27.415 8	29.956 2	32.267 6	35.081 4	59.774 3	64.001 1	67.820 6	72.443 3	75.704 1
48	26.510 6	28.177 0	30.754 5	33.098 1	35.949 1	60.906 6	65.170 8	69.022 6	73.682 6	76.968 8
49	27.249 3	28.940 6	31.554 9	33.930 3	36.818 2	62.037 5	66.338 6	70.222 4	74.919 5	78.230 7
50	27.990 7	29.706 7	32.357 4	34.764 3	37.688 6	63.167 1	67.504 8	71.420 2	76.153 9	79.490 0

附表五　F 检验临界值表

利用 Excel 提供的统计函数"F.INV.RT",可以构建 F 分布临界表,该表是根据 F 分布的右尾显著性水平 α 计算的相应的临界值。如果 $P(F \geqslant x) = \alpha$,则对于任意给定的概率 $P(0 \leqslant \alpha \leqslant 1)$,可以求出相应的 x。生成 F 分布临界值表的具体操作步骤如下:

第一步:在 B1 单元格输入 F 分布右尾显著性水平 α 的取值(如 $\alpha = 0.05$),在第二行输入自由度 df_1 的值,在第一列输入自由度 df_2 的值,形成 F 分布表的表头,如下表所示:

df_2 \ df_1　$\alpha=$	0.05									
	1	2	3	4	5	6	7	8	9	10
1										
2										
3										
4										
5										
6										
7										
8										
9										
10										

第二步：在B3单元格输入公式"=F.INV.RT(B1,B$2,$A3)"，然后拖拉填充柄到需要的位置，即可得到F临界值分布表，部分结果如下表所示（读者可根据需要生成不同α和不同自由度的F分布临界值表）：

$\alpha=$	0.050									
df_1 df_2	1.000	2.000	3.000	4.000	5.000	6.000	7.000	8.000	9.000	10.000
1.000	161.448	199.500	215.707	224.583	230.162	233.986	236.768	238.883	240.543	241.882
2.000	18.513	19.000	19.164	19.247	19.296	19.330	19.353	19.371	19.385	19.396
3.000	10.128	9.552	9.277	9.117	9.013	8.941	8.887	8.845	8.812	8.786
4.000	7.709	6.944	6.591	6.388	6.256	6.163	6.094	6.041	5.999	5.964
5.000	6.608	5.786	5.409	5.192	5.050	4.950	4.876	4.818	4.772	4.735
6.000	5.987	5.143	4.757	4.534	4.387	4.284	4.207	4.147	4.099	4.060
7.000	5.591	4.737	4.347	4.120	3.972	3.866	3.787	3.726	3.677	3.637
8.000	5.318	4.459	4.066	3.838	3.687	3.581	3.500	3.438	3.388	3.347
9.000	5.117	4.256	3.863	3.633	3.482	3.374	3.293	3.230	3.179	3.137
10.000	4.965	4.103	3.708	3.478	3.326	3.217	3.135	3.072	3.020	2.978
11.000	4.844	3.982	3.587	3.357	3.204	3.095	3.012	2.948	2.896	2.854
12.000	4.747	3.885	3.490	3.259	3.106	2.996	2.913	2.849	2.796	2.753
13.000	4.667	3.806	3.411	3.179	3.025	2.915	2.832	2.767	2.714	2.671
14.000	4.600	3.739	3.344	3.112	2.958	2.848	2.764	2.699	2.646	2.602
15.000	4.543	3.682	3.287	3.056	2.901	2.790	2.707	2.641	2.588	2.544
16.000	4.494	3.634	3.239	3.007	2.852	2.741	2.657	2.591	2.538	2.494
17.000	4.451	3.592	3.197	2.965	2.810	2.699	2.614	2.548	2.494	2.450
18.000	4.414	3.555	3.160	2.928	2.773	2.661	2.577	2.510	2.456	2.412
19.000	4.381	3.522	3.127	2.895	2.740	2.628	2.544	2.477	2.423	2.378
20.000	4.351	3.493	3.098	2.866	2.711	2.599	2.514	2.447	2.393	2.348
21.000	4.325	3.467	3.072	2.840	2.685	2.573	2.488	2.420	2.366	2.321
22.000	4.301	3.443	3.049	2.817	2.661	2.549	2.464	2.397	2.342	2.297
23.000	4.279	3.422	3.028	2.796	2.640	2.528	2.442	2.375	2.320	2.275
24.000	4.260	3.403	3.009	2.776	2.621	2.508	2.423	2.355	2.300	2.255
25.000	4.242	3.385	2.991	2.759	2.603	2.490	2.405	2.337	2.282	2.236
26.000	4.225	3.369	2.975	2.743	2.587	2.474	2.388	2.321	2.265	2.220
27.000	4.210	3.354	2.960	2.728	2.572	2.459	2.373	2.305	2.250	2.204
28.000	4.196	3.340	2.947	2.714	2.558	2.445	2.359	2.291	2.236	2.190

(续表)

$\alpha=$ df_1 df_2	0.050 1.000	2.000	3.000	4.000	5.000	6.000	7.000	8.000	9.000	10.000
29.000	4.183	3.328	2.934	2.701	2.545	2.432	2.346	2.278	2.223	2.177
30.000	4.171	3.316	2.922	2.690	2.534	2.421	2.334	2.266	2.211	2.165
31.000	4.160	3.305	2.911	2.679	2.523	2.409	2.323	2.255	2.199	2.153
32.000	4.149	3.295	2.901	2.668	2.512	2.399	2.313	2.244	2.189	2.142
33.000	4.139	3.285	2.892	2.659	2.503	2.389	2.303	2.235	2.179	2.133
34.000	4.130	3.276	2.883	2.650	2.494	2.380	2.294	2.225	2.170	2.123
35.000	4.121	3.267	2.874	2.641	2.485	2.372	2.285	2.217	2.161	2.114
36.000	4.113	3.259	2.866	2.634	2.477	2.364	2.277	2.209	2.153	2.106
37.000	4.105	3.252	2.859	2.626	2.470	2.356	2.270	2.201	2.145	2.098
38.000	4.098	3.245	2.852	2.619	2.463	2.349	2.262	2.194	2.138	2.091
39.000	4.091	3.238	2.845	2.612	2.456	2.342	2.255	2.187	2.131	2.084
40.000	4.085	3.232	2.839	2.606	2.449	2.336	2.249	2.180	2.124	2.077
41.000	4.079	3.226	2.833	2.600	2.443	2.330	2.243	2.174	2.118	2.071
42.000	4.073	3.220	2.827	2.594	2.438	2.324	2.237	2.168	2.112	2.065
43.000	4.067	3.214	2.822	2.589	2.432	2.318	2.232	2.163	2.106	2.059
44.000	4.062	3.209	2.816	2.584	2.427	2.313	2.226	2.157	2.101	2.054
45.000	4.057	3.204	2.812	2.579	2.422	2.308	2.221	2.152	2.096	2.049
46.000	4.052	3.200	2.807	2.574	2.417	2.304	2.216	2.147	2.091	2.044
47.000	4.047	3.195	2.802	2.570	2.413	2.299	2.212	2.143	2.086	2.039
48.000	4.043	3.191	2.798	2.565	2.409	2.295	2.207	2.138	2.082	2.035
49.000	4.038	3.187	2.794	2.561	2.404	2.290	2.203	2.134	2.077	2.030
50.000	4.034	3.183	2.790	2.557	2.400	2.286	2.199	2.130	2.073	2.026

参 考 文 献

[1] 贾俊平.统计学[M].4版.北京:中国人民大学出版社,2003
[2] 王浩,陆璐.统计学:原理与SPSS应用[M].北京:机械工业出版社,2018
[3] 邢西治.统计学原理[M].2版.南京:南京大学出版社,2019
[4] 韩兆洲.统计学原理[M].8版.广州:暨南大学出版社,2011
[5] 唐金华,姚世斌,蒋海燕,等.社会经济统计学:原理与Excel应用案例分析[M].成都:西南财经大学出版社,2017
[6] 孙海涛,宋荣兴.统计学[M].大连:东北财经大学出版社,2017
[7] 费宇,石磊.统计学[M].北京:高等教育出版社,2010
[8] 李卉妍,王浩.统计学:原理与SPSS应用[M].北京:机械工业出版社,2013
[9] 贾俊平,何晓群,金勇进.统计学[M].7版.北京:中国人民大学出版社,2018
[10] 程建华,洪文.统计学原理与应用[M].北京:人民邮电出版社,2013
[11] 曹宇,王峰.应用统计学[M].人民邮电出版社,2013
[12] 郑桂玲,黄超.城乡居民收入对旅游消费动态影响实证研究[J].商业经济研究,2020(12):60-63
[13] 张大维,刘博,刘琪.EViews数据统计与分析教程[M].北京:清华大学出版社,2010
[14] 赖国毅,陈超.SPSS17.0中文版常用功能与应用实例精讲[M].北京:电子工业出版社,2010
[15] 郑杰.SPSS统计分析从入门到精通[M].北京:中国铁道出版社,2015
[16] 王国平.SPSS统计分析与行业应用实战[M].北京:清华大学出版社,2018
[17] 王生喜.应用统计学[M].北京:科学出版社,2018
[18] 游士兵.统计学[M].2版.武汉:武汉大学出版社,2010
[19] 陈军.经济管理类专业《统计学》实验教程:基于Excel/SPSS/Stata操作与应用[M].北京:经济管理出版社,2019
[20] 宋廷山,王坚,刁艳华等.应用统计学:以Excel为分析工具[M].2版.北京:清华大学出版社,2018
[21] 吴杨.统计学[M].北京:经济科学出版社,2010
[22] 徐静霞.统计学原理与实务[M].北京:中国农业大学出版社,2012